职业教育国家在线精品课程配套教材
国家级职业教育专业教学资源库配套教材
安徽省一流（规划）教材
职业教育·道路运输类专业教材

Suidao Gongcheng Shiyan Jiance Jishu

隧道工程试验检测技术

第2版

叶 生　肖玉德　主　编

杨 锐　徐 良　副主编

孙鹏轩　孙开旗

刘志楠　潘 星　主　审

人民交通出版社

北京

内 容 提 要

本书为职业教育国家在线精品课程配套教材、国家级职业教育专业教学资源库配套教材、安徽省一流(规划)教材、职业教育道路运输类专业教材。全书共分11个模块,主要内容包括隧道工程试验检测基础知识、工程制品试验检测、超前地质预报、超前支护与预加固施工质量检查、洞身开挖质量检测、衬砌施工质量检测、隧道防排水施工质量检测、施工监控量测、隧道施工环境检测、隧道运营环境检测、运营隧道结构检查。

本书可供职业教育道路工程检测技术专业、土木工程检测技术专业、道路与桥梁工程技术专业学生使用,也可供相关行业从业人员学习参考。

本书有配套课件,教师可以通过加入职教路桥教学研讨群(QQ群561416324)免费获取。书中相关知识旁增加了二维码链接的数字资源,读者可通过扫描封面二维码免费查看。

图书在版编目(CIP)数据

隧道工程试验检测技术 / 叶生,肖玉德主编. — 2版. — 北京：人民交通出版社股份有限公司,2025.2
ISBN 978-7-114-18652-3

Ⅰ. ①隧⋯　Ⅱ. ①叶⋯②肖⋯　Ⅲ. ①隧道工程—检测—高等职业教育—教材　Ⅳ. ①U451

中国国家版本馆CIP数据核字(2023)第036617号

职业教育国家在线精品课程配套教材
国家级职业教育专业教学资源库配套教材
安徽省一流(规划)教材
职业教育·道路运输类专业教材

书　　　名：	隧道工程试验检测技术(第2版)
著 作 者：	叶　生　肖玉德
责任编辑：	刘　倩
责任校对：	龙　雪　魏佳宁
责任印制：	张　凯
出版发行：	人民交通出版社
地　　址：	(100011)北京市朝阳区安定门外外馆斜街3号
网　　址：	http://www.ccpcl.com.cn
销售电话：	(010)85285911
总 经 销：	人民交通出版社发行部
经　　销：	各地新华书店
印　　刷：	北京虎彩文化传播有限公司
开　　本：	787×1092　1/16
印　　张：	25
字　　数：	606千
版　　次：	2017年7月　第1版
	2025年2月　第2版
印　　次：	2025年2月　第2版　第1次印刷　总第4次印刷
书　　号：	ISBN 978-7-114-18652-3
定　　价：	65.00元

(有印刷、装订质量问题的图书,由本社负责调换)

前言

课程特点

隧道工程试验检测技术是土木工程检测技术等专业的核心课程,也是一门理论与实践并重的课程。通过学习本课程,学生应掌握隧道工程试验检测的理论知识和操作技能。同时,为了提高学生的动手能力和理论联系实际工作能力,本课程还设置了相应的实训环节。

教材建设背景

2013年,安徽交通职业技术学院土木工程检测技术专业被评为安徽省特色专业。2019年,安徽交通职业技术学院土木工程检测技术专业被教育部认定为国家级骨干专业。2023年,安徽交通职业技术学院叶生教授的在线开放课程,"隧道工程试验检测技术"被教育部认定为职业教育国家在线精品课程,本教材为该课程配套教材,也是国家级土木工程检测技术专业教学资源库的配套教材,同时入选安徽省一流(规划)教材。

本教材特色

1. 校企共同开发,职教教材特色突出

本教材编审团队由经验丰富的职业院校骨干教师和企业一线技术专家组成,将专业知识学习与职业技能培养无缝对接,根据岗位工作能力要求、学生认知特点和人才培养需要,进行教材内容设计,选取工程实际案例,充分融入新材料、新工艺、新装备、新技术、新规范,做到与时俱进。

2. 有机融入思政元素,落实立德树人根本任务

为更好地落实党的二十大精神进教材的要求,本教材除介绍试验检测专业知识外,编者充分挖掘本专业本课程所蕴含的科学精神、工程伦理、价值理念、职业素养等思政元素,通过"案例导入""工程师寄语"等形式,将思政元素有机融入,实现专业知识与思政元素的有机融合,使学生能在潜移默化中提高职业素养、道德素养、文化素养,实现对学生的全面培养。

3. 数字化资源与纸质教材相融合,适应线上线下混合式教学

为帮助学生更好地理解课程重难点,提升学生学习积极性,同时为适应线上线下混合式教学的需要,本教材配有课件、微课、动画(虚拟仿真)、视频等形式多样、内容丰富的数字化资源,以二维码形式嵌入教材,学生可直接扫码观看与学习。此外,编者为本教材制作了配套教学课件,供教师参考使用。

4. 对接"1+X"路桥工程无损检测职业技能等级证书考核标准,实现岗课赛证融通

本教材紧密结合试验检测岗位技能要求、行业发展趋势和技能人才培养需求,对接"1+X"路桥工程无损检测职业技能等级证书考核标准、全国交通运输职业教育学生无损检测技能大赛和全国交通运输行业职业技能大赛公路养护工赛项要求,将"1+X"路桥工程无损检测职业技能考核项目"回弹法检测混凝土强度"等融入教材内容,以提高学生职业能力,实现岗课赛证融通。

编写分工

本教材共分11个模块,编写分工如下:模块1、模块11由安徽交通职业技术学院杨锐编写;模块2、模块6、模块8由安徽交通职业技术学院叶生编写;模块3、模块9由安徽交通职业技术学院徐良编写;模块4、模块5由安徽交通职业技术学院孙开旗编写;模块7、模块10由安徽交通职业技术学院孙鹏轩编写;全书由安徽交通职业技术学院叶生、肖玉德统稿。特邀安徽省七星工程测试有限公司刘志楠和合肥工业大学设计院(集团)有限公司潘星担任主审,同时特邀苏交科集团股份有限公司黄小红,安徽省高速公路试验检测科研中心有限公司程华才,中路高科交通检测检验认证有限公司安徽分公司王进,安徽建工检测科技集团佐群,湖北交投高路工程检测中心有限公司总经理藕长洪,山东交通职业学院陈争,陕西铁路工程职业技术学院毛红梅、宁波、郭博等对本教材进行了认真、细致地审核,并提出了许多宝贵的修改意见。安徽水安建设集团股份有限公司综合设计院胡海春做了大量的专业绘图工作,在此一并表示衷心的感谢。

可与本教材配合使用的网站

1. 安徽省网络课程学习中心(http://www.ehuixue.cn/)职业教育国家在线精品课程:"隧道工程试验检测技术"。

2. 智慧职教(https://www.icve.com.cn/)国家级土木工程检测技术专业教学资源库:"隧道工程试验与检测"。

3. 学银在线(https://www.xueyinonline.com/)职业教育国家在线精品课程:"隧道工程试验检测技术"。

职业教育国家在线精品课程:
隧道工程试验检测技术

专业教学资源库:
隧道工程试验与检测

学银在线:
隧道工程试验检测技术

由于编者水平有限,书中难免有不妥之处,敬请读者批评指正(意见和建议请发往邮箱386896436@qq.com),以便修改和完善。

编 者
2024年12月

本教材配套数字资源索引
一、知识点配套资源

序号	教材内容	资源名称	书中页码
1	模块1	公路隧道的分类及基本组成	003
2	模块2	防水卷材性能检测的基本要求	019
3		拉伸试验	023
4		热处理尺寸变化率试验	026
5		低温弯折性试验	027
6		抗渗透性试验	029
7		抗穿孔性试验	030
8		剪切状态下的黏合性试验	031
9		热老化处理试验	032
10		取样、试样制备及数据整理	036
11		单位面积质量测定	037
12		厚度测定	039
13		隧道用土工布宽条拉伸试验	040
14		撕破强力试验	044
15		CBR顶破强力试验	046
16		刺破强力试验	048
17		有效孔径试验(干筛法)	050
18		垂直渗透性能试验(恒水头法)	051
19		盾构隧道管片质量检测	055
20		管片渗漏检测试验	058
21		管片抗弯性能检测试验	060
22		管片抗拔性能检测试验	062
23	模块3	超前地质预报概述	071
24		地质调查法	073
25		超前钻探法	077
26		地震波反射法	079
27		电磁波反射法	083
28		瞬变电磁法	088
29		红外探测法	091
30		超前导坑预报法	093
31		不良地质体的预报	095

续上表

序号	教材内容	资源名称	书中页码
32	模块4	围岩稳定措施	111
33		涌水处理措施	115
34		注浆材料性能试验	119
35	模块5	盾构隧道洞身开挖方法及质量检测	129
36		隧道开挖质量评定标准	133
37		隧道断面检测动画	134
38	模块6	锚杆加工质量与安装质量检测	147
39		端锚式锚杆施工质量无损检测	148
40		锚杆抗拔力测试	149
41		锚杆锚固长度与密实度检测	155
42		喷射混凝土质量检测	162
43		地质雷达法	167
44		钢筋网施工质量检测和钢架施工质量检测	173
45		衬砌基坑开挖检查	178
46		模板检查	178
47		拆模板检查	179
48		衬砌钢筋检查	180
49		拱墙衬砌混凝土检查	180
50		明洞及洞口检查	181
51		混凝土衬砌结构厚度检测	183
52		混凝土衬砌结构背后空洞检测与外观缺陷检测	185
53		仰拱厚度及仰拱填充质量检测	186
54		混凝土强度检测	189
55		隧道衬砌整体检测	189
56		管片拼装质量检测	192
57		壁后注浆质量检测	193
58	模块7	隧道防排水系统	202
59		防水层质量检查	207
60		施工缝止水带检查	209
61		排水盲管(沟)检查	210
62		深埋水沟及其检查井检查	212
63		横向导水管与防寒泄水洞检查	215

续上表

序号	教材内容	资源名称	书中页码
64	模块8	洞内外观察	224
65		围岩分级	224
66		周边收敛量测	231
67		拱顶下沉量测	242
68		地表沉降量测	245
69		钢架内力及外力量测	253
70		围岩内部位移量测	255
71		衬砌应力量测	259
72		围岩弹性波速度监测	262
73		围岩压力量测	264
74		锚杆轴力量测	267
75		爆破振动监测	270
76		盾构隧道施工监测	274
77	模块9	粉尘浓度检测	285
78		总粉尘(总尘)浓度检测	285
79		呼吸性粉尘(呼尘)浓度检测	285
80		瓦斯检测	289
81		一氧化碳检测	294
82		硫化氢检测	298
83	模块10	隧道运营通风检测	315
84		隧道运营照明检测	326
85	模块11	技术状况评定与结构检查	354
86		虚拟仿真:混凝土中钢筋锈蚀电位检测三维虚拟实训	369
87		虚拟仿真:混凝土碳化深度检测三维虚拟实训	369
88		衬砌裂缝检查与检测	372
89		虚拟仿真:混凝土结构缺陷(厚度、裂缝、缺陷)检测三维虚拟实训	372
90		渗漏水检查与检测	376
91		隧道净空断面检测	379

二、[思考与练习题]答案

序号	资源名称	书中页码	序号	资源名称	书中页码
1	模块1 [思考与练习题]答案	016	7	模块7 [思考与练习题]答案	219
2	模块2 [思考与练习题]答案	067	8	模块8 [思考与练习题]答案	282
3	模块3 [思考与练习题]答案	107	9	模块9 [思考与练习题]答案	312
4	模块4 [思考与练习题]答案	126	10	模块10 [思考与练习题]答案	351
5	模块5 [思考与练习题]答案	143	11	模块11 [思考与练习题]答案	385
6	模块6 [思考与练习题]答案	199			

资源使用方法：

1. 扫描封面二维码，注意每个码只可以激活一次；

2. 关注"交通教育出版"微信公众号；

3. 公众号弹出"购买成功"通知，点击"查看详情"，进入后即可查看资源；

4. 也可进入"交通教育出版"微信公众号，点击下方菜单"用户服务—图书增值"，选择已绑定的教材进行观看和学习。

目录

模块1　隧道工程试验检测基础知识 ··001
 单元1.1　公路隧道概述 ···002
  单元1.1-1　认知公路隧道的分类及基本组成 ··································003
  单元1.1-2　认知公路隧道的特点 ··005
 单元1.2　公路隧道质量问题、检测内容及检验评定方法 ······················007
  单元1.2-1　认知公路隧道的质量问题、试验检测的意义及内容 ·············008
  单元1.2-2　认知隧道工程质量检验评定的依据和方法 ························010

模块2　工程制品试验检测 ··017
 单元2.1　防水卷材性能检测 ··018
  试验检测2.1-1　拉伸试验 ···023
  试验检测2.1-2　热处理尺寸变化率试验 ··026
  试验检测2.1-3　低温弯折性试验 ···027
  试验检测2.1-4　抗渗透性试验 ··029
  试验检测2.1-5　抗穿孔性试验 ··030
  试验检测2.1-6　剪切状态下的黏合性试验 ·······································031
  试验检测2.1-7　热老化处理试验 ···032
 单元2.2　隧道用土工布性能检测 ··034
  试验检测2.2-1　取样、试样制备及数据整理 ····································036
  试验检测2.2-2　单位面积质量测定 ··037
  试验检测2.2-3　厚度测定 ···039
  试验检测2.2-4　宽条拉伸试验 ··040
  试验检测2.2-5　撕破强力试验 ··044
  试验检测2.2-6　CBR顶破强力试验 ···046
  试验检测2.2-7　刺破强力试验 ··048
  试验检测2.2-8　有效孔径试验(干筛法) ···050
  试验检测2.2-9　垂直渗透性能试验(恒水头法) ·································051
 单元2.3　盾构隧道管片质量检测 ··054
  试验检测2.3-1　管片外观、尺寸、水平拼接检测 ······························056

试验检测2.3-2　管片混凝土强度检测 057
　　试验检测2.3-3　管片渗漏检测试验 058
　　试验检测2.3-4　管片抗弯性能检测试验 060
　　试验检测2.3-5　管片抗拔性能检测试验 062
　单元2.4　案例分析 063

模块3　超前地质预报 069
　单元3.1　超前地质预报概述及方法 070
　　单元3.1-1　超前地质预报概述 071
　　单元3.1-2　地质调查法 073
　　单元3.1-3　超前钻探法 077
　　单元3.1-4　地震波反射法 079
　　单元3.1-5　电磁波反射法 083
　　单元3.1-6　瞬变电磁法 088
　　单元3.1-7　红外探测法 091
　　单元3.1-8　高分辨直流电法 092
　　单元3.1-9　超前导坑预报法 093
　单元3.2　不良地质体的预报 094
　单元3.3　工程案例 098

模块4　超前支护与预加固施工质量检查 109
　单元4.1　认知超前支护与预加固 110
　　单元4.1-1　围岩稳定措施 111
　　单元4.1-2　涌水处理措施 115
　单元4.2　注浆材料 117
　　单元4.2-1　注浆材料特点及类型 118
　　单元4.2-2　注浆材料主要性能及其试验 119
　单元4.3　施工质量检查 120
　单元4.4　案例分析 123

模块5　洞身开挖质量检测 127
　单元5.1　开挖方法与开挖质量标准 128
　单元5.2　开挖断面检测 134
　单元5.3　案例分析 139

模块6　衬砌施工质量检测 145
　单元6.1　锚杆施工质量检测 146
　　单元6.1-1　认知锚杆加工及安装质量检查内容 147
　　试验检测6.1-2　锚杆抗拔力测试 149
　　试验检测6.1-3　锚杆锚固长度与密实度检测 155
　单元6.2　喷射混凝土质量检测 161
　　试验检测6.2-1　喷射混凝土抗压强度试验 162

试验检测6.2-2　喷射混凝土厚度及表面平整度检测…………………………………164
　　试验检测6.2-3　喷射混凝土与围岩黏结强度试验检测…………………………………166
　　试验检测6.2-4　喷射混凝土回弹率检测…………………………………………………167
　　试验检测6.2-5　喷射混凝土支护背后空洞检测（地质雷达法）…………………………167
　单元6.3　钢筋网及钢架施工质量检测……………………………………………………171
　　单元6.3-1　钢筋网施工质量检测…………………………………………………………172
　　单元6.3-2　钢架施工质量检测……………………………………………………………174
　单元6.4　模筑混凝土衬砌质量检测………………………………………………………176
　　单元6.4-1　混凝土衬砌施工检查…………………………………………………………178
　　试验检测6.4-2　混凝土衬砌结构厚度检测………………………………………………183
　　试验检测6.4-3　混凝土衬砌结构背后空洞检测与外观缺陷检测………………………185
　　试验检测6.4-4　仰拱厚度及仰拱填充质量检测…………………………………………186
　　试验检测6.4-5　混凝土抗压强度及衬砌整体检测………………………………………189
　单元6.5　管片衬砌施工质量检测…………………………………………………………191
　　试验检测6.5-1　管片拼装质量检测………………………………………………………192
　　试验检测6.5-2　壁后注浆质量检测………………………………………………………193
　单元6.6　案例分析…………………………………………………………………………195

模块7　隧道防排水施工质量检测………………………………………………………201
　单元7.1　认知隧道防排水系统……………………………………………………………202
　单元7.2　防排水系统施工质量检测………………………………………………………206
　　单元7.2-1　防水层质量检查………………………………………………………………207
　　单元7.2-2　施工缝止水带检查……………………………………………………………209
　　单元7.2-3　排水盲管（沟）检查……………………………………………………………210
　　单元7.2-4　深埋水沟及其检查井检查……………………………………………………212
　　单元7.2-5　横向导水管与防寒泄水洞检查………………………………………………215
　单元7.3　案例分析…………………………………………………………………………216

模块8　施工监控量测……………………………………………………………………221
　单元8.1　必测量测项目……………………………………………………………………223
　　单元8.1-1　洞内外观察……………………………………………………………………224
　　试验检测8.1-2　周边收敛量测……………………………………………………………231
　　试验检测8.1-3　拱顶下沉量测……………………………………………………………242
　　试验检测8.1-4　地表沉降量测……………………………………………………………245
　　试验检测8.1-5　拱脚下沉量测……………………………………………………………249
　单元8.2　选测量测项目……………………………………………………………………251
　　试验检测8.2-1　钢架内力及外力量测……………………………………………………253
　　试验检测8.2-2　围岩内部位移量测………………………………………………………255
　　试验检测8.2-3　衬砌应力量测……………………………………………………………259
　　试验检测8.2-4　围岩弹性波速度监测……………………………………………………262

试验检测 8.2-5　围岩压力量测 ………………………………………………………… 264
　　　试验检测 8.2-6　锚杆轴力量测 ………………………………………………………… 267
　　　试验检测 8.2-7　爆破振动监测 ………………………………………………………… 270
　单元 8.3　盾构隧道施工监测 ……………………………………………………………… 273
　单元 8.4　案例分析 ………………………………………………………………………… 277

模块 9　隧道施工环境检测 …………………………………………………………………… 283
　单元 9.1　粉尘浓度检测 …………………………………………………………………… 284
　单元 9.2　瓦斯检测 ………………………………………………………………………… 289
　单元 9.3　一氧化碳检测 …………………………………………………………………… 294
　单元 9.4　硫化氢检测 ……………………………………………………………………… 297
　　　单元 9.4-1　概述 ………………………………………………………………………… 298
　　　单元 9.4-2　亚甲基蓝比色法 …………………………………………………………… 300
　　　单元 9.4-3　检知管法 …………………………………………………………………… 301
　　　单元 9.4-4　醋酸铅试纸法 ……………………………………………………………… 301
　　　单元 9.4-5　硫化氢传感器 ……………………………………………………………… 301
　单元 9.5　案例分析 ………………………………………………………………………… 308

模块 10　隧道运营环境检测 ………………………………………………………………… 313
　单元 10.1　隧道运营通风检测 ……………………………………………………………… 314
　　　单元 10.1-1　烟雾浓度检测 …………………………………………………………… 316
　　　单元 10.1-2　隧道风速检测 …………………………………………………………… 318
　　　单元 10.1-3　隧道风压检测 …………………………………………………………… 321
　单元 10.2　隧道运营照明检测 ……………………………………………………………… 325
　　　单元 10.2-1　基本概念 ………………………………………………………………… 326
　　　单元 10.2-2　运营照明方式 …………………………………………………………… 328
　　　单元 10.2-3　照度检测 ………………………………………………………………… 331
　　　单元 10.2-4　亮度检测 ………………………………………………………………… 334
　　　单元 10.2-5　眩光检测 ………………………………………………………………… 337
　　　单元 10.2-6　照明灯具光强分布检测 ………………………………………………… 337
　单元 10.3　案例分析 ………………………………………………………………………… 347

模块 11　运营隧道结构检查 ………………………………………………………………… 353
　单元 11.1　技术状况评定与结构检查 ……………………………………………………… 354
　　　单元 11.1-1　土建结构技术状况评定 ………………………………………………… 355
　　　单元 11.1-2　结构检查 ………………………………………………………………… 360
　单元 11.2　衬砌裂缝检查与检测 …………………………………………………………… 371
　单元 11.3　渗漏水检查与检测 ……………………………………………………………… 376
　单元 11.4　隧道净空断面检测 ……………………………………………………………… 379
　单元 11.5　案例分析 ………………………………………………………………………… 381

参考文献 ……………………………………………………………………………………… 386

隧道工程试验检测基础知识

模块 1

单元 1.1　公路隧道概述

【知识目标】
1. 熟悉公路隧道的分类；
2. 掌握公路隧道的基本组成；
3. 熟悉公路隧道的特点。

【技能目标】
能区分不同类型的公路隧道。

【案例导入】
(1) 公元前2180—前2160年，在幼发拉底河下修建的一条约900m长的砖衬砌人行通道，是迄今为止已知的最早用于交通的隧道。它是在旱季将河流改道后用明挖法建成的。

(2) 我国最早用于交通的隧道是古褒斜道上的石门隧道，它也是世界上第一个人工开凿的隧道，建成于东汉永平九年（公元66年）。古隧道多建于较坚硬的岩石中，施工时先将岩壁烧热，随即浇以冷水，使岩石先发生热胀后突然收缩导致开裂，以利开凿。

(3) 20世纪以来，汽车运输量不断增加，公路路线设计标准相应提高，公路隧道的数量也逐渐增多。我国公路隧道建设起步较晚，1949年以前，中国仅有7座公路隧道，总长897m，最长的不过才200m，多为单车道隧道，无衬砌或采用砌体进行衬砌。中华人民共和国成立后的30年间，我国共建成公路隧道225座，总长42km。20世纪90年代后，我国公路隧道进入了高速发展时期。截至2023年底，全国共有公路隧道27297处、3023.18万延米，其中特长隧道2050处、924.07万延米，长隧道7552处、1321.38万延米。

【工程师寄语】
隧道通常是指修建在地下或山体内部，两端有出入口，供车辆、行人等通过的工程建筑物。公路隧道是供汽车及非机动车和行人通行的地下通道。隧道的修建不仅为人们的出行提供了便利，在改善公路技术状态、缩短行车距离、提高运输能力、减少交通事故等方面也起到了重要的作用。作为隧道工程的建设者与管理者，我们肩负着确保隧道安全、畅通、高效运行的重任。因此，隧道工程试验检测显得尤为重要，它不仅是保障隧道工程质量与安全的关键环节，更是我们践行"精益求精、安全至上"工程理念的具体体现。在未来的学习与工作中，希望同学们能够深刻领悟"逢山开隧、遇水架桥"的开拓精神，以发展的眼光看待问题，不断夯实基础知识与专业技能，为构建更加安全、便捷、高效的公路隧道网贡献智慧与力量。

本单元将为大家介绍公路隧道的分类、基本组成及特点等相关知识。

【知识框图】

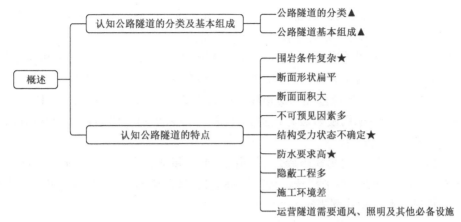

备注:本书所有知识框图中标有"▲"符号的是重点学习内容,标有"★"符号的是学习难点内容。

单元 1.1-1

认知公路隧道的分类及基本组成

一、公路隧道的分类

1. 按隧道穿越地层划分

(1)土质隧道:指在土层、砂卵石地层或淤泥地层中修建的隧道。

(2)岩石隧道:指在岩石地层中修建的隧道。

2. 按隧道所处位置划分

(1)城市隧道:在城镇市区,为克服山体、建筑物、市政设施障碍、缓解交通堵塞而修建的隧道。

(2)山岭隧道:以克服山体障碍而贯穿山岭的隧道。

(3)水下隧道:以下穿地表水体(江河、海洋、湖泊)而修建的隧道。

3. 按隧道修建方式划分

(1)暗挖隧道:在地下先行开挖所需要的空间,并根据需要修筑隧道结构。

(2)明挖隧道(也称明洞):先将地面挖开,在露天情况下修筑隧道结构,绝大多数需进行回填覆盖。

(3)沉管法隧道:多为水下修建的隧道,是指在岸边将隧道预制成若干管节段,通过浮运的方式把预制管节运至指定位置,沉放安装在已疏浚好的基槽内,并将管节拼连起来。

公路隧道的分类及基本组成

4. 按隧道开挖掘进方法划分

(1)钻爆法(矿山法)隧道:先在隧道掘进开挖面上通过挖掘或钻眼、爆破开挖形成地下空间,随后根据围岩稳定情况和使用要求对围岩进行支护。

(2)盾构法隧道:采用盾构机,一边进行前部开挖,并控制围岩及掌子面不致发生坍塌,另一边推进、出渣,并在机内拼装管片衬砌的联动作业实施壁后注浆,不扰动围岩而修筑隧道的一种机械化施工方法。盾构法修建的隧道断面一次成形,常用于松软土质地层中。

(3)破碎机法隧道:采用硬岩破碎机进行开挖,一般采用单臂球形钻头进行掘进,可用于岩石隧道任意断面形状开挖。

(4)掘进机法隧道:采用机械破碎岩石、出渣、支护和推进连续作业。掘进机按在工作面上的切削过程,分为全断面掘进机和部分断面掘进机;按破碎岩石原理不同,又可分为滚压式(盘形滚刀)掘进机和铣切式掘进机。

5. 按隧道开挖跨度 B 划分

(1)小跨度隧道:$B<9m$。

(2)中跨度隧道:$9m \leqslant B<14m$。

(3)大跨度隧道:$14m \leqslant B<18m$。

(4)超大跨度隧道:$B \geqslant 18m$。

6. 按隧道布置方式划分

(1)小净距隧道:指并行的两隧道间净距较小、两洞结构彼此产生有害影响的隧道。

(2)分岔隧道:指由双向行驶的大跨隧道或连拱隧道,经小净距逐渐过渡到分离式双洞的隧道。

(3)连拱隧道:指并行的两拱形隧道之间无中夹岩柱、隧道的人工结构连接在一起的隧道。

(4)分离隧道:指线路上下行方向两隧道并行布置,且两洞间隔较远,结构间彼此不产生有害影响的隧道。

7. 按隧道长度划分

我国《公路隧道设计规范 第一册 土建工程》(JTG 3370.1—2018)按隧道长度将公路隧道分为特长隧道、长隧道、中隧道和短隧道4类,见表1-1。

公路隧道按长度分类　　　　表1-1

分类	特长隧道	长隧道	中隧道	短隧道
长度(m)	$L>3000$	$3000 \geqslant L>1000$	$1000 \geqslant L>500$	$L \leqslant 500$

二、公路隧道基本组成

隧道是由围岩、喷锚衬砌(初期支护)、模筑混凝土衬砌(二次衬砌)、仰拱衬砌、仰拱填充、防水层、排水盲管、深埋水沟、路侧边沟、路面结构、电缆沟及盖板等组成,如图1-1所示。

隧道根据不同长度的要求,还须配备照明、通风、监控、交通工程设施、防火、防灾救援设施等机电设施(图1-2)和管理设施。

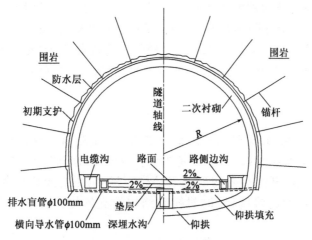

图 1-1　两车道隧道结构组成

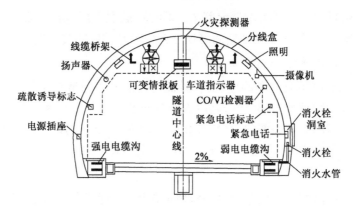

图 1-2　两车道隧道机电设施组成

单元 1.1-2

认知公路隧道的特点

公路隧道是特殊的道路结构物，具有以下特点。

1. 围岩条件复杂

长期的地质作用，例如复杂的大地构造运动和风化侵蚀过程，形成了形态多样的围岩地质条件，诸如节理、断层、膨胀性岩石等。加上地下水环境和地应力环境的不同，以及人类活动如矿山采空区的影响，使得围岩条件更加复杂。公路隧道在建设过程中不可避免地要贯穿这些复杂地质区域，因此必须针对不同的围岩地质条件采取相应的对策。

2. 断面形状扁平

公路隧道的断面设计一般采用扁平的马蹄形。这种设计容易在拱顶部位产生拉伸区，从而使得衬砌结构在该区域的拱顶和拱腰处弯矩增大。鉴于岩石和混凝土等材料的抗弯拉强度较低,隧道顶部容易出现剥落和坍塌,混凝土结构也容易发生裂缝。

在满足使用功能与施工安全的前提下,公路隧道建筑限界断面往往设计成宽度大于高度的截角矩形,并尽量使开挖断面轮廓接近建筑限界,以减小开挖高度、降低开挖量、节约工程成本。

3. 断面面积大

相对于铁路隧道、水工隧洞及矿山地下巷道,公路隧道的断面面积更大。双车道的公路隧道净空断面面积约为 $62m^2$,三车道的约为 $96m^2$,四车道的约为 $136m^2$。开挖断面越大,对围岩的扰动越强,开挖后暴露的围岩结构面越多,不良地质现象表现越明显。这既增加了维持围岩稳定性的难度,同时对衬砌结构的支护能力要求更高,施工方案也更为复杂。

4. 不可预见因素多

由于公路隧道贯穿的地质区域情况复杂,地下水、软弱夹层、溶洞、采空区、有害气体等不良因素具有不可预见性,许多不良地质问题往往在隧道开挖后才被发现。

5. 结构受力状态不确定

隧道施工是在有原始应力场的介质内构筑结构,而公路隧道贯穿的围岩岩性多种多样,不同岩性具有不同的物理和力学特性,其应力场分布及大小差异显著。开挖后形成的临空面会导致围岩应力分布和力学参数的改变。同时,开挖方法、支护时间、支护刚度等因素也会对结构受力产生重大影响,因此,隧道结构的受力状态是不确定的。

6. 防水要求高

公路隧道衬砌的渗漏或路面冒水会导致路面湿滑,对行车安全构成威胁。尤其在严寒地区,可能出现衬砌表面悬挂冰柱或路面结冰,从而诱发交通事故。长期或大量的渗漏水还会对隧道内的机电设备、电力和通信线路造成损害,影响其使用寿命。

7. 隐蔽工程多

隧道工程大部分是隐蔽工程,各施工阶段需要严格的检查,一旦检查不严或漏检,将存在严重的工程隐患。

8. 施工环境差

隧道施工现场空间小、能见度低、空气质量差、噪声大、各工序间干扰大,这些因素都会影响施工质量,以及现场监控量测和质量检测工作的开展。

9. 运营隧道需要通风、照明及其他必备设施

车辆在隧道中行驶时不断排放废气,污染洞内空气并降低能见度。对于长隧道或特长隧道,自然通风和交通活塞风无法有效置换隧道内的空气,因此必须设置机械通风系统,引入新鲜空气以稀释有害气体,改善隧道内的运营环境。在火灾发生时,机械通风还有助于控制烟气的流动方向,为人员疏散和灾害救援创造有利条件。

驾驶员在白天接近并穿越隧道时,行车环境会经历从亮到暗再到亮的快速变化过程。为了消除进洞时的黑洞效应以及出洞时的黑框效应或眩光现象,通常需要在隧道内设置合理有

效的照明。同时,隧道内的行人、养护人员以及故障车辆也需要照明。

另外,公路隧道还需配备必要的交通工程设施、消防设施和逃生救援设施。

单元1.2 公路隧道质量问题、检测内容及检验评定方法

【知识目标】
1. 熟悉公路隧道常见质量问题和主要病害现象;
2. 掌握公路隧道试验检测内容;
3. 掌握隧道工程质量等级评定方法。

【技能目标】
1. 能分析公路隧道的常见病害与质量问题;
2. 会对隧道工程质量检验进行评定。

【案例导入】

公路隧道的主体建筑物一般由洞身、衬砌和洞门组成,在洞口容易坍塌的地段,还需要加建明洞。隧道的附属构筑物有防水和排水设施、通风和照明设施、交通信号设施以及应急设施等。公路隧道设计通常先进行方案设计,然后进行隧道的平面和纵断面、净空、衬砌等具体设计。

某公路隧道为单洞双向行驶两车道隧道,全长4279m,最大埋深1049m。隧道净空宽度为9.14m,净空高度为6.98m,净空面积为56.45m^2。该隧道围岩主要为弱风化硬质页岩,属Ⅳ~Ⅴ级围岩,稳定性较差。为提高工程质量,减少质量通病的发生,本着"源头把关、工艺控制、持之以恒、常抓不懈"的原则,做到提前谋划、及时纠正。针对该隧道建设项目,需防范的质量通病如下:

(1)光面爆破效果不佳,超挖或欠挖控制;
(2)钢拱架安装偏差;
(3)锚杆注浆效果差;
(4)喷射混凝土质量差;
(5)仰拱出现变形过大;
(6)二次衬砌表观效果差;
(7)二次衬砌结构裂缝控制;
(8)隧道拱背回填不实;
(9)隧道墙施工缝接触面处混凝土不密实;
(10)隧道渗漏水;
(11)预埋件、预留洞室不规范;
(12)隧道水沟、电缆槽不平直;
(13)隧道洞口边仰坡稳定性差。

【工程师寄语】

施工中,隧道工程质量问题经常出现。我们要善于发现问题,分析问题,并且要及时妥善地解决问题。分析质量问题的源头,及时排除隐患,将问题消灭在萌芽状态。同时,我们应始终坚持"以人为本、科技引领、质量第一、安全至上"的原则,将工程质量与人民群众的利益紧密相连,以高度的责任感和使命感,为构建安全、优质、高效的隧道工程贡献自己的力量。让我们以严谨的态度、持之以恒的精神,不断提升职业素质,推动我国隧道工程事业的发展。

本单元将介绍公路隧道的质量问题、试验检测的意义及内容、隧道工程质量检验评定的依据和方法相关知识。

【知识框图】

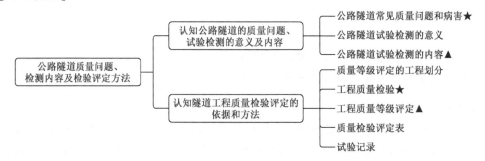

单元 1.2-1

认知公路隧道的质量问题、试验检测的意义及内容

一、公路隧道常见质量问题和病害

我国幅员辽阔,各地自然条件和地质状况复杂多变,公路隧道在建设过程中往往要面对多样化的地质和水文条件。受限于设计和施工技术,公路隧道在施工期和运营期内可能出现不同程度的质量问题和病害。这些常见的质量问题和病害主要可归纳为以下 10 个方面。

1. 洞身开挖质量问题

(1)暗洞开挖欠挖,导致断面尺寸不足,直接导致挖方量减少。
(2)超挖量超出规范要求,且未按照规定进行回填,甚至有使用编织袋装填洞渣的情况。
(3)未按设计预留足够的沉降量,导致二次衬砌施工后侵限。

2. 衬砌开裂

隧道衬砌结构裂缝较为普遍,其形态多样,有拱顶和边墙纵向裂缝、斜向裂缝、网状龟裂裂缝,有的伴有错台现象。裂缝长度从几十厘米到几十米;裂缝宽度从 0.1mm 以下到 5mm;同一断面位置,有单条裂缝出现,也有多条裂缝同时出现,裂缝长度和宽度各异。

3. 衬砌厚度不足

衬砌厚度指的是二次模筑混凝土的厚度。衬砌厚度不足常见于边墙脚、侧墙、拱顶和仰拱两侧等关键部位,严重时可能导致衬砌混凝土开裂、掉块。

4. 混凝土劣化、强度不足

主要包括喷射混凝土强度不足及衬砌混凝土强度不足;混凝土在腐蚀性环境作用下产生劣化,强度降低。

5. 衬砌背后空洞及不密实现象

衬砌背后空洞可能出现于初期支护或二次衬砌时。支护结构同围岩的紧密接触是地下结构区别于地面结构的主要特征。初期支护要求紧贴围岩,与围岩共同工作,初期支护背后空洞和不密实都属于很严重的质量问题,常见于隧道拱部、边墙。二次模筑混凝土衬砌空洞主要出现在拱部。

6. 隧道渗漏水

隧道在施工期间和建成后,都会受到地下水及地表水的影响。地下水或地表水通过某些通道渗入或流入隧道内部,就会出现衬砌表面渗水、淌水、滴水,甚至出现股状喷水、涌水等现象。路面冒水、拱墙部渗漏水可能滴落或流淌到路面,造成路面积水和湿滑。寒冷地区隧道渗水,会造成衬砌结构冻胀破坏、衬砌挂冰、路面结冰。绝大部分隧道都存在着不同程度的渗漏问题,渗漏位置遍及隧道各个部位。

7. 路面拱起、沉陷、开裂、积水

隧道运营一段时间后,可能出现路面开裂、底鼓、下沉变形等现象,通常伴随电缆沟盖板翘起,路缘石、边沟被破坏。

8. 悬挂件锈蚀、松动、脱落、缺失

隧道内风机、灯具、电缆桥架等悬挂件因环境及车辆振动影响,易出现锈蚀、松动、脱落甚至缺失。

9. 照明亮度不足

隧道内照明设施受粉尘、潮湿环境影响,易积尘老化,造成亮度不足。

10. 附属设施损坏

隧道各种附属设施在运营过程中出现损坏,如设备洞门老化、缺失,电缆槽壁及盖板破损,内装饰层(防火涂层、边墙瓷砖等)起层、脱落、轮廓标及突起路标缺失或损坏等。

二、公路隧道试验检测的意义

公路隧道的检测、监测活动贯穿于建设和运营两个阶段。从原材料、制品的质量控制到各个阶段的施工过程量测、质量检验,以及超前地质预报、施工环境监测等,都离不开检测工作。在运营期,及时有效地对隧道进行结构检测评定和运营环境监测,可以最大限度地保证结构安全和路网通畅。

三、公路隧道试验检测的内容

公路隧道检测主要内容包括：工程制品质量检测、超前地质预报、超前支护与预加固施工质量检查、洞身开挖质量检测、衬砌施工质量检测、防排水施工质量检测、施工监控量测、施工环境检测以及隧道运营环境检测等。由于隧道工程大部分属于隐蔽工程，许多检测工作必须在施工过程中完成。检测和预报是保证隧道工程施工和运营安全不可或缺的技术手段，对于隧道施工质量的控制和运营过程中的安全监控起着至关重要的作用。

公路隧道检测技术是综合性的工程应用技术，涉及设计、施工、仪器设备、传感器技术、通信技术、理论分析、数据统计等方面。

单元 1.2-2

认知隧道工程质量检验评定的依据和方法

进行质量等级评定时，首先应进行工程划分，然后按照"两级制度、逐级评定、合规定质"的原则进行评定。

一、质量等级评定的工程划分

《公路工程质量检验评定标准》（JTG F80/1—2017）（简称《质量检评标准》）按工程建设规模大小、结构部位和施工工序将建设项目划分为单位工程、分部工程和分项工程，对复杂工程，还可设立子分部工程。

(1) 单位工程：在建设项目中，具有独立施工条件和结构功能的工程，如每座或每合同段隧道工程、双洞隧道每个单洞等。

(2) 分部工程：在单位工程中，按路段长度、结构部位及施工特点等划分的工程。如洞口工程（每个洞口）、洞身开挖（200延米）、防排水（200延米）、路面（1~3km路段）等。

(3) 分项工程：在分部工程中，按不同的施工工序、工艺或材料等划分的工程。如防水层、喷射混凝土、基层、面层等。

单位工程、分部工程和分项工程应在施工准备阶段按相关标准进行划分。

分项工程完工后，应根据相关标准对工程质量进行检验评定。隐蔽工程在隐蔽前应经检验合格。

分部工程、单位工程完工后，应汇总评定所属分项工程、分部工程质量资料，检查外观质量，对工程质量进行评定。

二、工程质量检验

工程质量检验评定以分项工程为基本单元，采用合格率法进行检验。分项工程质量检验内容包括基本要求、实测项目、外观鉴定和质量保证资料四个部分。

1. 基本要求检查

分项工程所列基本要求,对施工质量优劣具有关键作用,应按基本要求对工程进行认真检查,并应检查工程所用的各种原材料的品种、规格、质量及混合料配合比和半成品、成品是否符合有关技术标准规定并满足设计要求。

只有在基本要求符合规定,且无外观质量限制缺陷和质量保证资料真实且基本齐全时,方能对分项工程质量进行检验评定。

2. 实测项目检验

对规定检查项目采用现场随机抽样方法,按照规定频率和下列合格率计算方法对分项工程的各检查项目直接计算合格率(按数理统计方法评定的项目除外)。

$$检查项目合格率(\%) = \frac{合格的点(组)数}{该检查项目的全部检查点(组)数} \times 100 \qquad (1-1)$$

实测项目分为关键项目和一般项目。涉及结构安全和使用功能的重要实测项目为关键项目,关键项目以外的其他项目均为一般项目。《质量检评标准》中以"△"标识关键项目,其合格率不得低于95%(机电工程为100%),否则该检查项目为不合格。

一般项目的合格率应不低于80%,否则该检查项目为不合格。

对少数实测项目还有规定极值的限制,这是指任何一个检测值都不能突破的极限值,不符合要求时该实测项目为不合格,对其所在分项工程可直接判定为不合格,并要求必须进行处理。

3. 外观质量检查

对外观质量应进行全面检查,并满足规定要求,否则该检验项目为不合格。

4. 质量保证资料

工程应有真实、准确、齐全、完整的施工原始记录、试验检测数据、质量检验结果等质量保证资料。

质量保证资料包括以下内容:
(1)所用原材料、半成品和成品质量检验结果;
(2)材料配比、拌和加工控制检验和试验数据;
(3)地基处理、隐蔽工程施工记录和隧道施工监控资料;
(4)各项质量控制指标的试验记录和质量检验汇总图表;
(5)施工过程中遇到的非正常情况记录及其对工程质量影响分析评价资料;
(6)施工过程中如发生质量事故,经处理补救后达到设计要求的认可证明文件等。

三、工程质量等级评定

工程质量等级评定分为合格与不合格,应按分项工程、分部工程、单位工程、合同段和建设项目逐级评定。

1. 分项工程质量等级评定

当分项工程的检验记录完整,实测项目合格,外观质量满足要求时,该分项工程评定为合格,否则视为不合格。

2. 分部工程质量等级评定

当分部工程的评定资料完整、所含分项工程及实测项目合格、外观质量满足要求时,该分部工程评定为合格,否则视为不合格。

3. 单位工程质量等级评定

当单位工程的评定资料完整、所含分部工程合格、外观质量满足要求时,该单位工程评定为合格,否则视为不合格。

4. 合同段和建设项目质量等级评定

所含单位工程合格,则该合同段评定为合格;所含合同段合格,则该建设项目评定为合格。评定为不合格的分项工程、分部工程,经返工、加固、补强或调测,满足设计要求后,可重新进行检验评定。

四、质量检验评定表

分项工程质量检验评定表、分部工程质量检验评定表、单位工程质量检验评定表见表1-2~表1-4。

分项工程质量检验评定表 表1-2

分项工程名称: 工程部位:(桩号)
所属分部工程名称:
所属单位工程名称:
所属建设项目(合同段):
施工单位: 分项工程编号:

基本要求																
实测项目	项次	检查项目	规定值或允许偏差	实测值或实测偏差值										质量评定		
				1	2	3	4	5	6	7	8	9	10	平均值、代表值	合格率(%)	合格判定
外观质量								质量保证资料								
工程质量等级评定																

检验负责人: 检测: 记录: 复核: 年 月 日

分部工程质量检验评定表 表1-3

分部工程名称：　　　　　　　工程部位：（桩号）
所属单位工程：
所属建设项目（合同段）：
施工单位：　　　　　　　　　分部工程编号：

分项工程			备注
分项工程编号	分项工程名称	质量等级	
外观质量			
评定资料			
质量等级			
评定意见			

检验负责人：　　　　　记录：　　　　　复核：　　　　　　　年　月　日

单位工程质量检验评定表 表1-4

单位工程名称：　　　　　　　工程地点、桩号：
所属建设项目（合同段）：
施工单位：　　　　　　　　　单位工程编号：

分部工程			备注
分部工程编号	分部工程名称	质量等级	
外观质量			
评定资料			
质量等级			
评定意见			

检验负责人：　　　　　记录：　　　　　复核：　　　　　　　年　月　日

五、试验记录

隧道病害记录表如表1-5所示。

隧道病害记录表　　　　　　　　　表1-5

隧道名称：

检查区域			
序号	位置	说明：类型、性状、范围或程度及原因，并在记录图上标示清楚，并标记有无照片。 *照片应包含缺陷位置记录	照片编号
说明			

检测：　　　　　　记录：　　　　　　校核：　　　　　　日期：

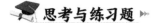

思考与练习题

一、单选题

*1. 山岭公路隧道结构除（　　）和裸露明洞外，全部埋入地下，一般置于地层包围之中。
　　A. 洞身　　　　B. 洞门　　　　C. 衬砌　　　　D. 附属构筑物

*2. 按隧道所处的位置划分，隧道分为城市隧道、山岭隧道和（　　）。
　　A. 土质隧道　　B. 平原隧道　　C. 水下隧道　　D. 农村隧道

*3. 根据公路等级、隧道长度和交通量大小，公路隧道养护可分为（　　）等级。
　　A. 三个　　　　B. 四个　　　　C. 五个　　　　D. 六个

*4. 下列不属于我国公路隧道质量检测内容的是（　　）。
　　A. 防排水质量检测　　　　　　B. 通风检测
　　C. 施工安全性检测　　　　　　D. 材料质量检测

5. 单位工程、分部工程和分项工程应在（　　）阶段按相关标准进行划分。
　　A. 施工准备　　B. 施工　　　　C. 施工完成　　D. 运营

*6. 三车道公路隧道净空断面面积约为（　　）m²。
　　A. 62　　　　　B. 96　　　　　C. 136　　　　　D. 180

*7. 一般将公路隧道的断面设计为形状扁平的( )断面。
   A. 圆形　　　　　B. 矩形　　　　　C. 马蹄形　　　　D. 椭圆形
8. 二次模筑混凝土衬砌空洞主要出现在( )。
   A. 边墙　　　　　B. 仰拱　　　　　C. 底部　　　　　D. 拱部
*9. 涉及结构安全和使用功能的重要实测项目为( )项目。
   A. 一般　　　　　B. 关键　　　　　C. 基本　　　　　D. 特殊
10. 隧道工程大部分为( )工程,很多试验检测工作必须在施工过程中进行。
   A. 敞开　　　　　B. 非隐蔽　　　　C. 隐蔽　　　　　D. 地下

二、多选题

1. 分项工程质量检验内容包括( )四个部分。
   A. 合格率　　　　B. 基本要求　　　C. 实测项目　　　D. 外观鉴定
   E. 质量保证资料
*2. 按隧道布置方式划分,隧道分为( )。
   A. 小净距隧道　　B. 分离隧道　　　C. 分岔隧道　　　D. 小跨度隧道
   E. 连拱隧道
*3. 公路隧道的主体建筑物一般由( )组成。
   A. 防水和排水设施　　　　　　　　B. 洞身
   C. 衬砌　　　　　　　　　　　　　D. 洞门
   E. 通风和照明设施
*4. 属于公路隧道常见质量问题和病害的是( )。
   A. 衬砌开裂　　　　　　　　　　　B. 混凝土劣化
   C. 隧道渗漏水　　　　　　　　　　D. 附属设施损坏
   E. 照明亮度不足
*5. 公路隧道检测主要内容包括( )。
   A. 超前地质预报　　　　　　　　　B. 衬砌施工质量检测
   C. 施工监控量测　　　　　　　　　D. 施工环境检测
   E. 瓦斯爆炸
*6. 公路隧道具有的特点有( )。
   A. 形状扁平　　　　　　　　　　　B. 隐蔽工程少
   C. 断面大　　　　　　　　　　　　D. 不可预见因素多
   E. 防水要求高
*7. 我国《公路隧道设计规范 第一册 土建工程》(JTG 3370.1—2018)按隧道长度将公路隧道分为4类,分别是( )。
   A. 特长隧道　　　B. 长隧道　　　　C. 中隧道　　　　D. 短隧道
   E. 超短隧道
8. 质量等级评定首先应进行工程划分,然后按照( )的原则进行评定。
   A. 两级制度　　　B. 逐级评定　　　C. 合规定质　　　D. 公平合理

*9. 按隧道开挖掘进方式划分,隧道分为(　　)。
　　A. 钻爆法(矿山法)隧道　　　　　　B. 盾构法隧道
　　C. 破碎机法隧道　　　　　　　　　D. 沉管法隧道
　　E. 掘进机法隧道

*10. 按隧道跨度或车道数划分,隧道分为(　　)。
　　A. 小跨度隧道　　　　　　　　　　B. 中跨度隧道
　　C. 大跨度隧道　　　　　　　　　　D. 超大跨度隧道
　　E. 一般跨度隧道

三、判断题

1. 经检查评为不合格的分项工程,允许进行返工、加固、补强或调测,满足设计要求后,可重新评定其质量等级。　　　　　　　　　　　　　　　　　　　　　　　　　(　　)

*2. 长度为1000m的公路隧道属于长隧道。　　　　　　　　　　　　　(　　)

*3. 特长隧道为长度$L>4000$m的隧道。　　　　　　　　　　　　　　(　　)

*4. 按隧道开挖掘进方式划分,隧道分为钻爆法(矿山法)隧道、盾构法隧道、破碎机法隧道、掘进机法隧道。　　　　　　　　　　　　　　　　　　　　　　(　　)

*5. 高速行驶的车辆在晚上接近并穿过隧道时,其行车环境要经历一个"亮—暗—亮"的变化过程。　　　　　　　　　　　　　　　　　　　　　　　　　　　(　　)

备注:本书中,*表示与知识目标和能力目标相对应的题目,属于必答题。

模块1　[思考与练习题]答案

工程制品试验检测

模块 2

单元2.1 防水卷材性能检测

【知识目标】
1. 了解防水卷材的种类及性能要求;
2. 熟悉防水卷材的取样方法;
3. 熟悉防水卷材长度、宽度、厚度的量测方法;
4. 掌握防水卷材各类性能试验方法及试验结果评定方法。

【技能目标】
1. 能熟练检查防水卷材的外观质量;
2. 能规范检测防水卷材各类性能;
3. 能对防水卷材的性能试验结果进行准确评判。

【案例导入】
2018年2月7日20时40分许,某市轨道交通2号线一期工程土建一标段某盾构区间右线工地突发透水,引发隧道及路面坍塌,造成11人死亡、1人失踪、8人受伤,直接经济损失约5323.8万元。事发前,右线盾构机完成905环掘进后,位于隧道底埋深约30.5m的淤泥质粉土、粉砂、中砂交界处且具有承压水的复杂地质环境中,在进行管片拼装作业时,突遇土仓压力上升,盾尾下沉,盾尾间隙变大,盾尾透水涌砂。经现场施工人员抢险堵漏未果,透水涌砂继续扩大,下部砂层被掏空,使盾构机和成型管片结构向下产生位移、变形。隧道结构破坏后,巨量泥沙突然涌入隧道,猛烈冲断了盾构机后配套台车连接件,使盾构机台车在泥沙流的裹挟下突然被冲出超700m,并在隧道有限空间内引发了迅猛的冲击气浪,隧道内正在向外逃生的部分人员被撞击、挤压、掩埋,造成重大人员伤亡。

【工程师寄语】
隧道作为国家交通与人防工程的重要基石,其安全稳固直接关系国家发展与社会安宁。防水卷材作为隧道防水体系的首要防线,其质量直接影响隧道的使用寿命与运营安全。检测人员应深刻领会"千里之堤,溃于蚁穴"的道理,以高度的责任心和使命感,严格遵循检测规范,确保隧道中每一块防水卷材都符合质量标准。这不仅是技术上的精益求精,更是对人民生命财产安全的庄严承诺。

本单元将为大家介绍防水卷材性能检测的基本要求、拉伸试验、热处理尺寸变化率试验、低温弯折性试验、抗渗透性试验、抗穿孔性试验、剪切状态下的黏合性试验以及热老化处理试验的相关知识。

【知识框图】

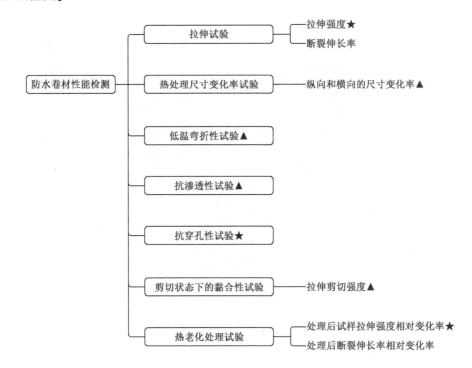

一、种类及性能要求

从20世纪60年代开始,弹性或弹塑性的合成高分子防水卷材在发达国家得到广泛开发与应用。与传统的石油沥青油毡相比,高分子防水卷材具有使用寿命长、技术性能好、冷施工、质量轻和污染性低等优点,在隧道防水工程中得到广泛应用。我国自20世纪80年代起相继研制出了三元乙丙橡胶(EPDM)、聚乙烯(PE)、聚氯乙烯(PVC)、氯化聚乙烯(CPE)、聚乙烯-醋酸乙烯(EVA)、聚乙烯-醋酸乙烯-沥青共聚物(ECB)、高密度聚乙烯(HDPE)和低密度聚乙烯(LDPE)等防水卷材。

防水卷材性能检测的基本要求

在隧道工程中,目前常用的高分子防水卷材主要是PE、EVA和ECB等,它们统称为防水板。隧道工程常用的高分子防水卷材的规格尺寸及允许偏差要求见表2-1,其物理力学性能要求见表2-2。

隧道工程常用防水卷材规格尺寸及允许偏差　　　　表2-1

项目	长度(m)	宽度(m)	厚度(mm)
规格	≥20	2.0、3.0、4.0	1.5、2.0、2.5、3.0
平均值	不允许出现负值		
极限偏差(%)	—	−1	−5

隧道工程常用防水卷材技术指标　　　　　表2-2

序号	项目		指标		
			EVA	ECB	PE
1	断裂拉伸强度(MPa)		≥18	≥17	≥18
2	扯断伸长率(%)		≥650	≥600	≥600
3	撕裂强度(kN/m)		≥100	≥95	≥95
4	不透水性0.3MPa/(24h)		无渗漏		
5	低温弯折性(℃)		≤-35(无裂缝)		
6	加热伸缩量	延伸(mm)	≤2		
		收缩(mm)	≤6		
7	热空气老化(80℃,168h)	断裂拉伸强度(MPa)	≥16	≥14	≥15
		扯断伸长率(%)	≥600	≥550	≥550
8	耐碱性[饱和Ca(OH)$_2$溶液,168h]	断裂拉伸强度(MPa)	≥17	≥16	≥16
		扯断伸长率(%)	≥600	≥600	≥550
9	人工气候加速老化	断裂拉伸强度保持率(%)	≥80		
		扯断伸长率保持率(%)	≥70		
10	刺破强度(N)	厚度(mm)	1.5	≥300	
			2.0	≥400	
			2.5	≥500	
			3.0	≥600	

高分子防水卷材类型发展较快,其理化性能检测应按相应规范执行。本单元以《氯化聚乙烯防水卷材》(GB 12593—2003)说明其检测方法。若表2-2中所列各项理化性能检测结果仅有一项不符合标准规定,允许在该批产品中随机另取一卷进行单项复测,若合格则判定该批产品理化性能合格,否则,则判定该批产品理化性能不合格。

二、取样方法

合成高分子防水卷材均应成批提交验收。对于出厂合格的产品,同一生产厂家、同一品种、同一规格的产品,每10000m^{2}卷材为一批,不足10000m^{2}的视为一批。从每批产品中随机抽取3卷进行尺寸偏差和外观检查,在上述检查合格的样品中任取一卷,从距外层端部500mm处裁取3m(出厂检验为1.5m)进行各项物理力学性能检验。理化性能试验所需的试样尺寸及数量如表2-3所示。试样截取布置示意如图2-1所示。

试样裁取前,在温度23℃±2℃、相对湿度60%±15%的标准环境下进行状态调整至少24h。裁取试件的部位、种类、数量及用作试验的项目,应符合表2-3和图2-1的要求。试样应牢固地粘贴标签并用样品袋封装,标签及样品袋应标注清楚。

理化性能试验所需的试样尺寸及数量   表2-3

序号	项目	符号	尺寸(纵向×横向,mm)	数量(卷)
1	拉伸性能	A、A′	120×25	各6
2	热处理尺寸变化率	C	100×100	3
3	抗穿孔性	B	150×150	3
4	不透水性	D	150×150	3
5	低温弯折性	E	100×50	2
6	剪切状态下的黏合性	F	200×300	2
7	热老化处理	G	300×200	3
8	耐化学侵蚀	I-1、I-2、I-3	300×200	各3
9	人工气候加速老化	H	300×200	3

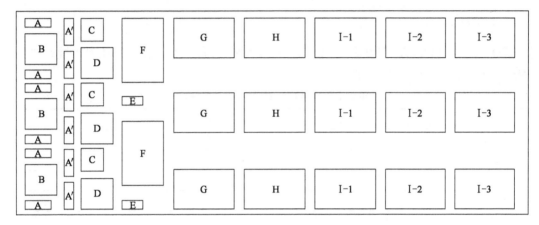

图2-1　试样裁取布置示意

三、外观质量检查

外观质量检查的方法是目测法。

要求：卷材的接头不多于一处，其中较短的一段长度不小于1.5m，接头应剪切整齐，并加长100mm。卷材表面应平整、边缘整齐，无裂纹、孔洞和黏结，不应有明显气泡、疤痕。

四、长度、宽度、厚度量测

1. 长度和宽度量测

工具：卷尺(最小分度值为1mm)。

方法：在卷材两端和中部量测3处，取平均值。

2. 厚度量测

工具：厚度计(分度值0.01mm，压力22kPa±5kPa，接触面直径6mm)。

方法：在卷材宽度方向量测5点(距卷材长度方向边缘100mm±15mm向内各取一点，在这两点中均分取其余3点),量测时保持时间为5s,取5点的平均值作为卷材的厚度,并报告最小单值。厚度偏差和最小单值要求如表2-4所示。

厚度偏差和最小单值要求(单位:mm)　　　　表2-4

厚度	允许偏差	最小单值
1.2	±0.10	1.00
1.5	±0.15	1.30
2.0	±0.20	1.70

五、结果评定

(1)防水卷材的外观质量、尺寸允许偏差均合格,可判定为合格。

(2)若存在不合格,允许在该批产品中随机另抽3卷重新检验,全部达到标准规定则判定其尺寸偏差、外观合格,若仍有不符合标准规定的,则判定该批产品不合格。

六、试验记录

高分子防水材料外观、尺寸原始记录表如表2-5所示,高分子防水材料外观质量尺寸公差等原始记录表如表2-6所示。

高分子防水材料外观、尺寸原始记录表　　　　表2-5

样品名称		规格型号	
样品编号		数量	
检测日期		检测温度(℃)	
检测设备及编号			
检测依据			
试样编号			
检测项目	图纸及标准要求	检测结果	
备注			

检测:　　　　　　　　　记录:　　　　　　　　　校核:

高分子防水材料外观质量、尺寸偏差等原始记录表　　　　　表2-6

样品名称			规格型号			
试样编号			数量			
检测日期			检测温度(℃)			
检测设备及编号						
检测依据						
检测项目	图纸及标准要求		检测结果			
外观质量						
直径(mm)			测量值			平均值
宽度(mm)			测量值			平均值
厚度(mm)			测量值			平均值
长轴(mm)			测量值			平均值
短轴(mm)			测量值			平均值
备注						

检测：　　　　　　　　记录：　　　　　　　　校核：

试验检测2.1-1

拉 伸 试 验

一、仪器设备

（1）裁片机：由加载装置、裁刀及其装卸装置组成。
（2）拉力试验机：能同时测定拉力与延伸率，保证拉力测试值在量程的20%～80%之间，精度要求为1%；能够达到250mm/min±50mm/min的拉伸速度，测长装置测量精度为1mm。

拉伸试验

二、试验步骤

1. 裁取试样

在裁取的3块A样片上，用裁片机对每块样片沿卷材纵向和横向分别裁取如图2-2所示形状的试样各两块,并按如图2-2所示标注标距线和夹持线。

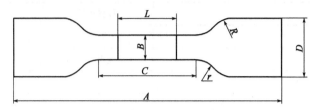

图2-2 拉伸性能试验的试样(尺寸单位:mm)

A-总长,最小值115;B-标距段的宽度,6+0.4;C-标距段的长度;D-端部宽度,25±1;R-大半径,25±2;r-小半径,14±1;L-标距线间的距离,25±1

2. 量测厚度 d

在标距区内,用测厚仪测量标线及中间3点的厚度,取中值作为试样厚度 d,精确到 0.1mm。

3. 量测两标距线间初始长度 L_0

用最小分度值为1mm的卷尺测量两标距间的初始长度。

4. 调整拉力试验机

将试验机的拉伸速度调到250mm/min±50mm/min,再将试样置于夹持器的中心,对准夹持线夹紧。

5. 拉伸试样

开动机器拉伸试样。

6. 读取数据

试样断裂时,读取荷载 P,并量取标距线间的长度 L_1。若试样断裂在标距外,则该试样作废,另取试样重做。

三、试验结果计算

1. 拉伸强度

按下式计算试样的拉伸强度(精确到0.1MPa):

$$TS = \frac{P}{B \times d} \tag{2-1}$$

式中:TS——试样的拉伸强度(MPa);
　　　P——试样断裂时的荷载(N);
　　　B——试样标距段的宽度(mm);
　　　d——试样标距段的厚度(mm)。

2. 断裂伸长率

按下式计算试样的断裂伸长率:

$$E = \frac{L_1 - L_0}{L_0} \times 100 \tag{2-2}$$

式中:E——试样的断裂伸长率(%);

L_0——试样标距线间初始有效长度(mm);

L_1——试样断裂瞬间标距线间的长度(mm)。

四、结果评定

分别计算并报告5块试样纵向和横向的算术平均值,精确到1%;同一方向试件的算术平均值分别达到标准规定,即判定该项合格。

五、试验记录

试验记录表如表2-7所示。

高分子防水材料拉伸强度、拉(扯)断伸长率原始记录表 表2-7

样品名称			规格型号				
检测温度(℃)			数量(个)				
检测日期			试样类型				
检测依据							
主要检测设备		型号				设备编号	
试件编号							
厚度(mm)	1	1	1	1	1		
	2	2	2	2	2		
	3	3	3	3	3		
	中值	中值	中值	中值	中值		
荷载(N)							
拉伸强度(MPa)							
拉(扯)断伸长率(%)							
备注							

检测: 记录: 校核:

试验检测 2.1-2

热处理尺寸变化率试验

热处理尺寸
变化率试验

一、仪器设备

(1) 鼓风恒温箱：自动控温范围为 50～240℃，控温精度为±2℃。
(2) 直尺：量程为 150mm，分度值为 0.5mm。
(3) 模板：100mm×100mm×0.4mm 的正方形金属板，边长误差不大于 ±0.5mm，直角误差不大于±1°。
(4) 垫板：300mm×300mm×2mm 的硬纸板 3 块，表面应光滑平整。

二、试验步骤

1. 裁取试样

用模板裁取 3 块 B 试样，标明卷材的纵横方向，并标明每边的中点，作为试样处理前后测量时的参考点。

2. 测量初始长度 S_0

在标准环境下，试件上面压一钢直尺，用游标卡尺测量试件纵横方向画线处的初始长度 S_0，精确到 0.1mm。

3. 放置试样

将试件平放在撒有少量滑石粉的釉面砖垫板上，再将垫板水平地置于鼓风恒温箱中，不得叠放。

4. 热处理试样

在 80℃±2℃ 的温度下恒温 24h，然后取出置于标准环境中调节 24h。

5. 测量热处理后长度 S_1

测量纵向或横向上两参考点间的长度 S_1，精确到 0.1mm。

三、试验结果计算

按下式分别计算纵向和横向的尺寸变化率：

$$R = \frac{|S_1 - S_0|}{S_0} \times 100 \tag{2-3}$$

式中：R——试样的热处理尺寸变化率(%)；

S_0——试样同方向上两参考点间的初始长度(mm)；

S_1——试样处理后同方向上两参考点间的初始长度(mm)。

四、结果评定

分别计算3块试样纵向和横向尺寸变化率的平均值作为纵向或横向的试验结果;当同一方向试件的算术平均值分别达到标准规定时,即判该项合格。

试验检测2.1-3

低温弯折性试验

一、仪器设备

(1)弯折仪:主要由金属材料制成的上下平板、转轴和调距螺钉组成,平板间距可任意调节,其形状如图2-3所示。

(2)低温箱:可在-30~0℃自动控温,控温精度为±2℃。

(3)放大镜:放大倍数为6倍。

低温弯折性试验

二、试验步骤

1. 量测试样厚度

在标准环境下,用测厚仪测量C试样的厚度。

2. 放置试样

将试样的耐候面(应无明显缺陷)朝外,弯曲180°,使50mm宽的边缘重合、齐平,并确保不发生错位(可用定位夹或10mm宽的胶布将边缘固定),将弯折仪的上下平板间距调到卷材厚度的3倍。将弯折仪上平板翻开,将两块试样平放在弯折仪下平板上,重合的一边朝向转轴,且距离转轴20mm。

图2-3 弯折仪

3. 放入低温箱

将弯折仪连同试样放入低温箱内,在规定温度下保持1h。然后,在1s之内将弯折仪的上平板压下,达到所调间距位置,保持1s后将试样取出。

4. 观察试样

待恢复到室温后,观察试样弯折处是否断裂,或用6倍放大镜观察试样弯折处受拉面是否有裂纹。

三、结果评定

两块试样均未断裂或无裂纹时,评定为无裂纹;所有试件都符合标准规定,则判定该项合格,若有一个试件不符合标准规定则判定为不合格。

四、试验记录

试验记录表如表2-8所示。

高分子防水材料低温弯折性、不透水性、加热伸缩量原始记录表　　表2-8

样品名称			规格型号		
试样编号			数量		
检测日期			检测温度(℃)		
设备编号					
检测依据					
低温弯折性					
备注					
不透水性					
备注					
加热伸缩量					
项目	横向			纵向	
备注					

检测：　　　　　　　记录：　　　　　　　校核：

试验检测 2.1-4

抗渗透性试验

一、仪器设备

(1)不透水仪:符合《建筑防水卷材试验方法 第10部分:沥青和高分子卷材 不透水性》(GB/T 32810—2007)规定。

(2)透水盘的压盖:采用如图2-4所示的金属槽盘。

抗渗透性试验

二、试验步骤

(1)按《建筑防水卷材试验方法》(GB/T 328—2007)规定做好准备。

(2)试验在标准环境下进行。将裁取的3块D试样分别置于3个透水盘中,盖紧槽盘。

(3)以每小时提高1/6规定压力(2×10^5Pa)的速度升压,达到规定压力后保压24h。

(4)观察试样表面是否有渗水现象。

三、结果评定

3块试样均无渗水现象时,评定为不透水;所有试件都符合标准规定,则判定该项合格,若有一个试件不符合标准规定,则判定为不合格。

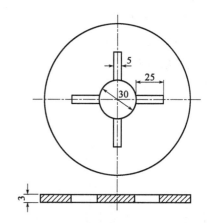

图2-4 抗渗透性试验所用槽盘(尺寸单位:mm)

四、试验记录

试验记录表如表2-9所示。

防水卷材不透水性检测原始记录表 表2-9

样品名称		型号规格	
试样编号		数量	
检测日期		检测温度(℃)	
设备编号			
检测依据			
不透水性			
备注			

检测:　　　　　　　记录:　　　　　　　校核:

试验检测2.1-5

抗穿孔性试验

抗穿孔性试验

一、仪器设备

(1)穿孔仪:由一个带刻度的金属导管、可在其中自由运动的活动重锤、锁紧螺栓和半球形钢珠冲头组成。其中,导管刻度长为0~500mm,分度值10mm;重锤质量为500g,钢珠直径为12.7mm。

(2)铝板:厚度不小于4mm。

(3)玻璃管:内径大于或等于30mm,长600mm。

二、试验步骤

(1)将裁取的E试样自由地平放在铝板上,并一起放在密度25kg/m³、厚度50mm的泡沫聚苯乙烯垫板上。

(2)将穿孔仪置于试样表面,将冲头下端的钢珠置于试样中心部位,把重锤调节到规定的落差高度300mm并定位。

(3)使重锤自由下落,撞击位于试样表面的冲头,然后将试样取出,检查试样是否穿孔,以3块试样进行试验。

(4)无明显穿孔时,采用图2-5所示装置对试样做水密性试验。将圆形玻璃管垂直放在试样穿孔试验点的中心,用密封胶密封玻璃管与试样间的缝隙。

(5)将试样置于滤纸(150mm×150mm,由玻璃板支承)上。把染色水溶液加入玻璃管中,静置24h后检查滤纸。如有变色、水迹现象,则表明试样已穿孔。

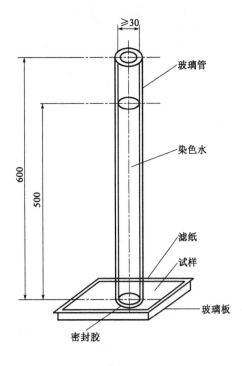

图2-5 水密性试验装置(尺寸单位:mm)

三、结果评定

3块试样均无穿孔时,评定为不渗水;所有试件都符合标准规定,则判定该项合格,若有一个试件不符合标准规定则判定为不合格。

试验检测2.1-6

剪切状态下的黏合性试验

一、仪器设备

拉力试验机:能保证拉力测试值在量程的20%~80%之间,精度要求为1%;能够达到250mm/min±50mm/min的拉伸速度。

剪切状态下的
黏合性试验

二、试验步骤

(1)按图2-2和表2-3所示裁取试片;在标准试验条件下,将与卷材配套的胶黏剂涂在试片上,涂胶面积为100mm×300mm,按图2-6所示进行黏合;黏合时间按生产厂商要求进行。

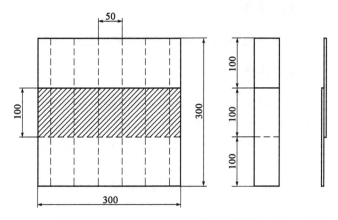

图2-6 剪切状态下的黏合性试件(尺寸单位:mm)

(2)黏合好的试片放置24h,裁取5块300mm×50mm的试件,将试件在标准试验条件下养护24h。

(3)将试件夹在拉力试验机上,拉伸速度为250mm/min±50mm/min,夹具间距150~200mm。开动拉力试验机,记录试件最大拉力P。

三、试验结果计算

如果拉伸剪切时,试样在黏结面滑脱,则剪切状态下的黏合性以拉伸剪切强度σ表示,按下式进行计算:

$$\sigma = \frac{P}{b} \tag{2-4}$$

式中:σ——拉伸剪切强度(N/mm);

P——最大拉伸剪切荷载(N);

b——试样黏合面宽度(mm)。

四、结果评定

(1)卷材的拉伸剪切强度以5块试样的算术平均值表示,精确到0.1N/mm。
(2)如果在拉伸剪切时,试样在接缝外断裂,则评定为接缝外断裂。
(3)剪切状态下的黏合性以同一方向试件的算术平均值分别达到标准规定,即判定该项合格。

试验检测2.1-7

热老化处理试验

热老化处理试验

一、仪器设备

热老化试验箱:自动控温范围为50~240℃;误差为±2℃。

二、试验步骤

(1)将裁取的3块G试样放置在撒有滑石粉的按热处理尺寸变化率试验要求的垫板上,然后一起放入热老化试验箱中。在80℃±2℃的温度下保持168h。
(2)处理后的样片在标准环境下调节24h,然后检查外观,并在每块试件上裁取纵向、横向哑铃形试件各2块做拉伸强度试验。
(3)在一块试件上纵向裁取1块,另横向裁取1块做低温弯折性试验。

三、试验结果计算

(1)3块G样片外观质量与低温弯折性的结果评定分别与相应试验条文相同。
(2)处理后试样拉伸强度相对变化率按下式计算(精确到1%):

$$R_t = \left(\frac{TS_1}{TS} - 1 \right) \times 100 \tag{2-5}$$

式中:R_t——试样处理后拉伸强度相对变化率(%);
　　TS——样品处理前平均拉伸强度(MPa)或拉力(N/cm);
　　TS_1——样品处理后平均拉伸强度(MPa)或拉力(N/cm)。
(3)处理后断裂伸长率相对变化率按下式计算(精确到1%):

$$R_e = \left(\frac{E_1}{E} - 1 \right) \times 100 \tag{2-6}$$

式中:R_e——试样处理后断裂伸长率相对变化率(%);
　　E——样品处理前平均断裂伸长率(%);
　　E_1——样品处理后平均断裂伸长率(%)。

四、试验记录

试验记录表如表2-10、表2-11所示。

防水卷材热老化(拉力及延伸率)检测原始记录表　　表2-10

样品名称				型号规格		
试样编号				数量		
检测日期				检测温度(℃)		
设备编号						
检测依据						
热老化(拉力及延伸率保持率)						

检测：　　　　　　记录：　　　　　　校核：

高分子防水材料热空气老化原始记录表　　表2-11

样品名称		规格型号	
胶种		数量(个)	
检测温度(℃)		相对湿度(%)	
热空气老化试验条件		检测日期	
检测依据			
主要检测设备		型号	设备编号
试件编号			

续上表

厚度(mm)	1	2	3	中值	1	2	3	中值	1	2	3	中值	1	2	3	中值	1	2	3	中值
硬度(IRHD)																				
荷载(N)																				
拉伸强度(MPa)																				
拉(扯)断伸长率(%)																				

项目	硬度(IRHD)	拉伸强度(MPa)	拉(扯)断伸长率(%)	拉伸强度(MPa)	拉(扯)断伸长率(%)
热空气老化试验后结果值					
热空气老化试验前结果值					
老化后最大变化					
备注					

检测： 记录： 校核：

单元2.2 隧道用土工布性能检测

【知识目标】

1. 了解土工布的种类及性能要求；
2. 熟悉土工布的取样方法；
3. 掌握土工布各类性能试验方法及内容；
4. 掌握土工布的性能试验结果评定。

【技能目标】

1. 能熟练完成土工布的各类性能试验；
2. 能正确评判土工布的性能检测结果。

【案例导入】

2007年8月5日凌晨1时左右，某铁路某隧道Ⅰ线DK124+602掌子面爆破后，在组织出渣过程中突发突水突泥事故，一个半小时内突水量15.1万m^3，泥石量5.35万m^3，造成隧道Ⅰ线、Ⅱ线内52名施工人员被困，透水水量4万~5万m^3/h。30t重的装载机被冲走了80m，50t重的喷浆台车被冲走了50m。涌水持续30min后，透水水量有所减小，但有反复，水中伴有大量泥沙涌出，隧道斜井喇叭口处淤泥厚达2m左右。到22时20分，已有42人成功获救，10人死亡（1人获救后在医院死亡）。

【工程师寄语】

质量发展是全面建设社会主义现代化国家的首要任务。在隧道工程中,防排水材料的选择与应用直接关系到隧道的安全与寿命,体现了"安全第一、质量至上"的工程理念。高质量发展不仅体现在经济层面,更体现在民生保障、安全稳定等社会各领域。作为未来的隧道建设质量守护者,同学们肩负着确保隧道工程质量、守护人民生命财产安全的重任。在进行隧道工程质量检测时,必须以高标准、严要求为原则,严格遵循规范要求,一丝不苟,精益求精,确保每一份检测数据的准确与可靠。这不仅是对技术的尊重,更是对生命的尊重,对社会发展的负责,体现了新时代工程师的责任与担当。将专业知识与社会责任、国家大政方针紧密结合,引导学生在学习专业技能的同时,树立正确的价值观,明确自身在未来职业生涯中的社会责任和历史使命,为成为有理想、有本领、有担当的新时代建设者奠定坚实的思想基础。

本单元将为大家介绍隧道用土工布取样、试样制备及数据整理、单位面积质量测定、厚度测定、宽条拉伸试验、撕破强力试验、CBR顶破强力试验、刺破强力试验、有效孔径试验(干筛法)以及垂直渗透性能试验(恒水头法)相关知识。

【知识框图】

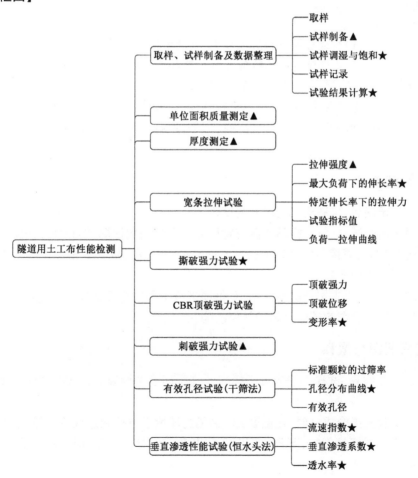

土工布也称土工织物,是透水性的土工合成材料,按制造方法分为无纺或非织造土工织物和有纺或机织土工织物。因其具有过滤、排水、隔离、加筋、防渗和防护等功能,在冶金、石油、海港、铁路、公路、机场、市政和建筑等部门均得到了广泛应用,特别是无纺土工织物在隧道工程中作为防水卷材的垫层和排水通道,用量非常大。

同一种类型的材料,因加工工艺、制造过程不同,其工程特性有时差别很大。因此,使用时应通过抽样试验来核实和确定。隧道用土工布各项性能的试验检测均依据《公路工程土工合成材料试验规程》(JTG E50—2006)进行。

试验检测2.2-1

取样、试样制备及数据整理

取样、试样制备
及数据整理

取样与试样制备方法不同,直接影响检测的最终结果。统一的取样和试验准备方法,是各项试验都应遵守的基本原则,也是减少争议的必要手段。

一、取样

(1)所选卷装材料应无破损,卷装应原封不动。
(2)全部试验的试样应在同一样品中截取。
(3)卷装材料的头两层不应取作样品。
(4)取样时尽量避免污渍、折痕、可见疵点、空洞或其他损伤部分,否则要加放足够数量。
(5)样品上应标明商标、生产商、供应商、型号、取样日期,还应加标记表示样品的卷装长度方向。

二、试样制备

(1)样品经调湿后,再制成规定尺寸的试样。
(2)每项试验的试样,应从样品长度与宽度方向上均匀地抽取,但距样品边缘至少10cm。
(3)对同一试验,应避免两个以上的试样同时处在相同的纵向或横向位置上,如不可避免时,应在试验报告中说明。
(4)剪取试样时,应先制订剪裁计划,对每项试验所用的全部试样予以编号。
(5)试样不应包含影响试验结果的任何缺陷。

三、试样调湿与饱和

(1)对于土工织物,试样一般应置于标准大气压环境中调湿24h,温度20℃±2℃、相对湿度65%±5%。
(2)对于塑料土工合成材料,在温度23℃±2℃的环境下进行状态调节,时间不得少于4h。
(3)若试样不受环境影响,可省去调湿和状态调节的处理程序,但应在记录中注明试验时的温度和湿度。

(4)土工织物试样在需要饱和时,宜采用真空抽气法饱和。

四、试样记录

(1)对试样的制取和准备方法应作详细记录。

(2)试样选择、制取、准备过程中观察到的详细情况,和做同一试验时在纵向和横向位置上的取样情况,应作相应记录。

(3)任何与取样程序不符的情况、制样的日期、所选卷材的来源、样品名称及制造商等信息作相应记录。

五、试验结果计算

(1)算术平均值 x 按下式计算:

$$\bar{x} = \frac{\sum\limits_{i=1}^{n} x_i}{n} \tag{2-7}$$

式中:n——试样个数;

x_i——第 i 块试验的试样值;

$\bar{x}$——n 块试样测试数值的算术平均值。

(2)标准差 σ 按下式计算:

$$\sigma = \sqrt{\frac{\sum\limits_{i=1}^{n} (x_i - \bar{x})^2}{n - 1}} \tag{2-8}$$

(3)变异系数 C_v 按下式计算:

$$C_v = \frac{\sigma}{\bar{x}} \times 100\% \tag{2-9}$$

(4)试验数据的取舍方法如下。

在资料分析时,可疑数据应舍弃,如果没有明确规定,可按 K 倍标准差作为舍弃标准,即舍弃在 $\bar{x} \pm K\sigma$ 范围以外的测定值。对不同的试件数量,K 值按表2-12选用。

统计量的临界值　　表2-12

试件数量	3	4	5	6	7	8	9	10	11	12	13	14
K	1.15	1.45	1.57	1.82	1.94	2.03	2.11	2.18	2.23	2.28	2.33	2.37

试验检测2.2-2

单位面积质量测定

单位面积质量是指单位面积的试样在标准大气条件下的质量。单位面积质量是土工合成材料物理性能指标之一,它反映产品的原材料用量,以及生产的均匀性和质量的稳定性,与产品性能密切相关。

单位面积质量测定

一、仪器设备

(1)剪刀或切刀。
(2)钢尺:最小分度值为1mm,精度为0.5mm。
(3)天平:感量0.01g(现场测试可为0.1g)。

二、试样制备

(1)试样数量。不得少于10块,对试样进行编号。
(2)试样面积。对一般土工合成材料,试样面积为10cm×10cm,裁剪和测量精度为1mm;对网孔较大或均匀性较差的土工合成材料,可适当加大试样尺寸。
(3)取样方法。按试验检测2.2-1中的方法取试样,用切刀或剪刀裁取。

三、试验步骤

(1)将裁剪好的试样按编号顺序逐一在天平上称量。
(2)进行测读和记录,读数精确到0.01g。

四、试验结果计算

(1)按下式计算每块试样的单位面积质量G,保留一位小数:

$$G = \frac{m \times 10^6}{A} \tag{2-10}$$

式中:G——试样单位面积质量(g/m²);
　　　m——试样质量(g);
　　　A——试样面积(mm²)。

(2)按试验检测2.2-1中方法计算单位面积质量的平均值、标准差及变异系数,保留一位小数。

五、试验记录

防水卷材外观、厚度、面积、单位面积质量原始记录表如表2-13所示。

防水卷材外观、厚度、面积、单位面积质量原始记录表　　表2-13

样品名称		型号规格	
试样编号		数量	
检测日期		检测温度(℃)	
设备编号			
检测依据			
外观			
标准要求		检测结果	
备注			

续上表

厚度											
备注											
面积											
备注											
单位面积质量											
备注											

检测： 记录： 校核：

试验检测 2.2-3

厚 度 测 定

土工织物厚度是指土工织物在承受一定压力时，正反两面之间的距离。常规厚度指在2kPa压力下测得的试样厚度。产品的厚度对其力学性能和水力性能都有很大影响。

厚度测定

一、仪器设备

采用厚度试验仪测定土工织物厚度。厚度试验仪示意图如图2-7所示。新型厚度试验仪具有数显读数功能。

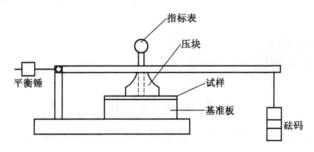

图2-7 厚度试验仪示意图

厚度试验仪的组成部件及用具如下详述。

（1）基准板：其面积要大于2倍的压块面积。

(2)压块:圆形,表面光滑、面积为25cm²,重力为5N、50N和500N不等,其中测常规厚度的压块为5N。

(3)百分表:量测基准板至压脚间的垂直距离,最小分度值0.01mm。

(4)秒表:最小分度值0.1s。

二、试样制备

(1)试样数量不得少于10块,试样应进行编号。

(2)试样面积不小于基准板的面积。

(3)按试验检测2.2-1所述方法进行取样。

三、试验步骤

(1)擦净基准板和压块,检查压脚轴是否灵活,调整百分表至零读数。

(2)提起压块,将试样自然平放在基准板与压块之间。轻轻放下压块,稳压30s后记录百分表读数,精确至0.01mm。

(3)土工合成材料的厚度一般指在2kPa压力下的厚度测定值。如需测定厚度随压力的变化时,需进行(4)、(5)步骤。

(4)增加砝码,对试样施加20kPa±0.1kPa的压力,稳压30s后读数。

(5)增加砝码,对试样施加200kPa±1kPa的压力,稳压30s后读数。除去压力,取出试样。

(6)重复上述步骤,直到10块试样测试完毕。

四、试验结果计算

(1)分别计算每种压力下10块试样厚度的算术平均值,以mm表示。精确到小数点后三位,按《数值修约规则与极限数值的表示和判定》(GB/T 8170—2008)修约到小数点后两位。

(2)如果需要,同时计算出每种压力下厚度的标准差σ及变异系数C_v。

(3)在未明确规定压力时,采用2kPa压力下的试样厚度平均值作为土工合成材料试样的厚度。

(4)以压力的对数为横坐标,以厚度的平均值为纵坐标,绘制厚度与压力的关系曲线图。

试验检测2.2-4

宽条拉伸试验

隧道用土工布宽条拉伸试验

土工合成材料的拉伸强度和最大负荷下伸长率是各项工程设计中最基本的技术指标,依据《公路工程土工合成材料试验规程》(JTG E50—2006),土工合成材料的拉伸性能可以通过拉伸试验进行测试。测定土工织物拉伸性能的试验方法有宽条法和窄条法。由于采用宽条试样和较慢的拉伸速率,可以有效地降低横向收缩,使试验结果更加符合实际情况,所以宽条法使用更加广泛。

宽条拉伸试验中常用的试验指标有最大负荷、伸长率、最大负荷下伸长率、特定伸长率下的拉伸力、拉伸强度等。伸长率是指试验中试样实际夹持长度(名义夹持长度与预负荷伸长之和)的增加与实际夹持长度的比值,以百分数表示;最大负荷下伸长率是指在最大负荷下试样所显示的伸长率,以百分数表示;特定伸长率下的拉伸力是指试样被拉伸至某一特定伸长率时每单位宽度的拉伸力,以 kN/m 表示;拉伸强度是指试验中试样拉伸至断裂时每单位宽度的最大拉力,以 kN/m 表示。

一、仪器设备

(1)拉伸试验机:具有等速拉伸功能,拉伸速率可以设定,并能测读拉伸过程中试样的拉力和伸长量,记录拉力—伸长曲线。

(2)夹具:一对夹持试样的夹具,其钳口面要有一定的约束作用,并能防止试样在钳口滑移和损伤;钳口宽度至少与试样200mm同宽。

(3)伸长计:测量和记录装置,能够测量试样上两个标记点之间的距离,对试样无任何损伤和滑移,能反映标记点的真实动程,误差应不超过±1mm。

(4)蒸馏水和非离子润湿剂:仅用于浸湿试样。

平面拉伸试验装置示意图如图2-8所示。

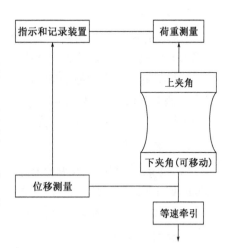

图2-8 平面拉伸试验装置示意图

二、试样制备

1. 试样数量

分别以土工合成材料纵向和横向作试样长边,剪取试样各至少5块。

2. 试样尺寸

(1)无纺类土工织物试样宽度为200mm±1mm(不包括边缘),试样有足够长度以保证夹具净间距100mm。实际长度视夹具而定,必须有足够的长度使试样伸出夹具。

(2)对于有纺土工织物,裁剪试样宽度为220mm,再在两边拆去大约相同数量的纤维,使试样宽度达到200mm±1mm的名义试样宽度。

(3)除测干态强度外,要求测定湿态强度时,裁剪2倍的长度,然后截为等长度的2块。

(4)对湿态试样,要求从水中取出到上机拉伸的时间间隔不大于10min。

3. 取样方法

(1)取样原则同厚度测试。

(2)对于针织土工织物可采用热切割方法取样,但是需要在试验报告中说明。

三、试样调湿和状态调节

(1)对于土工织物,试样一般应置于温度为20℃±2℃的蒸馏水中,浸润时间应足以使试样全湿或至少为24h。为了使试样完全湿润,可以在水中加入不超过0.05%的非离子型湿润剂。

(2)对于塑料土工合成材料,在温度为23℃±2℃的环境下,进行状态调节的时间不得少于4h。

(3)如果确认试样不受环境影响,则可不调湿和状态调节,但应在报告中注明试验时的温度和湿度。

四、试验步骤

1. 设定拉伸试验机

(1)调整两夹具的初始间距为100mm±3mm。两个夹具中要求其中一个的支点能自由旋转或为万向接头,保证两个夹具平行并在一个平面内。

(2)选择拉伸试验机的满量程范围,使试样的最大断裂力在满量程的30%~90%范围内,设定拉伸速率为(20%±1%)min。名义夹持长度是指在试样的受力方向上,标记的两个参考点间的初始距离,一般为60mm,记为L_0。

2. 夹持试样

(1)将试样对中放入夹具内,为方便对中,可在试样上画垂直于拉伸方向的两条相距100mm的平行线作为标志线。对湿试样,从水中取出3min内进行试验。

(2)测读试样的名义夹持长度L_0。

3. 试样预张拉

对于已夹持好的试样进行预张拉,预张拉力相当于最大负荷的1%。记录因预张拉试样产生的夹持长度的增加值L_0'。

4. 安装伸长计

在试样上相距60mm处设定标记点(距试样中心各30mm),安装伸长计。

5. 测定拉伸性能

(1)开动拉伸试验机,以(20%±1%)min的拉伸速率进行拉伸,同时启动记录装置,连续运转直到试样破坏时停机。对延伸率较大的试样,应拉伸至其拉力明显降低时方能停机。记录最大负荷,精确至满量程的0.2%。记录最大负荷下的伸长量ΔL,精确至0.1mm。

(2)如果试样在距钳口5mm范围内断裂,则该试验结果应剔除。纵、横向分别至少要有5个合格试样。

6. 测定特定伸长率下的拉伸力

在拉伸过程中,测定特定伸长率下的拉伸力,记录精确到满量程的0.2%。

五、试验结果计算

1. 拉伸强度

土工织物或小孔径土工网试样的拉伸强度α_f可用下式计算:

$$\alpha_f = F_f C \tag{2-11}$$

式中：α_f——拉伸强度(kN/m)；

F_f——测读的最大负荷(kN)；

C——按以下两种情况之一计算，对于非织造、高密织物或类似产品，$C=1/B$，其中，B为试样的名义宽度(m)；对于稀松土工织物、土工网等松散结构材料，$C=N_m/N_s$，其中，N_m为试样1m宽度内的拉伸单元数，N_s为试样宽度内的拉伸单元数。

2. 最大负荷下的伸长率

按下式计算试样的伸长率：

$$\varepsilon = \frac{\Delta L}{L_0 - L_0'} \times 100 \tag{2-12}$$

式中：ε——伸长率(%)；

L_0——名义夹持长度(使用夹具时为100mm，使用伸长计时为60mm)；

L_0'——预负荷伸长量。

3. 特定伸长率下的拉伸力

试样在特定伸长率下的拉伸力按下式计算：

$$F_n = f_n C \tag{2-13}$$

式中：F_n——对应于伸长率为n时试样的每延米拉伸力(kN/m)，n用百分数表示；

f_n——对应于伸长率为n时试样的测定负荷(kN)，n用百分数表示；

C——计算方法同计算拉伸强度中的方法。

4. 试验指标值

计算拉伸强度、最大负荷下伸长率和特定伸长率下拉伸力的平均值，并计算它们的标准差σ及变异系数C_v。

5. 负荷—拉伸曲线

如有需要，可绘制如图2-9所示的松式夹持试样的负荷—拉伸曲线。

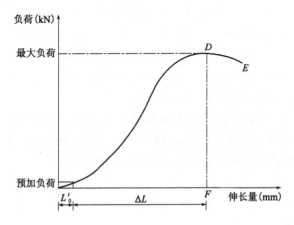

图2-9 松式夹持试样的负荷—拉伸曲线

试验检测2.2-5

撕破强力试验

一、仪器设备

撕破强力试验

(1)拉伸试验机:具有等速拉伸功能,拉伸速率可以设定,并能测读拉伸过程中试样的拉力和伸长量,记录拉力—伸长曲线。

(2)夹具:钳口表面应有足够宽度,以保证能够夹持试样的全宽,并采用适当措施避免试样滑移和损伤。

(3)梯形模板:用于剪样,标有尺寸。

二、试样制备

(1)试样数量:纵向和横向各取10块试样。

(2)试样尺寸:试样为宽76mm、长200mm的矩形试样,在矩形试样中部用梯形模板画一等腰梯形(夹持线),梯形试样尺寸如图2-10所示。在梯形短边正中处剪一条垂直于短边的15mm长的切口。

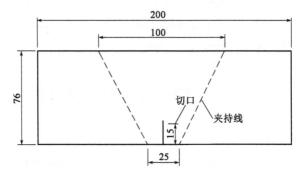

图2-10 梯形试样尺寸(尺寸单位:mm)

(3)取样方法应符合试样制备的一般原则,如前述试样制备的要求。

(4)有纺土工织物试样测定纵向纤维的撕裂强度时,剪取试样长边应与纵向纤维平行,使试样切缝切断及试验时拉断的为纵向纤维。测定横向撕裂强度时,剪取试样长边应与横向纤维平行,使试样被切断及撕裂拉断的为横向纤维。

(5)无纺土工织物试样测定纵向纤维的撕裂强度时,剪取试样长边应与织物纵向平行,使切缝垂直于纵向;测定横向撕裂强度时,剪取试样长边应与织物横向平行,使切缝垂直于横向。

(6)准备好试样,如进行湿态撕裂试验,要求同条带拉伸试验。

三、试验步骤

1. 设定拉伸试验机

调整拉伸试验机夹具的初始距离到25mm,设定拉伸试验机满量程范围,使试样最大撕裂荷载在满量程的30%~90%范围内,设定拉伸速率100mm/min±5mm/min。

2. 加持试样

将试样放入夹具内,沿梯形不平行的两腰边缘(夹持线)夹住试样。梯形的短边平整绷紧垂直,其余呈起皱叠合状,夹紧夹具。

3. 拉伸试样

启动拉力机,以拉伸速率100mm/min拉伸试样,并记录拉伸过程中的撕裂力,直至试样破坏时停机。撕裂力可能有几个峰值和谷值,也可能单一上升而只有一个最大值,撕裂过程曲线如图2-11所示。取最大值作为撕破强力,单位以N表示。

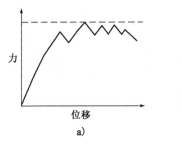
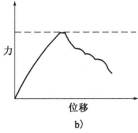

图2-11 撕裂过程曲线

4. 特殊情况处理

在夹具内有打滑现象或有1/4以上的试样在夹具边缘5mm范围内发生断裂时,夹具可做如下处理。

(1)夹具内加垫片。

(2)与夹具接触部分的织物用固化胶加固。

(3)修改夹具面。

采用任何处理时均要在试验报告中说明。

四、试验结果计算

(1)分别计算纵向和横向撕破强力的平均值作为试验值$\bar{T}_t$,精确至0.1N。

(2)计算纵向和横向撕破强力的标准差和变异系数,变异系数精确至0.1%。

五、试验记录

高分子防水材料撕裂强度原始记录表如表2-14所示。

高分子防水材料撕裂强度原始记录表　　表2-14

样品名称		规格型号	
检测温度(℃)		数量(个)	
检测日期		试样类型	
检测依据			

续上表

主要检测设备		型号		设备编号	
试件编号					
厚度(mm)	1	1	1	1	1
	2	2	2	2	2
	3	3	3	3	3
	中值	中值	中值	中值	中值
荷载(N)					
撕裂强度(kN/m)					
备注					

检测：　　　　　　记录：　　　　　　校核：

试验检测2.2-6

CBR顶破强力试验

CBR顶破强力试验

在隧道工程中，土工织物直接与初期支护内表面接触，在二次衬砌施作之后，土工布一般要受到径向挤压力。对于采用锚喷支护为初期支护的结构，其内表面往往凹凸不平，导致土工织物常处于不均匀受压状态。其中最不利的一种状态为处于紧绷状态的土工合成材料受到法向集中力的作用。按接触面的受力特征和破坏形式可分为顶破、刺破和穿透几种受力状态。

顶破强力是指顶杆顶压试样直至破裂过程中测得的最大顶压力，反映了土工织物抵抗垂直织物平面的法向压力的能力。顶破强力试验的常用方法有CBR顶破强力试验和圆球顶破强力试验。《公路工程土工合成材料试验规程》(JTG E50—2006)推荐采用CBR方法。

一、仪器设备

CBR试验仪及环形夹持设备如图2-12所示；CBR试验仪环形样品如图2-13所示。

(1)试验机：具有等速加荷功能，加荷速率可以设定，能测读拉伸过程中土工合成材料的拉力和伸长量，记录应力—应变曲线。量力环(测力计)安装在加荷框架上，量力环下部装有

50mm的圆柱体压杆,量力环中的百分表用于测定量力环变形计算顶压力。一般试验仪最大压力约为50kN,行程为100mm。

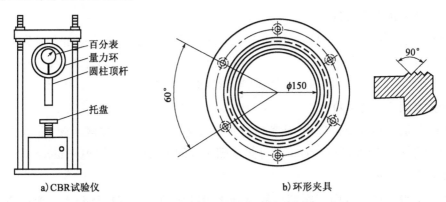

图2-12　CBR试验仪及环形夹持设备(尺寸单位:mm)

（2）顶破夹具：夹具夹持环底座高度须大于100mm,环形夹具内径为150mm,其中心必须在圆柱顶压杆的轴线上。

（3）顶压杆：直径50mm、高度100mm的圆柱体,顶端边缘倒成半径为2.5mm的圆弧。

二、试样制备

（1）取样方法：同试验检测2.2-1所述。

（2）试样数量：每组试验取直径300mm的圆形试样5块。

（3）试样制备：在每块试样离外圈50mm处均等开6条8mm宽的槽,如图2-13所示。

（4）试样调湿和状态调节：同拉伸试验。

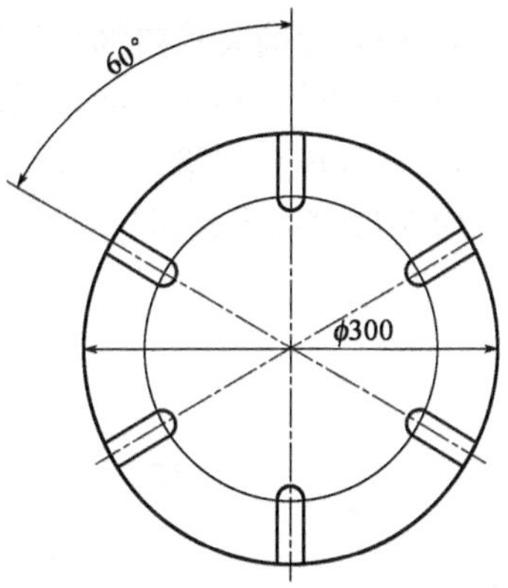

三、试验步骤

1. 夹持试样

试样放入环形夹具内,试样在自然状态下拧紧夹具。

2. 调整试验机

图2-13　CBR试验仪环形样品(尺寸单位:mm)

将夹持好试样的夹具对中放在加荷系统的托盘上调整高度,使试样与顶杆刚好接触。设定试验机满量程,使试样最大顶破强力在满量程的30%～90%范围内,设定顶压杆的下降速率为60mm/min±5mm/min。

3. 顶破试样

启动试验机,直至试样完全顶破为止。观察记录顶破情况,记录顶破强力(N)和顶破位移值(mm)。如果试验中试样在夹具中有明显滑动,则剔除该试样结果,并补做试验至5块。

四、试验结果计算

1. 计算顶破强力平均值

以CBR仪的圆柱顶杆均匀垂直顶压于土工合成材料平面时,测定土工合成材料所能够承受的最大顶压力,称为顶破强力。由量力环标定曲线,将量力环中百分表的读数换算为力,单位为N。计算每块试样的顶破强力平均值(N),精确到0.1N。

2. 计算顶破位移的平均值

顶破位移是指在试验过程中,从顶压杆顶端开始与试样表面接触时起,直至达到顶破强力时,顶压杆顶进的距离,单位为mm。计算顶破位移的平均值,精确到0.1mm。

3. 计算变形率 ε

变形率是指环形夹具内侧距顶压杆边缘之间试样的长度变化百分率。变形率 ε 按下式计算:

$$\varepsilon = \frac{L_1 - L_0}{L_0} \times 100\% \tag{2-14}$$

$$L_1 = \sqrt{h^2 + L_0^2} \tag{2-15}$$

式中:L_0——试验前夹具内侧至顶压杆顶端边缘的距离(mm);

L_1——试验后夹具内侧至顶压杆顶端边缘的距离(mm);

h——顶压杆位移(mm)。

CBR顶破试验参数示意图如图2-14所示。

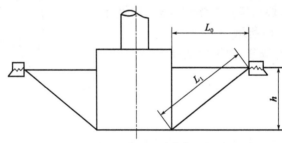

图2-14 CBR顶破试验参数示意图

4. 计算变异系数

如需要,计算5块试样顶破强力平均值的变异系数。

试验检测2.2-7

刺破强力试验

刺破强力试验

刺破强力是反映土工织物抵抗小面积集中荷载的能力。刺破强力的试验原理方法与CBR顶破强力类似,但在顶杆直径、试样面积和定压速率上有所不同。

一、仪器设备

(1)试验机:具有等速加荷功能,加载速率可以设定,能测读加载过程中的应力和应变,记录应力—应变曲线;要求行程大于100mm,加荷速率能达到300mm/min±10mm/min。

(2)环形夹具:内径44.5mm±0.025mm,底座高度大于顶杆长度,有较高的支撑力和稳定性。

(3)平头顶杆:钢质实心杆,直径为8mm±0.01mm,顶端边缘倒角为0.5mm×45°。

二、试样准备

(1)取样方法:取样原则同CBR顶破强力试验。

(2)试样数量:每组试验取圆形试样10块。

(3)试样制备:试样直径不小于100mm,试样上不得有影响试验结果的可见疵点,根据夹具的结构在对应的螺栓位置处开孔。

(4)试样调湿和状态调节:同CBR顶破强力试验。

三、试验步骤

(1)将试样放入环形夹具内,使试样在自然状态下放平,拧紧夹具。

(2)将夹持好试样的夹具对中放在加荷系统的托盘上,使平头顶杆对中,如图2-15所示。

(3)设定试验机满量程,使试样最大顶破强力在满量程的30%~90%范围内,设定顶压杆的下降速率为300mm/min±10mm/min。调整高度,使试样与顶杆刚好接触。

(4)调整连接在刚性顶杆上量力环的百分表读数至零。

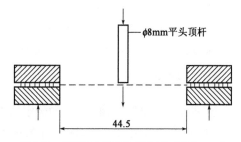

图2-15 刺破强力试验示意图(尺寸单位:mm)

(5)开机,记录顶杆顶压试样时的最大压力值,即为刺破强力。

(6)停机,取下试样,观察记录顶破情况。如果试验中试样在夹具中有明显滑动,则剔除该试样结果,重新补做。

(7)重复步骤(1)~(6)进行试验,每组试验进行10块试样。

四、试验结果计算

(1)由量力环标定曲线,将量力环中百分表的读数换算为力,单位为N。计算10块试样的顶破强力的平均值,保留三位有效数字。

(2)如需要,计算刺破强力平均值的变异系数,精确到0.1%。

试验检测 2.2-8

有效孔径试验（干筛法）

有效孔径试验
（干筛法）

孔径是土工织物水力学特性中的一项重要指标，它反映土工织物的过滤性能，既可评价土工织物阻止土颗粒通过的能力，又反映土工织物的透水性。表征土工织物孔径特征的指标是有效孔径。有效孔径是指能有效通过土工织物的近似最大颗粒直径，例如 O_{90} 表示土工织物中 90% 的孔径低于该值。

目前，测量有效孔径的方法主要有干筛法和湿筛法，干筛法较为常用。干筛法标准制备是将标准颗粒材料（可以为玻璃珠或天然砂）进行分档，逐档放于振筛上（以土工布作为筛布），得出一系列不同粒径的筛余率。当某一粒径的筛余率等于总量的 90% 或 95% 时，该粒径即为该土工布的表观孔径或有效孔径，用 O_{90} 或 O_{95} 表示。

一、仪器设备

(1) 标准分析筛：细筛一个，孔径为 2mm，外径为 200mm。
(2) 标准筛振筛机：相关参数如下。
横向振动频率为 220 次/min±10 次/min，回转半径为 12mm±1mm。
垂向振动频率为 150 次/min±10 次/min，振幅为 10mm±2mm。
(3) 天平：称量 200g，感量 0.01g。
(4) 其他用品：计时器、剪刀、细软刷子等。

二、试样制备

(1) 取样：按试验检测 2.2-1 的规定取样。
(2) 试样数量及尺寸：剪取试样数量为 $5n$ 块，n 为选取的粒径组数；试样直径应大于筛子直径。
(3) 试样调湿：试样调湿时，当试样在间隔至少 2h 的连续称量变化幅度不超过试样质量的 0.25% 时，认为该试样已经调湿。
(4) 标准颗粒材料的准备：将洗净烘干的颗粒材料用筛析法制备分级标准颗粒。标准颗粒材料粒径分组如下（单位为 mm）：0.045~0.063、0.063~0.071、0.071~0.090、0.090~0.125、0.125~0.180、0.180~0.250、0.250~0.280、0.280~0.355、0.355~0.500、0.500~0.710。

三、试验步骤

(1) 将试样和标准颗粒同时放在标准大气下调湿平衡。
(2) 将同组 5 块试样平整地放入能够支撑试样，并不下凹的支撑筛网上，固定好。
(3) 称量较细粒径规格的标准颗粒材料 50g，均匀地撒在筛中的试样表面。
(4) 将筛子、上盖和下部底盘一起固定在摇筛机上，启动振筛机，摇筛 10min。

(5)停机后,称量通过试样进入接收盘中的标准颗粒材料质量,准确至0.01g。

(6)用刷子将筛筐上的表面颗粒清理干净,更换新的一组试样。采用同级标准颗粒材料,重复步骤(1)~(4),共进行5次平行试验。

(7)另取一组分级标准颗粒材料按步骤(1)~(6)进行试验。直至取得不小于3组连续分级标准颗粒的过筛率,并要求其中一组的过筛率达到或低于5%(筛余率95%)。

四、试验结果计算

1. 计算某组标准颗粒的过筛率 B

$$B(\%) = \frac{P}{T} \times 100 \quad (2\text{-}16)$$

式中：T——每次试验时标准颗粒的质量(g);

P——5块试样同组粒径过筛量的平均值(g)。

2. 绘制孔径分布曲线

以分级标准颗粒粒径平均值为横坐标(对数坐标)、过筛率平均值为纵坐标绘制孔径分布曲线,即过筛率—粒径分布曲线,如图2-16所示。该曲线可间接地反映织物孔径的分布情况。

3. 确定有效孔径 O_{90} 和 O_{95}

在过筛率—粒径分布曲线上,纵坐标为10%的点所对应的横坐标,即定义为有效孔径 O_{90};曲线上纵坐标为5%的点所对应的横坐标,即定义为有效孔径 O_{95},单位为mm,取两位有效数字。

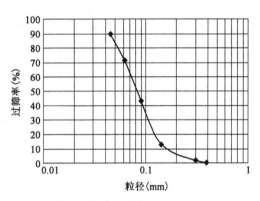

图2-16 过筛率—粒径分布曲线示意图

试验检测2.2-9

垂直渗透性能试验(恒水头法)

土工织物的垂直渗透特性参数包括:流速指数、垂直渗透系数、透水率等。

流速指数是指试样两侧50mm水头差下的流速,单位为mm/s,试验精确到1mm/s。垂直渗透系数是指单位水力梯度下垂直于土工织物平面的水的流速,单位为mm/s。透水率是指垂直于土工织物平面流动的水,在水位差等于1h的渗透流速,单位为L/s。

垂直渗透性能试验
(恒水头法)

一、试验依据

(1)《公路工程土工合成材料试验规程》(JTG E50—2006)。

(2)《水质 溶解氧的测定 碘量法》(GB 7489—1987)。

二、目的及适用范围

本试验方法适用于各种具有透水性能的土工织物。试验目的为确定土工织物在法向水流作用下的透水特性。

三、仪器设备

水平式恒水头渗透仪示意图见图2-17。

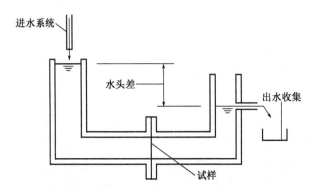

图2-17 水平式恒水头渗透仪示意图

(1)渗透仪夹持器的最小直径为50mm,能使试样与夹持器周壁密封良好,没有渗漏。

(2)仪器能设定的最大水头差应不小于70mm,有溢流和水位调节装置,能够在试验期间保持试件两侧水头恒定,有达到250mm恒定水头的能力。

(3)测量系统的管路应避免直径的变化,以减少水头损失。

(4)有测量水头高度的装置,精确到0.2mm。

(5)试验用水采用蒸馏水或经过过滤的清水,试验前必须用抽气法或煮沸法脱气。水中的溶解氧含量不得超过10mg/kg,溶解氧含量的测定在水入口处进行。

(6)水温控制在18~22℃。

其他设备和用品如温度计(精度0.2℃)、秒表(精度0.1s)、量筒(精度10mL)。

四、试样制备

(1)取样方法。同试验检测2.2-1所述。

(2)试样数量。取不少于5块,尺寸大小与试验仪器相适应。

五、试验步骤

(1)将试样浸泡在含湿润剂(0.1%体积分数的烷基苯磺酸钠)水中至少12h,至饱和,并驱走气泡。

(2)将饱和的试样装入渗透仪的夹持器内,安装时防止空气进入。有条件的可在水下装样,并使所有的接触点不漏水。

(3)向渗透仪注水直到试样两侧达到50mm的水头差。关掉供水,如果试样两侧的水头在5min内不能平衡,查找是否有未排除干净的空气,重新排气,并在试验报告中注明。

(4)调整水流,使水头差达到70mm±5mm,记录此值,精确到1mm。待水头稳定至少30s后,在规定的时间周期内,用量杯收集通过仪器的渗透水量,体积精确到10mL,时间精确到1s。收集渗透水量至少1000mL,时间至少30s。如果使用流量计,流量计至少应有能测出水头差70mm时的流速的能力,实际流速由最小时间间隔15s的3个连续读数的平均值得出。

(5)分别对最大水头差0.8、0.6、0.4、0.2倍的水头差,重复步骤(4)的程序,从最高流速开始,到最低流速结束,并记录下相应的渗透水量和时间。如果使用流量计,适用同样的原则。

(6)记录水温,精确到0.2℃。

(7)对剩下的试样重复步骤(2)~(6)。

六、试验结果计算

1. 流速指数

(1)按下式计算标准温度(20℃)下的流速v_{20},单位为mm/s:

$$v_{20} = \frac{VR_T}{At} \tag{2-17}$$

式中:V——渗透水的体积(m^3);

R_T——T℃水温时的水温修正系数[见《公路工程土工合成材料试验规程》(JTG E50—2006)中表T 1141-1];

A——试样过水面积(m^2);

t——达到水体积V的时间。

如果采用流速计,流速v_T可直接测定,则$v_{20} = v_T R_T$。

(2)计算每块试样在不同水头差下的流速v_{20}。

使用计算法或作图法,用水头差h对流速v_{20}通过原点作曲线。在同一图中绘制5个试样的水头差h对流速v_{20}的5条曲线。

(3)通过计算法或作图法,求出5个试样50mm水头差的流速值,并给出平均值、最大值、最小值。平均值作为该样品的流速指数,精确到1mm/s。

2. 垂直渗透系数

按下式计算实际水温下的垂直渗透系数k:

$$k = \frac{v}{i} = \frac{v\delta}{\Delta h} \tag{2-18}$$

式中:k——实际水温下的垂直渗透系数(mm/s);

v——垂直土工织物平面水的流动深度(mm/s);

i——土工织物上下两侧的水力梯度;

δ——土工织物试样的厚度(mm);

Δh——土工织物试样施加的水头差(mm)。

20℃温度下的垂直渗透系数k_{20}按下式计算：

$$k_{20} = kR_T \tag{2-19}$$

式中：R_T——T℃水温时的水温修正系数[见《公路工程土工合成材料试验规程》(JTG E50—2006)中表 T 1141-1]。

3. 透水率

标准温度(20℃)下的透水率θ_{20}按下式计算：

$$\theta_{20} = \frac{k_{20}}{\delta} = \frac{v_{20}}{\Delta h} \tag{2-20}$$

式中：θ_{20}——标准温度(20℃)下试样的透水率(s^{-1})；

$\quad\quad k_{20}$——标准温度(20℃)下的垂直渗透系数(mm/s)；

$\quad\quad v_{20}$——标准温度(20℃)下垂直土工织物平面水的流动深度(mm/s)；

$\quad\quad \delta$——土工织物试样的厚度(mm)；

$\quad\quad \Delta h$——土工织物试样施加的水头差(mm)。

七、注意事项

上述试验是基于渗透试验服从达西定律进行的。

八、试验记录与示例

(1)土工织物在标准温度(20℃)的渗透系数，也可同时给出透水率。
(2)如果进行了不同压力下的渗透试验，给出渗透系数与压力的变化曲线。
(3)对试验中发生的可能影响试验结果的情况作出必要的说明。

单元2.3 盾构隧道管片质量检测

【知识目标】
1. 掌握混凝土管片的混凝土强度、外观、尺寸、水平拼装检测的要求；
2. 掌握混凝土管片的渗漏、抗弯性能及抗拔性能检测的方法。

【技能目标】
能规范进行混凝土管片的渗漏、抗弯性能及抗拔性能检测。

【案例导入】
某地铁二号线某工地1997年10月25日21时许，夜班某队共11名人员在小队长的带领下，9名人员在井下进行盾构推进施工，2名人员在地面作业。在吊运4块混凝土管片作业后，门式起重机司机发现5t副钩出现一侧倾斜现象，此时井下正要推进出土，于是停用副钩，改用15t主钩吊运4箱积土。直至23时50分许，吊运428环推进出渣斗，在吊运到第6箱时，15t主钩穿插吊运管片1块，以保证第428环的成环拼装作业。

到26日凌晨1时左右,现场仍在使用门式起重机15t主钩吊运2块管片,到2时左右,第429环2箱出渣斗运至井底,门式起重机作业人员随即用15t主钩吊运渣斗。2时55分时,15t主钩准备吊运第6箱出渣斗,当主钩下放至距井底4m时,门式起重机司机突然发现悬在空中的5t副钩向下坠落(坠落高度约17m),他立即向下大叫,但为时已晚,5t副钩已击中井下电瓶车司机造成其当场死亡。

该事故的直接原因:起重设备有缺陷。

(1)门式起重机副钩无防钢丝绳跳槽及跳槽后的机械保险保护装置;

(2)门式起重机副钩动滑轮轮缘破损后堆焊高度不够;

(3)门式起重机平衡轮锈蚀卡阻不起作用。

该事故的间接原因有以下几点。

(1)门式起重机在验收检测过程中,未检验出动滑轮缺损焊补和间隙过大等设备上的缺陷;

(2)门式起重机使用时,对5t副钩倾斜的设备缺陷,未及时采取有效的整改措施。

盾构隧道施工中危险源很多,我们要严格检测,尽量避免事故的发生。

【工程师寄语】

盾构隧道工程中的管片拼装工艺为我们提供了生动的"拼装思维"案例。创新是引领发展的第一动力,要求我们打破常规,跨界融合,激发创新活力。管片拼装正是通过将预制的标准化组件在施工现场精准拼接,不仅提高了施工效率,降低了对环境的影响,还确保了隧道结构的安全与稳定。我们在工作和生活中,也应借鉴"拼装思维",将跨领域的知识和技能有机结合,创新解决问题的方法,以适应新时代的发展要求。

本单元将为大家介绍混凝土管片外观、尺寸、水平拼接检测,混凝土强度检测,渗漏检测试验,抗弯性能检测试验,抗拔性能检测试验等相关知识。

【知识框图】

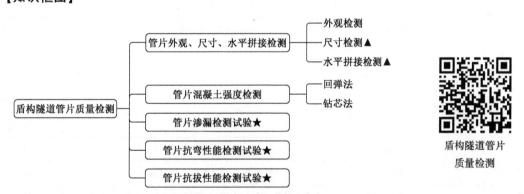

盾构隧道管片质量检测

盾构法作为一种新型的暗挖施工方法,由于具有机械化程度高、对地层扰动小、掘进速度快、地层适应性强、对周围环境影响小等特点,逐渐成为水下公路隧道建设的主要施工方法。在盾构隧道施工过程中,必须配套使用大量的拼装式管片。目前,我国盾构隧道管片主要采用钢筋混凝土管片,如图2-18所示。

图 2-18　钢筋混凝土管片

管片的质量直接关系到盾构隧道后期运营的安全性和维护成本。因此,对管片质量检测是盾构隧道施工检测的重要组成部分。《盾构隧道管片质量检测技术标准》(CJJ/T 164—2011)规定混凝土管片质量检测项目应包括:外观、尺寸、水平拼装、混凝土强度、渗漏、抗弯性能及抗拔性能。

试验检测 2.3-1

管片外观、尺寸、水平拼接检测

一、外观检测

盾构隧道管片外观检测项目一般包括贯穿或非贯穿性裂缝、内外弧面露筋、孔洞、疏松、夹渣、蜂窝拼接面裂缝、麻面、粘皮、缺棱掉角、飞边、环纵向螺栓孔,具体的实测项目及要求如表 2-15 所示。

盾构隧道管片外观实测项目及要求　　　表 2-15

序号	检查项目		规定值或允许偏差	检查方法和频率
1	主控项目	贯穿裂缝	不允许	尺量:全部
2		内、外弧面露筋	不允许	目测:全部
3		孔洞	不允许	尺量:全部
4		疏松、夹渣	不允许	目测:全部
5		蜂窝	不允许	目测:全部
6	一般项目	非贯穿性裂缝	裂缝宽度允许范围 0~0.10mm	尺量:全部
7		拼接面裂缝	拼接面方向长度不超过密封槽,裂缝宽度允许范围 0~0.20mm	尺量:全部
8		麻面、粘皮	表面麻皮、粘皮总面积不大于表面积的 5%	尺量:全部
9		缺棱掉角、飞边	应补修	目测:全部
10		环、纵向螺栓孔	畅通、内孔面平整、不应有塌孔	目测:全部

二、尺寸检测

盾构隧道管片尺寸检测项目一般包括宽度、厚度和钢筋保护层厚度检测,具体实测项目及要求如表2-16所示。

盾构隧道管片尺寸的实测项目及要求　　　　　表2-16

序号	检查项目		规定值或允许偏差	检查方法和频率
1	主控项目	宽度(mm)	±1	游标卡尺:内、外弧面的两端部及中部各测量1点
2		厚度(mm)	+3,-1	游标卡尺:管片的四角及拼接面中部各测量1点
3	一般项目	钢筋保护层厚度(mm)	±5	钢筋探测仪:内弧面和外弧面各测量5点

三、水平拼接检测

盾构隧道管片水平拼装检测项目一般包括成环后内径、成环后外径、环向缝间隙、纵向缝间隙等项目,具体实测项目及要求如表2-17所示。

盾构隧道管片水平拼装尺寸的实测项目及要求　　　　　表2-17

序号	检测项目	规定值或允许偏差	检查方法和频率
1	成环后内径(mm)	±2	尺量:同一水平测量断面上选择间隔约45°的四个方向
2	成环后外径(mm)	+6,-2	
3	环向缝间隙(mm)	0~2	尺量:环向缝间隙应测量不少于6点
4	纵向缝间隙(mm)	0~2	尺量:纵向缝间隙应每条缝测量不少于2点

试验检测2.3-2

管片混凝土强度检测

一、检测方法

混凝土管片的混凝土强度检测应采用回弹法或钻芯法,对混凝土管片的混凝土强度进行抽样检测。

回弹法检测混凝土管片的强度时,原则上按《回弹法检测混凝土抗压强度技术规程》(JGJ/T 23—2011)的规定执行,回弹操作面宜选择管片内弧面及管片拼接面。当抽检混凝土管片的混凝土检测条件不符合此规程有关规定或对回弹法结果有争议时,采用钻芯法进行混凝土强度检测。

二、检测标准

《盾构隧道管片质量检测技术标准》(CJJ/T 164—2011)规定:混凝土管片的强度等级不

应小于C50,且应符合设计要求;当生产过程的混凝土试件强度试验报告评定为合格且回弹法抽检推定值或钻芯法芯样强度试验值满足设计要求时,判定该检测批混凝土管片强度合格。

试验检测2.3-3

管片渗漏检测试验

管片渗漏检测试验

管片在隧道土体中,整个外弧面与土体及地下水直接接触,承受地下水渗透压力的作用。管片渗漏检测试验是为了模拟管片经受隧道土体中地下水渗透压力作用的情况,检测管片抵抗渗漏的能力,从侧面反映管片内部的密实性。

一、检测依据

《盾构隧道管片质量检测技术标准》(CJJ/T 164—2011)。

二、仪器设备

1. 渗漏检测试验架

渗漏检测试验架用于固定试件的支承座,应采用刚性支座,横压件、紧固螺杆及试验架钢板应具有足够的强度、刚度和稳定性。钢板与管片应紧密接触,结合橡胶密封垫密封,进水口应均匀分布在承水压面的轴线上。

渗漏检测试验架示意图如图2-19所示。

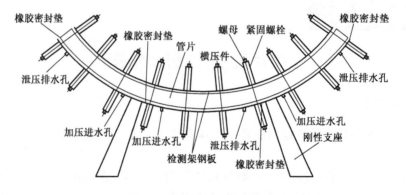

图2-19 渗漏检测试验架示意图

渗漏检测试验架将混凝土管片外弧面等分为3个检测区域,如图2-20所示,每个检测区域应分别布置进水孔和排水孔。试验架钢板与管片外弧面之间应采用橡胶密封垫密封,橡胶密封垫应沿3个检测区域边界布置。橡胶密封垫内侧距离管片侧边不应大于100mm。

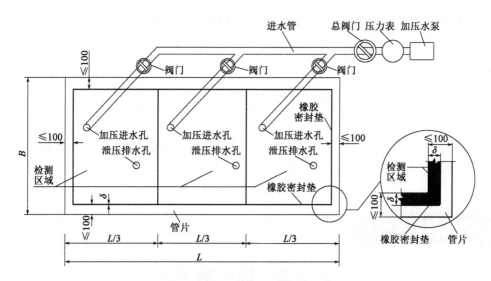

图2-20 管片渗漏检测试验示意图(尺寸单位:mm)

2. 压力表

压力表的最大量程为2.5MPa,最小分度值为0.05MPa。

3. 加压水泵

加压水泵应能保证连续加压。

4. 电子秒表

电子秒表的最大量程>3h,最小分度值为1s。

三、试验步骤

(1)将管片内弧面向上,平稳吊放在渗漏检测试验架上,同时保证管片与试验架中心吻合,两端、两侧均匀对称。

(2)沿3个检测区域边界布置橡胶密封垫,检查橡胶密封垫与管片外弧面的密贴程度。

(3)在管片内弧面宽度方向压上横压件,用螺栓与上下支承座上的紧固横杆连接,紧固螺母时从中间向两边分布且均匀地紧固。

(4)打开出水阀,然后接通进水阀,利用手动加压泵开始注水,当两端出水阀有水排出时,将出水阀关闭,启动加压泵。

(5)加压时按0.05MPa/min加压速度,加压至0.2MPa时,恒压10min,检查管片内弧面是否有渗漏水现象,观察管片侧面渗透高度,做好记录。

(6)然后继续加压到0.4MPa、0.6MPa、0.8MPa……每级恒压10min,直至加压到设计抗渗压力,恒压2h,检查管片内弧面是否有渗漏水现象,观察侧面渗透高度,做好记录。

(7)稳压时间内,应保证水压稳定,出现水压回落应及时补压,保证水压保持在规定压力值。

(8)混凝土管片渗漏检测过程中,若因橡胶密封垫不密实出现渗漏水时,则判定试验失败,应重新检测。

四、结果判定

(1)混凝土管片渗漏检测过程中,若因橡胶密封垫不密实出现渗漏水时,则判定试验失败,应重新检测。

(2)在设计抗渗压力下稳压2h,若管片内弧面不出现渗漏水现象,侧面渗水高度不超过50mm,则判定该检测批管片抗渗性能合格。

试验检测2.3-4

管片抗弯性能检测试验

管片抗弯性能试验是指对管片进行径向破坏性压弯试验,以检测其在外力作用下外表面径向承受的最大荷载是否符合设计要求。

一、检测依据

管片抗弯性能检测试验

《盾构隧道管片质量检测技术标准》(CJJ/T 164—2011)。

二、仪器设备

1. 试验反力架

用于固定试件的试验反力架所能提供的反力不得小于最大试验荷载的1.2倍。试验反力架应具有足够的强度、刚度和稳定性。抗弯性能试验反力架示意图如图2-21所示。

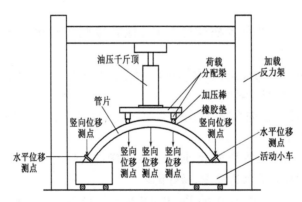

图2-21 抗弯性能试验反力架示意图

2. 荷载测试系统

荷载测试系统最大量程为500kN,最小分度值为0.5kN。

3. 百分表

百分表用以测量位移，最大量程为30mm，最小分度值为0.01mm。

4. 油压千斤顶

油压千斤顶确保500kN连续加压。

5. 读数显微镜

读数显微镜用以读取裂缝宽度，最大量程为10mm，最小分度值为0.01mm。

6. 电子秒表

电子秒表的最大量程>2h，最小分度值为1s。

三、试验步骤

（1）管片检测过程中，应布设竖向和水平位移测点，管片应平稳安放在检测架上，加载点上应垫上厚度不小于20mm的橡胶垫。用读数显微镜观测裂缝，百分表测量位移，电子秒表测量时间，千斤顶油压表测读荷载。

（2）荷载分级和加载时间：采用分级加荷法，每级加载值符合表2-18的规定，每级恒载时间不少于5min，记录每级荷载值作用下的各测点位移，并施加下一级荷载。

抗弯性能检测加载值 表2-18

荷载值	一级	二级	三级	四级	五级	六级	七级
分级加载值/设计荷载值	20%	20%	20%	20%	10%	5%	5%
累计加载值/设计荷载值	20%	40%	60%	80%	90%	95%	100%

（3）当混凝土管片出现裂缝后，应连续持续荷载10min，观察混凝土管片裂缝的开展，并应取本级荷载值为开裂荷载实测值。

（4）加载至设计荷载时，应持续荷载30min，观察混凝土管片裂缝开展，记录最大裂缝宽度，随后卸载，终止检测。

（5）当出现位移随加载变化出现异常突变或混凝土管片在加载点处出现局部破坏的情况时，应重新进行检测。

四、结果判定

加载达到设计荷载并持荷30min后，没有观察到裂缝或裂缝宽度不大于0.2mm，判定该检测批管片抗弯性能符合设计要求。

五、注意事项

（1）管片应在0℃以上的温度中进行试验且为随机抽取的合格品，蒸汽养护后的管片应在冷却至常温后进行试验。

（2）管片在试验前，应测量其实际尺寸并仔细检查管片的表面，所有的缺陷和裂缝应在管片上标出。试验用的加荷设备及仪表应先进行标定或校准。

试验检测 2.3-5

管片抗拔性能检测试验

管片抗拔性能
检测试验

管片抗拔性能检测试验主要是检测吊装孔预埋受力构件是否能满足管片吊装时的要求,故检测荷载满足设计荷载即可,不需要做破坏试验。管片抗拔性能检测的目的在于验证管片起吊、安装时的安全性。

一、检测依据

《盾构隧道管片质量检测技术标准》(CJJ/T 164—2011)。

二、仪器设备

1. 抗拔性能检测装置

抗拔性能试验反力架示意图如图 2-22 所示。混凝土管片应采用穿心式张拉千斤顶进行管片吊装孔的预埋受力构件抗拔性能检测。抗拔性能检测装置中的承压钢板开孔直径应大于吊装孔直径 5mm;橡胶垫厚度及承压钢板厚度不应小于 10mm;管片内弧面与橡胶垫之间的空隙应填细砂找平。

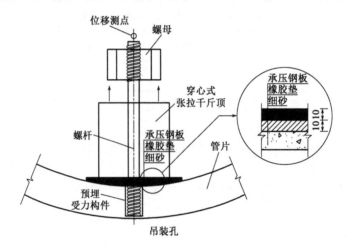

图 2-22 抗拔性能试验反力架示意图(尺寸单位:mm)

2. 荷载测试系统

荷载测试系统最大量程为 500kN,最小分度值为 0.5kN。

3. 油压千斤顶

油压千斤顶确保 500kN 连续加压。

4. 百分表

百分表用以测量位移,最大量程为 30mm,最小分度值为 0.01mm。

5. 读数显微镜

读数显微镜用以读取裂缝宽度,最大量程为10mm,最小分度值为0.01mm。

6. 电子秒表

电子秒表最大量程>2h,最小分度值为1s。

三、试验步骤

1. 安装设备

(1)将螺杆旋入吊装孔螺栓管内,检查螺栓的旋入深度及垂直度。

(2)将橡胶垫及承压钢板套进螺杆,然后安装穿心式张拉千斤顶,旋紧螺母,使管片、螺栓、螺杆、千斤顶、螺母连接成一个整体。

(3)安装荷载测试系统。

2. 进行加载

混凝土管片抗拔性能检测应采用分级加载方式,每级加载值应符合表2-19的规定,每级持荷时间不应少于5min,并记录每级荷载作用下螺栓的位移量。

抗拔性能检测加载值 表2-19

荷载值	一级	二级	三级	四级	五级	六级	七级
分级加载值/设计荷载值	20%	20%	20%	20%	10%	5%	5%
累计加载值/设计荷载值	20%	40%	60%	80%	90%	95%	100%

3. 终止试验

当抗拔性能检测加载达到设计荷载时,应持续荷载30min,每5min测量一次位移,记录荷载和位移,直至终止试验并观察混凝土管片裂缝开展情况。

四、结果判定

设计荷载下最后3次所测的位移,若相邻两个位移差均小于0.01mm,则应判定该检测批管片预埋受力构件抗拔性能符合设计要求。

单元2.4 案例分析

【案例】 对某隧道土工布取样进行CBR顶破强力试验,试验数据如表2-20所示。

CBR顶破强力试验数据 表2-20

测试温度	22℃		相对湿度		62%
试验日期	20××-×-×				
试样编号	T1	T2	T3	T4	T5
直径(mm)	300	300	300	300	300
最大力(N)	1585.7	1499.4	1769.4	1519.2	1572.2

请结合背景材料,回答下列问题。

(1)土工布力学性能测试一般有:宽条拉伸试验、（　　）、顶破强度试验和刺破试验等。

　　A.抗渗性试验　　　　　　　　B.热处理尺寸变化试验
　　C.撕破强力试验　　　　　　　D.黏合性试验

解析:选C。土工布的力学性能包括抗拉强度及延伸率、握持强度及延伸率、抗撕裂强度、顶破强度、刺破强度、抗压缩性能等。

(2)土工布CBR顶破强力试验中,最大顶破强力应在试验设备满量程的多少范围内？顶压杆的下降速率设定为多少？（　　）

　　A.30%～90%、60mm/min±5mm/min　　B.50%～90%、60mm/min±5mm/min
　　C.30%～80%、60mm/min±5mm/min　　D.20%～80%、50mm/min±5mm/min

解析:选A。设定试验机满量程,使试样最大顶破强力在满量程的30%～90%范围内,设定顶压杆的下降速率为60mm/min±5mm/min。

(3)土工布CBR顶破强力试验中除需要计算顶破强力平均值及变异系数外,还需要计算什么值？（　　）

　　A.单位面积厚度偏差　　　　　B.单位面积质量偏差
　　C.幅宽偏差　　　　　　　　　D.顶破位移平均值

解析:选D。土工布CBR顶破强力试验需要计算每块试样的顶破强力平均值(N),精确到0.1N；以及计算顶破位移的平均值(mm),精确到0.1mm；还要计算变形率；如需要,计算5块试样顶破强力平均值的变异系数。

(4)根据表2-20计算此组试样的CBR顶破强力试验值为多少？是否满足要求？（　　）

　　A.1482.3N,满足　　　　　　　B.1482.3N,不满足
　　C.无法判断　　　　　　　　　D.1589.2N,满足

解析:选C。该组试样的CBR顶破强力试验值为1589.2N；依据《土工合成材料 长丝机织土工布》(GB/T 17640—2008),由于未知土工布单位面积质量,无法判定。

(5)根据表2-20计算,此组试样的变异系数值为多少？（　　）

　　A.±7.231%　　B.±6.727%　　C.±5.823%　　D.±4.287%

解析:选B。该组试样的CBR顶破强力试验平均值为1589.2N,标准差为106.9N,所以变异系数=标准差/平均值×100%=6.727%。

思考与练习题

一、单选题

*1. 土工布的有效孔径表示能有效通过的（　　）颗粒直径。
　　A. 最大　　　　B. 最小　　　　C. 平均　　　　D. 有效

*2. 防水卷材往洞壁上的固定方法有（　　）两种。
　　A. 热合法和冷粘法　　　　　　B. 有钉铺设和无钉铺设
　　C. 环向铺设和纵向铺设　　　　D. 有钉铺设和环向铺设

*3. 根据止水带材质和止水部位可采用不同的接头方法。对于塑料止水带，其接头形式应采用（　　）。
　　A. 搭接或对接　　　　　　　　B. 搭接或复合接
　　C. 复合接或对接　　　　　　　D. 以上均不能采用

*4. 在隧道复合式衬砌中，防水板应采用易于焊接的防水卷材，接缝长度应满足（　　）。
　　A. ≥80mm　　　B. ≥100mm　　C. ≥120mm　　D. ≥150mm

*5. 管片抗弯性能试验是指对管片进行径向破坏性压弯试验，以检测其在外力作用下管片外表面径向承受的（　　）荷载是否符合设计要求。
　　A. 最大　　　　B. 最小　　　　C. 中间值　　　　D. 有效

*6. 合成高分子防水卷材均应成批提交验收。对于出厂合格的产品，同一生产厂家、同一品种、同一规格的产品，每（　　）m²卷材为一批。
　　A. 5000　　　　B. 7000　　　　C. 9000　　　　D. 10000

*7. 防水卷材拉力试验机能同时测定拉力与延伸率，保证拉力测试值在量程的（　　）之间。
　　A. 10%~80%　　B. 20%~80%　　C. 30%~80%　　D. 50%~100%

*8. 防水卷材拉力试验机拉伸速度能够达到（　　）mm/min±50mm/min。
　　A. 250　　　　B. 300　　　　C. 350　　　　D. 400

*9. 防水卷材的拉伸剪切强度以（　　）块试样的算术平均值表示。
　　A. 2　　　　　B. 3　　　　　C. 4　　　　　D. 5

*10. 土工织物厚度常规厚度指在（　　）kPa压力下测得的试样厚度。
　　A. 1　　　　　B. 2　　　　　C. 3　　　　　D. 4

二、多选题

1. 土工织物的垂直渗透特性参数包括（　　）等。
　　A. 流速指数　　B. 垂直渗透系数　C. 水平渗透系数　D. 透水率

*2. 混凝土管片质量检测项目应包括（　　）。
　　A. 外观、尺寸、水平拼装　　　B. 混凝土强度
　　C. 渗漏　　　　　　　　　　　D. 抗弯性能
　　E. 抗拔性能

*3. 盾构隧道管片尺寸检测项目一般包括(　　)检测。
A. 宽度　　　　B. 厚度　　　　C. 渗漏　　　　D. 抗拔性能
E. 钢筋保护层厚度

*4. 盾构隧道管片水平拼装检测项目一般包括(　　)等项目。
A. 成环后内径　　　　　　B. 成环后外径
C. 环向缝间隙　　　　　　D. 纵向缝间隙
E. 宽度

*5. 管片渗漏检测试验架用于固定试件的支承座,应采用刚性支座,横压件、紧固螺杆及试验架钢板应具有足够的(　　)。
A. 强度　　　　B. 厚度　　　　C. 刚度　　　　D. 稳定性
E. 宽度

*6. 顶破强力试验的常用方法有(　　)。
A. 纵向撕破强力试验　　　　B. 圆球顶破强力试验
C. 横向撕破强力试验　　　　D. CBR顶破强力试验
E. 拉伸强度试验

*7. 测定土工织物拉伸性能的试验方法有(　　)。
A. 长条法　　　B. 短条法　　　C. 宽条法　　　D. 窄条法
E. 圆条法

*8. 宽条拉伸试验中常用的试验指标有(　　)等。
A. 最大负荷　　　　　　B. 伸长率
C. 最大负荷下伸长率　　D. 特定伸长率下的拉伸力
E. 拉伸强度

9. 土工织物按接触面的受力特征和破坏形式可分为(　　)几种受力状态。
A. 顶破　　　　B. 刺破　　　　C. 受拉　　　　D. 穿透
E. 受压

10. 土工织物宽条拉伸试验时,设定试验机满量程,使试样最大顶破强力在满量程的(　　)%,属于合理的区间。
A. 20　　　　B. 40　　　　C. 60　　　　D. 80
E. 85

三、判断题

*1. 对土工织物做撕裂强度试验时,撕裂力可能有几个峰值和谷值,应取几个峰值中最小的作为该试件的撕裂强度。(　　)

*2. 高分子防水卷材试样拉伸性能试验,若试样断裂在标距外,则该试样作废。(　　)

3. 回弹法检测混凝土管片的强度时,回弹操作面宜选择管片外弧面及管片拼接面。(　　)

*4. 管片抗弯性能试验时,用于固定试件的试验反力架所能提供的反力不得小于最大试验荷载的1.3倍。试验反力架应具有足够的强度、刚度和稳定性。(　　)

*5. 管片检测过程中,用读数显微镜观测裂缝,百分表测量位移,电子秒表测量时间,千斤顶油压表测读荷载。（ ）
*6. 垂直渗透系数是指单位水力梯度下平行于土工织物平面的水的流速。（ ）
*7. 顶破强力是指顶杆顶压试样直至破裂过程中测得的顶压力。（ ）
*8. 混凝土管片抗拔性能检测应采用一次性加载方式。（ ）
*9. 测量有效孔径的方法主要有干筛法和湿筛法,干筛法较为常用。（ ）
*10. 盾构隧道管片尺寸检测项目一般包括宽度、厚度和钢筋保护层厚度检测。（ ）

备注：本书中,*表示与知识目标和能力目标相对应的题目,属于必答题。

模块2 ［思考与练习题］答案

模块 3

超前地质预报

【案例导入】

2011年4月19日23时30分,钢筋班组安装完成某隧道DK349+035处最后一环Ⅰ22a型钢拱架,经领工员检查无异常后,喷浆班组13人操作3台喷浆机喷浆。4月20日4时05分,带班员出去组织后续施工材料,当走到距离作业面约40m处时突然听见身后一声巨响,回头看见隧道喷浆作业面上方围岩发生了坍塌,导致初期支护的Ⅰ22型钢拱架及喷浆作业台架被砸垮,12名作业人员全部被埋入坍塌体中,事故发生后,该公司立即组织抢险救援,于4时40分发现一名遇难者遗体,后因连续发生坍方,抢险工作被迫停止。经勘查事故现场,坍塌范围里程为DK349+035～DK349+050,距离地表深度约100～110m。坍塌岩石块体约400m³(最大块径约1m),塌腔高8～10m。直接经济损失约908万元。

事故原因分析如下。

此隧道位于祁连山区域地质构造带(纵向长约1000km,横向宽200～300km)石炭系灰岩夹页岩、泥灰岩,泥盆系砂岩等软硬相间的地层中,由于多期构造运动挤压作用强烈,洞身发育多个向斜、背斜相间组成的复式褶皱。地表覆盖风化残积土层较厚,基岩露头较少。开挖揭示DK349+050～+035洞段总体位于背斜构造北翼,岩层倾角较陡,节理发育,岩体破碎;岩层的层间结合力较差,加之此隧道洞顶地表冻土冬春后开始融化,冰雪融水下渗软化软弱结构面,致使围岩抗剪强度降低,是该起事故发生的潜在客观因素。

单元3.1 超前地质预报概述及方法

【知识目标】

1. 熟悉超前地质预报的内容及要求;
2. 掌握超前地质预报的方法。

【技能目标】

1. 能规范使用仪器设备完成待测区域地质数据采集工作;
2. 能准确处理、分析采集数据,完成超前地质预报。

【案例导入】

某隧道工程某合同段测区里程为DK53+035.74～DK68+900,正线全长15.864km。其中A隧道DK53+035.74～DK61+980,全长8.944km。B隧道DK62+310～DK67+800,全长5.490km。根据施工图纸和指导性施工组织设计,两座隧道共设10个斜井(或横洞),全长6.164km;支洞9处,全长0.470km,共计23个作业面同时施工。施工区域地形起伏较大,高程在1100～2000m之间,沟壑发育,部分冲沟切割较深,地势较陡峭,山体植被覆盖率较高,局部泉水发育,施工难度大。为保证现场施工安全性,项目要求做超前地质预报,保证工程顺利进行。

【工程师寄语】

超前地质预报工作要求我们对潜在的地质灾害进行预判与防控,体现了对未知风险的预知与应对。我们要增强风险意识,未雨绸缪,防患于未然,同时要坚持底线思维,增强忧患意识,提高防控能力,着力防范化解重大风险。超前地质预报正是在施工前对可能遇到的地质问题进行科学分析与预测,确保施工安全,避免不必要的损失。在学习与日常生活中,我们同样可以借鉴超前地质预报的智慧,做到"早谋划、早部署、早行动",提前识别并防控潜在的风险与挑战。

本单元将为大家介绍超前地质预报概述、地质调查法、超前钻探法、地震波反射法、电磁波反射法、瞬变电磁法、红外探测法、高分辨直流电法、超前导坑预报法等相关知识。

【知识框图】

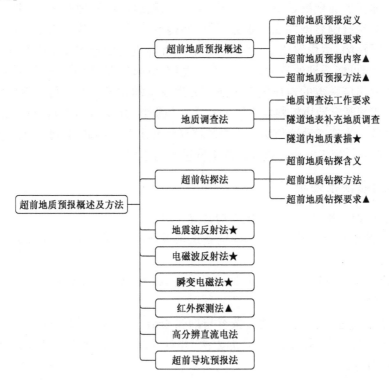

单元3.1-1

超前地质预报概述

隧道超前地质预报是隧道施工科学发展的必然产物,是保证隧道施工安全的重要环节和重要技术手段,可以避免或减少由于地质不明所造成的工程事故以及由此带来的不必要的人力、物力、财力浪费。

一、超前地质预报定义

隧道地质超前预报有广义和狭义之分。广义隧道地质超前预报指综

超前地质预报概述

合超前地质预报,包括工程可行性研究阶段预报、勘察设计阶段预报和施工阶段的预报。狭义隧道地质超前预报指隧道施工期的超前地质预报或隧道洞身的不良地质体超前预报。

可行性研究阶段的地质超前预报是根据所收集的资料对隧道施工可能遇到的各种不良地质体及由此可能发生地质灾害的预判断。

勘察设计阶段的地质超前预报是根据勘察资料及研究成果,对隧道施工可能遇到的各种不良地质体及由此可能发生的地质灾害的性质、分布位置、规模的判断,并反映在隧道工程设计文件中。

隧道施工地质超前预报是指隧道施工阶段采用隧道洞内外地质调查、掌子面素描,根据隧道开挖揭示的洞身围岩条件变化趋势、洞内外构造分析结果,或采用地球物理探测手段对隧道掌子面进行探测,运用地质学、数学、物理学、计算机科学等相关学科知识结合预报人员经验,对隧道工程可能遇到的各种地质灾害的性质、分布位置、规模进行判断和预报,根据判断和预报结果提出应采取的地质灾害预防和处理措施的建议。由于可行性研究阶段和勘察设计阶段经费依据既有地质资料和有限的钻孔地质资料、水文地质资料及钻孔岩石岩芯物理力学试验资料做出的施工设计与实际不符的情况经常出现。因此,在隧道施工阶段开展超前地质预报工作对确保施工安全和进度起着十分重要的作用。

二、超前地质预报要求

(1)应将超前地质预报列为隧道施工的必要工序。

(2)应根据前期获得的地质资料,确定重点预报地段、预报方法和技术要求,并根据预报实施中掌握的地质情况及时调整。

(3)应考虑找顶不彻底、工作面坍塌、高处作业台(支)架失稳、突水突泥、安全防护失效等主要危险源及危险因素。

(4)采用地面与地下相结合、地质调查与勘探相结合、长距离与短距离相结合、物探与钻探相结合、超前导坑与主洞探测相结合的方法,并对各种方法预报结果进行综合分析,相互验证,提高预报准确性。

三、超前地质预报内容

(1)地质构造预报,包括对褶皱、断层、节理密集带等影响岩体完整性的构造等的预测预报。

(2)不良地质条件预报,包括对采空区、人工洞室、岩溶、瓦斯等的预测预报。

(3)地层岩性预报,包括对地层岩性、破碎地层、软弱夹层、煤层及特殊岩土体等的预测预报。

(4)地下水状况预报,特别是对岩溶管道水及断层、裂隙水等发育情况进行预测预报。

(5)重大施工地质灾害预报,针对掌子面前方有可能引发的大规模突水、突泥、坍塌、变形等重大地质灾害进行预测预报,判断危险程度,提出施工方案对策。

(6)对围岩级别变化的判断。

四、超前地质预报方法

超前地质预报方法主要有地质调查法、超前钻探法、物探法(主要包括地震波反射法、电磁波反射法(地质雷达法)、瞬变电磁法、红外探测法等)和超前导坑预报法等。

具体选择哪种方法,需要根据隧道工程地质与水文地质条件、隧道地质复杂程度来确定。对于断层、岩溶、煤层瓦斯等各种不良地质条件,宜综合运用两种或两种以上方法进行预报、综合分析,以达到长短结合、取长补短、相互印证、提高预报准确性的目的。

单元3.1-2

地质调查法

地质调查法是根据隧道已有勘察资料,利用地质锤、地质罗盘、放大镜、相机、摄像机等工具,开展地表补充地质调查和隧道内地质素描等。通过对地表出露、揭露地层的现场踏勘以及隧道内的地质观察,测量地层产状和目视岩性特征,结合已有常规地质理论,分析地层分界线及构造线和地表相关性,结合相应规程、规范中隧道内不良地质体临近前兆等资料,推测开挖工作面前方可能出现的地质情况的一种超前地质预报方法。

地质调查法

一、地质调查法工作要求

(1)隧道地表补充地质调查应在洞内超前地质预报前进行,并在洞内超前地质预报实施过程中根据需要随时补充,做好现场记录,并及时整理。

(2)地质素描图应采用现场绘制草图、室内及时誊清的方式完成,实时记录现场实际揭露情况。地质素描原始记录、图、表应及时整理。

(3)隧道地表补充地质调查和洞内地质素描资料应及时补充绘制在隧道工程地质平面图和纵断面图上。

(4)采集的标本应及时整理。

二、隧道地表补充地质调查

(1)对已有地质勘察成果的熟悉、核查和确认。

(2)对地层、岩性在隧道地表的出露及接触关系,特别是对标志层的熟悉和确认。

(3)煤层、石膏、膨胀岩、含石油天然气、含放射性物质等特殊地层在地表的出露位置、宽度及其产状变化情况。

(4)地表岩溶发育位置、规模及分布规律。

(5)断层、褶皱、节理密集带等地质构造在隧道地表的出露位置、规模、性质及其产状变化情况。

(6)人为坑洞位置、走向、高程等,分析其与隧道的空间关系。

(7)根据隧道地表补充地质调查结果,结合设计文件、资料和图纸,核实和修正超前地质预报重点区段。

三、隧道内地质素描

1. 隧道内地质素描含义

隧道内地质素描,即隧道掌子面地质编录预测法,是对隧道掌子面及周边围岩的地层岩性、地质构造、结构面产状、地下水出露点位置及出水量、煤层、溶洞等进行直接描述的方法,通过描述围岩的变化来分析预测掌子面前方的地质情况。

2. 隧道内地质素描主要内容

(1)工程地质。

①地层岩性:描述地层时代、岩性、层间结合度、风化程度等。

②地质构造:描述褶皱、断层、节理裂隙特征、岩层产状等,断层的位置、产状、性质、破碎带的宽度、物质成分、含水情况以及与隧道的关系,节理裂隙的组数、产状、间距、充填物、延伸长度张开度及节理面特征、力学性质,分析组合特征,判断岩体完整程度。

③岩溶:描述岩溶规模、形态、位置、所属地层和构造部位,填充物成分、状态,以及岩溶展布的空间关系。

④人为坑洞:影响范围内的各种坑道和洞穴的分布位置及其与隧道的空间关系。

⑤特殊地层:煤层、沥青层、含膏盐层和含黄铁矿层等应单独描述。

⑥塌方:应记录塌方部位、方式、规模及其随时间的变化特征,并分析产生塌方的地质原因及其对继续掘进的影响。

⑦地应力:包括高地应力显示性标志及其发生部位,如岩爆、软弱夹层挤出、探孔饼状岩芯等现象。

⑧有害气体及放射性危害源的存在情况。

(2)水文地质。

①地下水的分布、出露形态及围岩的透水性、水量、水压、水温、颜色、泥沙含量,以及地下水活动对围岩稳定的影响,必要时进行长期观测。

②水质分析,判定地下水对结构材料的腐蚀性。

③出水点和地层岩性地质构造、岩溶、暗河等的关系分析。必要时应建立涌突水点地质档案。

④必要时进行地表相关气象、水文观测,判断洞内涌水与地表径流、降雨的关系。

⑤必要时应建立涌突水点地质档案。

(3)围岩稳定性特征及支护情况。

记录不同工程地质、水文地质条件下隧道围岩稳定性、支护方式以及初期支护后的变化情况。发生围岩失稳或变形较大的地段,详细分析、描述围岩失稳或变形发生的原因、过程、结果等。

(4)其他。

对隧道内重要的和具代表性的地质现象应进行拍照和录像,核查并确认隧道围岩分级。

通过对以上内容的描述,在地质素描图上注出主要地质现象的实际位置,包括岩层分界线、软弱夹层、断层、破碎带、塌方、变形、主要节理裂隙、岩脉、岩溶及地下水出溢点等,围岩的风化带,围岩实际开挖断面,超挖和欠挖情况。

3. 隧道内地质素描一般要求

地质素描应随隧道开挖及时进行,对地层岩性变化点、构造发育部位、岩溶发育带附近等复杂、重点地段应每完成一次开挖循环进行一次素描,其他一般地段应不超过10m进行一次素描。

1. 项目概况

某公路隧道为分岔隧道;隧道按从小里程到大里程方向依次按连拱~小净距~分离式形式布设,按长度为中隧道。右幅:隧道起止点里程桩号为YK30+295~YK32+240,长1945m;设计速度为80km/h。汽车荷载等级:公路—Ⅰ级。路面设计标准轴载:BZZ-100。隧道净宽(m):0.75+0.5+23.75+0.75+0.75-10.25(m)。净高:5.0m。

本次检测信息如表3-1所示。

检测信息表　　　　　　　　　　　　表3-1

探测时间	探测面	探测范围	备注
××年×月×日	右线出口掌子面	YK32+320~YK32+200	—

2. 检测目的

为隧道信息化施工提供掌子面前方围岩的工程地质条件,提前做好施工组织和准备必要的施工措施,保障施工安全。

3. 检测参数及依据

本次检测工作主要检测参数及依据如表3-2所示。

检测参数及依据表　　　　　　　　　　　　表3-2

序号	检测参数	检测依据	判定依据
1	地质观察	《公路隧道设计细则》(JTG/T D70—2010)《铁路隧道超前地质预报技术规程》(Q/CR 9217—2015)	《公路隧道设计细则》(JTG/T D70—2010)《铁路隧道超前地质预报技术规程》(Q/CR 9217—2015)
2	前方地质的变化情况	《铁路隧道超前地质预报技术规程》(Q/CR 9217—2015)	《公路隧道设计细则》(JTG/T D70—2010)《铁路隧道超前地质预报技术规程》(Q/CR 9217—2015)
3	灾害体的分布及性质	《铁路隧道超前地质预报技术规程》(Q/CR 9217—2015)	《公路隧道设计细则》(JTG/T D70—2010)《铁路隧道超前地质预报技术规程》(Q/CR 9217—2015)
4	—	工程设计图纸、变更文件以及经质监部门、监理部门确定的相关资料,委托合同及文件等	

4. 检测方法

检测方法采用地质调查法。

5. 检测结果

(1)隧道地表补充地质调查。

YK32+320～YK32+120段:本段长200m,为隧道右幅出口段,位于山嘴的西北坡。隧道出口段仰坡较为平缓,坡面表层残坡碎石土覆盖,滚石较多,坡面上植被茂盛。右幅沿隧道走线方向一直上坡,中间有一平台阶段,由出露、揭露的围岩可发现本段岩体主要以强、中风化砂岩为主,产状185°∠24°,岩体较破碎,大里程段埋深较浅岩体节理裂隙发育,呈层状或碎块状结构,自稳能力差。在右幅洞口段上部发育多条冲沟,沟内植被茂盛,土质松散,雨季时地表水汇集于洞口,施工时应及时采取措施。洞口山脚处有山间河流发育,水量较小,受季节影响。

(2)开挖工作面地质观察。

设计地质概述:区段(YK32+320～YK32+200)主要穿越碎石土,强、中风化砂岩。碎石土结构松散,强风化层岩性软,中风化岩性较软。节理裂隙极发育,岩体极破碎。地下水类型为基岩裂隙水,水量一般,受大气降水补给。隧道埋深浅、偏压,稳定性差,施工易发生掉块、侧壁失稳,甚至坍塌,洞内可能出现淋雨状出水。隧道围岩为V级。

开挖工作面地质观察:隧道掌子面YK32+320揭露围岩以强、中风化砂岩为主。岩石节理裂隙很发育,主要存在2组节理:节理1产状65°∠35°;节理2产状132°∠54°。岩体破碎,单块岩石硬度较低,锤击声不清脆,无回弹,较易击碎,掌子面围岩属较软岩;掌子面较干燥,围岩自稳能力差。隧道埋深浅,偏压,稳定性差。洞身揭露围岩单块岩石硬度较低,锤击声不清脆,无回弹,较易击碎,判断洞身围岩主要为中风化砂岩,紫红色,粉砂质结构,层状构造、岩性较软,岩体破碎,节理裂隙发育,边墙较潮湿,水量一般,但雨季水量将有所增加;拱顶局部掉块,洞身围岩属较软岩,隧道围岩为V级。

6. 附表

掌子面地质观察记录如表3-3所示。

掌子面地质观察记录表　　　　表3-3

掌子面里程		YK32+320				评定
岩性指标	主要岩石类型(名称)	中风化粉砂岩		施工方法	留核心土法	极软岩 软岩 较软岩 较坚硬岩 坚硬岩
	岩石强度R_c(MPa)	坚硬岩 $R_c>60$	较坚硬岩 $60≥R_c>30$	较软岩 $30≥R_c>15$	软岩 $15≥R_c>5$	极软岩 $R_c≤5$	
	掌子面状态	稳定	较稳定	随时间松弛掉块	自稳困难需及时支护	正面不能自稳、需超前支护	

续上表

岩体完整状态	地质结构	地质构造影响程度	较微	较重	严重	极严重	完整 较完整 较破碎 破碎 松散
		节理间距（m）	>1.5	1.5~0.6	0.6~0.2	0.2~0.06	<0.06	
		延伸性	极差	差	中等	好	极好	
		粗糙度	明显台阶状	粗糙波纹状	平整光滑有擦痕	平整光滑		
		张开性（mm）	密闭 <0.1	部分张开 0.1~0.5	张开 0.5~1.0	无充填张开 >1.0	黏土充填	
		风化程度	未风化	微风化	中风化	强风化	全风化	
含水状态	渗水量 [L/(min·10m)]		<10 干燥或湿润	10~25 偶有渗水		25~125 经常渗水		干燥/湿润 偶有渗水 经常渗水
围岩级别			Ⅰ	Ⅱ	Ⅲ	Ⅳ	Ⅴ	Ⅴ
掌子面素描								

单元 3.1-3

超前钻探法

一、超前地质钻探含义

超前地质钻探是利用钻机在隧道开挖工作面进行水平钻探获取开挖前方地质信息的一种超前地质预报方法。在富水软弱断层破碎带、富水岩溶发育区、煤层瓦斯发育区、重大物探异常区等地质条件复杂地段必须进行超前地质钻探。

超前钻探法

二、超前地质钻探方法

超前地质钻探主要采用冲击钻和回转取芯钻,也可采用局部加深炮孔进行探测。为提高预报准确率和钻探速度、减少占用开挖工作面的时间,通常交替使用冲击钻和回转取芯钻。

(1)冲击钻:不能取芯样,可通过冲击器的响声、钻速变化、岩粉及颜色、钻杆振动、冲洗液流失变化等粗略探明岩性、岩石强度、岩体完整程度、溶洞、暗河及地下水发育情况等。由于钻进速度快、耗时少,一般情况下多采用冲击钻。

(2)回转取芯钻:可取芯样,鉴定准确可靠,地层变化历程可准确确定。由于钻进速度慢、耗时多,一般只在特殊地层、特殊目的地段使用。如煤系地层、溶洞物质成分的鉴定、岩土强度试验取芯等。

三、超前地质钻探要求

1. 钻孔要求

(1)孔位。

①钻孔起孔位置一般位于开挖面中下部。

②多个钻孔时,可在开挖面下部两侧和拱部位置。两侧和拱部钻孔的终孔位置一般需位于隧道开挖轮廓线以外,富水岩溶发育区超前钻探应终孔于隧道开挖轮廓线以外5~8m。

③加深炮孔探测孔位应根据开挖断面大小和地质复杂程度确定。

(2)孔数。

①断层、节理密集带或其他破碎富水地层每循环可只钻1~3个孔。

②煤层、瓦斯地层,先在距煤层15~20m(垂距)的开挖工作面钻1个超前钻孔,初步探明煤层位置,在距初探煤层位置10m(垂距)开挖工作面,钻3个以上超前钻孔。

③富水岩溶发育区每循环宜钻3~5个孔,揭示岩溶时,应适当增加,以满足安全施工和溶洞处理所需资料为原则。

④加深炮孔探测孔数应根据开挖断面大小和地质复杂程度确定。

(3)孔深。

①为达到预报目的,钻探过程中应进行动态控制和管理。根据钻孔地段、钻孔目的、钻孔情况,可适时调整钻孔深度。

②需要连续钻探时,前后两循环钻孔应重叠5~10m。

③煤层瓦斯超前钻孔深度应根据探测煤层情况确定。

(4)孔径。

钻孔直径应满足钻探取芯、取样和孔内测试的要求。

2. 其他要求

(1)钻探前地质技术人员应进行技术、质量交底。

(2)实施超前地质钻探的人员应经技术培训,考核合格后方可上岗。钻探过程中应有专业地质工程师跟班。

（3）应及时鉴定岩芯、岩粉，判定岩石名称，对于断层带、溶洞填充物、煤层、代表性岩土等应拍摄照片备查，并选择代表性岩芯整理保存。在富水地段进行超前钻探时必须采取防突措施，并测定水压。

（4）应做好钻探记录，包括钻孔位置、开孔时间、终孔时间、孔探、钻进压力、钻进速度随钻孔深度变化等。

（5）应编制探测报告，内容包括工作概况、钻孔探测结果、钻孔柱状图，必要时应附钻孔布置图、代表性岩芯照片等。

单元3.1-4

地震波反射法

一、仪器设备

隧道地震波反射法通常采用TGP（Tunnel Geological Prediction）或TSP（Tunnel Seismic Prediction）隧道超前地质预报系统，其由主机、检波器（探头）、信号线及后处理软件组成。

地震波反射法

二、检测原理

隧道地震波反射法原理是利用地震波反射回波方法测量，如图3-1所示。首先在隧洞内，人工制造一系列有规则的轻微震源，震源发出的地震波遇到地层界面、节理面、断层破碎带、溶洞、暗河等不良地质界面时，一部分信号被反射回来，一部分信号透射进入前方介质。反射的地震信号被高灵敏地震信号传感器接收，通过分析，被用来了解隧道工作面前方地质体的性质（软弱带、破碎带、断层、含水情况等），位置及规模。

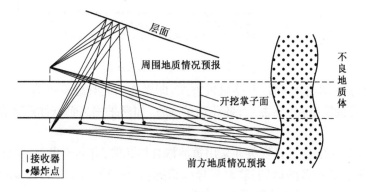

图3-1　隧道地震波反射法（TSP）预测原理示意图

三、适用范围

地震波反射法适用于预报掌子面前方的断层破碎带、软岩等不良地质体的性质、厚度、范围;划分地层界线;查找地质构造;粗略预报围岩级别等。

四、检测方法(以 TGP 为例进行介绍)

1. 测试前的准备

检查所有仪器工具是否带齐,包括 TGP 预报仪主机(图3-2 所示为 TGP206 主机)、接收传感器、耦合剂、触发信号线、供电电瓶数据线、工具箱、地质罗盘、地质锤、数码相机、记录本。

图3-2　TGP206主机

2. 现场采集

数据采集工作包括:接收孔和激发孔的布置、药卷同步信号制作、接收探头安装、仪器采集参数设置和隧道施工地质调查5项内容。

(1)激发孔应选择在构造界面与隧道夹角小的一侧洞壁,离掌子面 5~10m 开始,高度 1m 左右,以 2m 间距连续布置 24 个(围岩较差可取 1.5m)。之后退 15~20m 在隧道左右洞壁的相同里程各布置一个接收孔。接收孔与激发孔深度为 2m,接收孔为水平孔,激发孔向下倾斜 10°,以方便注水。接收孔和激发孔的布设方式如图3-3所示。

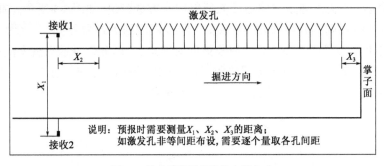

图3-3　接收孔与激发孔的布设方式

(2)炸药激振的同步信号采取开路触发方式,即爆炸的同时触发仪器采集,保证地震波信号的时间精度。药量控制在 75g 左右,各孔药量一致,如果采用高爆速炸药将有利于产生高频地震波信号。

(3)接收探头采用定向工具安装并采用黄油耦合钻孔壁,有利于提高接收信号的信噪比。

(4)仪器采集参数设置的原则:软岩采样率选择 0.1ms 档,硬岩采样率选择 0.05ms 档,通过选择采样点数保证地震记录长度不小于 200ms。

(5)施工地质调查针对炮孔段和掌子面岩体进行,详细记录岩体的工程地质和水文地质特征,认真填写隧道 TGP 测试现场记录表,如表3-4所示。

隧道TGP测试现场记录表　　　　　　　　　　　　　　　　　　　表3-4

检测单位名称：×××××× 　　　　　记录编号：××××××

工程名称						
工程部位/用途				委托/任务编号		
样品信息	样品名称： 样品数量：			样品编号： 样品状态：		
试验检测日期				试验条件		
检测依据				判定依据		
主要仪器设备及编号						
接收器		里程	高度(m)	孔深(m)	倾角(°)	耦合剂	耦合状态
	左						
	右						
炮孔位置						
炮点参数						
序号	距离(m)	孔深(m)	高差(m)	倾角(°)	药量(g)	备注

附加声明：第一炮的距离为炮点到接收器的距离，以后为孔间距。高差为各炮孔与接收器的高差，高为正，低为负

检测：　　　　记录：　　　　复核：　　　　日期：　年　月　日

五、数据处理

TGP206隧道地质超前预报系统的数据处理系统为"TGPwin处理系统"。编程依据隧道地震反射波原理，采用多波分析处理技术，对于简单重复费时的步骤尽量采用自动处理方式，对于涉及解释重要结论的处理过程，程序设立了源生对比检测方式和多参数综合分析解释的功能。"TGPwin处理系统"预报数据处理流程示意图如图3-4所示。

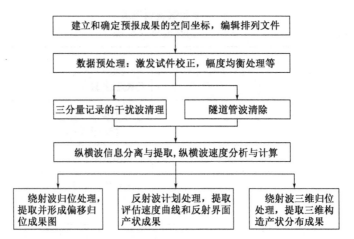

图 3-4 "TGPwin处理系统"预报数据处理流程示意图

1. 2D数据处理

(1)采集记录编排(数据预处理):首先载入并编排记录,通过自动相关拾取校正和手动拟合调整校正来处理数据,在此过程中,需要对三分量道集记录进行显示、清理和组合存盘,同时清除通道波干扰,若有必要,还需对预处理过的记录进行再处理。

(2)数据预测处理:载入三分量数据记录后,需要确定围岩波速,并拾取纵横波速。接着,设置预测范围,进行绕射波归位处理和反射波极化处理。

2. 3D数据处理

(1)纵向处理:设置纵向距离张角(绕射峰位三维显示)相干幅度剖面显示。

(2)横向处理:设置断面距离宽度(绕射断面三维显示)相干幅度剖面显示。

六、成果解译

(1)出现较高的反射振幅、较大的反射系数和较小的弹性阻抗,表示反射界面的岩石密度波速较高。

(2)波形中央出现正的反射振幅,表示反射界面的岩石是坚硬的;如果是负的反射振幅,表示反射界面是相对软弱岩石。

(3)如果S波反射比P波反射更强,这表示反射界面富含水。

(4)v_p、v_s增大或突然增大,常常由于流体的存在而引起。

(5)若v_p下降,则表明裂隙或空隙度增大。

七、预报距离

地震波反射法连续预报时前后两次预报距离宜重叠10m以上。预报距离应符合下列要求:

(1)在岩体完整的硬质岩地层每次预报距离宜为150~180m,不宜超过200m。

(2)在软弱破碎地层或岩溶发育区,每次预报距离宜为100m左右,不宜超过150m。

(3)水平声波剖面法可中距离预报断层破碎带、洞穴、采空区等。岩体完整的硬岩地层有效探测距离宜取50~70m,不宜超过100m;软弱破碎地层或岩溶发育区的有效探测距离宜取

20～50m,不宜超过70m。

(4)隧道位于曲线上时,应根据曲线半径大小,按上述原则合理确定预报距离。

单元3.1-5

电磁波反射法

一、检测仪器

电磁波反射法超前地质预报主要采用地质雷达法(Ground Penetrating Radar,CPR)。地质雷达探测系统由发射单元、接收单元、天线、主控器、专用笔记本电脑、信号线、数据采集软件、后处理软件等组成。

电磁波反射法

二、检测原理

地质雷达法探测是利用电磁波在隧道开挖工作面前方岩体中的传播及反射,根据传播速度、反射走时和波形特征进行超前地质预报的一种物探方法。

三、适用范围

地质雷达法适用于探测浅部地层、岩溶、空洞、不均匀体,具有快速、无损伤、可连续可单点方式探测、实时显示等特点。

四、检测步骤

1. 测试前的准备

(1)检查所有仪器工具是否带齐,包括雷达主机(图3-5)、天线(图3-6)、连接电缆、电池、数据线、工具箱、地质罗盘、地质锤、数码相机、记录本、数据存储工具(U盘等)。

图3-5　SIR-3000型地质雷达主机

图3-6　100MHz天线

(2)将要测试的地质雷达的电缆母口与天线连接,把电缆公口与SIR-3000背部的天线接口相连接,把两个保护帽扣在一起,如图3-7所示。连接电源,把电源(电池或交流电源适配器)连接到SIR-3000上,如图3-8所示。

图 3-7 天线连接

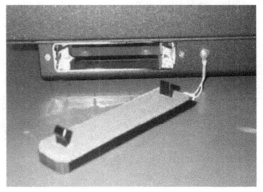
图 3-8 连接电源

2. 现场采集

（1）启动系统，进入雷达测试相关参数设置界面，根据工程实际情况对各参数进行合理设置，调整波形至合理图形，如图 3-9、图 3-10 所示。

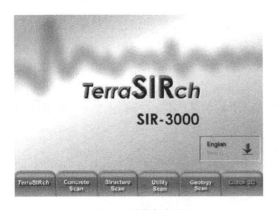
图 3-9 系统启动界面

图 3-10 数据显示窗口

（2）待参数及波形调整完毕后，一名测试人员负责主机操作，如图 3-11 所示。两名测试人员负责天线的操作，如图 3-12 所示。以测试人员为测试小组，组长全面负责测试工作。

图 3-11 主机操作

图 3-12 天线操作

（3）现场采集完成后，直接利用 U 盘把数据传输出来。

（4）数据采集并传输完毕后，关闭雷达主机电源，拆除电缆线，将仪器装箱。

3. 原始数据处理

地质雷达原始数据处理流程如图3-13所示。

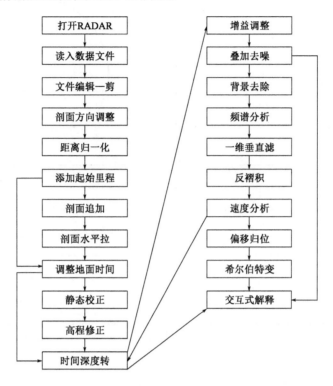

图3-13 地质雷达原始数据处理流程

五、现场记录表格

雷达超前地质预报测试现场记录如表3-5所示。

雷达超前地质预报测试现场记录表　　　　　　表3-5

检测单位名称：　　　　　　记录编号：

工程名称			
工程部位/用途		委托/任务编号	
样品信息	样品名称： 样品数量：	样品编号： 样品状态：	
试验检测日期		试验条件	
检测依据		判定依据	
主要仪器设备及编号			
掌子面桩号		掌子面围岩级别	

续上表

掌子面地质描述：	雷达超前预报测线布置图：

测线编号	测线长(m)	测试范围	异常情况及其他记录
附加声明：			

检测：　　　　　　记录：　　　　　　复核：　　　　　　日期：　年　月　日

六、成果解释

（1）完整岩体：对于完整的岩体，除图像顶部的直达波外，雷达波不发生反射或反射能量减小，波形均一，波长基本一致，波幅逐渐减小，同相轴清晰、平直、连续；反射波的主频集中在天线的中心频率附近。

（2）节理裂隙密集带或断层破碎带：由于岩石被节理裂隙切割，反射界面增多。

①当结构面垂直掌子面或不规则发育时，发射波振幅增大，频率增高，在分界面同相轴出现弯曲，在断层破碎带内部同相轴错断，同时反射能量衰减快。

②当结构面与掌子面近乎平行发育时，反射波同相轴平直、连续，与完整岩石的差别在于振幅增大，频率增高，断层内发射波杂乱。

（3）溶蚀裂隙区：其振幅、频率因含水率差异而不同（一般反射波振幅衰减较快，频率降低），与两侧反射波差异明显，且同相轴错断。

（4）溶洞：电磁波在溶洞周界发生反射，一般形成振幅较强的弧形反射波，并出现较强的多次反射波。

①当溶洞内没有充填物质，表现在溶洞顶和洞底界面反射波振幅加强，洞顶反射波相位与直达波相反，洞底反射波相位与直达波相同。

②当溶洞内部分充填岩石碎块时，与破碎带相似，表现为振幅增强，波形杂乱。

③当溶洞内部分充填黏土时，由于黏土对电磁波的强吸收，表现为局部反射波振幅减弱或消失。

④当溶洞充水时，洞顶界面反射波振幅加强，由于水对电磁波能量的强吸收，洞底界面消失，

洞顶界面反射波相位与直达波相同。同时,在频谱图中,反射波频率向低频移动,高频波消失。

七、预报距离

地质雷达工作天线频率越低,波长越大,能量衰减越慢,预报距离就越大,但相应的分辨率会降低。此外,预报距离还取决于介质的衰减系数、接收器的信噪比和灵敏度、发射器发射功率、系统总增益、目标的反射系数、几何形状及其产状等。因此,地质雷达法在一般地段预报距离宜控制在30m以内,在岩溶发育地段,有效预报长度则应根据雷达波形判定。连续预报时,前后两次重叠长度宜在5m以上。

> **工程案例**
>
> **实例一**:某隧道测试0~20m范围内,岩性为中厚层状白云质灰岩,节理裂隙发育,受到节理裂隙影响,岩层破碎、充泥、夹泥,局部方解石脉充填,有少量裂隙水,拱顶部开挖线附近围岩裂隙间泥质物充填,推断0~20m围岩类别为Ⅳ级。雷达测试图像如图3-14所示。
>
>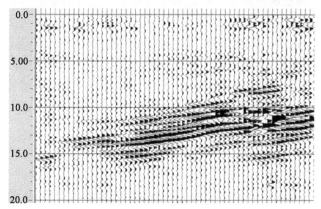
>
> 图3-14 实例一雷达测试图像
>
> **实例二**:节理发育带。雷达测试图像如图3-15所示。
>
>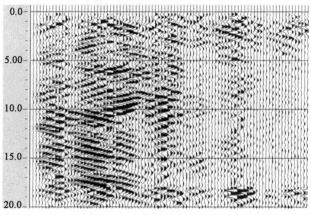
>
> 图3-15 实例二雷达测试图像

单元3.1-6

瞬变电磁法

瞬变电磁法

一、检测仪器

瞬变电磁法探测系统由发送机、接收机、放大器、发送线圈(发送回线)、接收探头(接收回线)、发送机电源、接收机电源、系统采集软件和后处理软件等组成。

二、检测原理

瞬变电磁法(Transient Electromagnetic Method, TEM)是一种时间域的电磁探测方法。瞬变电磁法超前地质预报检测原理是在隧道掌子面布设一定波形电流的发射线圈,向掌子面前方发射一次脉冲磁场,并在掌子面前方低阻异常带产生感应电流;在一次脉冲磁场间断期间,感应电流不会立即消失,在其周围空间形成随时间衰减的二次磁场;通过掌子面接收线圈接收二次磁场的变化,就可以判断前方低阻异常带电性要素,并推断出前方地质异常体位置和规模,进而推断围岩破碎、含水、地质构造等情况。总之,前方地质体的导电性越好,二次磁场(瞬变场)的强度就越大,且热损耗就越小,故衰减越慢,延迟时间越长。

三、检测步骤

1. 测试前的准备

检查所有仪器工具是否带齐,包括发送机、接收机、放大器、发送回线、接收回线、发送机电源、接收机电源、工具箱、地质罗盘、地质锤、数码相机、记录本。仪器系统的实物图如图3-16所示。

图3-16 仪器系统的实物图

2. 仪器的连接

(1)仪器的准备:在开始工作前应该检查发送机电源、接收机电源是否充足,发射机、接收机是否工作正常,仪器之间连接电缆是否携带完备。

(2)工区基本资料的准备。

(3)仪器的摆放:放大器远离发射机和发射线圈至少1m,减少干扰。

3. 参数设置

(1)工作信息设置:启动野外数据采集处理程序。

(2)仪器工作参数设置。

(3)通信检查:单击"参数设置"→"通信或总线检查",正常情况下会弹出"总线连接正常"对话框。工作前需进行通信检查,确认通信无误。通信检查相当于计算机与数据采集板的通信检查。

(4)匹配电阻的选择原则如下:

①重叠回线的阻尼电阻要比中心回线的小;

②高阻地区阻尼电阻要比低阻地区小;

③宁可过阻尼也别欠阻尼。

各阻尼曲线图如图3-17所示。

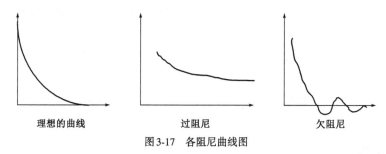

图3-17　各阻尼曲线图

匹配电阻的选择一般是在2~8几个挡位中选就行了。当数据采集完成后,如果电位差归一化曲线在衰减时出现很明显的振荡,说明匹配电阻大了,要将匹配电阻调小。

四、原始数据处理

(1)采集的数据采用CUGTEM瞬变电磁处理软件及Surfer三维图处理软件进行处理。

(2)处理时,首先载入现场采集的文件(.ctq文件),进行预处理。剔除质量差的点后,其余数据用于数据处理和解释。

(3)基本处理流程包括7个主要步骤,即:时间道的设置→数据滤波处理→完成解释图→输出多测道数据文件(.dat文件)→Surfer数据网络化→Surfer新建等值线图→Surfer填充等值线图。

(4)处理最终成果,得到顺层方向各测点前方150m范围内视电阻率等值线图。

五、成果解译

瞬变电磁法的解释通常分为两种:定性解释和定量解释。

1. 定性解释

定性解释一般是观察测线多道剖面,通过多道剖面可以定性地看出地层的分布情况,同时应排除晚期道的干扰假象。对双峰异常要多加关注。

2. 定量解释

定量解释一维反演是目前解释中最为准确的手段之一，但是要求输入初始模型。对初始模型的求取，通常有以下几种手段：

(1) 用矿区已有的地质资料（电测井）或者区域地质资料。

(2) 用直流电法在工区做一个电测深，以该测点的电测深电阻率作为初始模型。

(3) 也可用视电阻率和其他全域电阻率计算方法得出初始模型，但要保证其计算结果的正确性。

一般情况下，视电阻率较高，曲线比较规则，表明围岩完整性较好，含水率低；视电阻率较低，曲线不规则，变化较大，表明围岩完整性较差，含水率高。

六、注意事项

(1) 探测时间：应选择在爆破及出渣完成之后将开挖台车、喷浆机等金属物体向掌子面后移至20m以外进行，且避免电磁场信号干扰。

(2) 测线布置：应在隧道掌子面底板位置沿隧道环向平行于掌子面布置测线测点，线框主要按直立、恰当的仰角和俯角沿测线进行探测。

(3) 数据重复测量应具有良好的重复性，否则应检查线框和仪器电源是否正常、工频干扰是否过大等。

(4) 应做好探测测线、探测方向等原始记录，并绘制各测线的多测道剖面图和视电阻率剖面图。

七、预报距离

瞬变电磁法每次有效预报距离宜为100m左右，且由于采用该方法进行探测时会存在20m以上的盲区，因此连续探测时宜重叠30m以上。

> **工程案例**
>
> 某隧道0～20m段围岩为微风化石英砂岩，根据大地电磁测试结果，该段围岩相对较破碎，裂隙较发育，爆破震动时，拱部无支护会产生小规模坍塌或掉块，侧壁不易变形，地下水一般呈淋雨状或点滴状出水。由于隧道埋藏很深，最大深度达500m，局部可能会有应力集中显现，应注意岩崩的问题。20～83m段隧道围岩为微风化石英砂岩-石英角岩，节理裂隙一般不发育，岩体以较完整为主，局部较破碎。由于埋藏较深，岩石以密封状为主，且岩质坚硬，拱部无支护短期可稳定，侧壁不易变形，但拱顶在爆破震动时，个别松动岩块会掉块，应及时进行初期衬砌，地下水一般点滴状出水或潮湿。
>
> 某隧道CUGTEM探测波形图如图3-18、图3-19所示。

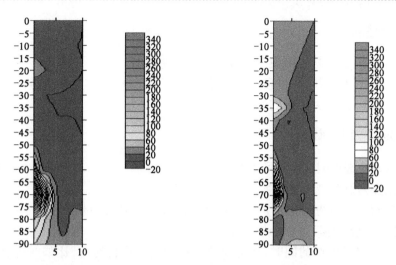

图 3-18　顺层方向各测点视电阻率分布图　　图 3-19　向上45°方向各测点视电阻率分布图

某隧道 TEM 超前地质预报解释及评估结果表如表 3-6 所示。

某隧道 TEM 超前地质预报解释及评估结果表　　　　表 3-6

序号	里程	长度(m)	探测结果推断
1	0~15	15	从瞬变电磁仪等值线图看,隧道各测点前方15m范围内围岩中有少量裂隙水,主要存在线路方向右侧
2	15~45	30	从瞬变电磁仪等值线图看,隧道各测点前方30m范围内围岩中赋有丰富裂隙水,主要存在于线路方向中部和右侧
3	45~83	38	从瞬变电磁仪等值线图看,隧道各测点前方38m范围内围岩中裂隙水贫乏

单元 3.1-7

红外探测法

一、检测仪器

红外探测法采用专用的红外探水仪。

二、检测原理

红外探测法

红外探测是根据红外辐射原理,即一切物质都在向外辐射红外电磁波的原理,通过接收和分析红外辐射信号,探测局部地温异常现象,判断地下脉状流、脉状含水带、隐伏含水体等所在的位置进行超前地质预报的一种物探方法。红外探测适用于定性判断探测点前方有无水体存在及其方位,不能定量给出水量大小等数据。

三、探测要求

(1)探测时间:应选择在爆破及出渣完成之后进行。
(2)测线布置:需在拱顶、拱腰、边墙、隧底位置沿隧道轴向布置测线、测点。
(3)做好数据记录,并绘制红外探测曲线图。

四、数据处理与解释

(1)先认真检查探测数据的可靠性。
(2)根据探测数据绘制探测曲线。
(3)分析解释时应先确定正常场,再确定异常场,由异常场判定地下水的存在,再结合现场的工程地质和水文地质条件分析与判定。
(4)在分析单条曲线的同时,还应对所有探测曲线进行对比,比如两边墙探测曲线的对比、顶底探测曲线的对比,依此确定隐蔽水体或含水构造相对隧道的所在空间位置。
(5)沿隧道轴向的红外探测曲线与开挖掌子面红外探测的数据最大差值,对于两者应结合分析,在实践中不断总结经验,做出符合实际的分析判断。
(6)通过探测与施工开挖验证,总结出正常场的特点,以提高对异常场的分辨准确率。

五、预报距离

红外探测法有效预报距离宜在30m以内,连续预报时前后两次重叠长度宜在5m以上。

六、注意事项

以下情况下所采集的探测数据无效:
(1)仪器已显示电池电压不足,未更换电池而继续采集的数据。
(2)开挖掌子面炮眼、超前探孔等钻进过程中采集的数据。
(3)喷锚作业后水泥水化热影响明显的部位所采集的数据。
(4)爆破作业后测线范围内温差明显时所采集的数据。
(5)测线范围内存在高能热源场(如电动空压机等)时所采集的数据。

单元3.1-8

高分辨直流电法

一、检测仪器

高分辨率直流电法探测系统由主机、电极、多道电极转换器、多芯电缆、发射电源、数据采集软件、后处理软件等组成。

二、检测原理

高分辨直流电法是以岩石的电性差异（电阻率差异）为基础，电流通过布置在隧道内的供电电极时，在围岩中建立起全空间稳定电场，通过研究地下电场的分布规律，并根据视电阻率分布图预报开挖工作面前方储水、导水构造分布和发育情况的一种直流电法探测技术。现场采集数据时必须布置三个以上的发射电极，进行空间交汇，区分各种影响，并压制不需要的信号，突出隧道前方地质异常体的信号。该方法也称为"三极空间交汇探测法"。

高分辨直流电法适用于探测地层中存在的地下水体位置及定性判断含水量，如断层破碎带、溶洞、溶隙、暗河等地质体中的地下水。

三、检测要求

(1)发射、接收电极应布置在同一直线上。
(2)发射、接收电极接地良好。
(3)发射、接收电极间距应测量准确。
(4)数据重复测量应具有良好的重复性，否则应检测电极和电源是否正常、工频干扰是否过大等。

四、数据处理与解释

(1)数据处理应采用增强有效信号、压制干扰信号等手段，使视电阻率等值线图能够清晰成像。
(2)数据解释时地质异常体（储、导水构造）判断标准应以现场多次采集分析验证的数据为依据，同时总结规律，找出隧址区异常标准值。

五、预报距离

高分辨率直流电法有效预报距离不宜超过80m，连续探测时宜重叠10m以上。

单元3.1-9

超前导坑预报法

一、检测方法

超前导坑预报法是将超前导坑中揭示的地质情况，通过地质理论和作图法预报正洞地质条件的方法。超前导坑预报法可分为平行超前导坑法和正洞超前导坑法。线间距较小的隧道可互为平行导坑，以先行开挖的隧道预报后开挖的隧道地质条件。

超前导坑预报法

二、预报内容

根据超前导坑揭露的地质情况推测隧道未开挖地段地质条件,预报内容主要包括:
(1)地层岩性、地质构造的分布位置及范围等。
(2)岩溶的发育分布位置、规模、形态、充填情况及其平面展布情况。
(3)采空区及废弃矿巷与隧道的空间关系。
(4)有害气体及放射性危害源的分布层位。
(5)涌泥、突水及高地应力现象出现的隧道里程段。
(6)其他可以预报的内容。

三、预报成果

根据分析预报结果,按1:100~1:500比例绘制超前导坑地质与隧道地质关系平面简图、导坑工程地质纵断面图,以及1:100~1:200地质横断面图。

单元3.2 不良地质体的预报

【知识目标】
1. 熟悉各种不良地质出现的前兆标志;
2. 掌握各种不良地质预报方法。

【技能目标】
能够简述常见不良地质预报方法的工作内容。

【案例导入】
某隧道左线起讫桩号ZK64+292~ZK68+157,长3865m,属特长隧道,最大埋深约485.2m,进洞口走向方位角125°,出洞口走向方位角143°;右线起讫桩号YK64+300~YK68+159,长3859m,属特长隧道,最大埋深约480m,进洞口走向方位角125°,出洞口走向方位角143°,单洞净空(宽×高):10.25m×5.00m。隧道地层为上白垩系罗镜滩组石灰质砾岩,地表岩溶发育,分布有大量的岩溶洼地、落水洞、漏斗,大气降水直接通过落水洞、漏斗灌入地下,并通过地下河排向深切河谷,且发育有漏水洞,为典型的强岩溶隧道,施工风险极大。隧道开挖过程中可能出现岩溶发育、膨胀围岩、破碎断层等不良地质问题,有必要进行隧道超前地质预报工作,以保障隧道施工安全。

【工程师寄语】
在面对隧道施工中的复杂地质条件时,我们会遇到岩溶、断层、煤层等地质难题,我们要运用先进的地质预报技术,综合分析、精准施策。在施工中,我们不仅要科学预测、精确判断,更要勇于探索、敢于突破,自信自强、守正创新、踔厉奋发、勇毅前行。无论面对何种困难,我们都应保持积极向上的心态,像在隧道施工中攻克难关一样,在人生道路上迎难而上,用智慧和勇气书写属于自己的精彩篇章。

本单元将为大家介绍岩溶预报、断层预报以及煤层瓦斯预报相关知识。

【知识框图】

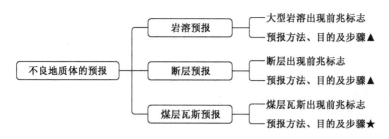

不良地质体的预报

不同的地质条件,应采取不同的超前地质预报方法。对于岩溶、断层、煤层瓦斯等各种不良地质条件,宜综合运用两种或两种以上方法进行预报,并提供相应的预报内容,进行综合分析,以达到预报的目的。

一、岩溶预报

1. 大型岩溶出现前兆标志

大型岩溶出现前兆标志一般有:
(1)钻孔中的涌水量剧增,且夹有泥沙或小砾石。
(2)岩层明显湿化、软化或出现淋水现象。
(3)小溶洞出现的频率增加,且多有水流、河沙或水流痕迹。
(4)裂隙、溶隙间出现较多的铁染锈或黏土。
(5)钻孔中有凉风冒出。
(6)有哗哗的流水声。

2. 预报方法

岩溶预报应以地质调查法为基础,以超前钻探法为主,结合地震波反射法、地质雷达法、瞬变电磁法、红外探测法等多种物探手段进行综合超前地质预报。

3. 预报目的

岩溶预报应探明岩溶在隧道内的分布位置、规模、充填情况及岩溶水的发育情况,分析其对隧道的危害程度。

4. 预报步骤

(1)分析隧址区岩溶发育的规律,以指导超前地质预报工作。
(2)根据隧道内地质素描结果,验证、调整地质复杂程度分级和超前地质预报方案。
(3)根据岩溶发育条件,可采用弹性波反射法进行长、中长距离探测,以探明断层等结构面和规模较大、可足以被探测的岩溶形态;采用高分辨率直流电法、红外探测进行中长、短距离探测,可定性探测岩溶水;采用地质雷达进行短距离探测,以查明岩溶位置、规模和形态。
(4)根据地质复杂程度分级、隧道内地质素描、物探异常带进行超前地质钻探预报和验证,对富水岩溶发育地段,超前地质钻探必须连续重叠式进行;超前钻探揭示岩溶后,应适当加密,必要时采用地质雷达及其他物探手段进行短距离的精细探测,配合钻探查清岩溶规模及发育特征。

二、断层预报

1. 断层出现前兆标志

断层出现前兆标志一般有:
(1)岩层牵引褶皱出现。
(2)节理组数急剧增加。
(3)岩石的强度明显降低。
(4)压碎岩、碎裂岩、断层角砾岩等出现。
(5)临近富水断层前断层下盘泥岩、页岩等隔水岩层明显湿化、软化,或出现淋水和其他涌突水现象。

2. 预报方法

断层预报应以地质调查法为基础,以地震波反射法和地质雷达法探测为主,必要时采用瞬变电磁法、高分辨率直流电法、红外探测法探测断层带地下水的发育情况,并用超前钻探法进行验证。

3. 预报目的

断层预报应探明断层的主要性质、产状、富水情况,在隧道中的分布位置,断层破碎带的规模、物质组成等,并分析其对隧道的危害程度。

4. 预报步骤

(1)根据区域地质资料、工程地质平面图与纵断面图以及必要的补充地质调查,采用隧道内地质素描、断层趋势分析等手段进一步核实断层的性质、产状、位置与规模等。
(2)采用弹性波反射法确定断层在隧道内的大致位置和宽度。
(3)必要时采用高分辨直流电法、瞬变电磁法、红外探测法探测断层带地下水的发育情况。
(4)必要时采用超前钻探,预报断层的确切位置和规模、破碎带的物质组成及地下水的发育情况等。

三、煤层瓦斯预报

1. 煤层瓦斯出现前兆标志

煤层瓦斯出现前兆标志一般有:
(1)开挖掌子面地层压力增大,鼓壁、深部岩层或煤层的破裂声明显,响煤炮、掉渣、支护严重变形。
(2)煤层结构变化明显,层理紊乱,由硬变软,厚度与倾角发生变化,煤由湿变干,光泽暗淡,煤层顶、底板出现断裂、波状起伏等。

(3)瓦斯浓度突然增大或忽高忽低,掌子面温度降低,憋闷、有异味等。

(4)钻孔时有顶钻、夹钻、顶水、喷孔等动力现象。

(5)掌子面有移动感,掌子面发出瓦斯强涌出的嘶嘶声,同时带有粉尘。

2. 预报方法

煤层瓦斯预报应以地质调查法为基础,以超前钻探法为主,结合地震波反射法、地质雷达法、瞬变电磁法、红外探测法等多种物探手段进行综合超前地质预报。瓦斯隧道中的钻探须使用专用防爆钻机;瓦斯隧道中的物探仪器须为防爆仪器,非防爆仪器应在充分保障探测工作环境安全的前提下,经过建设管理部门特许批准后使用。

3. 预报目的

煤层瓦斯预报应探明煤层分布位置、煤层厚度,测定瓦斯含量、瓦斯压力、涌出量、瓦斯放散初速度、煤的坚固性系数等,判定煤的破坏类型,分析判断煤的自燃及煤尘爆炸性、煤与瓦斯突出危险性,评价隧道瓦斯严重程度及对工程的影响,提出技术措施和建议等。

4. 预报步骤

(1)根据区域地质资料、工程地质勘察报告、工程地质平面图与纵断面图、煤层地表钻探资料和必要的补充地质调查,通过地质作图进一步核实煤层的位置与厚度等。

(2)采用物探法确定煤层在隧道内的大致位置和厚度。

(3)采用洞内地质素描,利用地层层序、地层厚度、标志层和岩层产状等,通过作图分析确定煤层的里程位置。

(4)接近煤层前,必须对煤层位置进行超前钻探,标定各煤层准确位置,掌握其赋存情况及瓦斯状况。要求如下:

①应在距煤层15~20m(垂距)处的开挖掌子面上钻1个超前钻孔,初探煤层位置。

②应在距初探煤层位置10m(垂距)处的开挖掌子面上钻3个超前钻孔,分别探测开挖掌子面前方上部及左右部位的煤层位置,并采取煤样和气样进行物理、化学分析和煤层瓦斯参数测定,在现场进行瓦斯及天然气含量、涌出量、压力等测试工作;按各孔见煤、出煤点计算煤层厚度、倾角、走向及与隧道的关系,并分析煤层顶、底板岩性;掌握并收集钻孔过程中的瓦斯动力现象。

(5)穿越煤层前应进行瓦斯突出危险性预测,并应符合以下规定:

①根据围岩强度和预计瓦斯压力,确定掌子面距突出煤层的安全距离,在煤层垂距不小于安全距离处的开挖掌子面进行瓦斯突出危险性预测。

②瓦斯突出危险性预测应从瓦斯压力法、综合指标法、钻屑指标法、钻孔瓦斯涌出初速度法、"R"指标法五种方法中选出两种方法,相互验证,其中有任何一项指标超过临界值,该开挖掌子面即为有突出危险掌子面;其预测时的临界指标应根据实测数据确定,当无实测数据时,可参照表3-7中所列出的危险性临界值;钻孔过程中出现顶钻、夹钻、喷孔等动力现象时,应视开挖掌子面为突出危险掌子面。

突出危险性预测指标临界值 表3-7

预测指标	瓦斯压力 (kPa)	吨煤瓦斯含量 (m³/t)	钻屑瓦斯解吸指标		钻屑瓦斯涌出初速度 (L/min)
			Δh_2(Pa)	$K_1[\mathrm{mL}/(\mathrm{g}\cdot\mathrm{min}^{1/2})]$	
临界值	0.74	8	干煤样:200 湿煤样:160	干煤样:0.5 湿煤样:0.4	5

四、试验记录

前方地质条件、不良地质体的分布及性质试验记录如表3-8所示。

前方地质条件、不良地质体的分布及性质试验记录表 表3-8

工程名称		委托编号	
隧道名称		具体位置及桩号	
设备编号		检测日期	
预报范围:			
测线布置示意图:			
掌子面素描:			

检测：　　　　　　　记录：　　　　　　　校核：

单元3.3 工程案例

作业指导书
（隧道围岩地质检查及超前预报）

一、开展项目

隧道围岩地质检查及超前预报的主要内容如下：

(1)地层岩性预测预报；
(2)地质构造预测预报；
(3)不良地质预测预报；
(4)地下水预测预报；
(5)对围岩级别变化的判断。

二、依据文件

(1)《岩石与岩体鉴定和描述标准》(CECS 239—2008)；
(2)《铁路工程物理勘探规范》(TB 10013—2023)；
(3)《公路工程地质勘察规范》(JTG C20—2011)；
(4)《公路隧道设计细则》(JTG/T D70—2010)；
(5)《公路隧道施工技术规范》(JTG/T 3660—2020)；
(6)《工程岩体分级标准》(GB/T 50218—2014)；
(7)《地面磁性源瞬变电磁法技术规程》(DZ/T 0187—2016)；
(8)《城市工程地球物理探测标准》(CJJ/T 7—2017)；
(9)《铁路隧道超前地质预报技术规程》(Q/CR 9217—2015)。

三、人员配置

技术负责人1名、安全员1名、地质调查员1人、检查员2名。

四、主要仪器设备

主要仪器设备如表3-9所示。

主要仪器设备　　　　表3-9

标准名称	型号规格	测量范围	允许误差	备注
地质锤	—	—	—	
地质罗盘	—	—	—	
地质雷达	SIR-3000	—	—	进口
地震波反射仪	TGP-206A TSP-203	—	—	国产 进口
瞬变电磁仪	CUGTEM-8	—	—	国产

五、检查前准备

(1)编制工作大纲。工作大纲中应明确检查程序、内容、方法,使用仪器设备、防护设备,配备安全员、监督员并明确人员分工,危险源识别和安全交底,检查结果的整理和提交。

(2)依据工作大纲调配设备、人员,进行技术交底。

六、现场检查

1. 地质素描

地质素描内容包括隧道掌子面、左右侧墙、拱顶及隧底的岩性、产状,有无不良地质,风化程度、破碎程度、岩石强度、地下水发育程度等。

2. 地层岩性预测预报

地层岩性预测预报内容包括地层岩性、岩体产状、软弱夹层、破碎地层、煤层及特殊岩土等。地层岩性预测预报频率根据方法不同而略有差异,详情见表3-10。

隧道地层岩性预测预报频率表   表3-10

项次	预报项目	预报方法	预报频率
1	地层岩性预测预报	超前水平孔	宜每30~50m循环一次。断层破碎地层每循环钻3~5个孔。连续预报时,前后两循环钻孔应重叠5~8m
2		地震反射波法	宜每100~150m循环一次。需要连续预报,前后两次重叠长度应大于10m
3		电磁波反射法	宜10~30m循环一次。需要连续预报,前后两次重叠长度应大于5m
4		红外探测法	每次预报有效探测距离宜为30m,连续预报时,前后两次重叠长度应大于5m

3. 地质构造预测预报

地质构造预测预报内容包括断层、节理密集带、褶皱构造等。地质构造预测预报频率根据方法不同而略有差异,详情见表3-11。

隧道地质构造预测预报频率表   表3-11

项次	预报项目	预报方法	预报频率
1	地质构造预测预报	超前水平孔	宜每30~50m循环一次。断层破碎地层每循环钻3~5个孔。连续预报时,前后两循环钻孔应重叠5~8m
2		地震反射波法	宜每100~150m循环一次。需要连续预报,前后两次重叠长度应大于5m
3		电磁波反射法	宜10~30m循环一次。需要连续预报,前后两次重叠长度应大于5m
4		红外探测法	每次预报有效探测距离宜为30m,连续预报时,前后两次重叠长度应大于5m

4. 不良地质预测预报

不良地质预测预报内容包括溶洞、暗河、人为坑洞、放射性、有害气体、高低温、高岩温等发育情况。不良地质预测预报频率根据方法不同而略有差异,详情见表3-12。

隧道不良地质预测预报频率表   表3-12

项次	预报项目	预报方法	预报频率
1	不良地质预测预报	超前水平孔	宜每30~50m循环一次。断层破碎地层每循环钻3~5个孔。连续预报时,前后两循环钻孔应重叠5~8m
2		地震反射波法	宜每100~150m循环一次。需要连续预报,前后两次重叠长度应大于5m
3		电磁波反射法	宜10~30m循环一次。需要连续预报,前后两次重叠长度应大于5m
4		红外探测法	每次预报有效探测距离宜为30m,连续预报时,前后两次重叠长度应大于5m

5. 地下水预测预报

地下水预测预报内容包括岩溶管道水、富水断层、富水褶皱及富水地层地带等。地下水预测预报频率根据方法不同而略有差异，详情见表3-13。

隧道地下水预测预报频率表 表3-13

项次	预报项目	预报方法	预报频率
1	地下水预测预报	超前水平孔	宜每30~50m循环一次。断层破碎地层每循环钻3~5个孔。连续预报时,前后两循环钻孔应重叠5~8m
2		地震反射波法	宜每100~150m循环一次。需要连续预报,前后两次重叠长度应大于5m
3		电磁波反射法	宜10~30m循环一次。需要连续预报,前后两次重叠长度应大于5m
4		瞬变电磁法	每次预报有效探测距离宜为100m,连续预报时,前后两次重叠长度应大于30m
5		红外探测法	每次预报有效探测距离宜为30m,连续预报时,前后两次重叠长度应大于5m

七、安全注意事项

(1)在进行预报作业前,结合现场情况配备专职安全管理人员,实施对作业人员的安全培训教育和管理监督。

(2)现场作业人员必须接受安全技术教育,认真学习有关安全文件,认真贯彻"安全第一、预防为主"的方针,强化安全生产责任制,加强检查检测现场的安全管理,遵守各项安全技术操作规程,确保检测安全。

(3)为保证作业安全,作业人员必须头戴安全帽、身穿安全防护服,预报作业人员需随时观察掌子面围岩变化情况。

(4)进行预报作业前必须对掌子面进行排险。

(5)预报机具设备和高空作业设备均须检查合格后才能使用。

(6)夜间进行预报作业时,必须在整个工作区域设置照明灯,且照明要覆盖整个作业区域,夜间作业区域必须布置作业警告灯,所设置的交通标志必须具有反光功能。

(7)当发生事故时,现场人员应立即采取抢救措施,并立即向项目部汇报。

(8)预报作业完成后,立即撤除所有为预报作业设置的标牌,收工时必须认真清理作业现场,保证施工场地畅通。

八、预报结果

隧道超前地质预报结果包括:委托单位、预报依据、预报方法、预报设备、预报工程概况、预报段落地质状况及存在的不良地质、预报结果解译图形、结论与建议等。

【案例1】 某隧道为双向四车道分离式隧道施工,隧道所处围岩软弱,薄层结构,节理很发育,岩体较破碎,在隧道左侧有溶洞,穿越煤层瓦斯段及两条富水软弱断层破碎带。隧道开挖时,产生掉块,岩层富水性中等,雨季有滴水渗水现象,围岩级别为Ⅴ级。为保证施工安全,施工单位在该隧道施工中采用了多种超前地质预报方法综合判定围岩的稳定性,其中采用红外探测法判断探测点前方有无水体存在及其方位。结合背景材料,回答下列问题。

(1)结合背景资料,施工单位必须采用的超前地质预报方法是( )。

A. 地质调查法　　B. 超前钻探法　　C. 物探法　　D. 超前导坑预报法

解析:选B。在富水软弱断层破碎带、富水岩溶发育区、煤层瓦斯发育区、重大物探异常区等地质条件复杂地段必须采用超前钻探法。

(2)结合背景资料,施工单位进行超前地质预报的主要内容包括( )。

A. 地层岩性预报　　　　　　　　B. 地质构造预报
C. 围岩塌方量预报　　　　　　　D. 对围岩级别变化的判断

解析:选ABD。超前地质预报的主要内容包括地层岩性预报、地质构造预报、不良地质条件预报、地下水状况和对围岩级别变化的判断。

(3)结合背景资料,关于红外探测法描述正确的是( )。

A. 能够定量给出前方水量大小
B. 在拱顶、拱腰、边墙、隧底位置沿隧道轴向布置测线、测点
C. 应选择在爆破后、出渣前进行
D. 应先确定正常场,再确定异常场

解析:选BD。红外探测适用于定性判断前方有无水体存在及其方位,不能定量给出水量大小等数据;探测时间应选择在爆破及出渣完成之后进行。

(4)结合背景资料,红外探测法有效预报距离宜在( )以内。

A. 10m　　　　B. 20m　　　　C. 30m　　　　D. 50m

解析:选C。红外探测法有效预报距离宜在30m以内,连续预报时前后两次重叠长度宜为5m以上。

(5)结合背景资料,关于岩溶段超前预报应探明的主要内容包括( )。

A. 岩溶在隧道内的分布位置、规模　　B. 岩溶的充填情况
C. 岩溶周围岩石的强度　　　　　　　D. 岩溶水的发育情况

解析:选ABD。岩溶预报应探明岩溶在隧道内的分布位置、规模、充填情况及岩溶水的发育情况,分析其对隧道的危害程度。

【**案例2**】 某双向四车道分离式隧道施工,全长4576m,属特长公路隧道。根据地质详勘报告,隧址区域地下水分布广泛,地表、地下水力联系十分复杂,岩溶、高压富水的发育受岩性与构造控制,岩溶构造及富水主要发育在观音峡背斜两翼的三叠系地层中,同时,本隧道所穿越的地表水库、泉眼、鱼塘密布,地下水资源丰富,岩溶分布规模不均,隧道施工遇高压涌水、突泥风险性较高;且进、出口须家河地层地段含煤而引起的瓦斯聚集。因此,施工期间,应针对上述重大工程地质问题,在全隧开展以地质调查法为辅,物探法为主的综合地质超前预报工作,采用双侧壁导坑法施工。为了保证隧道施工中的安全,根据隧道已有勘察资料、地表补充地质调查资料和隧道内地质素描,利用常规地质理论、地质作图和趋势分析等,推测开挖工作面前方的地质情况。结合背景材料,回答下列问题。

(1)结合背景资料,隧道地表补充地质调查主要包括( )。

A. 地层、岩性在隧道地表的出露及接触关系,特别是对标志层的熟悉和确认
B. 断层、节理密集带等地质构造在隧道地表的出露位置、规模、性质及其产状变化情况

C. 塌方部位、方式、规模及其随时间的变化特征,并分析产生塌方的地质原因及其对继续掘进的影响

D. 人为坑洞位置、走向、高程等,分析其与隧道等空间关系

解析:选ABD。隧道地表补充地质调查应包括以下主要内容:

①对已有地质勘察成果的熟悉、核查和确认;

②地层、岩性在隧道地表的出露及接触关系,特别是对标志层的熟悉和确认;

③断层、褶皱、节理密集带等地质构造在隧道地表的出露位置、规模性质及其产状变化情况;

④地表岩溶发育位置、规模及分布规律;

⑤煤层、石膏、膨胀岩、含石油天然气、含放射性物质等特殊地层在地表的出露位置、宽度及其产状变化情况;

⑥人为坑洞位置、走向、高程等,分析其与隧道等空间关系;

⑦根据隧道地表补充地质调查结果,结合设计文件资料和图纸,核实和修正超前地质预报重点区段。

(2)结合背景资料,隧道内地质素描主要包括(　　)。

A. 围岩分级

B. 围岩稳定性特征及支护情况

C. 地表岩溶发育位置、规模及分布规律

D. 地层、岩性在隧道地表的出露及接触关系,特别是对标志层的熟悉和确认

解析:选AB。隧道内地质素描包括以下主要内容,工程地质、水文地质、围岩稳定性特征及支护情况、围岩分级、影像。

(3)下列物探法中不属于弹性波反射法的是(　　)。

A. 地震波反射法

B. 电磁波反射法

C. 水平声波剖面法

D. 低应变法

解析:选BD。物探法包括弹性波反射法、电磁波反射法、瞬变电磁波法、高分辨率直流电法、红外探测法;弹性波法是利用人工激发的地震波、声波,包括地震波反射法、水平声波剖面法、负视速度法、陆地声呐法。

(4)结合背景资料,下列关于岩溶预报说法错误的是(　　)。

A. 当小溶洞出现的频率增加,且多有水流、河沙或水流痕迹,为大型岩溶出现前兆标志

B. 岩溶预报应以地质调查法为基础,以物探法为主

C. 根据岩溶发育条件,可采用弹性波反射法进行长、中长距离探测

D. 采用高分辨率直流电法、红外探测进行中长、短距离探测,可定量探测岩溶水

解析:选BD。岩溶预报应以地质调查法为基础,以超前钻探法为主,结合多种物探手段进行综合超前地质预报。采用高分辨率直流电法、红外探测进行中长、短距离探测,可定性探测岩溶水。

(5)结合背景资料,下列关于煤层瓦斯预报说法正确的是( )。

A. 应以地质调查法为基础,以超前钻探法为主
B. 瓦斯地层中的钻探须使用专用防爆钻机
C. 至少采用一种方法对瓦斯突出危险性进行预测
D. 钻孔过程中出现顶钻、夹钻、喷孔等动力现象时,应视开挖掌子面为突出危险掌子面

解析:选 ABD。瓦斯突出危险性预测应从瓦斯压力法、综合指标法、钻屑指标法、钻孔瓦斯涌出初速度法、"R"指标法五种方法中选出两种方法。

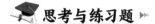

思考与练习题

一、单选题

*1. 对某隧道出口段混凝土衬砌进行雷达检测,若衬砌背部回填不密实,地质雷达数据有( )的特征。

A. 反射信号弱,图像均匀且反射界面不明显
B. 反射信号强,图像变化杂乱
C. 反射信号强,图像分散的月牙状
D. 反射信号弱,图像不均

*2. 对某铁路隧道出口段混凝土衬砌进行雷达检测,地质雷达检测用( )探测地下介质分布状况。

A. 超声波　　　　B. 地震波　　　　C. 高频电磁波　　　D. 低频电磁波

*3. 瞬变电磁法每次预报有效探测距离宜为( )。

A. 150m　　　　B. 100m　　　　C. 80m　　　　D. 30m

*4. 下列超前地质预报法不属于物探法的是( )。

A. 弹性波反射法　　B. 地质雷达探测法　　C. 红外探测法　　D. 低应变法

*5. 岩溶预报应以( )为基础,以( )为主。

A. 地质调查法;超前钻探法　　　　B. 地质调查法;弹性波反射法
C. 超前钻探法;弹性波反射法　　　　D. 超前钻探法;地震波反射法

*6. ( )适用于划分地层界限、查找地质构造、探测不良地质的厚度和范围。

A. 地震波反射法　　B. 电磁波反射法　　C. 红外探测法　　D. 低应变法

*7. 对地质雷达的适用范围描述,错误的是( )。

A. 混凝土衬砌厚度
B. 隧道衬砌拱顶是否有脱空
C. 衬砌混凝土是否存在较大的缺陷及缺陷位置
D. 混凝土衬砌的强度

8. 采用地质雷达法对已完成的喷射混凝土初期支护进行质量检测;检测图像根据其主要特征大致可分为三类:第一类界面反射信号强,三振相明显,在其下部仍有强反射界面信号,两组信号时程差较大;第二类信号幅度较弱,甚至没有界面反射信号;第三类界面的强反射信

号同相轴呈绕射弧形,且不连续,较分散。第二类图像结果表明隧道衬砌结构的情况是( )。

  A. 密实   B. 不密实   C. 存在空洞   D. 不能判断

*9. 断层为面状结构面,采用( )能较准确地预报其位置、宽度、物质组成及地下水发育情况等。

  A. 地质调查法   B. 弹性波反射法
  C. 超前钻探法   D. 地震波反射法

*10. 以下哪项是隧道超前地质预报应达到的目的( )。

  A. 地表下沉范围、量值   B. 地表及地中下沉随工作面推进的规律
  C. 为信息化设计和施工提供可靠依据   D. 地表及地中下沉稳定的时间

二、多选题

*1. 超前钻探法包括( )。

  A. 超前地质钻探   B. 超前导坑
  C. 加深炮孔探测   D. 孔内摄影

*2. 隧道内地质素描应包括以下主要内容( )。

  A. 有害气体及放射性危害源的存在情况
  B. 应记录塌方部位、方式、规模及其随时间的变化特征,并分析产生塌方的地质原因及其对继续掘进的影响
  C. 出水点和地层岩性、地质构造、岩溶、暗河等的关系分析
  D. 围岩稳定性特征及支护情况

*3. 高分辨率直流电法探测系统由( )等组成。

  A. 主机   B. 多道电极转换器
  C. 多芯电缆   D. 数据采集软件
  E. 后处理软件

*4. 地震波反射法中,以下哪些采集信号的总体质量评定为不合格?( )

  A. 存在相邻的不合格记录或空炮   B. 采用非瞬发电雷管激发
  C. 单炮记录合格率大于85%   D. 空炮率大于15%

*5. 红外探测法以下哪些情况下所采集的探测数据为不合格( )。

  A. 开挖工作面炮眼、超前探孔等钻进过程中采集的数据
  B. 喷锚作业后,水泥水化热影响明显的部位所采集的数据
  C. 爆破作业后,测线范围内温差明显时所采集的数据
  D. 测线范围内存在高能热源场(如电动空压机等)时所采集的数据

6. 关于高分辨直流电法说法正确的是( )。

  A. 适用于定性判断探测点前方有无水体存在及其方位,不能定量出水量大小等参数
  B. 有效预报距离不宜超过80m
  C. 连续探测时应重叠10m以上

D. 发射、接收电极间距测量准确,误差应小于5cm

*7. 地质调查法包括( )。
   A. 超前地质钻探　　　　　　B. 隧道内地质素描
   C. 隧道地表补充地质调查　　　D. 孔内摄影

8. 关于隧道超前钻探技术要求以下描述正确的是( )。
   A. 富水岩溶发育区每循环宜钻3~5个孔,揭示岩溶时,应适当增加,以满足安全施工和溶洞处理所需资料为原则
   B. 在需连续钻探时,前后两循环钻孔应重叠5~8m
   C. 富水岩溶发育区,超前钻探应终孔于隧道开挖轮廓线以外5~8m
   D. 应在距煤层15~20m(垂距)处的开挖工作面上钻3个超前钻孔,初探煤层位置

*9. 地下水预测预报包括( )等。
   A. 岩溶管道水　　B. 富水断层　　C. 富水褶皱　　D. 富水地层地带

*10. 超前钻探过程中应在现场做好钻探记录,包括( )。
   A. 钻孔位置　　B. 开孔时间　　C. 孔径　　D. 钻进压力

三、判断题

*1. 红外探测连续预报时,前后两次重叠长度应在5m以上。( )

*2. 富水岩溶发育区必须采用超前钻探法,且超前钻探应终孔于隧道开挖轮廓线以外3~5m。( )

*3. 地震波反射法中,应采用装药杆将炸药卷装入炮孔的中部。( )

*4. 地质调查法适用于各种地质条件下隧道的超前地质预报。( )

*5. 地质雷达在完整灰岩地段,预报距离宜在30m以内。( )

*6. 煤层瓦斯预报应在距煤层15~20m(垂距)处的开挖工作面上钻3个超前钻孔,初探煤层位置。( )

7. v_p/v_s有较大的增加或泊松比突然增大,常常因流体的存在而引起。( )

*8. 地质雷达在完整灰岩地段,预报距离宜在30m以内。( )

*9. 红外探测连续预报时,前后两次重叠长度应在5m以上。( )

*10. 地震波反射法中,应采用装药杆将炸药卷装入炮孔的中部。( )

11. 地震波反射法中存在相邻的不合格记录或空炮时,采集信号的总体质量评定为不合格。( )

*12. 煤层瓦斯预报应在距煤层20m(垂距)处的开挖工作面上钻3个超前钻孔,初探煤层位置。( )

*13. 富水岩溶发育区必须采用超前钻探法,且超前钻探应终孔于隧道开挖轮廓线以外。( )

14. 隧道涌水量为$1×10^3$~$1×10^4 m^3/d$时,地质灾害属于B级。( )

*15. 地质调查法适用于各种地质条件下隧道的超前地质预报。( )

*16. 隧道一般地段的超前钻探法主要采用回转取芯钻。( )

*17. 瞬变电磁法每次预报有效探测距离宜为30m。( )

18. 对于岩溶、断层、煤层瓦斯等各种不良地质条件,宜综合运用三种或三种以上方法进行预报,并提供相应的预报内容,进行综合分析,以达到预报的目的。（　　）

19. 根据分析预报结果,按1∶100～1∶500比例绘制超前导坑地质与隧道地质关系平面简图。（　　）

20. 高分辨率直流电法有效预报距离不宜超过80m,连续探测时宜重叠10m以上。（　　）

备注:本书中,*表示与知识目标和能力目标相对应的题目,属于必答题。

模块3　[思考与练习题]答案

模块 4 超前支护与预加固施工质量检查

【案例导入】

2016年5月12日,××高速公路××隧道工程项目正在进行中。该隧道地质条件复杂,穿越多个断层和岩溶发育区,施工难度极大。为确保施工安全,项目部决定采用超前支护与预加固技术来增强隧道围岩的稳定性。然而,在施工过程中,由于超前支护与预加固施工质量把控不严,导致一次严重的隧道坍塌事故。事故发生时,隧道掌子面正在进行开挖作业,突然之间,隧道顶部的围岩发生垮塌,大量石块和泥土涌入隧道,造成数名施工人员受伤,施工设备严重损毁。

经事后调查发现,事故的主要原因在于超前支护与预加固施工质量存在严重问题。具体包括:

(1)超前支护的锚杆长度不足,未能有效深入稳定岩层,提供足够的支撑力;

(2)预加固的注浆材料配比不当,导致注浆体强度不达标;

(3)施工过程中,对超前支护与预加固的质量检查流于形式,未能及时发现并纠正问题。

单元4.1　认知超前支护与预加固

【知识目标】

1. 熟悉隧道常用围岩稳定措施、基本要求及其适用条件;
2. 熟悉隧道常用涌水处理措施、基本要求及其适用条件。

【技能目标】

1. 能根据不同的围岩条件采取适当的围岩稳定措施;
2. 能根据不同的涌水条件采取适当的涌水处理措施。

【案例导入】

以某单线单洞铁路隧道为例,该隧道在靠近洞口的里程段,隧道埋深较浅,10~40m,地表为松散堆积砂卵层,由山洪携带风化碎石至其径流河床下游常年堆积形成。隧道洞身穿越地层主要为细角砾土、新黄土层,岩层为强-全风化,属于软弱围岩,围岩级别为Ⅴ级。

取靠近隧道洞口附近、埋深大约14m的区段为计算对象,断面的跨度和高度分别约为7.6m、9.6m,采用拱墙施作系统锚杆和全环施作网喷混凝土钢拱架作为初期支护,C35钢筋混凝土为二次衬砌,其中,喷射混凝土和钢筋混凝土的厚度分别为20cm、40cm,锚杆长度为3.5cm,间排距为1.2m×1.0m,钢拱架排距为0.75m。采用台阶法开挖。

【工程师寄语】

在隧道工程中,面对自稳性差的围岩和涌水问题,工程师们通过智慧与创新,采取超前支护与预加固措施,确保施工安全与顺利进行。隧道围岩的加固与处理,需要结合地质条件,选择最合适的措施,才能发挥最大效能。

本单元将为大家介绍围岩稳定措施以及涌水处理措施。

【知识框图】

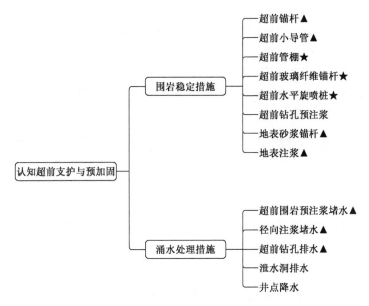

隧道在浅埋软岩段、严重偏压、岩溶流泥地段、砂土层、砂卵(砾)石层、回填土、软弱破碎地层、断层破碎带等自稳性差的地段以及大面积淋水或涌水地段施工时,由于开挖后围岩的自稳时间短于完成支护所需的时间,或初期支护的强度不能满足围岩较长时间的稳定的要求,容易导致开挖面失稳、隧道冒顶、坍塌等现象,影响施工安全,延误工期,造成损失。为了避免发生上述情况,需要在隧道开挖前或开挖中采取一定的超前支护与预加固措施,又称辅助施工措施,对围岩进行预支护或预加固处理以增强隧道围岩稳定,确保安全掘进。

常用的超前支护与预加固措施包括围岩稳定措施和涌水处理措施。

单元4.1-1

围岩稳定措施

围岩稳定措施可分为围岩预加固措施和围岩支护措施,包括:超前锚杆、超前小导管、超前管棚、超前玻璃纤维锚杆、超前水平旋喷桩、超前钻孔预注浆、地表砂浆锚杆、地表注浆等。

进行围岩稳定时,应结合围岩条件、隧道施工方法、进度要求、施工机械、工期、造价等因素采取不同的措施,可选用一种或多种方法。

围岩稳定措施

一、超前锚杆

超前锚杆是沿隧道拱部开挖轮廓线布置,向纵向前方外倾5°~20°打设的密排砂浆锚杆。

1. 基本要求

(1)锚杆直径一般为22~28mm,环向间距宜为300~400mm。

(2)超前锚杆长度宜为3.0~5.0m;当对松散破碎围岩钻孔成孔性差时,可采用自进式超前锚杆,采用自进式锚杆长度宜为5.0~10m。

(3)超前锚杆纵向两排之间应有1.0m以上的水平搭接段。

(4)超前锚杆充填砂浆多为早强砂浆,强度等级不应低于M20。

2. 适用条件

无地下水的软弱地层、薄层水平层状岩层、开挖数小时内拱顶围岩可能剥落或局部坍塌的地段。

二、超前小导管

超前小导管是沿隧道开挖轮廓线环向设置,向纵向前方外倾5°~12°打设的密排无缝钢管。

1. 基本要求

(1)钢管直径一般为42~50mm、环向间距为300~400mm、钢管长度为3.0~5.0m;小导管纵向水平搭接长度不小于1.0m。

(2)小导管杆体钻有孔径为6~8mm的注浆孔,注浆孔呈梅花形布置,间距为150~250mm。

(3)通过小导管向围岩体注水泥砂浆,强度等级不应小于M10,杆体尾端300mm长度范围内不钻孔,以便用于止浆封堵。

(4)小导管尾端应支承在钢架上,与钢架组成支护体系。

2. 特点

(1)超前小导管布置、作用原理与超前锚杆相同,但比超前锚杆的支护能力强。

(2)超前小导管比超前管棚简单易行,具有管棚的作用,但支护能力较管棚弱。

3. 适用条件

在围岩自稳时间很短的砂土层、砂卵(砾)石层、薄层水平层状岩层、富水断层破碎带、开挖后拱顶围岩可能剥落或局部坍塌地段;塌方处理段;浅埋段;溶洞填充段。

三、超前管棚

超前管棚也称超前大管棚,是在隧道开挖前,沿隧道开挖轮廓线外顺隧道轴线方向打设多根钢管(导管),排列形成钢管棚。超前管棚对掌子面前方拱顶围岩已形成纵向支护,对阻止隧道开挖过程中围岩下沉、掌子面拱顶塌方等有显著效果。

1. 基本要求

(1)管棚钢管沿隧道开挖轮廓线外100~200mm外布设,需有一定外倾角以保证管棚钢管不侵入隧道开挖轮廓线内。

(2)钢管环向间距一般为350~500mm,一次支护的长度一般为10~45m。

(3)管棚与后续超前支护间应有不小于3.0m的水平搭接长度。

(4)管棚钢管宜选用热轧无缝钢管,外径一般为89~110mm,钢管内需插有钢筋笼或钢筋束,并注满强度等级不小于M20的水泥砂浆,以加强管棚的抗弯折性能。

(5)管棚钢管上可钻注浆孔,注浆孔孔径宜为10~16mm,间距宜为200~300mm,呈梅花形布置。

(6)管棚钢管外露端应支承在预先浇筑的混凝土套拱上,套拱内一般应预埋钢管制成的导向管,以保证管棚钢管准确就位和钻孔导向。

2. 适用条件

围岩及掌子面自稳能力弱、开挖后拱部易出现塌方的地段,富水断层破碎带,塌方处理段;浅埋段;地面有其他荷载作用的地段;地面沉降有较高控制要求的地段;地质较差的隧道洞口段、岩堆、(塌方)堆积体、回填土地、层砂土质地层地段。

四、超前玻璃纤维锚杆

玻璃纤维锚杆主要用于隧道前方未开挖掌子面的加固,以阻止软弱掌子面土体挤出、坍塌,也可用于对周边围岩进行预加固。玻璃纤维锚杆强度高、重量轻,由于玻璃纤维锚杆抗剪强度较低,施工机械可直接挖除,玻璃纤维锚杆对掌子面加固后,可实现对隧道全断面机械化开挖。

1. 基本要求

(1)玻璃纤维锚杆有全螺纹实心锚杆和全螺纹中空锚杆,全螺纹实心锚杆直径为18~32mm;全螺纹中空锚杆直径为18~60mm。

(2)对掌子面区域进行加固的间距为1.0~3.0m;对隧道周边围岩区域进行加固的间距宜为0.3~0.6m。

(3)纵向加固长度一般为10~30m,每一循环搭接长度不小于6.0m。

2. 适用条件

软弱地层采用大断面隧道开挖的隧道、浅埋地段严格控制地面沉降的隧道。

五、超前水平旋喷桩

超前水平旋喷桩是旋喷桩加固地层工艺在隧道中的应用,它采用水平定向钻机打设预导孔,然后在回撤钻杆的同时,采用高压将配制好的水泥浆液通过钻杆喷射到土体中,使土体颗粒与水泥浆搅拌混合,胶结硬化,形成水平圆柱状水泥土固结体。

1. 基本要求

(1)根据不同工艺,旋喷桩直径有所不同:采用单管法施工,直径为0.3~1.0m;采用二重管法施工,直径为0.6~1.4m;采用三重管法施工,直径为0.7~2.0m。大型或重要的工程,旋喷桩直径还可通过现场试验确定。

(2)旋喷桩布孔间距或外倾角,根据现场地质条件和加固范围确定。周边加固时,外倾角一般为3°~10°,环向间距以相邻孔浆液能互相搭接形成拱形结构为原则。

(3)旋喷桩一次施作长度一般为5~20m,每一循环的搭接长度不小于2.0m。

(4)在旋喷桩内还可插入型钢、钢筋笼、钢筋束或钢管,以增加旋喷桩的抗拉、抗弯强度。

2. 适用条件

饱和软土、淤泥质黏土、黏性土、粉土、砂性土地段。

六、超前钻孔预注浆

超前钻孔预注浆是在隧道掌子面采用水平钻机打孔,通过配套的注浆机具设备把具有充填和凝胶性能的浆液材料压入所需加固的地层中,经过凝胶硬化作用后充填和堵塞地层中缝隙,提高注浆区围岩密实性或减小渗水系数,固结软弱和松散岩体,提高围岩强度和自稳能力。

1. 基本要求

(1)注浆钻孔孔径一般不小于42mm。

(2)注浆材料、注浆压力、注浆范围、注浆方式等具体参数应根据前方地质条件、工程要求等进行具体设计。

2. 适用条件

软弱围岩及富水断层破碎带、堆积土地层,隧道开挖可能引起掌子面突泥、流坍地段,进行隧道堵水及隧道周边或全断面预加固。

七、地表砂浆锚杆

地表砂浆锚杆是在地面对地层加固的一种方法,是从隧道上方地表向下设置的砂浆锚杆,一般垂直向下设置,也可根据地形及主结构面具体情况倾斜设置。

1. 基本要求

(1)锚杆设置范围:纵向一般超出不良地质地段5~10m;横向为1~2倍隧道宽度。

(2)锚杆一般采用16~22mm螺纹钢筋,由单根或多根钢筋并焊组成,间距宜为1.0~1.5m,呈梅花形布置。

(3)锚杆长度一般深至距衬砌外缘0.5m,锚孔直径应大于杆体直径30mm,充填砂浆强度等级不低于M20。

(4)为保证达到预期加固效果,砂浆在达到设计强度的70%以上时,才能进行下方隧道的开挖。

2. 适用条件

地层松散、稳定性差的浅埋段、洞口地段和某些偏压地段。

八、地表注浆

地表注浆是从隧道上方地表向下打设注浆孔,进行围岩预注浆,也是在地面对地层加固的一种方法。

1. 基本要求

(1)地表注浆加固范围纵向超出不良地质地段5~10m,横向为1~2倍隧道宽度。

(2)注浆孔一般竖向设置,孔深低于隧道开挖底1.0m。

(3)注浆孔径不小于110mm。

(4)注浆孔间距宜为单孔浆液扩散半径的1.4~1.7倍,按梅花形或矩形排列布孔。

2. 适用条件

围岩稳定性较差,开挖过程中可能引起塌方的浅埋段;洞口地段。

单元4.1-2

涌水处理措施

涌水处理措施

涌水处理措施应遵循"预防为主、疏堵结合、注重保护环境"的原则。

涌水处理措施包括:超前围岩预注浆堵水、径向注浆堵水、超前钻孔排水、泄水洞排水(坑道排水)、井点降水等。

一、超前围岩预注浆堵水

超前围岩预注浆堵水是指以堵水为目的,对掌子面前方未开挖段的围岩进行注浆堵水的措施。可根据地质条件和工程目的,选用超前帷幕预注浆、超前周边预注浆、超前局部断面预注浆等方式。

1. 基本要求

(1)注浆圈厚度一般为3~6m。

(2)一次注浆长度一般为10~30m。

(3)注浆孔底中心间距以各孔浆液扩散范围相互重叠为原则,一般中心间距为1.5~3.0m,为浆液扩散半径的1.5~1.7倍。

2. 适用条件

地下水丰富且排水时挟带泥沙引起开挖面失稳时;排水后对其他用水(如灌溉用水、工业用水、生活用水)及生态环境影响较大时;斜、竖井施工时排水费用较注浆堵水高时。

二、径向注浆堵水

径向注浆堵水是以堵水为目的,在隧道开挖后对隧道周边暴露的股状水、裂隙水、大面积淋水采用沿隧道径向对围岩进行注浆堵水的措施。根据围岩地质条件、涌水形态、涌水规模和防排水要求,可选用全周边径向注浆、局部径向注浆和补充注浆等措施。

1. 基本要求

径向注浆堵水注浆圈厚度不宜超过开挖轮廓线以外6.0m,也不宜小于3.0m。

2. 适用条件

已实施预注浆但开挖后仍涌(淋)水严重,且初期支护存在变异甚至破坏的涌水处理不彻底的地段。

三、超前钻孔排水

超前钻孔排水是利用超前钻孔,排出隧道前方高压地下水。高压地下水排泄后,可以减小或消除高压水喷出(涌出)对隧道可能产生的危害,减少对支护和围岩稳定性的影响。

1. 基本要求

(1)超前钻孔排水孔径一般不小于76mm、钻孔深度不宜小于10m。

(2)孔底位置超前掌子面1~2个循环进尺,每断面钻孔数不少于3个,以保证达到排出地下水的目的。

2. 适用条件

开挖面前方有高压地下水或有充分补给源的涌水,且排放地下水不会影响围岩稳定及隧道周围环境条件。

四、泄水洞排水

泄水洞排水是指利用平行于正洞的导坑排出对隧道施工及运营产生危害的地下水。根据地下水类型和水流方向,泄水洞可布置在不危及隧道围岩和结构稳定的隧道两侧或下方。有明显集中出水点或地下暗河的隧道,地形条件允许时,泄水洞也可以横向布设,以减小泄水洞长度及施工难度。

1. 基本要求

泄水洞底高程应低于正洞底高程。泄水洞纵坡一般不小于0.5%,以保证自流排水。

2. 适用条件

开挖面前方有高压地下水或有充分补给源的涌水,且排放地下水不会影响围岩稳定及隧道周围环境条件。

五、井点降水

井点降水是在隧道前方两侧或隧道口基坑周边预先埋设一定数量的滤水管(井),利用抽水设备,抽排隧道周边的地下水,使隧道在开挖过程中保持无水状态,是施工期间为了减少和消除高地下水位对施工的影响而采取的降水措施。降水井点类型有:轻型井点、喷射井点、电渗井点、管井井点、深井井点等。

1. 基本要求

(1)应根据地层渗透系数、降水范围及降水深度等因素,选择井点类型、降水方法与设备,确定井点位置和数量。

(2)为确保降水后的实际工程效果,降水后水位线应低于隧底开挖线0.5~1.0m。

2. 适用条件

均质砂土、亚黏土地段以及浅埋地段。

单元4.2 注浆材料

【知识目标】

1. 了解注浆材料的分类；
2. 熟悉注浆材料的主要性能；
3. 掌握化学浆液黏度测定方法。

【技能目标】

能规范进行化学浆液黏度的测定。

【案例导入】

某隧道左线进口ZK88+720～ZK88+740段地表为冲沟,雨季地表水丰富,旱季土体中含水量丰富,隧道在此处埋深较浅,埋深为6～8m,冲沟内为冲积物,成分杂乱,稳定性差,暗洞施工易造成冒顶;同时山体横向高差较大,形成隧道左线偏压段。该隧道进口右线YK88+810～YK88+840段同样为超浅埋地段,埋深5～10m,地质条件为全风化花岗岩,在该段施工易引起坍塌。基于此种情况,采用对左线进口ZK88+720～ZK88+740段、右线YK88+810～YK88+840超浅埋段进行地表注浆加固处理。

【工程师寄语】

"细微之处见真章,精益求精筑牢基"。在注浆过程中,小颗粒浆液蕴含着大能量。浆液颗粒直径需精准匹配孔隙,确保小于孔隙直径3倍以上,方能深入细微之处,加固岩体,稳固工程之基。在注浆材料的选用与施工过程中,我们坚持"没有规矩,不成方圆"的原则,遵循现行规范标准。这种规范化的操作,不仅保障了注浆工程的顺利实施,更提升了施工质量与效率,为隧道等基础设施建设的安全稳固筑起了坚实的屏障。

本单元将为大家介绍注浆材料特点及类型以及注浆材料主要性能及其试验相关知识。

【知识框图】

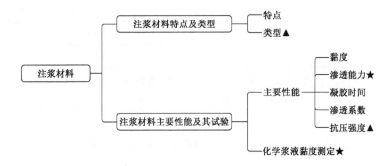

单元4.2-1

注浆材料特点及类型

一、注浆材料的特点

注浆材料的性能对注浆工艺、注浆效果起决定性作用。理想的注浆材料要求具有以下特点：
(1)浆液初始黏度低、流动性好、可注性强、能够渗透到细微的裂隙或孔隙中。
(2)凝结时间可以在几秒到几个小时之间任意调整，能准确控制。
(3)浆液应无毒无臭，对人体无害，不污染环境。
(4)浆液固化体稳定性好，能满足注浆工程的使用寿命要求。
(5)浆液固化时无收缩现象，固化后与岩体、混凝土等有一定的黏结力。
(6)配置方便，操作简单。
在注浆施工时，应根据具体情况选用较为合适的浆液。

二、注浆材料的类型

注浆材料通常划归两大类，即水泥浆和化学浆。按浆液的分散体系划分，以颗粒直径$0.1\mu m$为界，大于$0.1\mu m$为悬浊液，如水泥浆；小于$0.1\mu m$为溶液，如化学浆。注浆材料的分类如表4-1所示。

注浆材料分类　　　　　　表4-1

注浆材料	水泥浆	普通水泥浆液
		超细水泥浆液
		水泥-水玻璃双液浆(CS液浆)
	化学浆	水玻璃类
		水溶性聚氨酯浆液
		丙烯酸盐浆液
		脲醛树脂类
		铬木素类
		丙烯酰胺类
		聚氨酯类
		其他

注浆材料的选用，应根据注浆目的、用途、所在地质环境、地下水环境和造价综合考虑，配合比应经现场试验确定。注浆过程中应根据浆液扩散情况、注浆量、注浆压力等参数调整注浆材料和配比。

以加固围岩为目的的注浆宜采用强度高、耐久性好的单液浆。采用水泥单液浆液时，水灰比可采用0.8:1~2:1。

以堵水为目的的注浆宜采用凝固时间短、强度较高的双液浆或其他化学浆液。

采用水泥-水玻璃双液浆液时,应根据凝胶时间配制,一般水泥浆液的水灰比为0.8:1~1.5:1,水玻璃浓度为25~40波美度,水泥浆与水玻璃的体积比宜为1:1~1:0.3。

单元4.2-2

注浆材料主要性能及其试验

一、注浆材料主要性能

1. 黏度

黏度是表示浆液流动时,因分子间互相作用而产生的阻碍运动的内摩擦力。其单位为帕斯卡秒(Pa·s),工程上常用厘泊(cP)来计量,$1cP=10^{-3}Pa·s$。现场常以简易黏度计测定。一般地,黏度是指浆液配成时的初始黏度。黏度大小影响浆液扩散半径、注浆压力、流量等参数的确定。

注浆材料性能试验

2. 渗透能力

渗透能力即渗透性,指浆液注入岩层的难易程度。对于悬浊液,渗透能力取决于颗粒大小;对于溶液,渗透能力则取决于黏度。

根据试验,砂性土孔隙直径必须大于浆液颗粒直径的3倍以上浆液才能注入,即:

$$K = \frac{D}{d} \geq 3 \tag{4-1}$$

式中:K——注入系数;

D——砂性土孔隙直径;

d——浆液颗粒直径。

据此,国内标准水泥粒径为0.085mm,只能注入0.255mm的孔隙或粗砂中。凡水泥不能渗入的中、细、粉砂土地层,只能用化学浆液。

3. 凝胶时间

凝胶时间是指参加反应的全部成分从混合时起,直到凝胶发生,浆液不再流动为止的一段时间。其测定方法是:凝胶时间长的,用维卡仪;一般浆液,通常采用手持玻璃棒搅拌浆液,以手感觉不再流动或拉不出丝为止,从而测定凝胶时间。

4. 渗透系数

渗透系数是指浆液固化后结石体透水性的高低,或表示结石体抗渗性的强弱。

5. 抗压强度

注浆材料自身抗压强度的大小决定了材料的使用范围,若抗压强度大者可用以加固地层,小者则仅能堵水。在松散砂层中,浆液与介质凝结体强度对于在流沙层中修建隧道或凿并至关重要。

几种注浆材料的主要性能指标如表4-2所示。

注浆材料的主要性能指标　　　　　表4-2

浆液体名称	黏度 (Pa·s)	可注入最小粒径 (mm)	凝胶时间	渗透系数 (cm/s)	岩石体抗压强度 (MPa)
纯水泥浆液	15~140	1.1	12~24h	$1\times10^{-3}\sim1\times10^{-1}$	5.0~25.0
超细水泥浆液	—	—	4~10h	—	32.0~83.0
水泥-水玻璃	—	—	几秒~几十分钟	$1\times10^{-3}\sim1\times10^{-2}$	5.0~20.0
水玻璃类	$(3\sim4)\times10^{-3}$	01	瞬间~十几分钟	1×10^{-2}	<3.0
水溶性聚氨酯浆液	100~300(20℃)	—	10~1800s	—	<1.5
铬木素类	$(3\sim4)\times10^{-3}$	0.03	十几秒~十几分钟	$1\times10^{-5}\sim1\times10^{-3}$	0.2~0.4
丙烯酰胺类	1.2×10^{-3}	0.01	十几秒~十几分钟	$1\times10^{-6}\sim1\times10^{-5}$	0.4~0.6
聚氨酯类	几十~几百	0.03	十几秒~十几分钟	$1\times10^{-6}\sim1\times10^{-4}$	6.0~10.0

二、化学浆液黏度测定

1. 试验依据

《合成橡胶胶乳表观黏度的测定》(SH/T 1152—2014)。

2. 仪器设备

(1)NDJ-79型旋转式黏度计:选择转速为750r/min,第二单元2号转子(因子为10)。

(2)恒温水:温控精度为25℃±1℃。

3. 试验步骤

(1)将试样注入测试器,直到它的高度达到锥形面下部边缘。

(2)将转筒浸入液体直到完全浸没为止。

(3)将测试器放在仪器支柱架上,并将转筒挂于仪器转轴钩上。

(4)启动电动机,转筒从开始晃动直到完全对准中心为止。将测试器在托架上前后左右移动,以加快对准中心。

(5)指针稳定后方可开始读数。

单元4.3　施工质量检查

【知识目标】

掌握常见辅助工程的检测评定标准。

【技能目标】

能够正确评定常见辅助工程的检测结果。

【案例导入】

某引水工程支洞上游段长2022.57m(引1+500~引3+522.57),隧道埋深600m。全线分布4条断层,地质条件比较复杂,岩性变化较大。当上游掘进开挖540m左右时,地质条件变差,为Ⅳ类围岩,开挖后立即采用钢拱架和锚喷支护。当掘进570.57m(引2+952)时,掌子面发生了大塌方,大约100m³碎石夹岩粉涌入隧道,塌方体堵塞洞室10m,碎石充填岩屑、岩粉、无胶结,塌方无冒顶,掌子面前方破碎带规模未知。掌子面涌水严重,实测80m³/h,隧道开挖后无自稳时间。针对该段地质突变,业主立即召集设计、监理和施工等单位开会讨论解决问题,最后提出采用大管棚法穿越该软弱破碎带。

【工程师寄语】

在新时代的征程上,我们深知"无规矩不成方圆"的道理。正如围岩稳定辅助工程中的超前锚杆、小导管与管棚施工,每一项都需遵循严格的规范与标准,这是确保工程质量、筑牢安全防线的基石。作为新时代的建设者与检测人员,我们不仅要精通专业技术,更要树立规矩意识,以高度的责任心和使命感,严把工程质量关,为构建安全可靠、高质量发展的中国建设事业贡献力量。

本单元将为大家介绍超前锚杆、超前小导管、超前管棚以及注浆效果检查施工质量检查等相关知识。

【知识框图】

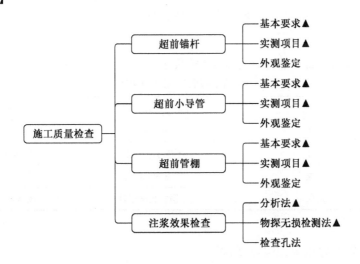

一、超前锚杆

1. 基本要求

(1)超前锚杆纵向两排之间水平搭接长度应不小于1m。

(2)锚杆孔内灌注砂浆应饱满密实。

(3)超前锚杆的打入角度应满足设计要求并符合施工技术规范规定。

2. 实测项目

超前锚杆实测项目要求应符合表4-3的规定。

超前锚杆实测项目要求　　　　　　　　　　　表4-3

项次	检查项目	规定值或允许偏差	检查方法和频率
1	长度	不小于设计值	尺量:逐根检查
2	数量	不少于设计值	目测:现场逐根清点
3	孔位	±50mm	尺量:每5环抽查5根
4	孔深	±50mm	尺量:每5环抽查5根
5	孔径	≥40mm	尺量:每5环抽查5根

3. 外观鉴定

锚杆尾端与钢架焊接应无假焊、漏焊。

二、超前小导管

1. 基本要求

(1)超前小导管注浆浆液强度、配合比、注浆压力和注浆量应满足设计要求,且浆液应充满钢管及周围的空隙。

(2)超前小导管的打入角度应满足设计要求,并符合施工技术规范规定。

(3)两组小导管之间纵向水平搭接长度不小于1m。

2. 实测项目

超前小导管实测项目要求应符合表4-4的规定。

超前小导管实测项目要求　　　　　　　　　　　表4-4

项次	检查项目	规定值或允许偏差	检查方法和频率
1	长度	不小于设计值	尺量:逐根检查
2	数量	不少于设计值	目测:现场逐根清点
3	孔位	±50mm	尺量:每5环抽查5根
4	孔深	大于钢管长度设计值	尺量:每5环抽查5根

3. 外观鉴定

钢管尾端与钢架焊接应无假焊、漏焊。

三、超前管棚

1. 基本要求

(1)管棚注浆浆液强度、配合比、注浆压力和注浆量应满足设计要求。

(2)管棚套拱基底承载力应满足设计要求并符合施工技术规范规定。

(3)超前钢管的打入角度应满足设计要求并符合施工技术规范规定。

(4)两组管棚之间纵向水平搭接长度应不小于3m。

2. 实测项目

超前管棚实测项目要求应符合表4-5的规定。

超前管棚实测项目要求 表4-5

项次	检查项目	规定值或允许偏差	检查方法和频率
1	长度	不小于设计值	尺量:逐根检查
2	数量	不少于设计值	目测:现场逐根清点
3	孔位	±50mm	尺量:每环抽查10根
4	孔深	大于钢管长度设计值	尺量:每环抽查10根

3. 外观鉴定

钢管尾端与钢架焊接应无假焊、漏焊。

四、注浆效果检查

围岩注浆结束后,应及时对注浆效果进行检查。检查方法通常有以下三种。

1. 分析法

分析注浆记录,查看每个孔的注浆压力、注浆量是否达到设计要求以及注浆过程中漏浆、跑浆是否严重,从而以浆液注入量估算浆液扩散半径,分析是否与设计相符。

2. 物探无损检测法

用地质雷达、声波探测仪等物探仪器对注浆前后岩体声速、波速、振幅及衰减系数等进行无损探测,以判断注浆效果。注浆效果如未达到设计要求,应补充钻孔再注浆。

3. 检查孔法

用地质钻机按设计孔位和角度钻检查孔,提取岩芯进行鉴定。同时,测定检查孔的吸水量(漏水量),单孔时应小于$1L/(min·m)$,全段应小于$20L/(min·m)$。

单元4.4 案例分析

【案例】 某高速公路隧道为双洞单向3车道隧道,隧道长度1.5km。地质勘察报告表明中间局部为岩体破碎区段,施工时锚杆成孔较为困难,围岩级别为Ⅴ级。设计考虑采用喷射混凝土和锚杆两种加固支护方式。施工过程中,委托相关单位对喷射混凝土材料施工、锚杆施工进行了相关的检测工作。请根据相关背景信息回答下列问题。

(1)检测单位抽检了喷射混凝土集料质量,其中对于细集料采用的粗砂,细度模数宜(　　)。
　　A. 大于1.5　　　B. 大于2.5　　　C. 小于1.5　　　D. 小于2.5

解析:选B。喷射混凝土集料中的粗砂,其细度模数宜大于2.5。

(2)抽检锚杆抗拔力时,规定单根锚杆抗拔力不得低于设计值的(　　)。

A. 80%　　　　　B. 85%　　　　　C. 90%　　　　　D. 95%

解析：选C。锚杆抗拔力实测最小值应为设计值的90%。

(3)隧道检测锚杆砂浆注满度时,实测脉冲波接收的重复多次反射信号振幅值很大,则初步判断砂浆注满度(　　)。

　　A. 饱满　　　　　　　　　　　　B. 不饱满
　　C. 基本饱满,局部欠饱满　　　　D. 不确定

解析：选B。如果无砂浆包裹,仅是一根空杆,则超声波仅在钢筋中传播,能量损失不大,接收到的反射波振幅则较大。

(4)检测时,喷射混凝土的速凝剂要求(　　)。

　　A. 初凝时间不大于5min　　　　B. 终凝时间不大于12min
　　C. 应考虑水泥品种和水灰比等因素　　D. 选择掺量时要通过混凝土试验确定

解析：选BCD。《公路隧道施工技术规范》(JTG/T 3660—2020)第60页：喷射混凝土速凝剂初凝时间不大于3min,终凝时间不大于12min。

(5)自进式锚杆适用于(　　)的围岩条件。

　　A. 岩体破碎　　　　　　　　　B. 成孔困难
　　C. 局部不稳定　　　　　　　　D. 自稳时间短

解析：选AB。岩体破碎、成孔困难的围岩,宜采用自进式锚杆。

思考与练习题

一、单选题

*1. 某隧道检测锚杆砂浆注满度,实测脉冲波接收的重复多次反射信号振幅值很小,则初步判断砂浆注满度(　　)。

　　A. 饱满　　　B. 基本饱满　　　C. 局部欠饱满　　　D. 不确定

*2. 一公路隧道采用配套的注浆机具设备进行超前钻孔注浆,注浆材料采用(　　)。

　　A. 砂　　　　　　　　　　　　　B. 水泥
　　C. 化学药品　　　　　　　　　　D. 根据地质条件和涌水条件确定

*3. (　　)是水泥细度检验时不会用到的仪器。

　　A. 天平　　　B. 试验筛　　　C. 负压筛析仪　　　D. 鼓风箱

4. 某隧道在施工过程中遇到断层破碎带,围岩裂隙水较发育,经过参建各方研究,决定采用注浆进行堵水加固围岩,首批20个钻孔注浆施工完成后,采用地质雷达对注浆效果进行检查。根据上述内容,结合有关知识回答下列问题。采用地质雷达检测注浆效果,介质常数现场标定每处实测不少于(　　)。

　　A. 2次　　　B. 3次　　　C. 4次　　　D. 5次

*5. 钢纤维混凝土的搅拌应采用强制式搅拌机,水泥、集料、钢纤维先干拌一段时间,加水后湿拌时间不应少于(　　)。

　　A. 1.5min　　　B. 2.0min　　　C. 2.5min　　　D. 3.0min

*6. 化学浆液黏度测定时,恒温水的温控精度为(　　)。

A. 20℃±0.5℃　　　　B. 25℃±1℃　　　　C. 20℃±1℃　　　　D. 25℃±0.5℃
*7. 隧道辅助工程措施施工时应坚持（　　）的施工原则。
　　A. 强支护、短进尺、弱爆破、快封闭、勤量测
　　B. 强支护、短进尺、强爆破、快封闭、勤量测
　　C. 弱支护、短进尺、弱爆破、慢封闭、勤量测
　　D. 弱支护、短进尺、弱爆破、快封闭、勤量测
*8. 拱部衬砌浇筑时应预留注浆孔，注浆间距不得大于（　　）。
　　A. 2m　　　　　　　B. 3m　　　　　　　C. 4m　　　　　　　D. 5m
*9. 管棚钢管注浆孔一般呈（　　）布置。
　　A. 不规则　　　　　B. 梅花形　　　　　C. 正方形　　　　　D. 圆形
*10. 公路隧道采用超前钻孔预注浆时，注浆孔径应不小于（　　）。
　　A. 75mm　　　　　B. 80mm　　　　　C. 90mm　　　　　D. 100mm
*11. 一种理想的注浆材料应满足（　　）。
　　A. 浆液黏度低，渗透力强，流动性好　　B. 浆液黏度高，渗透力强，流动性好
　　C. 浆液黏度高，渗透力弱，流动性差　　D. 浆液黏度低，渗透力弱，流动性差
*12. 管棚钢管注浆孔一般呈（　　）布置。
　　A. 不规则　　　　　B. 梅花形　　　　　C. 正方形　　　　　D. 圆
*13. 公路隧道采用超前钻孔注浆时，注浆孔径应不小于（　　）。
　　A. 75mm　　　　　B. 80mm　　　　　C. 90mm　　　　　D. 100mm
*14. 超前锚杆充填砂浆多为早强砂浆，强度等级不应低于（　　）。
　　A. M10　　　　　　B. M15　　　　　　C. M20　　　　　　D. M25

二、多选题

*1. 涌水处理措施应遵循（　　）的原则。
　　A. 预防为主　　　　B. 疏堵结合　　　　C. 安全第一　　　　D. 注重保护环境
*2. 涌水处理措施包括（　　）等。
　　A. 超前围岩预注浆堵水　　　　　　　B. 径向注浆堵水
　　C. 超前钻孔排水　　　　　　　　　　D. 泄水洞排水（坑道排水）
　　E. 井点降水
*3. 用地质雷达、声波探测仪等物探仪器对注浆前后岩体（　　）等进行无损探测，以判断注浆效果。
　　A. 声速　　　　　　B. 波速　　　　　　C. 振幅　　　　　　D. 强度
　　E. 衰减系数
4. 根据不同工艺，旋喷桩直径有所不同，以下选项正确的是（　　）。
　　A. 采用单管法施工，直径为0.3~1.0m
　　B. 采用二重管法施工，直径为0.6~1.4m
　　C. 采用三重管法施工，直径为0.7~2.0m
　　D. 大型或重要的工程，旋喷桩直径还可通过现场试验确定
　　E. 小型工程，旋喷桩直径还可通过现场试验确定

*5. 超前钻孔预注浆适用(　　)。
　　A. 软弱围岩　　　B. 饱和软土　　　C. 富水断层破碎带　　　D. 粉土
　　E. 堆积土地层

*6. 超前围岩预注浆堵水是指以堵水为目的,对掌子面前方未开挖段的围岩进行注浆堵水的措施。可根据地质条件和工程目的,选用(　　)等方式。
　　A. 超前帷幕预注浆　　　　　　B. 超前周边预注浆
　　C. 涌水形态　　　　　　　　　D. 超前局部断面预注浆

*7. 根据围岩(　　)可选用全周边径向注浆、局部径向注浆和补充注浆等措施。
　　A. 大小　　　B. 地质条件　　　C. 涌水形态　　　D. 涌水规模
　　E. 防排水要求

8. 降水井点类型有(　　)等。
　　A. 喷射井点　　　B. 电渗井点　　　C. 管井井点　　　D. 深井井点
　　E. 轻型井点

*9. 注浆材料的选用,应根据注浆(　　)综合考虑,配合比应经现场试验确定。
　　A. 目的　　　B. 用途　　　C. 所在地质环境　　　D. 地下水环境
　　E. 造价

*10. 超前小导管注浆浆液(　　)应满足设计要求,且浆液应充满钢管及周围的空隙。
　　A. 强度　　　B. 配合比　　　C. 注浆压力　　　D. 浓度
　　E. 注浆量

三、判断题

*1. 判断喷射混凝土厚度是否合格有多项指标,其中每个断面上,最小厚度不应小于设计厚度的60%。　　　　　　　　　　　　　　　　　　　　　　　　　　　　　　(　　)

2. 拱部衬砌浇筑时应预留注浆孔,注浆间距不得大于3m,且每模板台车范围内的预留孔应不少于2个。　　　　　　　　　　　　　　　　　　　　　　　　　　　　(　　)

*3. 采用超前钻孔注浆时,注浆顺序宜为先外圈孔,后内圈孔;先无水孔,后有水孔。(　　)

*4. 超前管棚两组管棚之间纵向水平搭接长度应不小于4m。　　　　　　　(　　)

*5. 超前锚杆实测项目中,孔位每5环抽查5根。　　　　　　　　　　　　(　　)

*6. 超前锚杆纵向两排之间水平搭接长度应不小于2m。　　　　　　　　　(　　)

*7. 注浆材料自身抗压强度的大小决定了材料的使用范围,抗压强度大者可用以加固地层,小者则仅能堵水。　　　　　　　　　　　　　　　　　　　　　　　　　(　　)

*8. 根据试验,砂性土孔隙直径必须大于浆液颗粒直径的2倍以上浆液才能注入。(　　)

*9. 按浆液的分散体系划分,以颗粒直径0.1μm为界,大于0.1μm为悬浊液,如化学浆;小于0.1μm为溶液,如水泥浆。　　　　　　　　　　　　　　　(　　)

*10. 径向注浆堵水注浆圈厚度不宜超过开挖轮廓线以外6.0m,也不宜小于3.0m。　　　　　　　　　　　　　　　　　　　　　　　　　　　　　　　　(　　)

备注:本书中,*表示与知识目标和能力目标相对应的题目,属于必答题。

模块 5 洞身开挖质量检测

【案例导入】

某隧道设计为左右分离式单向行车隧道,该隧道左线施工里程为ZK155+128~ZK156+300,长1172m。洞内设计纵坡为0.88%的单向坡。隧道洞口段穿越残坡积层,强、弱风化粉砂岩,围岩稳定性差,洞身段主要围岩为微风化粉砂岩夹石英砂岩,中-厚层状构造,节理裂隙发育,岩石呈块(石)碎(石)状镶嵌结构。隧址区植被发育,雨水易渗入残坡积土层中,地下水按赋存形式可分为第四系松散岩类孔隙水和基岩裂隙水。第四系松散岩类孔隙水含水岩组为含碎石亚黏土,厚度较薄,易流失。基岩裂隙水主要赋存于风化裂隙和构造裂隙中,含水极不均一。地下水流向严格受地形控制。主要接受大气降水补给,总体来说隧址区地下水不发育,水量贫乏。在开挖过程中因未考虑到断面质量检测,造成严重后果,具体如下。

1. 质量问题及现象

(1)出现大量超挖,增大出渣量和回填量。

(2)造成人身伤亡,机械设备损坏事故。

(3)影响工期,增大投资。

2. 原因分析

(1)隧道开挖中,围岩性质及地质条件发生变化,岩质由硬变软,或出现断层、破碎带、梯形软弱带等不良地质情况而未及时改变开挖方法、支护方式。

(2)未严格按钻爆设计要求钻孔、装物:孔间距不符合要求或过量装药,爆破后使岩壁围岩过分破碎、裂缝深大而坍落,或爆破震动过大,造成局部围岩失稳而塌方、冒顶。

(3)水害:因出现大面积淋水或涌水。

(4)组织管理不善、工序衔接不当,支护不及时,采用支护方式不妥,衬砌未及时跟进。

(5)忽视对开挖面和未衬砌、未支护段围岩变化情况的监测检查。

(6)隧道通过沟谷凹地等覆盖层过薄地带或通过沿溪傍山偏压浅埋地段。

(7)洞口围岩节理发育、严重破碎,或因不利岩层走向而产生沿岩层面滑塌。

事故发生的原因有很多,忽视相关检测也是很重要的一个方面。本模块将带大家学习洞身开挖质量检测的相关内容。

单元5.1 开挖方法与开挖质量标准

【知识目标】

1. 熟悉常见的几类隧道洞身开挖方法;
2. 掌握围岩级别、断面大小等因素对隧道开挖方法的影响;
3. 掌握隧道洞身开挖质量的判定标准。

【技能目标】

1. 能熟练进行隧道开挖断面的相关检测;
2. 能进行隧道开挖质量的评定。

【案例导入】

某隧道长度为1690m,隧道实际埋深为420m。隧道洞门进出口部位采用的设计方式是削竹式洞门结构,并且在进出口位置都建有明洞。隧道的左线起讫里程为ZK31+613~ZK33+325,右线起讫里程为YK31+613~YK33+303。除此以外,隧道左右线进出口明洞长度分别为14m和10m。因为此次隧道施工现场的地质环境和施工环境都非常差,所以在进行隧道洞口和洞身的开挖时,必须严格按照固定的施工技术和工艺进行,以免影响开挖的质量,增加施工中的安全风险。

【工程师寄语】

在隧道开挖的精细工艺中,我们深刻体会到"凡事有度,分寸在心"的哲学智慧。无论是工程质量的精益求精,还是资源利用的合理节约,都需遵循适度原则。隧道开挖中的超欠挖控制,正是可持续发展理念的生动实践。它要求我们不仅要追求技术的精准与高效,更要在"不及"与"过度"之间找到最佳平衡点,确保工程质量的同时,实现资源的最优配置与环境的最小扰动。这不仅是技术进步的体现,更是对国家发展战略的积极响应与践行。

本单元将为大家介绍隧道超欠挖概念、隧道开挖方法以及开挖质量标准。

【知识框图】

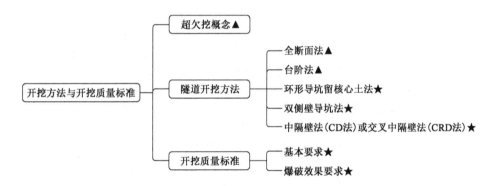

一、超欠挖概念

超欠挖是隧道开挖过程中的普遍现象。以设计开挖轮廓线为基准,实际开挖的断面在基准线以外的部分称为超挖,在基准线以内的部分称为欠挖。若超挖过多,不仅会因增加出渣量、回填工程量及衬砌工程量,导致工程造价上升,还会因引起应力集中而影响围岩稳定性。欠挖则会直接影响到衬砌厚度,埋下安全隐患,同时欠挖处理费工、费时,易引起更大超挖。所以,必须保证开挖质量,为围岩的稳定和支护创造良好条件。

盾构隧道洞身开挖方法及质量检测

隧道开挖是控制隧道施工工期和造价的关键工序。隧道开挖质量的评定包含两项内容:一是开挖断面规整度检测,二是超欠挖控制。对于规整度,一般采用目测的方法进行评定。对于超欠挖,需要通过对开挖断面大量实测数据的统计分析,做出正确的评价。其实质是要准确地测出隧道实际开挖轮廓线,并与设计轮廓线纳入同一坐标体系中比较,从而十分清楚地获悉超挖或欠挖的大小和部位,及时指导下一步的施工。

二、隧道开挖方法

隧道开挖方法的选择应根据围岩级别、隧道长度、断面大小、支护结构、工期要求、机械设备的配置及出渣条件等综合确定。用钻爆法开挖时,主要开挖方法有全断面法、台阶法、弧形导坑留核心土法、双侧壁导坑法、中隔壁法及交叉中隔壁法等。隧道主要开挖方法及开挖、支护顺序示意图表如表5-1所示。

隧道主要开挖方法及开挖、支护顺序示意图表　　　　　表5-1

开挖方法		横断面示意	纵断面示意
全断面法		1.全断面开挖;2.初期支护;3.全断面二次衬砌	
	概念	全断面法全称为"全断面一次开挖法",即将隧道按设计断面轮廓一次开挖成型的方法	
	特点	该方法优点是可以减少开挖对围岩的扰动次数,工序简单,便于组织大型机械化施工。缺点是对地质条件要求严格,围岩必须有足够的自稳能力	
	适用范围	适用于Ⅰ~Ⅲ级围岩、两车道及以下跨度的隧道开挖。Ⅰ~Ⅱ级围岩、三车道隧道也可采用全面断面法开挖	
台阶法		1.上台阶开挖;2.上台阶初期支护;3.下台阶开挖;4.下台阶初期支护;5.二次衬砌	
	概念	台阶法是将断面分成上半断面和下半断面两部分,通常先开挖上半断面至一定长度,再同时开挖下半断面的施工方法	
	特点	台阶法具有施工速度快,便于中小型机具作业的特点	
	适用范围	适用于Ⅲ~Ⅳ级围岩、两车道及以下跨度的隧道。Ⅴ级围岩、两车道及以下跨度的隧道在采用了有效的预加固措施后,也可采用台阶法开挖	

续上表

开挖方法	横断面示意	纵断面示意
环形导坑留核心土法		
	1.上环形导坑开挖;2.拱部初期支护;3.核心土开挖;4.下台阶中部开挖;5.下台阶侧壁开挖;6.下台阶初期支护;7.仰拱浇筑;8.全断面二次衬砌	
	概念	环形导坑留核心土法又称台阶分部开挖法,将开挖面分为上部弧形导坑、上部核心土、下台阶等3个部分,先开挖上部弧形导坑,开挖后及时施作拱部初期支护,然后开挖上部核心土,最后开挖下半断面
	特点	上部核心土可以支挡开挖工作面,增强了开挖工作面的稳定性,核心土及下部开挖是在拱部初期支护下进行,施工安全性较好
	适用范围	适用于Ⅲ~Ⅴ级围岩或一般土质隧道
双侧壁导坑法		
	1.左侧上台阶开挖;2.左侧上台阶初期支护;3.左侧下台阶开挖;4.左侧下台阶初期支护;5.右侧上台阶开挖;6.右侧上台阶初期支护;7.右侧下台阶开挖;8.右侧下台阶初期支护;9.核心土上台阶开挖;10.拱部初期支护;11.核心土中台阶开挖;12.核心土下台阶开挖;13.仰拱初期支护;14.全断面二次衬砌	
	概念	双侧壁导坑法又称眼镜工法,其实质是将大跨度的隧道变为3个小跨度隧道进行开挖
	特点	开挖断面分块多,初次支护全断面闭合时间长,施工进度较慢,但施工安全
	适用范围	适用于Ⅴ~Ⅵ级围岩、浅埋、大跨及地表下沉量要求严格的情况

续上表

开挖方法	横断面示意	纵断面示意
中隔壁法（CD法）		

	1. 左侧上部开挖；2. 左侧上部初期支护；3. 左侧中部开挖；4. 左侧中部初期支护；5. 左侧下部开挖；6. 左侧下部初期支护；7. 右侧上部开挖；8. 右侧上部初期支护；9. 右侧中部开挖；10. 右侧中部初期支护；11. 右侧下部开挖；12. 右侧下部初期支护；13. 仰拱衬砌浇筑；14. 全断面二次衬砌
概念	CD法将隧道断面分为左右两部分，施工时应沿一侧自上而下分为两或三部分进行，当开挖一侧超前一定距离后，再开挖另一侧
特点	每开挖一步应及时施作锚喷支护，安设钢架，施作中隔壁。每步开挖高度约为3.5m，中隔壁设置为圆弧或弧形
适用范围	适用于Ⅳ~Ⅵ级围岩、浅埋、大跨、地表沉降需严格控制的情况

开挖方法	横断面示意	纵断面示意
交叉中隔壁法（CRD法）		

	1. 左侧上部开挖；2. 左侧上部初期支护；3. 左侧中部开挖；4. 左侧中部初期支护；5. 左侧下部开挖；6. 左侧下部初期支护；7. 右侧上部开挖；8. 右侧上部初期支护；9. 右侧中部开挖；10. 右侧中部初期支护；11. 右侧下部开挖；12. 右侧下部初期支护；13. 仰拱衬砌浇筑；14. 全断面二次衬砌
概念	通过中隔壁的分隔，将大断面隧道分割成两半施工，将隧道跨度减小，同时分割后的隧道两侧采用三台阶交叉施工。自上而下左右两侧交叉进行开挖，步步封闭成环
特点	减小隧道开挖的空间效应，减小爆破对围岩扰动，减小炸药用量，同时及时施工的初期支护、临时仰拱可以步步成环闭合，大大提高支护强度、刚度，和中隔壁一起有效地支撑、传递围岩荷载，可以有效控制大跨度、软岩隧道开挖的变形，施工安全更加可靠
适用范围	适用于Ⅳ~Ⅵ级围岩的浅埋双线或多线隧道、车站隧道

三、开挖质量标准

隧道开挖质量评定标准

1. 基本要求

（1）隧道开挖断面尺寸应符合设计要求。开挖轮廓应按设计要求预留变形量，预留变形量大小宜根据监控量测信息进行调整。

（2）应严格控制欠挖。拱脚、墙脚以上1m范围内及净空图折角对应位置严禁欠挖。当岩层完整且岩石抗压强度大于30MPa，并确认不影响衬砌结构稳定和强度时，每1m²内欠挖面积不宜大于0.1m²，喷支护时，欠挖隆起量不得大于50mm。

（3）应尽量减少超挖。仰拱超挖部分必须回填密实。隧道允许超挖值规定如表5-2所示。

隧道允许超挖值（单位：mm） 表5-2

项次	检查项目		规定值或允许偏差	检查方法和频率
1	拱部超挖	Ⅰ级围岩（硬岩）	平均100，最大200	全站仪或激光断面仪检测；每20m检查1个断面，每个断面自拱顶起每2m测1点
2		Ⅱ、Ⅲ、Ⅳ级围岩（中硬岩、软岩）	平均150，最大250	
3		Ⅴ、Ⅵ级围岩（破碎岩、土）	平均100，最大150	
4	边墙超挖	每侧	+100，0	
5		全宽	+200，0	
6	仰拱、隧底超挖		平均100，最大250	全站仪或水准仪；每20m检查3处

注：1. 超挖测量以爆破设计开挖线为基准线。
　　2. 最大超挖值系指最大超挖处至设计爆破开挖轮廓切线的垂直距离。
　　3. 表列数值不包括测量贯通误差、施工误差。
　　4. 平均超挖值 = $\dfrac{超挖面积}{爆破设计开挖断面周长(不包括隧底)}$。

2. 爆破效果要求

用钻爆法开挖隧道，其爆破效果应符合下列规定。

（1）开挖轮廓圆顺，开挖面平整。

（2）周边炮眼孔迹保存率 ε 可按下式计算，炮痕保存率应满足表5-3的规定。

$$\varepsilon = \frac{残留有痕迹的炮孔数}{周边孔总数} \times 100\% \qquad (5\text{-}1)$$

炮痕保存率标准 表5-3

围岩条件	硬岩	中硬岩	软岩
炮痕保存率（%）	≥80	≥70	≥50

注：1. 周边孔指均匀布置在开挖轮廓线周边的炮孔。
　　2. 式(5-1)中周边孔不包括底板周边孔。
　　3. 当炮孔痕迹保存率大于孔深70%时，按残留有痕迹的炮孔计数。
　　4. 松散软岩很难残留炮痕，主要以满足平整圆顺即可认定为合格。

（3）两茬炮衔接时，出现的台阶形误差不得大于150mm。使用凿岩台车时，可根据实际情况另行确定。

单元5.2 开挖断面检测

【知识目标】
1. 了解开挖断面检测方法；
2. 熟悉激光断面仪的组成与特点及参数属性；
3. 掌握激光断面仪的使用方法。

【技能目标】
1. 能熟练运用激光断面仪检测隧道断面；
2. 能正确处理激光断面仪的检测数据。

【案例导入】
某高速公路隧道工程全长3900m。该隧道所处的地形地质条件比较复杂。经过地质勘察和分析得知，隧道所在地的岩层受褶皱的强烈挤压作用，形成大片挤压破碎带，加大了施工难度，给隧道施工带来挑战，需要采取有效的施工技术措施。隧道施工中，根据该工程基本情况，结合以前的施工技术措施，按照"新奥法"原理设计，采用柔性支护体系结构的复合式衬砌。与此同时，为确保隧道结构稳固，预防质量和安全事故发生，工程施工中利用激光断面仪检测隧道断面，为隧道施工的顺利进行奠定基础。

【工程师寄语】
隧道开挖断面检测技术的不断精进，正是践行"科技是第一生产力"理念的生动体现。激光断面仪等先进设备的研发与应用，彰显了我国交通建设领域对自主创新的执着追求。在实践中，我们要勇于担当，守正创新，不断突破技术瓶颈，为交通强国建设贡献青春力量，共同塑造国家发展的新动能与新优势。

本单元将为大家介绍激光断面仪检测原理、检测优点、适用范围、检测步骤及数据处理等相关知识。

隧道断面检测
动画

【知识框图】

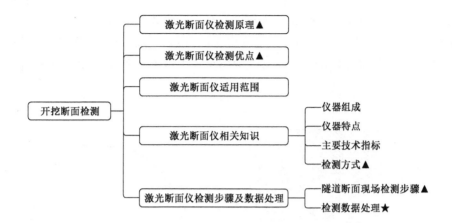

隧道开挖断面检测方法分直接量测法和非接触观测法两种,施工中应根据现场条件采用切实可行的超欠挖量检测方法,也可参照表5-4选取。目前最常用的方法为极坐标法,其代表设备为隧道激光断面仪。

隧道开挖断面检测方法　　　　　　　　　　　　表5-4

检测方法		检测方法概要
直接量测法	以内模为参照物直接测量法	以内模为参照物,用钢尺直接测量超欠挖
	使用激光束的方法	利用激光射线在开挖面上定出基点,并由该点实测开挖断面
	使用投影机的方法	利用投影机将基点或隧道基本形状投影在开挖面上,然后据此实测开挖断面
非接触观测法	三维近景投影法	在隧道内设置投影站,采用三维近景摄影方法获取立体像,在室内利用立体测图仪进行定向和测绘,得出实际开挖轮廓线
	直角坐标法	利用激光打点仪照准开挖壁面各变化点,用全站仪测出各点的水平角和竖直角,利用立体几何的原则,计算出各测点距坐标原点的纵横坐标,按比例画出断面图形
	极坐标法(断面仪法)	以某物理方向(如水平方向)为起算方向,按一定间距(角度或距离)依次测定仪器旋转中心与实际开挖轮廓线交点之间的矢径(距离)及该矢径与水平方向的夹角,将这些矢径端点依次相连即可获取实际开挖的轮廓线

一、激光断面仪检测原理

激光断面仪的检测原理为极坐标法。激光断面仪检测原理示意如图5-1所示,以某物理方向(如水平方向)为起算方向,按一定间距(角度或距离)依次测定仪器旋转中心与实际开挖轮廓线交点之间的矢径(距离)及该矢径与水平方向的夹角,将这些矢径端点依次相连即可获得实际开挖的轮廓线。通过洞内的施工控制导线可以获得断面仪的定点定向数据,在计算软件的帮助下,自动完成实际开挖轮廓线与设计开挖轮廓线的空间三维匹配,最后形成如图 5-2 所示的激光断面仪输出效果图形,并可输出各测点与相应设计开挖轮廓线之间的超欠挖值(距离、面积)。如果沿隧道轴向按一定间隔测量多个检测断面,还可得出实际开挖方量、超挖方量、欠挖方量。

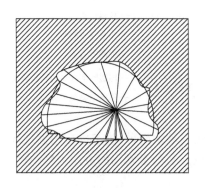

图5-1　激光断面仪检测原理示意

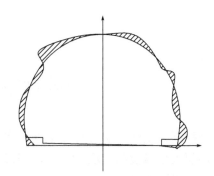

图5-2　激光断面仪输出效果图形

二、激光断面仪检测优点

(1)用断面仪测量实际开挖轮廓线时,不需要合作目标(反射棱镜),其测量精度能满足现代施工测量要求。

(2)用断面仪测量开挖轮廓线,断面仪可以放置在隧道内的任意适合测量的位置,扫描断面的过程(测量记录)可以自动完成。

(3)所测的每点均由断面仪发出的一束十分醒目的单色可见红色激光指示,可以由人工随时加以干预。

(4)如果在断面仪自动扫描断面的测量过程中,发现轮廓线上的某特征点漏测了,还可以随时用断面仪配置的手持式控制器发出一个停止命令(仅需按一个键),然后用控制键操纵断面仪测距头返回预测的特征点,完成该点的测量后继续扫描下去。

(5)在自动测量过程中,测点的间距还可以根据断面轮廓线的实际凸凹形状,随时动态地加以修正。

(6)如果事先在控制器中输入了设计断面形状、隧道轴线、平面、纵面设计参数(可以在实测前输入)以及断面仪实测时的定向参数(实测时输入),则在完成某一开挖断面的实际测量后,可以立即在控制器的屏幕上显示如图 5-2 所示的断面仪输出效果图形。

(7)在控制器上操纵断面仪测距头旋转,指向激光所指示的断面轮廓线上的某点,就对应于控制器上图形显示的光标点,并可实时显示该点的超欠挖数值。

(8)如果想获取最后的输出成果,则将断面仪控制器中的数据传输到普通计算机中,运行断面仪配套的后处理软件,则可从打印机、绘图机上自动获得成果。

三、激光断面仪适用范围

激光断面仪既可应用于开挖断面检测,也可应用于初期支护(喷射混凝土)、二次衬砌断面轮廓检测中。

四、激光断面仪相关知识

激光断面仪是把现代激光测距和计算机技术相结合开发出来的硬件、软件一体化的隧道断面测量仪器。下面以国内 BJSD 系列激光隧道多功能断面检测仪为例进行简要介绍。

1. 仪器组成

断面仪由检测主机、测量控制记录器(掌上电脑)、三脚架、软件等部分组成。

2. 仪器特点

(1)使用充电电池供电,现场掌上电脑操作,携带操作方便,符合现场使用条件。全中文界面,支持多种操作系统。

(2)检测精度高,测量数据记录简洁,自动记录,存储空间大。

(3)可现场显现被测断面图形和超欠挖数据。

3. 主要技术指标

(1)检测半径:1~45m。

(2)检测点数:自动检测,一般为35个点(断面)。

(3)检测精度:测距优于 ±1mm;测角优于 0.01°。

(4)存储断面数量:5000个断面。

(5)方位角范围:30°~330°(仪器测头垂直向下为0°),连续测量60°~300°。

(6)手动测头转动方位角范围:0°~350°。

(7)定位测量方式:具有垂直向下激光定心标志、测距功能。

4. 检测方式

(1)自动量测法:仪器依照内部设定的间隔,自动检测并记录数据。

(2)手动检测法:由操作者控制移动检测指示光标随意进行测量和记录。

(3)定点检测法:可设置起止角度及测量点数等参数,仪器将按照所定参数自动测量并记录。

五、激光断面仪检测步骤及数据处理

1. 隧道断面现场检测步骤

(1)确定检测断面、单个断面检测点数。一般情况下,开挖检测断面为20m一个,初期支护检测断面为10m一个,二次衬砌检测断面为20m一个。

(2)确定放置断面仪的点。采用全站仪放出测量断面中线测点(放置断面仪的点)及该测点实际高程,同时放出对应法向点(与测量点连线垂直于隧道轴线的横断面上的点),并记录

该点的桩号、实际高程和与中线偏位值。

(3)架设断面仪。在所需检测断面的测量点上架设激光断面仪,连接好电线和掌上电脑。

(4)归零对中。打开电池开关,运行程序,进入手动调整。锁紧水平旋紧旋钮,单击归零按钮使仪器归零。打开激光,利用激光点进行对中,反复调整,使仪器准确对中。注意打开激光前应至少使仪器归零一次。

(5)确定主机方向。利用该检测点的法向点或者相邻检测点(在直线段均为中线测点的情况下)确定断面仪主机方向,保证所检测的断面在垂直隧道轴线的断面内,且统一按特定旋转顺序检测。

(6)输入断面参数。退出仪器手动调试界面进入主界面,选择"测量断面"。

在"测量断面"中选择等角自动测量,输入所测量断面的桩号,并设置好所量测断面的起始和终止测量角度及所需量测的点数等参数。

(7)测量。单击"测量",仪器自动开始检测,检测时注意观察掌上电脑上所显示的检测断面曲线,如发现异常测点,及时现场观察,以便确定是否为障碍物遮挡引起。

(8)保持数据。测量完成后,系统会进行提示,此时即可退出,数据自动保存在掌上电脑中。然后进行下一个断面检测。

2. 检测数据处理

现场检测完成后,回到室内,将掌上电脑的测量数据传输到计算机上,采用该仪器提供的后处理软件对数据进行处理。

(1)编辑标准断面。熟悉设计资料中的标准断面,根据检测断面测点选择情况和标准断面情况,并考虑到各个断面的超高旋转等因素编制标准断面。

(2)打开标准断面。导入测量曲线或断面组文件。

(3)处理断面数据。

①确定水平调整参数。根据测量点的中点偏位和标准断面原点的位置,确定水平偏位调整值X(沿隧道开挖方向,测点在标准断面原点右侧为正值,左侧为负值)。

②确定高差调整值Δh。高差调整值Δh为标准断面原点设计高程H_2与测点实际高程H_1之差,按下式计算。

$$\Delta h = H_2 - H_1 \tag{5-2}$$

③计算最终仪器高度值Z。最终仪器高度Z为测量时的仪器高度值Z_1与高差调整值Δh之差,按下式计算。

$$Z = Z_1 - \Delta h = Z_1 - (H_2 - H_1) \tag{5-3}$$

④完善断面标记。检查断面桩号,输入测量时间、测量单位和测量人员等相关测量信息。

⑤输入断面结果。根据检测要求和实际需要输出断面处理结果。最后根据处理的标准曲线和实测曲线对比图像和输出的附表的说明,判断隧道断面是否侵入标准断面(初期支护或者二次衬砌)的设计限界,在哪些部位存在侵限和侵限值大小。为了便于后期使用,在最后的结果中应标注障碍物等引起的侵限部位。

净空原始记录表如表5-5、表5-6所示。

净空原始记录表　　　　　　　　　　　　　　　　　　　表5-5

工程名称：　　　　　　　　　　　　　　　　　　　检测日期：

断面桩号	幅别	测站点号	仪器高(mm)	后视点号	棱镜高(mm)	作业名

检测：　　　　　　　　　　记录：　　　　　　　　　　校核：

隧道净空原始记录表　　　　　　　　　　　　　　　　　表5-6

工程名称：　　　　　　　　　　合同段：
施工单位：　　　　　　　　　　检测日期：

编号	桩号	实测值(mm)	设计值(mm)	备注

检测：　　　　　　　　　　记录：　　　　　　　　　　校核：

单元5.3　案例分析

【**案例**】　某隧道按照"新奥法"原则进行设计，上下双洞分离式，单向三车道，采用三心圆内轮廓，隧道长70m，净宽14.55m，净高7.9m，属于特大断面隧道。本次检测断面围岩级别属于Ⅲ级围岩。采用XJ-400型隧道激光断面仪进行自动测量，检测精度为±1mm，每25m检测一个断面。根据隧道激光断面仪采集的数据，绘制出隧道实测净空断面如图5-3所示。

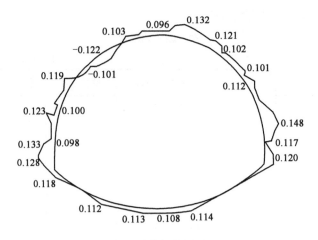

图 5-3 隧道实测净空断面

注：图中不规则的曲线表示实际开挖断面尺寸，规则曲线表示设计开挖断面尺寸。图中数值表示距离(单位为 m)，正值表示超挖，负值表示欠挖。

根据本隧道的相关信息，回答下列问题。

(1)本隧道激光断面仪的测量原理为(　　)，测量过程中，将 XJ-400 型隧道激光断面仪简单放置于(　　)，以水平方向为起算方向，按一定间距(角度或距离)依次测定(　　)之间的矢径(距离)及该矢径与水平方向的夹角，将这些矢径依次相连即得实际开挖的轮廓线。

　　A. 极坐标法，任意位置，仪器旋转中心到实际开挖轮廓线的交点
　　B. 极坐标法，隧道中心线位置，隧道中心线到实际开挖轮廓线的交点
　　C. 直角坐标法，任意位置，仪器旋转中心到实际开挖轮廓线的交点
　　D. 直角坐标法，隧道中心线位置，隧道中心线到实际开挖轮廓线的交点

解析：选 A。激光断面仪的测量原理为极坐标法。以某物理方向(如水平方向)为起算方向，按一定间距(角度或距离)依次测定仪器旋转中心到实际开挖轮廓线的交点之间的矢径(距离)及该矢径与水平方向的夹角，将这些矢径依次相连即得实际开挖的轮廓线。

(2)在检测结果所示的图形中，其设计开挖断面尺寸是由(　　)，实际开挖断面尺寸是由(　　)，若检测过程中发现漏测了某点，则可(　　)。

　　A. 事先输入系统；断面仪对隧道断面的自动扫描、记录；暂停本次测量，返回漏测点补测，然后继续测量
　　B. 事先输入系统；断面仪对隧道断面的自动扫描、手动记录；暂停本次测量，返回漏测点补测，然后继续测量
　　C. 断面仪测定；断面仪对隧道断面的自动扫描、记录；忽略并继续测量
　　D. 事先输入系统；断面仪对隧道断面的自动扫描、记录；忽略并继续测量

解析：选 A。如果在断面仪自动扫描断面的测量过程中，发现轮廓线上的某特征点漏测，还可以随时用断面仪配置的手持式控制器发出一个停止命令(仅需按一个键)，然后用控制器操纵断面仪测距头返回预测的特征点，完成该点的测量后继续扫描下去。如果事先在控制器中输入了设计断面形状、隧道轴线、平面、纵面设计参数(可以在实测前输入)以及断面仪实测

时的定向参数(实测时输入),则完成某一开挖断面的实际测量后,可以立即在控制器的屏幕上显示图形。故选项A为正确答案。

(3)若在检测过程中,隧道断面仪某些激光点打到了管线上,这些点并(　　)真实的隧道断面点,此时应(　　)。

　　A. 不是;做好记录,用后处理软件处理数据时,将这些点不参与分析
　　B. 不是;做好记录,用后处理软件处理数据时,将这些点的坐标进行人工修正
　　C. 是;做好记录,用后处理软件处理数据时,将这些点不参与分析
　　D. 是;做好记录,用后处理软件处理数据时,将这些点的坐标进行人工修正

解析:选A。当隧道断面仪某些激光点打到了管线时,则所打激光点的位置偏离了隧道开挖断面,则这些点并不是真实的隧道断面点,其数据也就不能在后处理过程中加以采用。

(4)本隧道的拱部最大(　　),边墙最大超挖宽度(　　),拱部最大欠挖高度(　　),仰拱(　　)。

　　A. 超挖132mm;12mm;148mm;欠挖113mm
　　B. 欠挖132mm;122mm;148mm;欠挖120mm
　　C. 超挖132mm;148mm;122mm;超挖113mm
　　D. 超挖132mm;148mm;122mm;超挖120mm

解析:选D。根据检测报告中的注图中数值表示距离(单位为m),正值表示超挖,负值表示欠挖,结合隧道拱顶、边墙和仰拱位置的定义可知:隧道拱部有超挖(正值)、有欠挖(负值),最大超挖132mm,最大欠挖122mm;边墙均为超挖(正值),最大超挖宽度148mm;仰拱均为超挖(正值)最大超挖120mm,其位置于仰拱和边墙的接触处。

(5)本隧道的超欠挖(　　)规范要求;若残留有痕迹的炮眼数为84,周边眼总数为112,其周边炮眼保存率为(　　),(　　)规范要求。

　　A. 不满足;75%;满足　　　　　　　　B. 满足;70%;满足
　　C. 满足;75%;不满足　　　　　　　　D. 不满足;70%;不满足

解析:选A。隧道围岩为Ⅱ级,属于中硬岩。根据第(4)题的分析,本隧道最大超挖值为132mm,小于Ⅲ级围岩中最大超挖值250mm的规定,超欠挖满足要求。边墙最大超挖值148mm大于最大超挖值100mm,所以边墙超挖不满足要求;炮眼保存率84/112×100%=75%,其炮眼痕迹保存率为≥70%,满足要求。故选项A为正确答案。

🎓 思考与练习题

一、单选题

*1. 对于破碎岩Ⅴ级围岩拱部,隧道超挖平均和最大超挖值满足要求的是(　　)。
　　A. 平均150mm,最大200mm　　　　B. 平均100mm,最大300mm
　　C. 平均150mm,最大250mm　　　　D. 平均100mm,最大150mm

*2. 对于中硬岩的炮眼痕迹保存率应大于(　　)。
　　A. 80%　　　　B. 70%　　　　C. 50%　　　　D. 40%

3. 隧道上方和洞口外(　　)范围内,严禁从事采矿、采石、取土、倾倒废弃物等危及公路

隧道安全的活动。

    A. 50m   B. 100m   C. 200m   D. 300m

*4. 隧道超、欠挖测定中，直接量测开挖断面面积的方法是（　　）。

    A. 三维近景摄影法   B. 使用激光束法   C. 直角坐标法   D. 断面仪法

*5. 在拱脚、墙脚以上（　　）范围内断面严禁欠挖。

    A. 0.5m   B. 1m   C. 1.5m   D. 2m

*6. 在石质坚硬完整度且岩石抗压强度大于3MPa，并确认不影响隧道结构稳定和强度时，允许岩石个别凸出部分（每1m²内不大于0.1m²）侵入断面，但其隆起量不得大于（　　）。

    A. 30mm   B. 40mm   C. 50mm   D. 60mm

7. 硬岩隧道爆破后，距掌子面一倍洞径处的洞内拱顶质点垂直向震动速度小于（　　）。

    A. 60mm/s   B. 70mm/s   C. 120mm/s   D. 90mm/s

8. 采用超前钻探法时，加深炮孔探测孔深应较爆破孔（或循环进尺）深（　　）以上。

    A. 1m   B. 2m   C. 3m   D. 4m

*9. 不是激光断面仪测量方式的是（　　）。

    A. 自动量测法   B. 手动检测法   C. 定点检测法   D. 遥感检测法

*10. 一般情况下，开挖检测断面为（　　）m一个。

    A. 5   B. 10   C. 15   D. 20

11. 在使用TCRM型断面仪多功能断面测量分析系统进行测量扫描时，可将线路的平面定线参数、纵面定线参数输入（　　）。

    A. PC机   B. 全站仪

    C. 隧道多功能测量软件   D. 后处理软件

*12. 用断面仪测量实际开挖面轮廓线的优点在于不需要合作目标，而且其测量精度满足现代施工量测的要求，此合作目标是指（　　）。

    A. 水准仪   B. 经纬仪   C. 全站仪   D. 反射棱镜

*13. 激光断面仪自动检测，一般为（　　）个点（断面）。

    A. 30   B. 35   C. 40   D. 50

14. 两茬炮衔接时，出现的台阶形误差不得大于（　　）mm。

    A. 50   B. 100   C. 150   D. 200

*15. 拱脚、墙脚以上（　　）m范围内及净空图折角对应位置严禁欠挖。

    A. 1   B. 2   C. 3   D. 4

二、多选题

*1. 激光断面仪由（　　）等部分组成。

    A. 检测主机   B. 测量控制记录器（掌上电脑）

    C. 三脚架   D. 软件

*2. 隧道开挖方法的选择应根据（　　）等综合确定。

    A. 围岩级别   B. 隧道长度

    C. 断面大小   D. 机械设备的配置及出渣条件

    E. 支护结构   F. 工期要求

*3. 用钻爆法开挖时,主要开挖方法有(　　)等。
　　A. 全断面法　　　　　　　　　B. 台阶法
　　C. 弧形导坑留核心土法　　　　D. 双侧壁导坑法
　　E. 中隔壁法　　　　　　　　　F. 交叉中隔壁法
4. 非接触观测法包括(　　)。
　　A. 三维近景投影法　　　　　　B. 直角坐标法
　　C. 使用激光束的方法　　　　　D. 极坐标法(断面仪法)
　　E. 使用投影机的方法
*5. 激光断面仪适用于(　　)。
　　A. 开挖断面检测　　　　　　　B. 初期支护(喷射混凝土衬砌)
　　C. 二次衬砌断面轮廓检测　　　D. 摄影

三、判断题

*1. 隧道开挖质量的规整度评定中一般采用的评定方法是目测法。　　　　(　　)
2. 为了尽快发挥作用,宜在隧道开挖后立即安装钢支撑。　　　　　　　(　　)
*3. 极坐标法是目前优先选用的隧道超欠挖测量方法。　　　　　　　　　(　　)
4. 隧道在开挖过程中,开挖工作面四周3倍洞径范围内受开挖影响最大。　(　　)
*5. 隧道开挖断面检测方法分直接量测法和非接触观测法两种。　　　　　(　　)

备注:本书中,*表示与知识目标和能力目标相对应的题目,属于必答题。

模块5　[思考与练习题]答案

衬砌施工质量检测

模块 6

【案例导入】

某高速公路隧道全长235m,隧道为带中墙的整体性双跨联拱结构。单跨净宽为10.62m,净高为7.9m。单跨采用单心圆,边墙侧为曲线,中墙为直线,中墙厚2m,隧道净宽为25.24m。隧道最大埋深63.96m。

根据各单位提供的资料及多次现场勘察的结果,二次衬砌的破坏段主要集中在隧道出口的K235+900~K235+970段,而且中隔墙、边墙和拱各部分均发生严重破坏。破坏情况归纳如下:

(1)中隔墙。中隔墙的沉降缝和施工缝均发生横向错位,一般错位3~6cm,最大错位达12.5cm。中隔墙有下沉现象,隔墙顶部和起拱线相交部位有连续贯通的裂缝。中隔墙顶部局部混凝土压碎,成块脱落。墙体内的钢筋变形凸出,严重部位中隔墙墙体有折断、错位现象,个别部位错位达25cm。

(2)边墙。上、下行线边墙均有明显的纵向和斜向裂缝,缝宽0.3~20mm。

(3)拱顶。上行线的拱顶有许多纵向裂缝,主要分布在K235+900~K235+940段,缝宽0.3~10mm。这些裂缝表明该处拱圈断裂。特别在K235+900~K235+910段,拱与中隔墙的错位达30cm。下行线的裂缝主要分布在K235+970~K235+940段,缝宽0.3~15mm。现场勘测各种宽度的裂缝,总长2200m左右,其中缝宽0.3mm以下的裂缝长度约300m,缝宽0.3~3.0mm的裂缝长度约1000m,缝宽大于3.0mm的裂缝长度约900m。

单元6.1 锚杆施工质量检测

【知识目标】

1. 掌握锚杆加工质量及安装质量检查内容;
2. 掌握锚杆抗拔力、锚杆长度及密实度检测方法。

【技能目标】

1. 能够叙述锚杆加工质量及安装质量内容;
2. 能够规范进行锚杆抗拔力、锚杆长度及密实度检测。

【案例导入】

某隧道全长8620m,隧道出口处地势平坦,地面倾角约10°,洞口线路线位与等高线交角70°~80°。主洞掌子面开挖掘进至DK42+620,原设计围岩为Ⅴ级加强衬砌围岩,施工时发现掌子面实际围岩主要为碎石土,全风化花岗岩,黄褐色,节理发育,构造裂隙发育,渗水量大,为了保证安全的同时加快施工进度,对该隧道出口浅埋段超前支护进行加强。具体措施如下:拱顶120°范围采用双排小导管超前支护并预注浆加固地层,第一排(上排)小导管采用ϕ51mm自进式锚杆,长5.0m,环向间距400mm,纵向间距3.0m;第二排小导管采用规格ϕ42mm×3.5mm(外径×壁厚)的钢花管,长2.5m,纵向两榀钢架一环,环向间距400mm。

【工程师寄语】

锚杆作为支护的关键,其质量直接关系工程的安全与稳定。我们要以精益求精的态度,精心施工、严控质量,确保锚杆在抗拔力测试中经受住考验。这不仅是对工程技术的尊重,更是对人民生命财产安全的庄严承诺。让我们携手并进,规范施工流程,严格质量检测,共同筑起安全稳固的工程防线。

本单元将为大家介绍锚杆加工及安装质量检查内容、锚杆抗拔力测试等相关知识。

【知识框图】

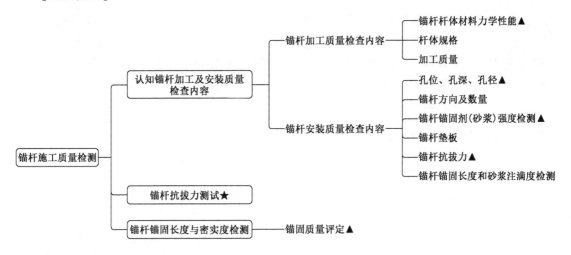

单元6.1-1

认知锚杆加工及安装质量检查内容

一、锚杆加工质量检查内容

锚杆在使用安装前,都必须对其材质、规格和加工质量进行检查,以免不合格的锚杆用于隧道支护而影响工程质量。

锚杆加工质量与安装质量检测

1. 锚杆杆体材料力学性能

(1)抗拉强度。

锚杆在工作时主要承受拉力,检测其材质时应首先检测其抗拉强度。抗拉强度检测方法是从原材料中或成品锚杆上截取试样,在拉力试验机上做拉伸试验,测试材料的抗拉强度和力学特性,确定其是否满足工程要求。

(2)弹性与延展性。

对管缝式锚杆,要求原材料具有一定弹性,使锚杆安装后管壁和孔壁紧密接触。检查时,可采用现场弯折或锤击,观察其塑性变形情况。

有些隧道的围岩变形量较大,锚杆材质过脆可能导致锚杆中途断裂失效,所以锚杆材质应具有一定的延展性,需进行延展性试验。

2. 杆体规格

锚杆杆体的直径需用卡尺或直尺测量,锚杆杆体长度采用直尺测量,对于中空锚杆还应检查管壁厚度;注意观察杆体直径是否均匀一致、有无削弱钢筋截面的伤痕,若有,则应弃之不用。

端锚式锚杆施工质量无损检测

3. 加工质量

除砂浆锚杆仅需从线材上截取钢筋段外,其他种类的锚杆都需要进行一定的加工。例如,组合中空锚杆连接套与螺纹钢筋和中空锚杆体需连接加工;楔缝式端头锚杆锚固端需特殊加工。检查时,首先应测量锚杆各部分的尺寸,其次检查焊接件的焊接质量。对于攻丝部分,应检查丝纹质量,观察是否有偏心现象,并戴上螺母。

二、锚杆安装质量检查内容

1. 孔位、孔深、孔径

钻孔前,要定出孔位,并做标记。孔位允许偏差为±150mm,并需控制累积误差,以保证锚杆设计密度。检查时,应特别注意锚杆环向间距和纵向排距的尺寸量测。

锚杆孔钻孔深度不小于锚杆设计长度,孔深允许偏差为±50mm,孔深不足则锚固深度不够。锚杆钻孔深度可用带有刻度的塑料管或木棍等插孔量测,检查频率为锚杆数的10%。

目前,为了降低能耗和提高钻进速度,钻孔直径有缩小的趋势。但对于以砂浆作为锚固剂的锚杆,孔径过小会减小锚杆杆体包裹砂浆层的厚度,进而影响锚杆的锚固力及其耐久性。因此,孔径应符合设计要求,满足安装工艺要求。孔径检查采用直尺、游标卡尺测量,检查频率为锚杆总数的10%。

2. 锚杆方向及数量

钻孔方向应尽量与围岩壁面或岩层主要结构面垂直。若锚杆打设方向过于偏斜,会使锚杆实际有效锚固深度降低,造成浪费材料,达不到设计效果。锚杆打设方向检查主要采用目测,也可用地质罗盘检测。

锚杆数量是锚杆设计参数的重要指标。锚杆安装数量检测,可直接现场目视点数,或通过全息扫描拍照点数。统计任意5~10m地段内锚杆数量,实际数量不得少于设计值。检查频率为锚杆总数的10%。

3. 锚杆锚固剂(砂浆)强度检测

锚固剂(砂浆)强度是锚杆质量的重要保证。砂浆强度检测,首先是在现场取样,每次锚杆安装应至少取一组试件,在标准养护条件下检测试件28d的抗压强度不应低于设计强度,设计没有特别要求时,砂浆强度等级应不小于M20。

4. 锚杆垫板

锚杆垫板对发挥锚杆锚固作用十分重要,锚杆垫板要求与岩面紧贴,不能出现吊空、翘边、螺母没有压住垫板的现象。垫板长、宽尺寸偏差不大于5mm,厚度大于设计值。检查频率为锚杆总数的10%。

5. 锚杆抗拔力

锚杆抗拔力是指锚杆锚固后能够承受的抗拔能力。它是锚杆材料、加工及锚固质量的综合反映,是锚杆质量检测的一项基本内容。具体检测方法见试验检测6.1-2锚杆抗拔力测试。

从理论上讲,在硬岩岩体中,只要锚固的水泥砂浆长度大于杆体直径的40倍,即使拉拔至钢筋颈缩,锚杆也不会丧失锚固力。也就是说,锚杆抗拔力检测不能检测出锚杆砂浆的密实度和锚杆锚固长度。

6. 锚杆锚固长度和砂浆注满度检测

对全长黏结锚杆,还可采用锚杆质量无损检测仪进行锚固长度和密实度检测,具体检测方法见试验检测6.1-3锚杆锚固长度与密实度检测。

试验检测6.1-2

锚杆抗拔力测试

一、仪器设备

锚杆抗拔力测试的常用设备为锚杆拉拔计,如图6-1所示。其主要由空心千斤顶、手动泵、高压油管、压力表等组成。

锚杆抗拔力测试

图6-1 锚杆拉拔计

二、检测方法

(1)现场随机抽测的锚杆,由于锚杆外露端长度不够,需对受检锚杆端头做加长处理,以便测试千斤顶安装。采用连接套筒接长,连接抗拉强度应能承受100%杆体极限抗拉力。

（2）用砂浆将试验锚杆口部抹平，或用楔形调节板调整，使千斤顶作用方向与锚杆方向一致。

（3）在检测锚杆尾部加垫板，套上空心千斤顶，将锚杆外端与千斤顶内缸固定在一起，如图6-2所示。

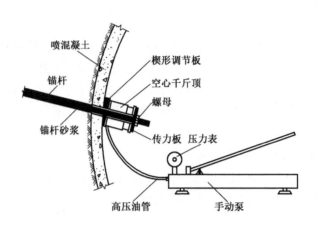

图6-2　锚杆拉拔测试图

（4）通过手动加压，读取锚杆承受的拉拔力，加载至10%设计值时应检查千斤顶安装情况，调整安装间隙，同时记录仪表读数；确认安装满足试验要求后继续加载，加载至90%设计值时，观察锚杆是否有松动、拔出等破坏现象，并记录仪表相应读数；继续加载至100%设计值，并记录仪表相应读数。

（5）试验过程中应记录观察支护混凝土、锚杆材料的松动变形情况。

三、检测频率及要求

（1）按锚杆数量的1%，且每次不少于3根进行抽检。

（2）同组锚杆锚固力或拉拔力的平均值，应大于或等于设计值。

（3）同组单根锚杆的锚固力或拉拔力，不得低于设计值的90%。

四、注意事项

（1）砂浆锚杆抗拔力测试应在锚固砂浆强度达到100%后进行。

（2）安装拉拔设备时，应使千斤顶与锚杆同心，避免偏心受拉。

（3）锚杆抗拔力试验应逐级加载，每级应匀速加载，速率一般不大于10kN/min。

（4）如无特殊需要，可不做破坏性试验，拉拔到设计拉力即停止加载。

（5）千斤顶应固定牢靠，并有必要的安全保护措施。应特别注意的是，试验时操作人员要避开锚杆的轴线延长线方向，应在被测锚杆的一侧，并尽可能远离。读取读数时，应停止加压。

五、试验记录

锚杆抗拔力检测记录表如表6-1所示。

锚杆抗拔力检测记录表   表6-1

隧道名称：

生产日期						换算公式：$Y=-0.48+0.3025X$	
检测部位	组号	样品编号	仪器读数 Y(MPa)	换算值 X(kN)	平均值（kN）	设计值	检测结论
	1						
	2						
	3						
	4						
	5						
	6						
	7						
	8						
	9						

检测：　　　　　　　记录：　　　　　　　校核：　　　　　　　日期：

一、项目概述

1. 项目来源

某公司于2019年3月20日至2019年6月18日对某隧道斜井XJK0+032~XJK0+160段初期支护锚杆进行拉拔力检测。

2. 项目概况

斜井起于主线隧道左线,向东延伸并横穿主线隧道右线,与主线隧道垂直正交,于XJK0+85.85设置$R=50m$的右转曲线,接着于XJK0+133.73转为直线直至洞口,起讫里程为XJK0+000~XJK0+160,全长160m。隧道起点位于0.5%的上坡,穿越主线隧道右线后设置变坡点SJD1转为11.8%的上坡,出洞后设置变坡点SJD2转为-0.5%的下坡。斜井内净空尺寸为8.0m×7.0m。宽度:左侧人行道宽1m+车道宽度3m+安全距离0.4m+车道宽度3m+侧向宽度0.6m=8m。高度:施工车辆轮廓4.25m+ϕ200mm风管+安全距离=7m。隧道斜井设计衬砌参数表如表6-2所示。

隧道斜井设计衬砌参数表　　　　表6-2

衬砌类型	围岩级别	初期支护				二次衬砌C30混凝土
		锚杆	钢筋网	喷射混凝土	钢拱架	
XJ5	Ⅴ级	ϕ25mm中空注浆锚杆 $L=3.5m$ 100cm×50cm	ϕ6.5mm钢筋网 20cm×20cm	C25喷射混凝土厚24cm	I18工字钢间距50cm拱墙、仰拱	拱墙厚度45cm、仰拱厚度45cm
XJ4a	Ⅳ级	ϕ25mm中空注浆锚杆 $L=3.5m$ 100cm×100cm	ϕ6.5mm钢筋网 20cm×20cm	C25喷射混凝土厚20cm	I18工字钢间距100cm拱墙、仰拱	拱墙厚度40cm、仰拱厚度40cm
XJ4b	Ⅳ级	ϕ25mm中空注浆锚杆 $L=3.5m$ 100cm×75cm	ϕ6.5mm钢筋网 20cm×20cm	C25喷射混凝土厚22cm	I18工字钢间距75cm拱墙	—
XJ3	Ⅲ级	ϕ22mm砂浆锚杆 $L=3.0m$ 100cm×150cm	ϕ6.5mm钢筋网 25cm×25cm	C25喷射混凝土厚22cm	I18工字钢间距100cm拱墙	—
XJ2	Ⅱ级	ϕ22mm砂浆锚杆 $L=2.5m$ 局部	ϕ6.5mm钢筋网 25cm×25cm	C25喷射混凝土厚8cm	—	拱墙厚度30cm

二、检测目的

通过锚杆拉拔检测判断围岩锚固系统的性能和锚杆的锚固力是否满足设计要求。

三、检测依据

(1)《岩土锚杆与喷射混凝土支护工程技术规范》(GB 50086—2015)。
(2)《公路隧道施工技术规范》(JTG/T 3660—2020)。
(3)该项目隧道土建主体工程相关设计图纸和变更资料。

四、检测设备

检测设备如表6-3所示。

检测设备一览表　　　　表6-3

序号	仪器编号	名称	型号	备注
1	GSJC-01181	锚杆拉拔计	HC-20	—

五、检测方法

1. 检测方法

(1)在检测锚杆尾部加垫板,套上空心千斤顶,将锚杆外端与千斤顶内缸固定在一起。
(2)通过手动加压,读取锚杆承受的拉拔力,加载至10%设计值时应检查千斤顶安装情况,调整安装间隙,同时记录仪表读数;确认安装满足试验要求后继续加载,加载至90%设计值时,观察锚杆是否有松动、拔出等破坏现象,并记录仪表相应读数;继续加载至100%设计值,并记录仪表相应读数。
(3)试验过程中应记录观察支护混凝土、锚杆材料的松动变形情况。

2. 注意事项

(1)安装拉拔设备时,应使千斤顶与锚杆同心,避免偏心受拉。
(2)加载应匀速,一般以10kN/min的速率增加。
(3)如无特殊需要,可不作破坏性试验,拉拔到设计拉力即停止加载。
(4)千斤顶应固定牢靠,并有必要的安全保护措施。

3. 检测频率及要求

(1)按锚杆数量的1%,且每次不少于3根进行抽检。
(2)同组锚杆锚固力或拉拔力的平均值应大于或等于设计值。
(3)同组单根锚杆的锚固力或拉拔力不得低于设计值的90%。

六、检测结论

本次共检测隧道斜井支护工程锚杆拉拔力8组,共24根,锚杆拉拔力满足设计要求,合格率为100%。锚杆拉拔力检测结果统计表如表6-4所示。

锚杆拉拔力检测结果统计表 表6-4

工程名称	检测数量(根)	合格数量(根)	合格率(%)
某隧道斜井XJK0+032~XJK0+160段	24	24	100

七、检测附表

某隧道斜井初期支护锚杆拉拔力检测结果汇总表如表6-5所示。

某隧道斜井初期支护锚杆拉拔力检测结果汇总表 表6-5

工程部位	序号	直径(mm)	设计埋深(m)	所在位置	设计值(kN)	实测拉力(kN)	平均值(kN)	试验情况描述
XJK0+032~XJK0+046	1	25	3.5	XJK0+035右侧墙	≥70	70.22	70.66	锚杆无松动、未拔出
	2	25	3.5	XJK0+037左侧墙	≥70	71.27		锚杆无松动、未拔出
	3	25	3.5	XJK0+039左侧墙	≥70	70.49		锚杆无松动、未拔出
XJK0+046~XJK0+060	1	25	3.5	XJK0+053左侧墙	≥70	70.36	70.89	锚杆无松动、未拔出
	2	25	3.5	XJK0+057右侧墙	≥70	71.54		锚杆无松动、未拔出
	3	25	3.5	XJK0+060左侧墙	≥70	70.78		锚杆无松动、未拔出
XJK0+060~XJK0+085	1	22	3.0	XJK0+062左侧墙	≥60	60.90	61.20	锚杆无松动、未拔出
	2	22	3.0	XJK0+074右侧墙	≥60	62.42		锚杆无松动、未拔出
	3	22	3.0	XJK0+080右侧墙	≥60	60.28		锚杆无松动、未拔出
XJK0+085~XJK0+095	1	25	3.5	XJK0+087右侧墙	≥70	70.29	70.69	锚杆无松动、未拔出
	2	25	3.5	XJK0+090右侧墙	≥70	70.58		锚杆无松动、未拔出
	3	25	3.5	XJK0+092左侧墙	≥70	71.21		锚杆无松动、未拔出
XJK0+095~XJK0+105	1	25	3.5	XJK0+096左侧墙	≥70	71.30	70.76	锚杆无松动、未拔出
	2	25	3.5	XJK0+098右侧墙	≥70	70.68		锚杆无松动、未拔出
	3	25	3.5	XJK0+102左侧墙	≥70	70.29		锚杆无松动、未拔出
XJK0+105~XJK0+115	1	25	3.5	XJK0+106左侧墙	≥70	72.03	71.61	锚杆无松动、未拔出
	2	25	3.5	XJK0+109左侧墙	≥70	71.58		锚杆无松动、未拔出
	3	25	3.5	XJK0+112右侧墙	≥70	71.21		锚杆无松动、未拔出
XJK0+115~XJK0+140	1	22	3.0	XJK0+117左侧墙	≥60	61.20	60.82	锚杆无松动、未拔出
	2	22	3.0	XJK0+129左侧墙	≥60	60.52		锚杆无松动、未拔出
	3	22	3.0	XJK0+138右侧墙	≥60	60.74		锚杆无松动、未拔出
XJK0+140~XJK0+160	1	22	3.0	XJK0+143右侧墙	≥60	61.25	60.62	锚杆无松动、未拔出
	2	22	3.0	XJK0+148右侧墙	≥60	60.17		锚杆无松动、未拔出
	3	22	3.0	XJK0+153左侧墙	≥60	60.44		锚杆无松动、未拔出

试验检测6.1-3

锚杆锚固长度与密实度检测

我国公路隧道支护中使用较多的锚杆为全长黏结锚杆,包括普通砂浆锚杆、药包(卷)锚杆、中空注浆锚杆、组合中空锚杆等。普通砂浆锚杆施工中,若钻孔呈水平或向下倾斜,则锚杆孔内的砂浆密实度容易得到保证;若钻孔上仰,特别是垂直向上,则锚杆孔内砂浆很难注满。对长度大于3.0m的药包(卷)锚杆,也难以保证孔内砂浆饱满。锚杆锚固密实度(或称砂浆注满度、灌浆饱满度、注浆密实度)不高,将严重影响锚杆的有效锚固长度,从而影响锚杆的长期使用寿命。

锚杆锚固长度与密实度检测

锚杆长度和锚固密实度主要采用声波反射法进行检测。应力波在坚硬完整的介质中传播速度大,衰减速度快,而在松散及不完整(注浆不饱满)介质中应力波的传播速度小,衰减速度慢,同时产生反射回波,因此可以利用应力波的这一传播特性来判断注浆饱满度情况。在锚杆杆体外端发射一个超声波脉冲,它沿杆体钢筋以管道波形式传播,到达钢筋底端后反射,在杆体外端可接收此反射波。如果钢筋外密实、饱满地由水泥砂浆握裹,砂浆又与周围岩体黏结,则超声波在传播过程中,不断从钢筋通过水泥砂浆向岩体扩散,能量损失很大,在杆体外端测得的反射波振幅很小,甚至测不到。如果无砂浆握裹,仅是一根空杆,则超声波仅在钢筋中传播,能量损失小,接收的反射波振幅则较大;如果握裹砂浆不密实,中间有空洞或缺失,则得到的反射波振幅的大小介于前两者之间。由此,可以根据反射波振幅大小判定水泥砂浆的饱满程度。

一、仪器设备

锚杆锚固密实度检测主要采用锚杆质量无损检测仪。检测仪主要由发射振源、检波器、主机和分析处理软件组成。

二、检测方法

(1)进行锚杆锚固密实度检测前,宜进行室内和现场模拟试验,并以试验检测结果修正现场实测的计算参数,以提高检测可靠度。

(2)室内标准锚杆模拟的锚杆孔宜采用内径不大于90mm的PVC或PE管,其长度应比被模拟锚杆长度长1m以上。锚杆宜采用与所检测工程锚杆相同类型,其长度宜涵盖设计锚杆长度范围,锚杆外露段长度与工程锚杆设计相同,外露端头应加工平整。标准锚杆宜包含所检测工程锚杆的等级和主要缺陷类型。胶黏材料宜与所检测工程锚杆相同,设计缺陷宜用橡胶管等模拟。

(3)现场模拟试验制作的标准锚杆试验场地宜选在与被检测工程锚杆围岩条件类同的围岩段,且不应影响主体工程施工和便于钻孔取芯施工。标准锚杆应与被检测工程锚杆的施工工艺参数相同。

试验用标准锚杆的注浆材料宜选用与工程锚杆相同的注浆材料和配合比,注浆完成后自然养护。

每种规格的锚杆应设计1组试验锚杆。每组试验锚杆宜包括：完全锚固密实（密实度100%），中部锚固不密实（密实度90%、75%、50%），孔底锚固密实、孔口段锚固不密实（密实度90%、75%、50%），孔口锚固段密实、孔底锚固不密实（密实度90%、75%、50%）等模型。

对标准锚杆的检测宜在3d、7d、14d、28d龄期时分别进行。现场标准锚杆检测完成后，若条件许可，还需采用钻孔取芯等有效手段进行检验。

对标准锚杆试验结果应编写试验报告，报告应明确试验仪器、仪器设置的最佳参数、检测精度、检测有效范围，并应提供杆体波速、杆系波速、杆系能量修正系数及标准锚杆检测图谱。

三、注意事项

（1）被检测锚杆宜随机抽样，抽样率应符合相关规范要求，并应重点检测隧道拱部及地质条件较差段的锚杆。

（2）对待检锚杆锚固密实度的检测应在锚杆锚固7d以后进行。

（3）检测前，应根据模拟试验结果，对检测仪器设备进行检查调试，并清除待检锚杆外露端周边浮浆，分离待检锚杆外露端与喷层，对被测锚杆的外露自由段长度和孔口段锚固情况进行测量与记录。

（4）检测时，周边不得有机械振动、电焊作业等对检测有明显干扰的施工作业。

四、锚固质量评定

根据锚杆质量无损检测仪提供的波形特征、时域信号特征、幅频信号特征，可进行锚固密实度评判，锚固密实度评判标准如表6-6所示。

锚固密实度评判标准　　　　表6-6

质量等级	密实度
A	≥90%
B	80%~90%
C	70%~80%
D	<70%

锚杆长度应满足设计要求。单根锚杆锚固质量无损检测分级评价如表6-7所示。

单根锚杆锚固质量无损检测分级评价　　　　表6-7

锚固质量等级	评价标准
Ⅰ	密实度为A级，且长度合格
Ⅱ	密实度为B级，且长度合格
Ⅲ	密实度为C级，且长度合格
Ⅳ	密实度为D级，或长度不合格

五、试验记录

锚杆长度及注浆密实度原始记录表如表6-8所示。

锚杆长度及注浆密实度原始记录表　　表6-8

工程名称：　　　　　　　　　　合同段：
施工单位：　　　　　　　　　　检测日期：

编号	桩号	锚杆类型	长度设计值(mm)	检测值(mm)	备注

检测：　　　　　　　　记录：　　　　　　　　校核：

工程案例

一、项目概述

石坝沟隧道区高程介于904.84~974.46m之间，相对高差69.62m，属构造溶蚀低中山区峰丛山地地貌。隧道采用出口小净距布置方式，左右洞起讫桩号分别为ZK37+805~ZK38+235（430m），YK37+790~YK38+280（490m）；净间距20.0m，净空（宽×高）为11.0m×5.0m；石坝沟隧道围岩主要为强~中风化灰岩，级别Ⅳ~Ⅴ级。

某试验检测科研中心对石坝沟隧道左洞进行质量检测。

二、检测依据及设备

检测依据如表6-9所示。主要检测设备如表6-10所示。

检测依据			表6-9
序号	检测参数	检测依据	判定依据
1	锚杆长度和锚固密实度	《锚杆锚固质量无损检测技术规程》（JJG/T 182—2009）	《锚杆锚固质量无损检测技术规程》（JJG/T 182—2009）
2	—	本工程隧道设计文件(含变更文件)	

主要检测设备				表6-10
序号	仪器管理编号	仪器设备名称	规格或型号	备注
1	GSJC-01240	锚杆质量无损检测仪	SRB-MATS-B	—
2	DZ28-5	钢卷尺	5m	—

三、检测方法

锚杆长度和锚固密实度主要采用声波反射法进行检测。

为保证数据的准确性，对各断面锚杆进行统一编号：按路线里程增长方向，分隧道左线和右线，从右至左按照逆时针方向依次对锚杆进行编号，起点均为右下角第1根锚杆所在位置，同时标注隧道检测断面的里程桩号，隧道右线锚杆编号依次为：YK-01、YK-02…YK-n。隧道左线锚杆编号依次为：ZK-01、ZK-02、…、ZK-n。

四、检测结果

本次锚杆长度和锚固密实度检测桩号为石坝沟隧道左幅ZK38+170～ZK38+210段，锚杆采用直径ϕ25mm的中空锚杆，设计长度为3.5m。左幅ZK38+170～ZK38+210段锚杆长度和锚固密实度检测结果如表6-11所示。

左幅ZK38+170～ZK38+210段锚杆长度和锚固密实度检测结果　　表6-11

序号	锚杆编号	锚杆类型(mm)	设计长度(m)	检测长度(m)	密实度(%)	锚固质量	总体评价
1	ZK38+175-1	ϕ25中空锚杆	3.5	3.403	87.5	Ⅱ类	合格
2	ZK38+175-4	ϕ25中空锚杆	3.5	3.428	83.6	Ⅱ类	合格
3	ZK38+175-12	ϕ25中空锚杆	3.5	3.415	76.4	Ⅲ类	合格
4	ZK38+187-2	ϕ25中空锚杆	3.5	3.398	75.5	Ⅲ类	合格
5	ZK38+187-6	ϕ25中空锚杆	3.5	3.461	95.0	Ⅰ类	合格
6	ZK38+187-9	ϕ25中空锚杆	3.5	3.406	93.2	Ⅰ类	合格
7	ZK38+187-14	ϕ25中空锚杆	3.5	3.444	86.9	Ⅱ类	合格
8	ZK38+198-3	ϕ25中空锚杆	3.5	3.45	87.9	Ⅱ类	合格
9	ZK38+198-6	ϕ25中空锚杆	3.5	3.492	90.3	Ⅰ类	合格
10	ZK38+198-10	ϕ25中空锚杆	3.5	3.396	84.9	Ⅱ类	合格

续上表

序号	锚杆编号	锚杆类型（mm）	设计长度（m）	检测长度（m）	密实度（%）	锚固质量	总体评价
11	ZK38+203-4	φ25中空锚杆	3.5	3.379	93.2	Ⅰ类	合格
12	ZK38+203-7	φ25中空锚杆	3.5	3.447	88.8	Ⅱ类	合格
13	ZK38+203-11	φ25中空锚杆	3.5	3.441	88.3	Ⅱ类	合格

五、检测结论

锚杆长度和锚固密实度检测：本次石坝沟隧道左幅ZK38+170～ZK38+210段锚杆长度检测13根，检测结果满足规范长度≥0.95设计长度，且不足长度不超过0.5m的要求，锚固密实度检测结果为Ⅰ类、Ⅱ类、Ⅲ类，满足规范要求。

六、附件

检测典型波形图如图6-3～图6-8所示。

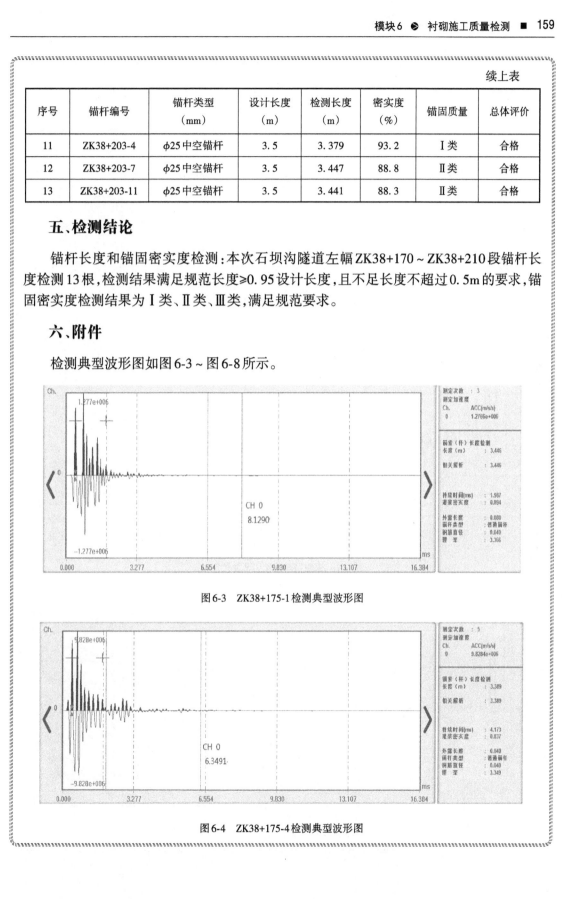

图6-3 ZK38+175-1检测典型波形图

图6-4 ZK38+175-4检测典型波形图

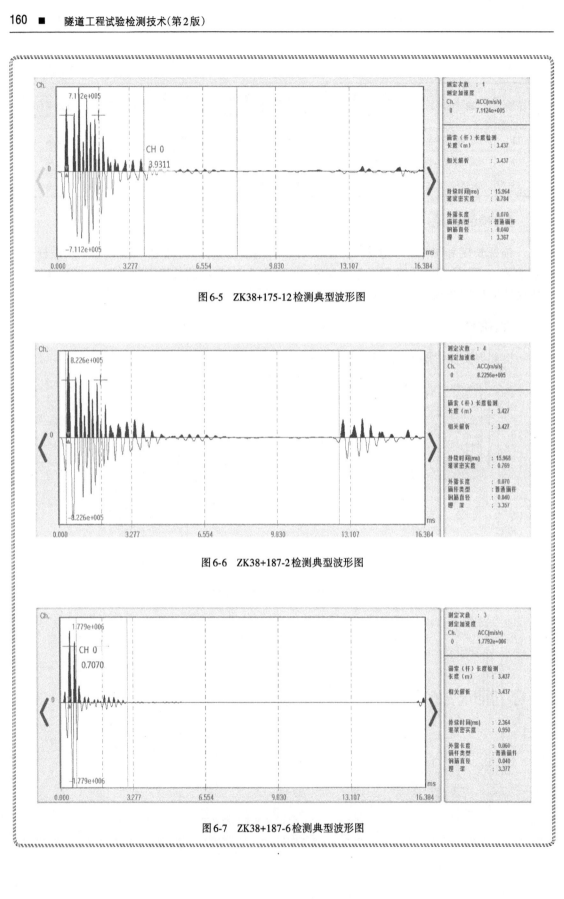

图6-5　ZK38+175-12检测典型波形图

图6-6　ZK38+187-2检测典型波形图

图6-7　ZK38+187-6检测典型波形图

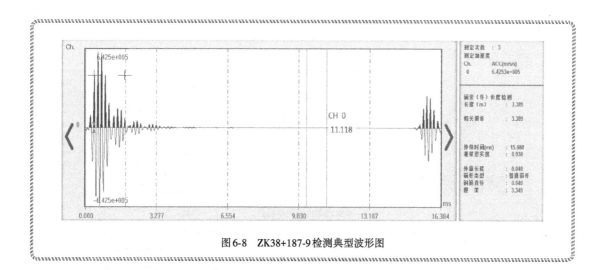

图6-8 ZK38+187-9检测典型波形图

单元6.2 喷射混凝土质量检测

【知识目标】
掌握喷射混凝土质量检测方法。

【技能目标】
能规范进行喷射混凝土质量检测。

【案例导入】
某隧道穿越山脉为中低山地貌,隧道最大埋深约60m,隧道起止桩号左线ZK44+630~ZK45+515,长885m;右线YK44+630~YK45+575,长945m。隧道左右线进口均位于直线段,出口位于半径为1800m的右偏曲线的圆曲线上。隧道穿越Ⅴ、Ⅳ级围岩,属于强风化,局部为弱风化砂岩和粉砂质泥岩。隧道结构设计使用年限级别为一级,设计使用年限为100年。全隧道初期支护喷射混凝土采用湿喷工艺。

【工程师寄语】
将"创新、协调、绿色、开放、共享"的新发展理念融入工程实践,通过技术创新降低喷射混凝土回弹率,不仅提高了施工效率和工程质量,还有效减少了资源浪费和环境影响,体现了绿色施工和可持续发展的理念。同时,通过改善作业环境,保障了施工人员的健康和安全,展现了"以人为本"的施工理念。这一实践不仅提升了工程质量,更体现了新时代建设者对环境保护和社会责任的担当。

本单元将为大家介绍喷射混凝土抗压强度试验、喷射混凝土厚度及表面平整度检测、喷射混凝土与围岩黏结强度试验检测、喷射混凝土回弹率检测、喷射混凝土支护背后空洞检测(地质雷达法)等相关知识。

【知识框图】

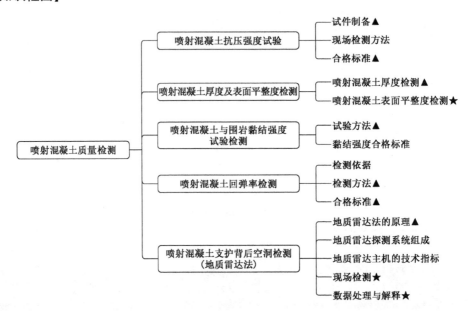

喷射混凝土支护是用高压将掺有速凝剂的混凝土拌合料,通过混凝土喷射机直接喷射到隧道开挖壁面上,形成喷射混凝土支护结构。喷射混凝土支护具有不需模板、施作速度快、早期强度高、密实度好、与围岩紧密黏结、不留空隙的突出优点,隧道开挖后及时施作喷射混凝土支护,可以起到封闭岩面、防止围岩风化松动、填充坑凹及裂隙、维护和提高围岩的整体性、帮助围岩发挥自身结构能力、调整围岩应力分布、防止应力集中、控制围岩变形、防止掉块、坍塌的作用。

喷射混凝土质量检测

喷射混凝土的质量受原材料、施工作业、爆破效果、回弹率等因素的影响。因此,要进行原材料、喷射混凝土强度、喷射混凝土初喷厚度及总厚度、外观及表面平整度、施工过程喷射混凝土的回弹率、喷射混凝土支护背后空洞等检测。

试验检测6.2-1

喷射混凝土抗压强度试验

喷射混凝土抗压强度是喷射混凝土的主要性能指标。喷射混凝土强度包括抗压强度、抗拉强度、抗剪强度、疲劳强度、黏结强度等。由于这些指标之间存在着一定的内在联系,在一般试验检测中,只检测喷射混凝土的抗压强度,并由此推测混凝土的其他强度。

一、试件制备

1. 试件制作方法

用于检验喷射混凝土抗压强度的试块应在喷射现场随机制取。试块制作方法有喷模法、喷大板切割法、凿方切割法、钻芯法等。

(1)喷模法(预留试块法)。

在喷射混凝土施工的同时,将150mm×150mm×150mm标准试模放在施工现场,待喷枪喷射稳定后将混凝土喷入模内,喷满后将试模内混凝土表面抹平,在现场养护28d后,在压力机上进行试验(精确到0.1MPa)。

(2)喷大板切割法。

在施工的同时,将混凝土喷射在450mm×450mm×120mm(可制成6块)或450mm×200mm×120mm(可制成3块)的模型内,现场养护28d后,用切割机切掉周边,加工成100mm×100mm×100mm的立方体试块,再进行试验。用标准试验方法测得极限抗压强度,并乘以0.95的系数。

(3)凿方切割法。

在已经喷好的喷射混凝土结构物上,养护14d后用凿岩机打密排钻孔,取出长约350mm、宽约150mm的混凝土块,用切割机切掉周边,加工成100mm×100mm×100mm的立方体试块。现场养护28d后,进行试验。

(4)钻芯法。

在已经喷好的喷射混凝土结构物上,养护28d后,直接钻取并加工成直径100mm、长100mm的圆柱体试块,在压力机上进行试验(精确到0.1MPa)。

2. 试件制取组数

一组试件为3个。两车道每10延米,至少在拱部和边墙各取1组试件。其他工程,每喷射50~100m³混合料或小于50m³混合料的独立工程,不得少于1组。材料或配合比变更时,应重新制取试件。

二、现场检测方法

1. 射钉法

射钉法是利用射钉装置将探针打入混凝土内,根据探针打入深度推测混凝土强度,但需要建立混凝土强度相关公式。

2. 拔出法

拔出法分为预埋和后装两种方法,两种方法各有优缺点。喷射混凝土强度检测常采用后装法。通过在实际结构物上钻孔、切槽,安装拉拔件及装置,然后将其拔出。拉拔件锚深一般为25mm,过深不易拔出,过浅则不能反映混凝土的内部情况。

三、合格标准

(1)同批试件组数$n<10$时,试件抗压强度平均值不低于1.05倍的设计值,且任一组试件抗压强度不低于0.9倍的设计值。

(2)同批试件组数$n≥10$时,试件抗压强度平均值不低于设计值,且任一组试件抗压强度不低于0.85倍的设计值。

(3)实测项目中,喷射混凝土抗压强度评为不合格时,则相应分项工程为不合格。评定为不合格时,应查明原因并采取措施,可采用补喷增加喷层厚度的方法予以补强,或凿除重喷。

试验检测 6.2-2

喷射混凝土厚度及表面平整度检测

一、喷射混凝土厚度检测

喷射混凝土厚度是指混凝土喷层表面与围岩受喷面的距离,是初喷厚度和复喷厚度的总体厚度。喷射混凝土厚度是发挥喷射混凝土支护作用的重要保障。喷射混凝土总体厚度应满足设计要求。

1. 检测方法

喷射混凝土厚度可用钻孔法或地质雷达法等方法检测。

(1)钻孔检查时,宜在喷射混凝土后 8h 以内,用电钻、风钻钻孔检查,发现厚度不足时应及时补喷。如喷射混凝土与围岩黏结紧密,颜色相近而不易分辨时,可用酚酞试液涂抹孔壁,碱性混凝土即呈现红色。

(2)地质雷达技术是一种先进的无损检测技术,具有快速、无损连续检测的特点,探测结果一目了然,分析、判读直观方便。地质雷达检测方法见试验检测 6.2-5。

2. 检测依据

《公路隧道施工技术规范》(JTG/T 3660—2020)。

3. 检测数量

钻孔检查时,每 10m 检查 2 个断面,每个断面从拱顶中线起每隔 3m 钻孔检查一个点。

4. 合格标准

(1)平均厚度≥设计厚度。

(2)60% 检查点的厚度≥设计厚度。

(3)最小厚度≥0.6 倍设计厚度,且≥50mm。

全部检查点喷射混凝土厚度须同时满足以上 3 个条件方视为合格。

二、喷射混凝土表面平整度检测

喷射混凝土表面要求整体平整、圆顺,外观应无漏喷、鼓包、开裂、钢筋网(或金属网)外露等现象。

1. 喷射混凝土表面平整度要求

(1)喷射混凝土表面平整度应满足下式的要求:

$$\frac{D}{L} \leqslant \frac{1}{6} \tag{6-1}$$

式中:L——喷射混凝土相邻两凸面间的距离;

D——喷射混凝土相邻两凸面间下凹的深度。

(2)隧道断面变化、厚度变化或转折处的阴角应抹成半径不小于5cm的圆弧。

(3)表面不得有钢筋、凸出的构件等尖锐凸出物。

防水板铺设基面检测如图6-9所示。

2.喷射混凝土表面平整度检测方法

平整度用1m直尺检测,采用目视方法观察明显凹凸位置,直尺靠在凸出顶端。

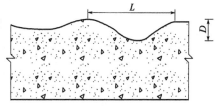

图6-9 防水板铺设表面检测

三、试验记录

各项目试验检测记录表如表6-12~表6-14所示。

衬砌厚度原始记录表 表6-12

工程名称: 检测日期:

文件名	幅别	检测部位	起始桩号	终止桩号	备注

检测: 记录: 校核:

衬砌平整度原始记录表 表6-13

工程名称: 合同段:
施工单位: 检测日期:

编号	桩号	实测值(mm)	设计值(mm)	备注

检测: 记录: 校核:

隧道表面平整度检测记录表 表6-14

施工单位：　　　　　　　　合同段：　　　　　　　　编号：

序号	测区桩号	检测部位	单尺最大间隙(mm)			单处检测尺数	单处合格尺数	单处合格率(％)	单处最大间隙平均值(mm)
	隧道名称						规定值(mm)		
			1	2	3				
1									
2									
3									
4									
5									
6									
7									
8									
9									
10									
11									
12									
13									
14									
15									
16									
17									
18									
19									
20									
21									
22									

检测：　　　　　　　　记录：　　　　　　　　校核：　　　　　　　　日期：

试验检测6.2-3

喷射混凝土与围岩黏结强度试验检测

一、试验方法

1. 直接拉拔法

在围岩表面预先设置带有丝扣和加力板的拉杆，用喷射混凝土将加力板埋入，喷层厚度约

100mm,试件面积约300mm×300mm(周围多余的部分应予清除)。经28d养护,进行拉拔试验。

2.成型试验法

在模型内放置尺寸为100mm×100mm×50mm且表面粗糙度近似于实际情况的岩块,用喷射混凝土掩埋。待混凝土达到一定强度后,将其加工成100mm×100mm×100mm的立方体试块,在标准条件下养护至28d,采用劈裂法进行试验。

二、黏结强度合格标准

喷射混凝土与岩石的黏结强度:Ⅰ、Ⅱ级围岩不应低于0.8MPa,Ⅲ级围岩不应低于0.5MPa。

注:喷射混凝土与围岩的黏结强度低于0.5MPa的软岩、破碎围岩、土石围岩、黄土围岩等,不做黏结强度检测。

试验检测6.2-4

喷射混凝土回弹率检测

喷射混凝土施工过程中,部分喷射混凝土混合料由隧道岩壁跌落到底板的现象称为喷射混凝土的回弹,回弹下来的喷射混凝土混合料体积与喷射混凝土总体积之比,称为喷射混凝土的回弹率。

一、检测依据

《岩土锚杆与喷射混凝土支护工程技术规范》(GB 50086—2015)。

二、检测方法

按标准操作喷射$0.5 \sim 1.0 m^3$的混凝土,在长度3.0m的侧壁或拱部喷10cm厚的喷层,用铺在地面上的彩条塑料布或钢板收集回弹物,称重后换算为体积,其与全部喷出混凝土体积的比值即为回弹率。

三、合格标准

对回弹率应予以控制,拱部不应大于25%,边墙不应大于15%。应尽量采用经过验证的新技术,减少回弹率。回弹物不得重新用作喷射混凝土材料。

试验检测6.2-5

喷射混凝土支护背后空洞检测(地质雷达法)

喷射混凝土必须直接喷射到围岩壁面上,与围岩密贴接触形成组合结构, 地质雷达法如图6-10所示。

但实际工程中,在设有钢架支护的地段,由于超挖、掉块和塌方的原因,使隧道实际开挖断面形状与事先加工好的钢架支护形状有偏差,容易出现钢架喷射混凝土层与围岩脱离,形成空洞,如图6-11所示。喷射混凝土衬砌与围岩之间存在空洞时,喷射混凝土层局部形成孤立的薄壳结构,喷射混凝土层结构承载能力和稳定性大为降低。同时,由于喷射混凝土衬砌没有形成对围岩的有效约束,围岩失去了喷射混凝土结构的支护,可能进一步松弛,并可能导致塌方。随着围岩压力的进一步增大,将导致衬砌开裂,影响隧道的使用安全。因此,喷射混凝土背后不允许存在空洞和不密实现象。

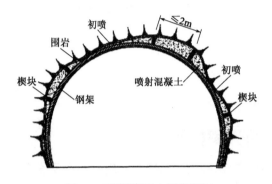

图6-10 喷射混凝土与围岩密贴

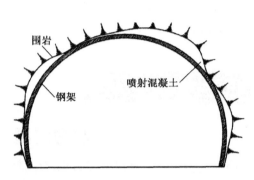

图6-11 喷射混凝土与围岩脱离

目前喷射混凝土支护背后空洞检测最常用的方法是地质雷达法。该方法已广泛应用于检测衬砌厚度、衬砌背后的回填密实度、衬砌内部钢架与钢筋分布情况等。

一、地质雷达法的原理

地质雷达法是一种用于确定地下介质分布的光谱(1MHz~2GHz)电磁技术。地质雷达利用一个天线发射高频宽频带电磁波,另一个天线接收来自地下介质界面的反射波。电磁波在介质中传播时,其路径、电磁场强度与波形将随所通过介质的电性质及几何形态而变化。因此,可根据接收波的旅行时间(亦称双程走时)、波幅与波形资料,推断介质的结构。

实测时,将雷达的发射和接收天线密贴于喷层表面,雷达波通过天线进入混凝土衬砌中,遇到钢筋、钢架、材质有差别的混凝土、混凝土中间的不连续面、混凝土与空气分界面、混凝土与岩石分界面、岩石中的裂面等时,会产生反射,接收天线接收到反射波,测出反射波的入射、反射双向走时,就可计算出反射波走过的路程长度,从而求出天线距反射面的距离。地质雷达工作原理如图6-12所示。

雷达天线可沿所测路线连续滑动,每个测点的时间曲线可以汇成时间剖面图像。通过一个测点的反射波时间曲线判别喷射混凝土背后有无空洞是困难的,但由多个测点接收到的同一反射面的反射波汇成一定图像,就能直观地反映出各种不同的反射面。例如,一个与测量平面近于平行的反射面,如衬砌的外缘面,在时间剖面上就是与时间基线近于平行的线,衬砌与岩体交界面的起伏(反映衬砌厚度变化)表现为有起伏的图像;钢架的反射图像可能是一条双曲线,在彩色或黑色灰度图上也可能呈现一个个圆点;衬砌背后的空洞、两层衬砌间的空隙则多呈双曲线图像。根据这些图像即可辨别不同的物体。

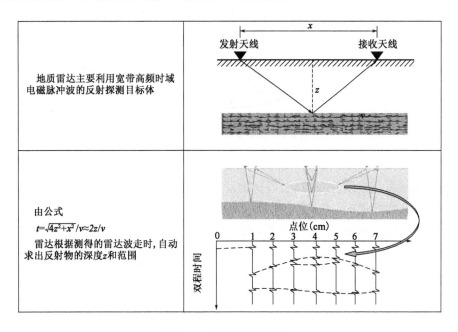

图6-12　地质雷达工作原理

二、地质雷达探测系统组成

地质雷达探测系统由地质雷达主机、天线、笔记本电脑、数据采集软件、数据分析处理软件等组成。低频天线探测距离长、精度低,高频天线反之,地质雷达天线可采用不同频率的天线组合。

三、地质雷达主机的技术指标

地质雷达主机技术指标应符合以下要求:系统增益不低于150dB;信噪比不低于60dB;模数转换不低于16位;信号叠加次数可选择;采样间隔一般不大于0.2ns,实际滤波功能可选择;具有点测与连续测量功能;具有手动或自动位置标记功能;具有现场数据处理功能。

四、现场检测

1. 测线布置

隧道施工过程中质量检测以纵向布线为主,环向(横向)布线为辅。两车道纵向测线应分别在隧道拱顶、左右拱腰、左右边墙和隧道底各布1条,如图6-13所示。横向布线可按检测内容和要求确定线距,一般情况线距为8~12m,采用点测时每断面不少于6个点。检测中发现不合格地段应加密测线或测点。

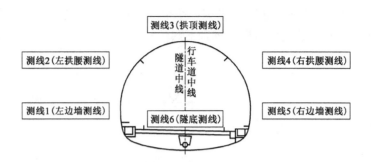

图6-13 地质雷达测线布置示意图

2. 检测方式

(1)纵向布线采用连续测量方式,特殊地段或条件不允许时,可采用点测方式,测量点距不宜大于200mm,测线每5~10m应有里程标记。

(2)横向测线尽量采用连续方式检测;也可采用点测方式,每道测线不少于20个测点。

3. 主要参数设置

(1)介质常数标定。

检测前,应对衬砌混凝土的介电常数或电磁波速做现场标定,且每座隧道应不少于1处,每处实测不少于3次,取平均值为该隧道的介电常数或电磁波速。当隧道长度大于3km、衬砌材料或含水率变化较大时,应适当增加标定点数。

标定方法:

①在已知厚度部位或材料与隧道相同的其他预制件上测量;

②洞口或洞内避车洞处使用双天线直达波法测量;

③钻孔实测。

(2)测量时窗的确定。

应根据探测深度和电磁波在不同介质中的传播速度估算时窗长度,可以采用理论计算法或实用经验法。

(3)采样率或采样间隔。

应根据仪器性能和要求设置采样率或采样间隔,某些型号仪器可自动设置。

(4)探测扫描速率。

探测扫描速率与车辆行驶速率(天线移动速率)是对应的。探测扫描速率一般宜设置为50~100scans/s(扫描线/秒),其对应的车辆行驶速率不宜大于5km/h。

4. 注意事项

(1)测量前,应检查主机、天线以及运行设备,使之均处于正常状态。

(2)测量时,应确保天线与衬砌表面密贴(空气耦合天线除外)。

(3)检测天线应移动平衡、速度均匀,运动速度宜为3~5km/h。

(4)记录应包括测线号、方向、标记间隔以及天线类型等。

(5)当需要分段测量时,相邻测量段接头重复长度不应小于1m。

(6)应随时记录可能对测量产生电磁影响的物体(如渗水、电缆、铁架等)及其位置。

(7)应准确标记测量位置。

五、数据处理与解释

1. 数据处理

数据处理又称后处理,主要包括滤波处理、增益调整、色彩变换、显示方式变换、复杂情况下的速度分段处理和折算处理等。

(1)原始数据处理前应回放检验,数据记录应完整、信号清晰,里程标记准确。不得对不合格的原始数据进行处理与解释。

(2)数据处理与解释软件应使用正式认证的软件或经鉴定合格的软件。

(3)数据处理应确保位置标选准确、无误,确保信号不失真,有利于提高信噪比。

2. 数据分析与解释

(1)解释工作应符合以下要求:

①解释应在掌握测区内物性参数和衬砌结构的基础上,按由已知到未知和定性指导定量的原则进行。

②根据现场记录,分析可能存在的干扰体位置与雷达记录中异常关系,准确区分有效异常与干扰异常。

③应准确读取双程旅行时间的数据。

④解释结果和成果图件应符合衬砌质量检测要求。

(2)混凝土结构厚度分析。

雷达数据反映的混凝土厚度界面为反射波同相轴连续的强反射界面,在确认目标界面后,可借助后处理软件的厚度追踪功能或专用后处理追踪软件,得到间隔一定距离的对应桩号的厚度数据,并按要求绘制出厚度图。

(3)衬砌背后回填密实度的主要判定特征如下。

①密实:信号幅度较弱,甚至没有界面反射信号。

②不密实:衬砌界面的强反射信号同相轴呈绕射弧形,且不连续,较分散。

③空洞:衬砌界面反射信号强,三振相明显,在其下部仍有强反射界面信号,两组信号时程差较大。

(4)衬砌内部钢架、钢筋位置分布的主要判定特征如下。

①钢架:分散的月牙形强反射信号。

②钢筋:连续的小双曲线形强反射信号。

单元6.3 钢筋网及钢架施工质量检测

【知识目标】

1. 熟悉钢架常见形式;

2. 掌握钢筋网铺设质量检测方法;
3. 掌握钢架施工质量检测方法。

【技能目标】
1. 能规范检测钢筋网铺设质量;
2. 能规范检测钢架施工质量。

【案例导入】
2020年6月12日,在××隧道工程项目在施工过程中,因钢架安装质量不合格导致了一起严重的塌方事故。事故发生在隧道围岩条件较差的地段,设计采用格栅钢架进行支护。然而,在钢架加工和安装过程中,施工单位未严格按照设计要求进行检测。钢架节段之间的连接点存在漏焊和假焊现象,焊缝长度不足20mm,且未进行双面对称焊接。此外,钢架安装时倾斜度超过设计要求,现场测量显示竖向偏差达到80mm,远超过允许的±50mm范围。在施工过程中,现场检测人员未及时发现这些质量问题,导致钢架整体强度和刚度严重不足。当围岩压力增大时,钢架无法有效支撑,最终引发了隧道局部塌方。事故造成3名施工人员受伤,工程进度延误近两个月,直接经济损失达三百多万元。

经事后调查,事故的主要原因包括:钢架加工和安装质量控制不严、焊接质量不合格、倾斜度超标,以及现场检测不到位。

【工程师寄语】
在隧道建设中,必须严格按照规范和设计要求,对钢筋网与钢架进行施工质量检测,确保每一环节的质量达标,以避免安全事故的发生。

本单元将为大家介绍钢筋网施工质量检测以及钢架施工质量检测相关知识。

【知识框图】

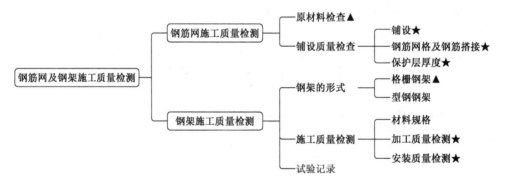

单元6.3-1

钢筋网施工质量检测

在隧道围岩松散破碎地段,经常在初期支护中加挂钢筋网,以减少喷射混凝土的应力集中,提高喷层的强度和抗裂性。钢筋网一般采用$\phi 6 \sim 8mm$的钢筋焊接而成,网格尺寸为$15cm \times 15cm$或$20cm \times 20cm$,网片边长为$1 \sim 1.5m$。钢筋网如图6-14所示。

图6-14 钢筋网

钢筋网施工质量检测和钢架施工质量检测

一、原材料检查

(1)钢筋进场时必须对其质量进行全面检查。

(2)按批抽取试件做屈服强度、抗拉强度、伸长率和冷弯等试验,性能指标、规格应符合设计及规范要求。

(3)钢筋网钢筋规格应符合设计要求,使用前应调直、清除锈蚀和油渍,钢筋网环向钢筋每节长度不宜小于2.0m。

二、铺设质量检查

1. 铺设

钢筋网应在初喷混凝土后再进行施工。钢筋网钢筋应随初喷面的凹凸起伏进行铺设,与初喷混凝土表面之间的间隙应不大于50mm,并与先期施工的锚杆或专为固定钢筋网所用的短锚杆或其他固定装置绑扎或焊接。采用双层钢筋网时,第二层钢筋网应在第一层钢筋网被喷混凝土全部覆盖后进行铺设。

2. 钢筋网格及钢筋搭接

钢筋网格尺寸应符合设计要求,网格尺寸允许偏差为±10mm。钢筋网搭接长度不应小于30倍钢筋直径,并不小于一个网格长边尺寸,钢筋网每一交点和搭接段应进行绑扎或焊接。

3. 保护层厚度

喷射混凝土保护层厚度不应小于20mm,喷射混凝土完成后即可检测。检测时,沿隧道纵向每5延米范围内检查点不少于3个,分别在边墙、拱腰、拱顶凿孔检查。

单元6.3-2

钢架施工质量检测

一、钢架的形式

目前我国公路隧道施工中常用的钢架有格栅钢架和型钢钢架。工程上用量最大的钢架是格栅钢架。钢架与喷射混凝土结合紧密,整体性好,形成钢筋混凝土结构,能充分发挥材料性能作用。

1. 格栅钢架

格栅钢架是由两种或两种以上直径的钢筋按设计组合排列焊接加工而成的桁架式钢架,钢架截面有矩形和三角形两种,质量轻,具有一定刚度。主筋材料一般采用直径为18~25mm的HRB400、HRB500钢筋,弯曲成与隧道开挖断面相同的形状与尺寸,辅筋进行波形弯折后焊接在主筋上,并设环形箍筋。

2. 型钢钢架

型钢钢架根据型材种类的不同又分为工字钢架、U形型钢钢架和H形型钢钢架。一般可在施工现场或工厂用弯曲机冷弯加工成型。型钢钢架的特点是加工方便、强度高、支撑能力较强,但质量较大、与喷射混凝土结合较差,整体性差,喷射混凝土与钢架之间容易渗水。U形型钢钢架加工需使用专用的卡具,将两节段型钢嵌套在一起,具有可收缩性,能适应围岩较大变形。

二、施工质量检测

钢架一般用在围岩可能出现坍塌失稳、冒顶地段。钢架支护一旦安装就位,就具有一定支护能力,能大大提高初期支护的支护能力。因此,必须重视钢架的加工与安装质量检测,确保施工安全。

1. 材料规格

型钢钢架的型钢型号规格、格栅钢架的钢筋规格应符合设计要求。

2. 加工质量检测

(1)加工尺寸。

钢架加工尺寸和形状应符合设计要求,应与隧道的开挖断面相适应。格栅钢架需检测钢架截面尺寸(宽×高),每节段检测两个截面,截面尺寸不小于设计尺寸。

不同规格的首榀钢架加工完成后应在平整地面上试拼,周边拼装允许偏差为±30mm,平面翘曲应小于20mm。连接钢板的宽度和厚度误差≤±5mm;钻孔直径和孔位误差≤±3mm。

(2)焊接。

钢架加工时采用焊接,焊接质量对钢架的结构作用产生直接影响,因此需对各焊接点进行检测。

所有钢筋节点必须采用双面对称焊接,焊接长度应大于20mm,可通过目视检测,敲击听声音方式检测,抽查是否有假焊、漏焊、焊缝气泡、焊缝裂纹、焊缝长度是否符合要求。格栅钢架与连接钢板的焊接应增加U形钢筋连接焊,如图6-15所示。

(3)强度和刚度。

钢架必须具备足够的强度和刚度,必要时应对钢架的强度和刚度进行抽检,将一定数量的钢架样品放到试验台上进行加载试验。

3. 安装质量检测

(1)安装尺寸。

钢架间距是支护设计的重要参数,检测时,在现场用钢卷尺测量,相邻钢架之间距离误差不应超过±50mm。

(2)倾斜度。

钢架安装后的竖直面应垂直于隧道中线,竖向不倾斜,平面无错位、扭曲,上、下、左、右允许偏差±50mm,钢架在隧道纵面上的倾斜度小于2°,可用坡度规、全站仪或经纬仪检测。

(3)钢架节段之间的连接。

钢架节段之间的连接可通过肉眼抽检。要求用钢板通过螺栓连接(如同法兰连接),上下两钢板对齐、吻合,螺栓孔对正,螺栓拧紧,使上下两块连接钢板贴紧,并进行焊接。

(4)钢架固定。

相邻两钢架之间应设纵向连接固定,通常采用HRB400钢筋连接,也可采用短节型钢连接。连接件应与钢架焊接。采用双面焊接,每处焊缝长度不应小于40mm。可通过目视观察、敲击听声音、卷尺量测等方式抽检。

(5)钢架与锁脚锚杆固定。

格栅钢架与连接钢板应连接牢固、传力明确可靠,可增设U形钢筋连接焊接,如图6-15所示。

(6)钢架楔块。

钢架应尽量靠近围岩,当钢架与围岩的间隙过大时应用楔块楔紧,两楔块之间、楔块和钢架与围岩接触点之间距离不宜大于2m,如图6-16所示。

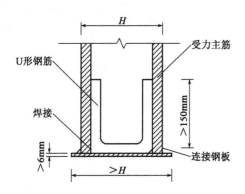

图6-15 格栅钢架与连接钢板的焊接　　图6-16 钢架与锁脚锚杆固定连接

(7)保护层厚度。

钢架临空一侧的混凝土保护层厚度不应小于20mm。钻孔检测时,每榀从拱顶中线向两侧每10m钻孔检查3个点。

三、试验记录

钢拱架间距原始记录表如表6-15所示。

钢拱架间距原始记录表　　　　　　表6-15

工程名称：　　　　　　　　　合同段：
施工单位：　　　　　　　　　检测日期：

编号	桩号	实测值(cm)	设计值(cm)	备注

检测：　　　　　　　记录：　　　　　　　校核：

单元6.4　模筑混凝土衬砌质量检测

【知识目标】
1. 熟悉模筑混凝土质量检测指标；
2. 掌握模筑混凝土质量检测方法。

【技能目标】
1. 能规范进行混凝土衬砌结构厚度检测；
2. 能规范进行混凝土衬砌结构背后空洞检测。

【案例导入】
某隧道右线总长1532m；左线总长1593m，为分离式长隧道。隧址区属于黄土梁区，海拔在1715.57～1899m,地形起伏较大,坡高200m左右,坡顶平缓,两翼发育纹流冲沟。该隧道设计为模筑混凝土作为一次衬砌,模筑C25混凝土一次衬砌50cm。钢拱架采用I20a工字钢,钢拱架纵向间距75cm,纵向采用ϕ22mm连接钢筋,长度0.95m,环向间距1m。超前支护采用外径ϕ42mm、壁厚4.0mm超前小导管,长度为350cm,搭接长度为125cm,环向间距40cm,每环35根。锁脚锚管采用ϕ42mm×4m钢管,与竖直方向成30°～45°斜向下打入围岩,长度3m,每榀钢架有4根锁脚锚管固定。

【工程师寄语】

在模筑混凝土与喷射混凝土质量检测的学习中,我们深刻体会到,无论是何种施工方式,质量控制的核心指标均不容忽视。这要求我们具备扎实的专业素养,善于分类总结,将所学知识融会贯通,实现知识迁移。同时,作为新时代的建设者,我们应不断追求卓越,以工匠精神雕琢每一项工程,确保隧道等基础设施的安全与质量,为国家发展贡献力量。

本单元将为大家介绍混凝土衬砌施工检查、混凝土衬砌结构厚度检测、混凝土衬砌结构背后空洞检测与外观缺陷检测、仰拱厚度及仰拱填充质量检测、混凝土抗压强度及衬砌整体检测。

【知识框图】

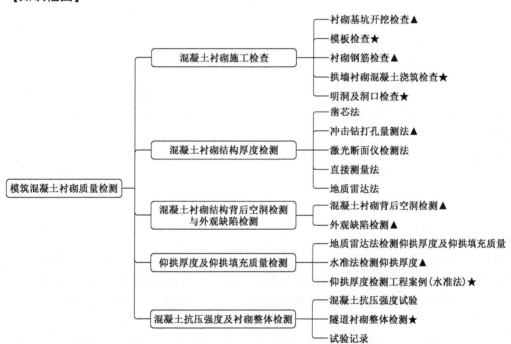

模筑混凝土衬砌结构是目前隧道衬砌工程中最主要的结构形式,与喷射混凝土的质量检测指标一样,除对原材料进行检测外,主要包括混凝土强度、混凝土衬砌结构厚度、混凝土密实度、混凝土外观及表面平整度、混凝土衬砌背后空洞。

单元6.4-1

混凝土衬砌施工检查

一、衬砌基坑开挖检查

衬砌基坑开挖检查

混凝土衬砌是隧道结构的重要组成部分,是隧道防水工程的最后一道防线,也是隧道外观美的直接体现。隧道混凝土衬砌质量好坏对隧道长期稳定、使用功能的正常发挥有很大影响。采用钻爆法开挖的隧道,混凝土衬砌通常采用现浇,也称模筑混凝土衬砌,其在整体式衬砌、复合式衬砌中的二次衬砌以及明洞衬砌中大量采用。根据结构内是否配有钢筋,又可细分为素混凝土衬砌、钢筋混凝土衬砌。设有仰拱的隧道,仰拱衬砌是混凝土衬砌的一部分。

公路隧道目前多采用复合式衬砌,隧道开挖后,先进行喷锚衬砌(初期支护)施工,铺设防水层,然后浇筑模筑混凝土衬砌。隧道混凝土衬砌质量检测包括:衬砌模板、混凝土强度、衬砌、衬砌钢筋、衬砌背后空洞、外观及整体几何尺寸等。

混凝土衬砌浇筑前,应完成初期支护及防排水系统相关检查,合格后方可进行混凝土衬砌施工。

混凝土衬砌施工前,需对衬砌边墙基础开挖(包括与仰拱座连接)的基本尺寸进行检测,基底高程应符合设计要求,基坑尺寸应大于或等于设计尺寸,严禁欠挖。采用水准仪检测高程,经纬仪检测位置或用全站仪检测高程和位置,钢尺检测几何尺寸。

基坑开挖应严格控制一次开挖长度,减少基坑暴露时间,如遇初期支护拱脚悬空,应及时用喷射混凝土填实或增加锁脚锚杆等措施。混凝土浇筑前,应清理基坑内的浮渣,抽干基坑内的积水,基坑及边墙存在的超挖部分必须采用同强度等级混凝土回填。

二、模板检查

模板检查

衬砌模板质量在一定程度上决定着隧道混凝土衬砌的外观质量,并影响衬砌的内在质量。

(一)拼装模板

(1)模板及支架应有足够的刚度、强度和稳定性。拱架是模板的依托,其整体刚度不足可能引起模板沉降、移位和变形,影响混凝土衬砌成型质量。拱架的刚度可由计算或试验方法来检验,拱架的整体刚度通过增加拱架间的纵向联系、增加横撑、加强横向斜撑等措施进行调整。

(2)模板拱架应有规整的外形。拱架在使用前应先在样台上试拼,拱架外缘轮廓曲线半径加上模板厚度后不应小于衬砌内轮廓曲线半径。考虑到混凝土浇筑可能引起的变形,拱架曲线半径宜预留50~80mm的富余量;每一施工循环的前后两端拱架外形尺寸最大误差不大于5mm,以免相邻两环衬砌间出现错台。

(3)模板长度和宽度均不宜过大,模板长度过大容易造成刚度不足,模板宽度过大不利于衬砌内表面曲线过渡,其长度一般可取100cm,最大不应超过150cm;其宽度一般为50cm,并配若干块较窄的(如宽为30cm)模板。

(4)拱架和模板设置位置应准确,架设时应按隧道中线和高程就位,反复校核,施工误差应控制在允许范围内,拱架高程应预留沉落量。施工中应随时测量、调整。

(5)挡头模板安装要稳定可靠,封堵严实。挡头模板应与衬砌断面相适应,方便止水带固定。安装时要注意与初期支护或岩壁间嵌堵密实。

(6)浇筑混凝土前,应清除模板内的杂物、清除钢筋上的油污、抽干积水,钢模板应涂脱模剂,木模板应用水湿润,模板接缝不应漏浆。在涂刷模板脱模剂时,不得污染钢筋。

(二)模板台车

(1)隧道主洞模筑混凝土衬砌施工应采用全断面衬砌模板台车。

(2)全断面衬砌模板台车模板应留振捣窗,振捣窗纵向间距不宜大于2.5m,与端头模板距离不应大于1.8m,横向间距不宜大于2.0m,振捣窗口尺寸不宜小于45cm×45cm。

(3)边墙模板应连续支模到达基础,保证边墙基础与拱墙混凝土一次连续浇筑。

(4)全断面衬砌模板台车就位应以隧道中线为准,按线路方向垂直架设。

(5)模板安装前应检查隧道中线、高程、断面净空尺寸,检查防水板、排水盲管、预埋件等隐蔽工程,做好记录。

(三)隧道衬砌模板安装质量要求

模板安装应满足施工规范要求,隧道衬砌模板安装质量要求如表6-16所示。

隧道衬砌模板安装质量要求   表6-16

项次	检查项目	允许偏差(mm)	检验方法	检验频次
1	平面位置及高程	±15	尺量	全部
2	起拱线高程	±10	水准仪测量	全部
3	拱顶高程	+10,0	水准仪测量	全部
4	模板平整度	5	2m靠尺和塞尺	每5延米两侧边墙及拱部选3处,每处测3点

(四)拆模板检查

在衬砌混凝土达到一定强度之后才能拆除衬砌模板。为加快工程进度而提前拆模,会造成低强度混凝土过早承载,致使衬砌出现裂缝。适宜的拆模时间应根据实际采用的混凝土的强度—时间(龄期)关系曲线确定。

《公路隧道施工技术规范》(JTG/T 3660—2020)规定拆除拱架、墙架和模板,应符合以下要求:

(1)不承受外荷载的拱、墙,混凝土强度应达到5.0MPa;

(2)承受围岩压力的拱、墙以及封顶和封口的混凝土应达到设计强度,满足

拆模板检查

设计要求；

(3)围岩和初期支护变形未稳定或在塌方地段浇筑的衬砌混凝土应达到设计强度的100%。

三、衬砌钢筋检查

(一)钢筋加工

钢筋加工一般应采用冷加工，加工前应调直，清除表面污渍及锈迹。钢筋加工后表面不应有削弱钢筋截面的伤痕。当采用冷拉方法矫直钢筋时，钢筋的矫直伸长率应满足：HPB级钢筋不得超过2%，HRB级钢筋不得超过1%。

(二)钢筋绑扎、连接

横向受力主筋与纵向分布筋的每个节点必须进行绑扎或焊接；受力主筋的搭接应采用焊接或机械连接；相邻主筋搭接位置应错开，错开距离应不小于1m；同一受力钢筋的两处搭接距离应不小于1.5m；箍筋和限位钢筋应布置在纵、横向筋的交叉连接处，必须进行绑扎或焊接，以保证衬砌内外两层主筋之间的距离。

钢筋的绑扎、间距、数量和位置必须满足设计和施工规范要求，衬砌钢筋实测项目及要求如表6-17所示。

衬砌钢筋实测项目及要求　　　　表6-17

项次	检查项目	允许偏差	检查方法和频率
1	主筋间距(mm)	±10	尺量或地质雷达法：每模板测3点
2	两层钢筋间距(mm)	±5	尺量：每模板测3点
3	箍筋间距(mm)	±20	尺量：每模板测3点
4	钢筋长度	满足设计要求	尺量：每模板检查2根
5	钢筋保护层厚度(mm)	+10，-5	尺量：每模板检查3点

衬砌钢筋检查

(三)钢筋保护层厚度

钢筋保护层的厚度应满足设计要求，偏差应满足表6-17的要求。

(四)工后钢筋直径和位置的检测方法

工后钢筋直径和位置的检测方法有电磁感应法、电磁波反射法等。

四、拱墙衬砌混凝土浇筑检查

拱墙衬砌混凝土浇筑应符合下列要求。
(1)混凝土应采用混凝土搅拌运输车运输，应确保混凝土在运送过程中不产

拱墙衬砌
混凝土检查

生离析、损失及混入杂物。

(2)应采用混凝土输送泵将混凝土泵送入模,并在混凝土初凝前浇筑完毕,混凝土的入模温度应控制在5~32℃范围内。

(3)混凝土浇筑前,与混凝土直接接触的喷射混凝土或防水层表面应洒水润湿。

(4)浇筑混凝土时,基础、拱、墙应一次连续浇筑,不得先浇基础和矮边墙。

(5)采用拼装模板施工时,不得采用先拱后墙浇筑。

(6)混凝土浇筑应振捣密实,特别要注意折角部位、钢筋密度大的部位和拱顶部位的振捣,混凝土振捣时不得损坏防水层。

(7)拱部混凝土封顶工艺要求。拱部混凝土浇筑时,如出现拱部混凝土供料不够,将导致拱部混凝土结构厚度不足、钢筋外露、衬砌背后形成空洞等严重质量问题,埋下重大安全隐患。因此,必须保证拱顶混凝土供料充足、振捣密实、与围岩紧密接触。为此,拱顶混凝土浇筑时,应通过顶部挡头模板与防水板缝隙观察拱部混凝土是否浇满,在缝隙有混凝土浆液溢出后,再封堵密实。当拱顶混凝土振捣后的厚度已达到设计要求但仍有空洞时,可继续灌注混凝土,或在拱顶进行注浆回填。

必须指出:当混凝土衬砌厚度不足时,通过注浆不能弥补衬砌厚度不足的缺陷,对结构强度没有帮助,只能改善结构受力条件。

(8)衬砌混凝土的施工质量应满足表6-18要求。

衬砌混凝土施工实测项目及要求 表6-18

项次	检查项目	允许偏差	检查方法和频率
1	混凝土强度(MPa)	在合格标准内	按照《公路工程质量检验评定标准 第一册 土建工程》(JTG F80/1—2017)要求
2	衬砌厚度(mm)	90%检查点的厚度≥设计厚度,且最小厚度≥0.5设计厚度	尺量:每20m检查1个断面,每个断面测5点;或地质雷达法:沿隧道纵向分别在拱顶、两侧拱腰、两侧边墙连续测试共5条测线,每20m检查1个断面,每个断面测5点
3	墙面平整度(mm)	施工缝、变形缝处<20	2m直尺:每20m每侧连续检查5尺,每尺测最大间隙
		其他部位<5	
4	衬砌背部密实状况	无空洞,无杂物	地质雷达法:沿隧道纵向分别在拱顶、两侧拱腰、两侧边墙连续测试共5条测线

五、明洞及洞口检查

(一)明洞检查

1. 明洞浇筑

(1)明洞仰拱、明洞边墙基础必须置于稳固的地基上,混凝土浇筑前必须将

明洞及洞口检查

虚渣、杂物、风化软层、淤泥清除干净,抽干积水,基底超挖应按设计要求处理,严禁用虚渣回填。

(2)明洞基础或仰拱混凝土应先于拱墙混凝土施工。

(3)边墙基础浇筑完成后应及时进行周边回填。

(4)明洞外模、支架应安装牢固、定位准确,模板接缝应紧密、不漏浆。

(5)温度应控制在5~32℃。

(6)明洞浇筑实测项目及要求如表6-19所示。

明洞浇筑实测项目及要求　　　　表6-19

项次	检查项目	允许偏差	检查方法和频率
1	混凝土强度	在合格标准内	按照《公路工程质量检验评定标准 第一册 土建工程》(JTG F80/1—2017)要求
2	混凝土厚度	不小于设计值	尺量或地质雷达法:每10m检查1个断面,每个断面测拱顶、两侧拱腰和两侧边墙共5点
3	墙面平整度(mm)	施工缝、变形缝处≤20 其他部位≤5	2m直尺:每10m每侧连续检查2尺,测最大间隙

(7)外观鉴定内容:混凝土表面密实,每延米的隧道面积中,蜂窝麻面和气泡面积不超过0.5%,深度超过10mm时应处理;结构轮廓线顺直美观,混凝土颜色均匀,施工缝平顺无错台,混凝土裂缝宽度不超过0.2mm。

2. 明洞回填

(1)明洞拱背回填应在外模拆除、防水层和排水盲管施工完成后进行。

(2)人工回填时,拱圈混凝土的强度应达到设计强度的75%。机械回填时,拱圈混凝土强度应达到设计强度且拱圈外人工夯填厚度不小于1.0m。

(3)拱背回填必须对称分层夯实,分层厚度不宜大于0.3m,其两侧回填面高差不得大于0.5m。回填到拱顶以上1.0m后,方可机械碾压。

(4)回填料不宜采用膨胀岩土,回填顶面0.2m可用耕植土回填,回填时不得倾填作业。

(5)明洞回填应采取防止损伤防水层的措施,明洞回填实测项目及要求见表6-20。

明洞回填实测项目及要求　　　　表6-20

项次	检查项目	规定值或允许偏差	检查方法和频率
1	回填压实	符合设计要求	尺量:厚度及碾压遍数
2	每层回填层厚(mm)	≤300	尺量:每层每侧测5点
3	两侧回填高差(mm)	≤500	水准仪:每层每侧测3处
4	坡度	满足设计要求	尺量:检查3处
5	回填厚度	不小于设计值	水准仪:回填层顶面测5处

(6)单侧设有反压墙的明洞回填应在反压墙施工完成后进行。洞门顶排水沟砌筑在填土上时,应在夯实后砌筑。

(二)洞门检查

1. 洞门墙浇筑

(1)隧道洞门宜在洞口衬砌施工完成后及时施作。

(2)洞门墙浇筑不得对衬砌产生偏压。

(3)洞门墙基础、混凝土模板、入模温度要求与明洞相同。

(4)洞门混凝土端墙和挡土墙质量控制标准如表6-21所示。

洞门混凝土端墙和挡土墙质量控制标准　　　　　表6-21

项次	检查项目	允许偏差	检查方法	检查频率
1	强度	在合格标准内	按照《公路隧道施工技术规范》(JTG/T 3660—2020)要求	按照《公路隧道施工技术规范》(JTG/T 3660—2020)要求
2	平面位置(mm)	50	全站仪	每边不少于4处
3	断面尺寸	不小于设计值		
4	顶面高程(mm)	±20		
5	表面平整度(mm)	5	2m靠尺测量	拱部不少于2处,墙身不少于4处
6	竖直度或坡度(%)	0.5	吊垂线	每边不少于4处

2. 洞门墙背回填

(1)当墙背垂直开挖,超挖数量较小时,应采用与墙体相同的材料同时砌筑;超挖数量较大时,应采用浆砌片石回填。

(2)墙后排水设施施工与回填同时进行,并保证渗水能顺畅排出。

试验检测6.4-2

混凝土衬砌结构厚度检测

混凝土衬砌结构厚度是发挥混凝土衬砌结构支护作用的重要保障。混凝土衬砌结构厚度检测是控制混凝土施工质量的重要环节。

混凝土衬砌结构厚度检测方法主要有凿芯法、冲击钻打孔量测法、激光断面仪检测法、直接测量法、地质雷达法等。凿芯法和冲击钻打孔量测法检查是现场检测的主要方法,是最直观、最准确的检测方法,不足之处在于此方法具有破坏性,实际中仅采用此方法针对衬砌个别"点"进行厚度测量。

混凝土衬砌结构厚度检测

(一)凿芯法

凿芯法(即钻孔取芯量测法)是通过量测混凝土芯样的长度,便可以准确地获得该处衬砌混凝土的厚度。钻孔取芯的设备与前述钻芯法检测混凝土强度一样,但多选用小直径钻头。

(二)冲击钻打孔量测法

对于普查性检测,采用凿芯法成本高,且费时、费力,可选用冲击钻打孔量测法。具体做法是先在待检测部位用普通冲击钻打孔,然后量测孔深。为提高量测精度,可以采用已知长度为 L_0 的带直角钩的高强度铁丝深入钻孔中至孔底,平移铁丝并缓慢向孔壁移动,使直角钩挂在衬砌混凝土外表面。量测铁丝衬砌厚度为:

$$L = L_0 - L_i \tag{6-2}$$

式中:L_0——铁丝的直段长度;

L_i——量测铁丝外露部分长度。

如果铁丝直钩不能够挂在衬砌混凝土外表面,则表明衬砌背后无孔洞或较大裂缝,测铁丝外露部分即可。

(三)激光断面仪检测法

激光断面仪检测法是在同一断面位置,将用隧道激光断面仪检测的喷锚衬砌内轮廓线与二次模筑混凝土衬砌内轮廓线对比,即可得出模筑混凝土衬砌的厚度尺寸。采用该方法须满足以下条件:

(1)衬砌浇筑前已有初期支护内轮廓线的实测结果。

(2)衬砌背后不存在空洞或间隙。

(3)初期支护内轮廓线的实测结果与二次模筑混凝土衬砌内轮廓线的测试结果在同一坐标系中的同一断面位置。

激光断面仪法所用仪器、测试原理和方法,见单元5.2内容。

(四)直接测量法

直接测量法是以二次模筑混凝土衬砌内模为参照物,直接测量。二次衬砌模板台车就位后,在模板台车端头沿台车内模以不大于2.0m的间距布置测点,以内模法线方向用直尺直接量取模板距初期支护表面的距离,可得到二次模筑混凝土衬砌厚度,相关内容见单元5.2。

(五)地质雷达法

地质雷达法是在混凝土衬砌表面布置纵向连续测线,采用地质雷达设备配合高频天线对衬砌结构进行扫描,得到衬砌结构厚度数据。检测方法与喷射混凝土支护背后空洞检测方法相同。

试验检测6.4-3

混凝土衬砌结构背后空洞检测与外观缺陷检测

混凝土衬砌是隧道围岩的支护结构和围护结构,只有与初期支护密贴接触,才能对围岩起到支护作用。因此,混凝土衬砌结构背后空洞检测是控制混凝土施工质量的重要环节。衬砌背后空洞合格标准与喷射混凝土有所不同,一般情况下需满足:衬砌背后无空洞、无回填杂物,超挖部分按设计要求处理;空洞累计长度不大于隧道总长的3%,单个空洞面积不大于3m²。

混凝土衬砌结构背后空洞检测与外观缺陷检测

混凝土衬砌外观检测包括:蜂窝麻面、裂缝、平整度和几何轮廓、钢筋外露等,混凝土衬砌表面轮廓线应顺直、规整、光滑、色泽一致。

一、混凝土衬砌背后空洞检测

1. 钻孔取芯量测法

可在凿芯法检测混凝土衬砌厚度时同时进行,取芯后,在孔内可用直尺量取数据,或用内窥镜观察空洞情况。

2. 冲击钻打孔量测法

在采用已知长度为L_0的用带直角钩的高强度铁丝量测衬砌混凝土厚度的同时,将铁丝直接插入底部,量取外露长度L_i,将测得的衬砌厚度L扣除,即为空洞高度(厚度)L_k,即:

$$L_k = L_0 - L_i - L \tag{6-3}$$

如果铁丝直钩不能够挂在衬砌混凝土外表面,则表明衬砌背后无空洞或较大裂缝。

3. 地质雷达法

地质雷达法检测方法与衬砌厚度检测相同。

二、外观缺陷检测

隧道混凝土衬砌外部缺陷可采用目视观察、裂缝显微镜、塞尺皮尺量测等方法检测,并手绘记录、拍照记录,近年来逐步采用了红外成像法连续扫描记录。此处主要介绍采用裂缝显微镜或塞尺检测衬砌混凝土裂缝。

1. 裂缝显微镜

裂缝显微镜也称刻度放大镜。部分裂缝显微镜具有自动测读裂缝宽度的功能,而且分辨率很高,显微镜在任何工作条件下都能提供清晰图像的可调光源。操作方法是将物镜对准待观测裂缝,通过旋转显微镜侧面的旋钮可将图像调整清晰,可直接从目镜读出裂缝的宽度数值。

2. 塞尺

塞尺由标有厚度的数个薄钢片组成,可以量测裂缝的宽度和深度。根据插入裂缝的钢片厚度和深度,得出宽度较大的裂缝的宽度和深度。

3. 合格标准

(1)衬砌混凝土轮廓线应顺直、规整,衬砌表面应密实、无裂缝,颜色均匀一致。

(2)混凝土表面每隧道延米中,蜂窝、麻面和气泡面积不应超过0.5%,深度不应超过10mm。

试验检测6.4-4

仰拱厚度及仰拱填充质量检测

一、地质雷达法检测仰拱厚度及仰拱填充质量

地质雷达法检测仰拱混凝土衬砌及仰拱填充质量,与试验检测6.2-5中地质雷达法检测喷射混凝土支护背后空洞相同。

二、水准法检测仰拱厚度

1. 检测原理

仰拱厚度及仰拱填充质量检测

水准测量是利用水准仪提供的水平视线,借助带有分划的水准尺,直接测定地面上两点间的高差,然后根据已知点高程和测得的高差,推算出未知点高程。

2. 检测方法

将水准仪架设在基准点与待测点中间,分别对每个测点进行测量,并计算出每个测点的高程。待仰拱混凝土浇筑完成且表面硬化后,再次对每个测点对应的混凝土表面进行测量,得出每个测点的混凝土表面高程。分别用每个测点的第一次量测高程减去混凝土表面高程,即可得出仰拱的厚度。

3. 检测频率

同一围岩浇筑段检测不少于2个断面,每个断面按间隔不大于1m布设一个测点。

4. 判定标准

仰拱厚度不得小于设计厚度。

三、仰拱厚度检测工程案例(水准法)

> **工程案例**
>
> 1. 项目概述
>
> 某隧道区高程介于868.0~1627.3m之间,相对高差759.3m,属侵蚀~剥蚀型低山地貌。隧道为分离式长隧道,左右洞起讫桩号分别为ZK8+175~ZK12+915,YK8+175~YK12+875;左右幅测设线间距为29~35m,隧道为人字坡隧道,右幅纵坡坡度1.5%、-1.5%,左幅纵坡坡度1.5%、-1.5%。净宽为11.1m;该隧道围岩主要为中风化薄~中厚层状凝灰质板岩,级别Ⅳ~Ⅴ级。
>
> 某公司于2020年12月19日至12月22日对该隧道右洞YK8+450~YK8+470段进行仰拱厚度质量检测。

2. 检测目的

根据相关规定,通过隧道施工过程中的质量检测,应达到以下目的:

(1)保证隧道仰拱的施工质量;

(2)加强对施工质量的过程控制;

(3)通过相应的工程处治,消除施工过程中的质量缺陷,从而保证施工及运营期间的安全;

(4)满足交竣工验收的要求。

3. 检测参数及依据

本次检测工作的主要检测参数及依据如表6-22所示。

检测参数及依据　　　　　　　　表6-22

序号	检测参数	检测依据	判定依据
1	仰拱厚度	《高速铁路隧道工程施工质量验收标准》(TB 10753—2018)《工程测量标准》(GB 50026—2020)	《公路工程质量检验评定标准 第一册 土建工程》(JTG F80/1—2017)
2	—	本工程隧道设计文件(含变更文件)	

4. 检测设备

本次检测使用的主要仪器设备如表6-23所示。

检测仪器设备　　　　　　　　表6-23

序号	仪器管理编号	仪器设备名称	规格或型号
1	GSJC-01319	自动安平水准仪	DS05
2	GSJC-01323	全站仪	NTS-391R10L
3	DZ28-5	钢卷尺	5m

5. 检测内容与方法

本次仰拱厚度采用水准法进行检测。

(1)检测原理。

水准测量是利用水准仪提供的水平视线,借助带有分划的水准尺,直接测定地面上两点间的高差,然后根据已知点高程和测得的高差,推算出未知点高程。

(2)检测方法。

将水准仪架设在基准点与待测点中间,分别对每个测点进行测量,并计算出每个测点的高程。待仰拱混凝土浇筑完成且表面硬化后,再次对每个测点对应的混凝土表面进行测量,得出每个测点的混凝土表面高程。分别用每个测点的第一次高程减去混凝土表面的高程,即可得出仰拱的厚度。

(3)检测频率。

同一围岩浇筑段检测不少于2个断面,每个断面按间隔不大于1m布设一个测点。

(4)判定标准。

仰拱厚度不得小于设计厚度。

6. 检测结果

本次仰拱厚度检测桩号为该隧道右洞YK8+450～YK8+470段,仰拱采用C30混凝土浇筑,厚度设计值为40cm。检测结果如表6-24所示。

右幅YK8+450～YK8+470段仰拱厚度检测结果　　　　表6-24

序号	桩号	所在位置	设计厚度(cm)	实测厚度(cm)
1	YK8+455	左侧距中4m	40	41.4
2	YK8+455	左侧距中3m	40	41.7
3	YK8+455	左侧距中2m	40	43.2
4	YK8+455	左侧距中1m	40	44.0
5	YK8+455	中线处	40	44.5
6	YK8+455	右侧距中1m	40	43.4
7	YK8+455	右侧距中2m	40	42.1
8	YK8+455	右侧距中3m	40	41.9
9	YK8+455	右侧距中4m	40	41.0
10	YK8+465	左侧距中4m	40	42.8
11	YK8+465	左侧距中3m	40	43.6
12	YK8+465	左侧距中2m	40	44.0
13	YK8+465	左侧距中1m	40	41.7
14	YK8+465	中线处	40	42.6
15	YK8+465	右侧距中1m	40	44.3
16	YK8+465	右侧距中2m	40	42.6
17	YK8+465	右侧距中3m	40	41.9
18	YK8+465	右侧距中4m	40	42.6

7. 检测结论

该隧道右幅YK8+450～YK8+470段检测18个点的仰拱厚度,仰拱厚度为41.0～44.5cm,检测结果均满足设计要求。

试验检测6.4-5

混凝土抗压强度及衬砌整体检测

一、混凝土抗压强度试验

混凝土抗压强度是隧道衬砌混凝土的主要性能指标,质量检查有以下几种方法。

混凝土强度检测

(1)混凝土抗压强度试验:标准试件法、凿芯法。

(2)现场检测混凝土强度:超声-回弹综合法、回弹法。

标准试件法:在模筑混凝土浇筑现场,取混凝土料将150mm×150mm×150mm标准试模填满,检查试件的制取组数、制作方法按混凝土抗压强度标准试件方法制作,在标准养护条件下养护28d,按照标准试验方法测得混凝土抗压强度。

凿芯法、超声-回弹综合法:检查试件的制取组数和抗压强度的合格标准与喷射混凝土强度检测方法相同。

二、隧道衬砌整体检测

衬砌混凝土完成后还应对隧道整体情况进行检测,包括隧道中线、路线中线、衬砌偏位、隧道净高、净宽、车道宽度等。隧道总体实测项目及要求见表6-25。

隧道衬砌整体检测

隧道总体实测项目及要求 表6-25

项次	检查项目	规定值或允许偏差	检查方法和频率
1	行车道宽度(mm)	±10	尺量或激光断面仪法:曲线每20m、直线每40m检查1个断面
2	内轮廓宽度	不小于设计值	
3	内轮廓高度	不小于设计值	激光测距仪或激光断面仪法:曲线每20m、直线每40m检查1个断面,每个断面测拱顶和两侧拱腰共3点
4	隧道偏位(mm)	20	全站仪:曲线每20m、直线每40m测1处
5	边坡或仰坡坡度	不大于设计值	尺量:每洞口检查10处

三、试验记录

隧道宽度检测记录表如表6-26所示。隧道宽度原始记录表如表6-27所示。

隧道宽度检测记录表 表6-26

施工单位: 　　　　　合同段: 　　　　　编号:

隧道名称						
序号	断面桩号	幅别	实测宽度(mm)	设计宽度(mm)	规定值或允许偏差	备注
1						
2						

续上表

隧道名称						
序号	断面桩号	幅别	实测宽度(mm)	设计宽度(mm)	规定值或允许偏差	备注
3						
4						
5						
6						
7						
8						
9						
10						
11						
12						
13						
14						
15						
16						

检测：　　　　　　记录：　　　　　　校核：　　　　　　日期：

隧道宽度原始记录表　　　　　　　　　表6-27

工程名称：　　　　　　　　合同段：
施工单位：　　　　　　　　检测日期：

编号	桩号	实测值(mm)	设计值(mm)	备注

检测：　　　　　　记录：　　　　　　校核：

单元6.5 管片衬砌施工质量检测

【知识目标】
1. 掌握管片拼装及壁后注浆质量要求；
2. 掌握成型盾构隧道验收项目内容。

【技能目标】
1. 能够简述管片拼装及壁后注浆的质量要求；
2. 能够简述成型盾构隧道验收项目内容。

【案例导入】
2014年10月7日，某地铁1号线7标段，在某区间左线隧道二号联络通道加固区，工人进入盾构端部的土压舱进行换刀作业。21时57分，盾构土压舱发生土体坍塌事故，事故造成1人死亡、2人失踪。

事故发生地点位于地下20m处，通往人员被困的土压舱只有一个通道，目前有一道闸门关闭着，如果贸然打开闸门，泥水势必会冲进隧道，危及抢险救援人员的生命安全，而且还会形成大量的地下泥水流失，极易诱发再次的坍塌，导致路面塌陷及周边的房屋受损等次生灾害。

地铁公司11日9时35分接到事故情况报告，即赶赴现场组织抢险救援。公安部门11日下午对现场人员询问调查，事故造成1人死亡、2人失踪。同时，武警水电一总队11日16时30分左右采用生命探测搜救，判断塌方体内已无生命迹象。

事故原因：盾构加固区不密实，未能有效止水，导致开舱后高水压引起泥沙冲入土压舱，把作业工人掩埋。

【工程师寄语】
管片衬砌施工质量是隧道安全与质量的基石。作为检测人员，必须不断夯实专业知识，以精湛的技能严把质量关，确保隧道工程坚如磐石，安全无忧。对每一个施工环节质量的严格把控，都是对"人民至上、生命至上"理念的践行，也是对党带领全国人民追求高质量生活庄严承诺的落实。

本单元将为大家介绍管片拼装质量检测以及壁后注浆质量检测相关知识。

【知识框图】

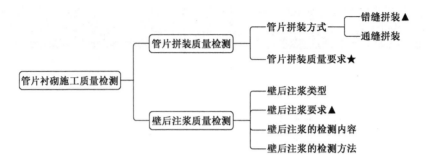

试验检测6.5-1

管片拼装质量检测

管片作为盾构隧道的永久衬砌结构,其拼装质量直接关系到隧道的整体质量和安全,影响着隧道的防水性能及耐久性能。

管片拼装质量检测

一、管片拼装方式

管片拼装方式分为错缝拼装和通缝拼装。

1. 错缝拼装

错缝拼装即前后环管片的纵缝错开拼装(图6-17),一般错开1/3~1/2块管片弧长。错缝拼装能够使衬砌环接缝刚度分布均匀,提高了管片环纵向刚度,减小管片接缝和整体结构的变形,利于防水,但截面内力也相应增大。错缝拼装时,管片环、纵缝相交处仅三缝交会,相对于通缝拼装的环、纵缝十字形相交,在接缝防水上较易处理。因此在防水要求较高或软土地区盾构隧道中,通常采用错缝拼装。

2. 通缝拼装

通缝拼装即各环管片的纵缝对齐的拼装方法(图6-18),这种拼装方法能够使衬砌结构获得较好的柔性,在良好地层中,能够充分调动周围土体的抗力,在保证衬砌结构满足使用要求的情况下,使衬砌结构不容易发生较大变形。

二、管片拼装质量要求

根据《盾构法隧道施工与验收规范》(GB 50446—2017)相关规定,管片拼装质量应符合以下要求:

(1)管片不得有内外贯穿裂缝、宽度大于0.2mm的裂缝及混凝土剥落现象。
(2)管片防水密封质量应符合设计要求,不得缺损,黏结应牢固、平整。
(3)管片嵌缝防水、螺栓质量应符合设计要求。
(4)粘贴管片防水密封条前,应将密封槽清理干净;粘贴后的防水密封条应牢固、平整和严密,位置应正确,不得有起鼓、超长和缺口现象。

图6-17 管片错缝拼装

图6-18 管片通缝拼装

(5)螺栓孔橡胶密封圈安装应符合设计要求,不应遗漏,且不宜外露。

(6)管片拼装过程中,应对隧道轴线和高程进行控制,其允许偏差和检测方法应符合表6-28的规定。

隧道轴线和高程允许偏差和检测方法　　　　表6-28

检测项目	允许偏差	检测方法	检测数量	
			环数	点数
隧道轴线平面位置(mm)	±75	用全站仪测中线	逐环	1点/环
隧道轴线高程(mm)	±75	用全站仪测高程	逐环	

(7)施工中管片拼装允许偏差和检测方法应符合表6-29的规定。

管片拼装允许偏差和检测方法　　　　表6-29

检测项目	允许偏差	检测方法	检测数量	
			环数	点数
衬砌环椭圆度(‰)	±6	断面仪、全站仪测量	每10环	—
衬砌环内错台(mm)	6	尺量	逐环	4点/环
衬砌环间错台(mm)	7	尺量	逐环	

试验检测6.5-2

壁后注浆质量检测

在盾构施工中,由于刀盘开挖直径与盾构管片外径间存在空隙,同时因地质条件、地下水、隧道埋深掘进模式等因素的影响,易造成地层变形、管片错台、隧道漏水等不良现象,因此要对管片背后的空隙选择合理的注浆材料进行充填。

壁后注浆质量检测

一、壁后注浆类型

壁后注浆分为同步注浆、即时注浆和二次注浆。

1. 同步注浆

同步注浆是在盾构掘进的同时通过盾构注浆管和管片的注浆孔进行壁后注浆的方法。

2. 即时注浆

即时注浆是在掘进后迅速进行壁后注浆的方法。

3. 二次注浆

二次注浆是对壁后注浆的补充,其目的是填充注浆后的未填充部分,补充注浆材料收缩体积减小部分,处理渗漏水和处理由于隧道变形引起的管片、注浆材料、地层之间产生剥离,通过填充注浆使其形成整体,提高止水效果等。

二、壁后注浆要求

根据国家标准《盾构法隧道施工及验收规范》(GB 50446—2017)等相关规范,壁后注浆应满足以下要求。

(1)根据注浆要求,应通过试验确定注浆材料和配比,可按地质条件、隧道条件和工程环境选用单液或双液注浆材料。

(2)注浆材料的强度、流动性、可充填性、凝结时间、收缩率和环保等应满足施工要求,浆液应符合下列规定:

①浆液应按设计施工配合比拌制;

②浆液的相对密度、稠度、和易性、杂物最大粒径、凝结时间、凝结后强度和浆体固化收缩率均应满足工程要求;

③拌制后浆液应易于压注,在运输过程中不得离析和沉淀。

(3)注浆压力应根据地质条件、注浆方式、管片强度、设备性能、浆液特性和隧道埋深等因素确定。

(4)应根据注浆量和注浆压力控制同步注浆过程,注浆速度应根据注浆量和掘进速度确定。

(5)同步注浆和即时注浆的注浆量充填系数,应根据地层条件、施工状态和环境要求确定,充填系数宜为1.30~2.50。

(6)二次注浆的注浆量和注浆压力,应根据环境条件和沉降监测结果等确定。

三、壁后注浆的检测内容

壁后注浆的检测内容主要包括:盾构管片壁后注浆层厚度、密实情况、缺陷及管片壁后病害。

四、壁后注浆的检测方法

壁后注浆填充质量检测一般采用地质雷达法或打开管片注浆孔进行防水试验等方法。

单元6.6 案例分析

【案例】 地质雷达探测是利用电磁波在隧道开挖工作面前方岩体中的传播及反射,根据传播速度和反射脉冲波走时进行超前地质预报的一种物探方法。结合背景材料,回答下列问题。

(1)背景材料中,地质雷达在完整石灰岩地段预报距离宜在(　　)以内。
A. 20m　　　　　B. 30m　　　　　C. 40m　　　　　D. 50m
解析:选B。地质雷达在完整灰岩地段预报距离宜在30m以内。

(2)地质雷达连续预报时,前后两次重叠长度应在(　　)以上。
A. 3m　　　　　B. 5m　　　　　C. 8m　　　　　D. 10m
解析:选B。地质雷达连续预报时前后两次重叠长度应在5m以上。

(3)关于地质雷达探测描述正确的是(　　)。
A. 具有快速、无损、连续检测、实时显示等特点,但在掌子面有水的情况下不宜使用
B. 地质雷达在完整灰岩地段预报距离宜在20m以内
C. 连续预报时,前后两次重叠长度应在5m以上
D. 利用电磁波在隧道开挖工作面前方岩体中的传播及反射,根据传播速度和反射脉冲波走势进行超前地质预报的一种物探方法

解析:选ACD。地质雷达在完整灰岩地段预报距离宜在30m以内,在岩溶发育地段的有效探测长度则应根据雷达波形判定。连续预报时前后两次重叠长度应在5m以上。

(4)地质雷达法预报应编制探测报告,内容包括(　　)。
A. 地质解译结果　　　　　　　　B. 测线布置图
C. 探测时间剖面图　　　　　　　D. 围岩分级

解析:选ABC。地质雷达法预报应编制探测报告,内容包括探测工作概况、采集及解释参数、地质解译结果、测线布置图(表)探测时间剖面图等,其中时间剖面图中应标出地层的反射波位置成探测对象的反射波组。

(5)地质雷达探测法具有(　　)特点。
A. 快速　　　　　B. 无损　　　　　C. 连续检测　　　　　D. 实时显示

解析:选ABCD。地质雷达探测具有快速、无损、连续检测、实时显示等特点,但在掌子面有水的情况下不宜使用。

思考与练习题

一、单选题

1. 在围岩分类的声波测试中,通常采用岩体完整性系数 K 来反映岩体的完整性,当其值为(　　)时,表示岩体完整。

A. >0.75　　　　B. 0.75~0.55　　　　C. 0.35~0.15　　　　D. ≤0.15

*2. 量测衬砌混凝土厚度时具有破坏性,会损伤衬砌的方法是(　　)。
A. 凿芯法和冲击钻打孔量测法　　　　B. 超声发射法
C. 地质雷达法　　　　D. 直接量测法

*3. 锚杆间距和排距是非常重要的施工参数,若围岩级别为Ⅴ级,其锚杆间距不得大于(　　)。
A. 1.0m　　　　B. 1.2m　　　　C. 1.4m　　　　D. 1.5m

*4. 拱部衬砌浇筑时,每模台车范围内的预留孔应不少于(　　)。
A. 1个　　　　B. 2个　　　　C. 3个　　　　D. 4个

5. 隧道二次衬砌应满足抗渗要求。混凝土的抗渗等级,有冻害及最冷月份平均气温低于-15℃的地区不低于(　　)。
A. P6　　　　B. P7　　　　C. P8　　　　D. P10

*6. 量测衬砌混凝土厚度最直接、最准确的方法是(　　)。
A. 冲击-回波法　　　B. 超声发射法　　　C. 激光断面仪法　　　D. 直接量测法

*7. 下列(　　)钢拱架支撑,能很好地随喷射混凝土与围岩紧密贴合,取得好的支护效果。
A. 工字型钢架　　　B. U型钢钢架　　　C. H型钢钢架　　　D. 格栅钢架

*8. 对某铁路隧道出口段混凝土衬砌进行雷达检测,假若衬砌内部有钢筋,地质雷达数据有(　　)主要特征。
A. 反射信号强,图像呈分散的月牙状　　　B. 反射信号强,图像呈连续的小双曲线形
C. 反射信号强,图像杂乱无章　　　D. 反射信号强,图像呈明显的反射截面

9. 冬季施工时,喷射混凝土作业区的气温不应低于(　　)。
A. 0℃　　　　B. 2℃　　　　C. 3℃　　　　D. 5℃

*10. 在Ⅴ级围岩条件下,三车道隧道系统锚杆长度一般不小于(　　)。
A. 2.0m　　　　B. 2.5m　　　　C. 3.0m　　　　D. 3.5m

*11. 下面选项不包括混凝土衬砌从施工方法上的分类的是(　　)。
A. 整体式衬砌　　　B. 湿喷混凝土　　　C. 模筑现浇混凝土　　　D. 潮喷混凝土

*12. 喷射混凝土施工时,一次喷射厚度值非常重要,初喷厚度宜控制在(　　)。
A. 40~60mm　　　B. 40~50mm　　　C. 30~50mm　　　D. 50~70mm

*13. 隧道混凝土衬砌调制混凝土拌和物时,水及外加剂质量偏差不得超过(　　)。
A. 0.5%　　　　B. 1%　　　　C. 2%　　　　D. 3%

*14. 某隧道需要进行锚杆抗拔力测试,经统计,实际共有200根锚杆,正确的选测锚杆数量应为(　　)根。
A. 1　　　　B. 2　　　　C. 3　　　　D. 4

*15. 喷射混凝土施工作业应分段、分片由下而上顺序进行,每次作业区段纵向长度不宜超过(　　)。
A. 3m　　　　B. 5m　　　　C. 6m　　　　D. 8m

*16. (　　)是在掘进后迅速进行壁后注浆的方法。
A. 一次注浆　　　B. 同步注浆　　　C. 即时注浆　　　D. 二次注浆

*17. 喷射混凝土应由两侧拱脚向上对称喷射,并将钢架覆盖,临空一侧的喷射混凝土保护层厚度应不小于(   )。
　　A. 10mm　　　　　B. 20mm　　　　　C. 30mm　　　　　D. 40mm
*18. 拱顶注浆应在衬砌混凝土强度达到(   )后进行。
　　A. 70%　　　　　B. 80%　　　　　C. 90%　　　　　D. 100%
*19. 喷射混凝土与岩石的黏结强度:Ⅰ、Ⅱ级围岩不应低于(   )MPa。
　　A. 0.4　　　　　B. 0.6　　　　　C. 0.8　　　　　D. 1.0
*20. 喷射混凝土表面平整度用(   )m直尺检测,肉眼观察明显凹凸位置、直尺靠在凸出顶端。
　　A. 1　　　　　B. 2　　　　　C. 3　　　　　D. 4

二、多选题

*1. 锚杆抗拔力测试的常用设备为锚杆拉拔计,主要由(   )等组成。
　　A. 空心千斤顶　　B. 手动泵　　　　C. 压力表　　　　D. 高压油管
　　E. 位移计
*2. 锚杆安装质量检查内容有(   )。
　　A. 孔位、孔深、孔径　　　　　　　B. 锚杆方向及数量
　　C. 锚杆垫板　　　　　　　　　　　D. 锚杆锚固长度和砂浆注满度检测
　　E. 锚杆抗拔力
*3. 注浆材料的(   )等应满足施工要求。
　　A. 强度　　　　　B. 流动性　　　　C. 可充填性　　　D. 凝结时间
　　E. 收缩率　　　　F. 环保
*4. 壁后注浆分为(   )。
　　A. 同步注浆　　　B. 即时注浆　　　C. 异步注浆　　　D. 二次注浆
*5. 衬砌混凝土完成后还应对隧道整体情况进行检测,包括(   )等。
　　A. 隧道中线　　　B. 路线中线　　　C. 衬砌强度　　　D. 隧道净高
　　E. 隧道净宽　　　F. 车道宽度
*6. 混凝土衬砌外观检测包括(   )等。
　　A. 蜂窝麻面　　　B. 裂缝　　　　　C. 平整度　　　　D. 几何轮廓
　　E. 钢筋外露
*7. 混凝土衬砌表面轮廓线应(   )。
　　A. 顺直　　　　　B. 规整　　　　　C. 光滑　　　　　D. 美观
　　E. 色泽一致
*8. 混凝土衬砌结构厚度检测方法主要有(   )等。
　　A. 冲击钻打孔量测法　　　　　　　B. 凿芯法
　　C. 激光断面仪法　　　　　　　　　D. 直接量测法
　　E. 地质雷达法
*9. 型钢钢架根据型材种类的不同可分为(   )。

A. 工字钢架 B. 钢筋网
C. U形型钢钢架 D. 钢丝网
E. H形型钢钢架

*10. 地质雷达探测系统由（　　）等组成。
A. 地质雷达主机 B. 天线
C. 笔记本电脑 D. 数据采集软件
E. 数据分析处理软件

三、判断题

*1. 二次衬砌宜采用全断面一次或先拱后墙法浇筑混凝土。　　　　　　　　（　）

*2. 钢筋网喷射混凝土中钢筋网网格应按正方形布置，钢筋间距为150~300mm。（　）

*3. 采用拼装模板施工时，应采用先拱后墙浇筑。　　　　　　　　　　　（　）

*4. 软岩、收敛变形较大的围岩地段，可采用预应力锚杆，预应力锚杆的预加应力应不小于100kPa。（　）

5. 隧道混凝土衬砌的混凝土抗压强度试验方法有：标准试件法、凿芯法。（　）

6. 钢弦式压力盒的密封防潮试验中，将压力盒放在专设的压力罐中，先让其在水中浸泡7d，然后加0.4MPa的压力，恒压12h取出压力盒并启开，检查其密封质量。若无渗漏现象，则可以认为密封防潮良好，可以使用，否则应更换密封圈。（　）

*7. 普通水泥砂浆锚杆施工时，锚杆杆体插到设计深度时，孔口应有砂浆流出，若孔口无砂浆流出，则应将杆体拔出重新灌浆。（　）

8. 二次衬砌背后需填充注浆时，应预留注浆孔。（　）

*9. 锚杆轴力量测是检验锚杆使用效果的依据。（　）

*10. 锚杆抗拔力试验，如无特殊需要，可不做破坏性试验，拉拔到设计拉力即停止加载。（　）

*11. 在一般情况下，二次衬砌可以在围岩和初期支护变形基本稳定前施作。（　）

12. 钢纤维混凝土的搅拌应采用强制式搅拌机，水泥、集料、钢纤维先干拌一段时间，加水后湿拌时间应不小于5min。（　）

13. 隧道施工中，钢支撑与围岩之间的间隙可以用片石回填。（　）

14. 采用硅酸盐水泥、普通硅酸盐水泥或矿渣硅酸盐水泥拌制的混凝土养护时间不得少于7d，有抗渗要求的混凝土养护时间不得少于14d。（　）

*15. 隧道上方为交通繁忙的街道，还有纵横交错的管线，周围又紧邻高层建筑物，最适合采用的地层稳定措施为超前锚杆。（　）

*16. 锚杆支护实测锚杆抗拔力按锚杆数3%拔力试验，且不小于1根。（　）

*17. 砂浆锚杆应在锚固砂浆强度达到100%后进行。（　）

18. 对待检锚杆锚固密实度的检测应在锚杆锚固14d以后进行。（　）

*19. 锚杆拉拔力按锚杆数量的10%，且不少于3根进行抽检。（　）

*20. 锚杆在使用安装前,都必须对其材质、规格和加工质量进行检查,以免不合格的锚杆用于隧道支护而影响工程质量。( )

备注:本书中,*表示与知识目标和能力目标相对应的题目,属于必答题。

模块6 [思考与练习题]答案

模块 7

隧道防排水施工质量检测

单元7.1　认知隧道防排水系统

【知识目标】
1. 熟悉隧道防排水基本要求；
2. 掌握隧道防排水措施。

【技能目标】
能简述隧道防排水措施。

【案例导入】
某隧道里程为 DK40+700～DK42+900，全长 2200m。明挖隧道结构设置全封闭分离式厚 2mm 单面自粘 ECB 防水板+无纺布，通过防水板与现浇混凝土的自粘和密贴，实现无死角的防水封闭。其中在隧道拱顶混凝土表面涂刷厚 2.5mm 聚氨酯防水涂料。在结构阴角、阳角、施工缝、变形缝处利用双面自粘式防水板进行防水加强。

【工程师寄语】
在隧道防排水工程中，我们深刻践行"防、排、截、堵"相结合的科学理念，正如"千里之堤，毁于蚁穴"所警示，任何细微的疏忽都可能引发重大安全隐患。水患猛于虎，而生命高于天。坚持以人民为中心的发展理念，我们必须将工程质量安全放在首位，防微杜渐，特别是针对防排水这一关键环节，更要做到严谨细致，不容丝毫马虎。我们肩负着保障工程安全、维护人民生命财产安全的重任，必须时刻警醒，及时发现问题并有效解决，让人民群众感受到实实在在的幸福感和安全感。

本单元将为大家介绍隧道防排水的基本要求以及隧道防排水措施相关知识。

【知识框图】

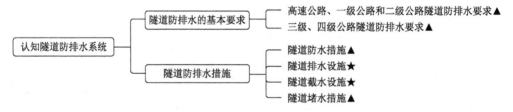

隧道防排水系统

　　隧道开挖改变了地下水径流途径，隧道可能成为地下水新的排泄通道，地下水渗入隧道，将增大隧道的施工难度、影响施工质量。另一方面，隧道渗漏水的长期作用，将影响隧道结构的耐久性，降低隧道内各种设施的使用效率和寿命，给隧道的运营带来不良影响。因此，良好的隧道防排水，是保障隧道结构耐久性与行车安全的重要条件。另外，通过隧道防排水可以保护地下水环境。

一、隧道防排水的基本要求

隧道防排水设计应对地表水和地下水进行妥善处理,使洞内外形成一个完整畅通的防排水系统,同时注意保护自然环境。

1. 高速公路、一级公路和二级公路隧道防排水要求

(1)有冻害地段隧道衬砌背后不积水,排水沟不冻结。
(2)拱部、边墙、路面、设备箱洞不渗水。
(3)车行横通道、人行横通道等服务通道拱部不滴水,边墙不淌水。

2. 三级、四级公路隧道防排水要求

(1)有冻害地段隧道衬砌背后不积水,排水沟不冻结。
(2)拱部、边墙不滴水,路面不积水,设备箱洞不渗水。

二、隧道防排水措施

隧道工程防排水应遵循"防、排、堵、截结合,因地制宜,综合治理"的原则,采取切实可靠的设计、施工措施,保障结构物和设备的正常使用和行车安全。

"防"是指要求隧道衬砌结构具有一定防水渗入的能力,如采用防水卷材等。

"排"是指隧道应有相应的排水设施,以减少衬砌背后的渗水压力和渗水量。进行排水设计时应事先了解当地环境要求,必须注意大量排水后对周围环境引起的后果,如破坏地下水、地表水径流条件,造成当地农田灌溉和生活用水困难等,以"限量排放"为原则,结合注浆堵水制订设计方案与措施,妥善处理排水问题。

"堵"是指在隧道内对衬砌表面可见的渗漏处封堵归槽引排。如衬砌圬工内压浆、喷浆、喷涂乳化沥青和抹面封闭等内贴式防水层。堵水应归槽,使地下水按预定路径排走。

"截"是指隧道顶部如有地表水易于渗漏或有坑洼积水,应设置截、排水沟和采取消除积水的措施。

复合式衬砌排水系统构成示意图如图7-1所示。

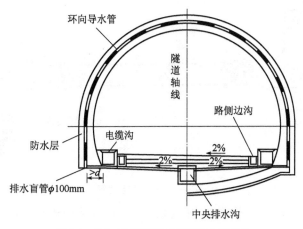

图7-1 复合式衬砌防排水系统构成示意图

1. 隧道防水措施

(1)衬砌自防水。

衬砌自防水是依靠衬砌结构本身的混凝土密实性来实现防水功能。通过调整混凝土配合比或掺外加剂的方法增加混凝土衬砌的密实性,以提高混凝土自身抗渗性能,进而达到防水功能。

(2)防水层防水。

对新建隧道复合式衬砌,在初期支护(一次衬砌)与二次衬砌之间施作防水层,结合洞内排水设施,可获得良好的防治水害效果。防水层除可防止渗漏水之外,还在初期支护喷射混凝土与二次衬砌模筑混凝土之间起隔离作用,减少二次衬砌中出现的裂缝。防水层主要材料有防水卷材、土工布等。

(3)施工缝、变形缝防水。

新建隧道的变形缝、施工缝的防水可与混凝土灌注同时施工,采用的主要材料有止水带、遇水膨胀橡胶、其他密封材料。

2. 隧道排水设施

隧道洞内排水设施主要有排水盲管(沟)、进水孔、横向导水管、路侧边沟、深埋水沟(中心排水沟)、防寒泄水洞等。公路隧道排水系统如图7-2所示。

排水盲管(沟)包括纵向排水盲管、环(竖)向排水盲管、横向排水盲管。环(竖)向排水盲管与纵向排水盲管连接,纵向排水盲管与边墙进水孔连接,边墙进水孔与洞内排水沟连接,各盲管(沟)及进水孔相互间采用变径的三通连接,从而组成完整的排水系统。三通连接示意图如图7-3所示。

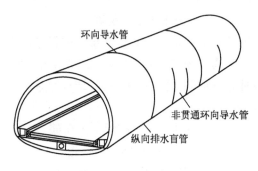

图7-2 公路隧道排水系统

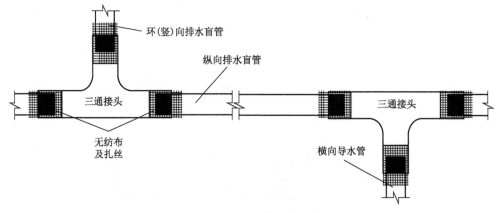

图7-3 三通连接示意图

在洞口地段,隧道设有边仰坡的坡顶截水沟、洞口反向侧沟、洞门排水沟(管)等排水设施。

洞内排水沟有侧沟和中心排水管两种。侧沟设于隧道两侧或地下水来源侧的边墙墙脚处，中心排水管位于隧道底板中心位置。当洞内排水沟只设在一侧或位于中心时，需要横向引水管作导引排水。因此，隧道地下水流的路径可以概括为：围岩→环向盲管→纵向盲管（沟）→进水孔→侧沟→横向引水管→中心排水管→洞外。当不设中心排水管时，地下水由侧沟直接流至洞外。

3. 隧道截水设施

截水就是截断或减小流向隧道的水源，达到疏干围岩、根治水害的目的。

（1）地下截水。

地下截水就是在地下截断流向隧道围岩的地下水源，主要措施有：

①泄水洞。一般设在水源侧且其最高水位低于正洞水沟底。

②钻孔截水。对有平导的长大隧道，根据围岩的地下水分布和地质条件，打截水钻孔，以减少向正洞衬砌周围汇集的水量，钻孔的集水利用平导排出。

③拦截暗河。对靠近隧道的暗河或充水的溶洞，可通过堵塞等改变其流向。

④防渗帷幕截水。当隧道与岩层平行或斜交，通过流沙和易浸水失稳地层，或围岩裂隙发达且透水性强时，可在隧道周围岩体内钻孔压浆形成防渗帷幕，使衬砌与地下水隔离；隧道浅埋时，可在地表做防水帷幕。

（2）地表截水。

地表截水就是在地表截断流向隧道围岩的水，主要措施有：

①对洞顶的积水洼地，开沟疏导引流。

②对洞顶以上的水工隧道、水库、稻田、输水渠等造成隧道漏水的，做防渗处理。

③对施工及地质勘测留下的钻孔、坑道、洞穴，做好排水处理或封填。

④对断层破碎带等，如有较大的径流进入时，做截水沟或回填；若无明径流，但却影响隧道漏水时，应采取封闭措施。

4. 隧道堵水设施

注浆堵水系指将防水材料通过钻孔注入扩散到岩层裂隙中，把裂隙中的水挤走，堵住地下水的通路，减少或阻止涌水流入工作面，同时还起到固结破碎岩层的作用。常用的注浆材料有水泥浆、水泥砂浆、水泥-水玻璃浆液等。对地质预测、预报有大量涌水的软弱地层地段，宜采用地表或洞内全封闭超前预注浆；在开挖后有渗漏水或大股涌水时，宜采用支护前围岩注浆；当初期支护表面有超出设计允许的渗漏水时，应用回填注浆或径向注浆进行处理；当二次衬砌后有渗漏水时，应采用衬砌内注浆。

总之，隧道的水害治理是一个完整的治水体系，要防、排、截、堵相结合，不能只强调一方面。如果只排不堵，就可能造成地表的水塘、水库等排干，影响附近居民的生产和生活；如果只堵不排，就会使衬砌周围的水越积越多，最终导致隧道破坏。只有防、排、堵、截相结合，相辅相成，共同发挥作用，才有可能根治水害。

单元7.2 防排水系统施工质量检测

【知识目标】
1. 熟悉防水层质量检查项目；
2. 掌握施工缝止水带质量检查方法；
3. 熟悉排水盲管(沟)的安装检查；
4. 掌握深埋水沟及其检查井的质量检查内容。

【技能目标】
1. 能规范进行防水层外观与充气检查；
2. 能规范进行施工缝止水带质量检查；
3. 能规范进行深埋水沟及其检查井的外观与施工检查。

【案例导入】
2021年7月15日凌晨，某隧道施工段1.16公里位置发生透水事故。该隧道施工作业面位于某水库下方。

2021年7月20日，当地政府举行第六场新闻发布会，就隧道"7·15"透水事故，通报最新救援进展，经过多日不间断搜救，截至20日，共搜寻到3名被困人员，均已遇难。7月22日12时17分，救援人员在事故现场发现并确认最后1名遇难者。至此，此次透水事故已先后发现的14名被困人员已全部找到并确认遇难。7月23日，国务院安全生产委员会发布《重大生产安全事故查处挂牌督办通知书》，决定对该起重大事故查处实行挂牌督办。

2021年10月，隧道透水事故调查报告发布，事故的直接原因是隧道下穿水库时遭遇富水花岗岩风化深槽，因工程措施不当导致右线隧道掌子面拱顶坍塌透水，涌入左线隧道致作业人员溺亡。该起事故中，27人被问责。

【工程师寄语】
善于发现问题、敢于正视问题、勇于解决问题。施工缝若处理不当，将成为隧道防水的薄弱点，埋下渗水的隐患。隧道防水排水系统的每一个环节都至关重要。因此，我们要以高度的责任感和使命感，对待每一个细节，及时查漏补缺，确保万无一失。

本单元将为大家介绍防水层质量检查、施工缝止水带检查、排水盲管(沟)检查、深埋水沟及其检查井检查、横向导水管与防寒泄水洞检查的相关知识。

【知识框图】

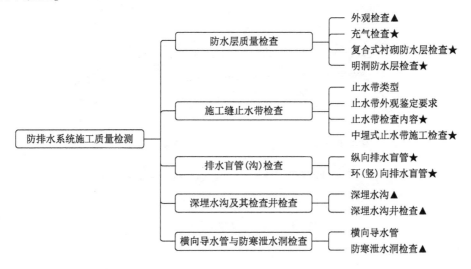

单元 7.2-1

防水层质量检查

一、外观检查

1. 检查方法

防水层外观检查采用肉眼观察。

防水层质量检查

2. 检查内容

(1)防水层表面平顺,无褶皱、无气泡、无破损,与洞壁密贴,松弛适度,无紧绷现象。
(2)焊接应无脱焊、漏焊、假焊、焊焦、焊穿,粘接应无脱粘、漏粘。
(3)明洞防水层施工前,明洞混凝土外部应平整圆顺,不得有钢筋和其他尖锐物露出。

二、充气检查

1. 检查方法

采用双缝焊接的焊缝可用充气法检查防水板焊缝。防水板焊接检查方法示意图如图7-4所示。将5号注射针与压力表相接,用打气筒充气,当压力表达到0.25MPa时,保持15min,压力下降在10%以内,则焊缝质量合格。如压力下降超过10%,证明焊缝有假焊、漏焊。用肥皂水涂在焊接缝上,找出产生气泡地方重新补焊,直到不漏气为止。

2. 检查数量

对每条焊缝均应做充气检查。

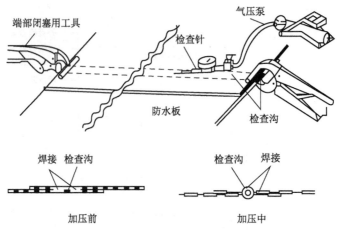

图7-4 防水板焊接检查方法示意图

3. 焊缝强度检查

焊缝拉伸强度不得小于防水板强度的70%,焊缝抗剥离强度不小于70N/cm。

三、复合式衬砌防水层检查

复合式衬砌防水层实测项目及要求见表7-1。

复合式衬砌防水层实测项目及要求 表7-1

项次	检查项目		规定值或允许偏差	检查方法和频率
1	搭接长度(mm)		≥100	尺量:每5环搭接抽查3处
2	缝宽(mm)	焊接	焊缝宽≥10	尺量:每5环搭接抽查3处
		粘接	粘缝宽≥50	
3	固定点间距		满足设计要求	尺量:每20m检查3处
4	焊缝密实性		压力下降在10%以内	充气法:压力达到0.25MPa时停止充气,保持15min;每20m检查1处焊缝

四、明洞防水层检查

明洞防水层实测项目及要求见表7-2。

明洞防水层实测项目及要求 表7-2

项次	检查项目		规定值或允许偏差	检查方法和频率
1	搭接长度(mm)		≥100	尺量:每环搭接测3点
2	卷材向隧道暗洞延伸长度(mm)		≥500	尺量:测3点
3	卷材向基底的横向延伸长度(mm)		≥500	尺量:测3点
4	缝宽(mm)	焊接	焊缝宽≥10	尺量:每衬砌台车抽查1环,每环搭接测5点
		粘接	粘缝宽≥50	
5	焊缝密实性		压力下降在10%以内	充气法:压力达到0.25MPa时停止充气,保持15min;每10m检查1处焊缝

单元 7.2-2

施工缝止水带检查

施工缝止水带检查

施工缝、变形缝所用止水带品种较多,根据止水带在衬砌混凝土中的安装位置,可分为中埋式止水带、背贴式止水带、内贴式止水带3种。中埋式止水带,因其构造简单、施工简便及质量可靠,在隧道中使用较为普遍。

此外,一些新式的止水带,如可排水止水带、可注浆止水带等在工程实践中也具有良好效果。

一、止水带外观鉴定要求

(1)止水带应无松脱、扭曲。
(2)止水带连接接缝应无裂口、脱胶。

二、止水带检查内容

(1)止水带材料规格、品种、形状、尺寸必须符合设计要求和有关标准规定。
(2)止水带与衬砌端头模板应正交。止水带实测项目及要求见表7-3。

止水带实测项目及要求　　　　　　表7-3

项次	检查项目	规定值或允许偏差	检查方法和频率
1	纵向偏离(mm)	±50	尺量:每衬砌台车检查1环,每环测5点
2	偏离衬砌中线(mm)	≤30	尺量:每衬砌台车检查1环,每环测5点
3	固定点间距(m)	符合设计要求	尺量:每衬砌台车每环止水带检查5点

注:1. 纵向偏离指止水带横向中线在隧道纵向方向上与施工缝的偏位。
　　2. 偏离衬砌中线指止水带安设位置与衬砌截面中线的偏位,仅对于中埋式止水带检测此项。
　　3. 背贴式止水带仅检查"纵向偏离",不检查其他两项。

三、中埋式止水带施工检查

二次衬砌浇筑是一环一环地逐段推进。止水带通常在先浇的一环衬砌端头由挡头板固定。中埋式止水带的施工质量检查主要是预埋位置检查和止水带接头黏结检查。中埋式止水带安装示意如图7-5所示。

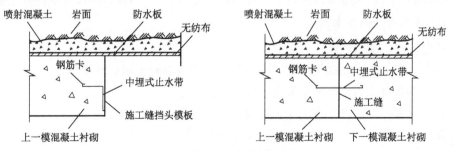

图7-5　中埋式止水带安装示意

(1)止水带安装位置检查。

①止水带安装的横向位置。止水带预埋于设计衬砌厚度的1/2处,用钢卷尺量测内模到止水带的距离,与设计尺寸相比,偏差不应超过30mm。

②止水带安装的纵向位置。止水带以施工缝或伸缩缝为中心两边对称(图7-5),即埋在相邻两衬砌环节内的宽度是相等的。用钢卷尺检查,要求止水带偏离中心不能超过5cm。

③止水带应与衬砌端头模板正交。浇筑混凝土前应用角尺检查,否则会降低止水带在两边埋入混凝土的有效长度,并有可能影响混凝土密实性。

(2)现场接头检查。

①对于橡胶止水带,其接头形式应采用搭接或复合接;对于塑料止水带,其接头形式应采用搭接或对接。

②每环中的接头不宜多于1处,且不得设在结构转角处。止水带的搭接宽度可取10cm,冷黏或焊接的缝宽不小于5cm。

③止水带每隔0.3~0.5m预埋钢筋卡,在浇筑下一模衬砌混凝土时将露出的另一半止水带卡紧固定,使止水带垂直施工缝浇筑在混凝土内(图7-5)。

单元7.2-3

排水盲管(沟)检查

排水盲管又称排水盲沟,包括纵向排水盲管、环(竖)向排水盲管、横向排水盲管。本单元介绍向排水盲管和环(竖)向排水盲管的检查内容。

一、纵向排水盲管

1. 纵向排水盲管作用

纵向排水盲管设置于隧道模筑混凝土衬砌两侧墙脚背后,其作用有以下几个方面:

(1)收集环(竖)向排水盲管排至边墙脚的水。

(2)收集被防水卷材阻挡经无纺布导流或自重淌流至边墙脚的水。

(3)将衬砌背后汇入边墙脚的地下水通过横向导水管、泄水孔引入深埋水沟或路侧边沟。

2. 纵向排水盲管的基本要求

(1)具有较高的透水性能。

(2)具有一定的强度,在混凝土浇筑过程中,不能被混凝土混合料压瘪。

(3)纵向排水盲管布设高度和坡度应符合设计要求。

(4)安设位置不能侵占模筑混凝土衬砌空间。

(5)需用无纺布将盲管包裹,防止泥沙和混凝土浇筑时浆液进入,堵塞盲管。

(6)连续铺设,不得断开。

3. 纵向排水盲管检查

纵向排水盲管通常采用肉眼观测、直尺或钢尺测量、水准仪、坡度尺等方法进行检查。

(1)外观检查。

①盲管材质及规格检查:塑料制品若保存不当,极易发生老化,可目测管材的色泽和管身的变形状况;轻轻敲击,观察管体是否变脆;用卡尺或钢尺量管径与管壁,检查其是否与设计要求相符。

②管身透水孔检查:纵向排水盲管壁必须有一定规格和数量的透水孔,用直尺检查钻孔直径和孔间距。

③管身包裹检查:检查纵向排水盲管是否被无纺布包裹严密。

(2)安装检查。

①坡度检查:纵向排水盲管易出现管身高低起伏现象,造成纵向排水不畅,因此,施工中一定要为纵向盲管做好基础,坡度与设计路线纵坡一致,用坡度尺检查。

②平面位置检查:纵向排水盲管平面上常出现忽内忽外的现象,严重时侵占模筑混凝土衬砌空间,造成衬砌结构厚度不足,这种情况通常是由于边墙脚欠挖造成的,必须进行欠挖处理,再铺设,纵向排水管安设示意图见图7-6。

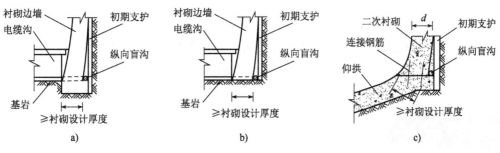

图7-6 纵向排水管安设示意图

③连接检查:施工中应注意检查纵向排水盲管与环(竖)向排水盲管及横向导水管的连接,一般应采用三通管连接,纵向排水盲管管节之间应用直通导管连接,所有接头应牢靠,并用无纺布及扎丝包裹,防止松动脱落。

二、环(竖)向排水盲管

1. 环(竖)向排水盲管作用

环(竖)向排水盲管的主要作用是将隧道衬砌背后渗水引排到隧道边墙脚的纵向排水盲管,通过横向导水管或泄水孔排出,减少衬砌背后积水。

2. 环(竖)向排水盲管安设

在无纺布与防水板铺设前,按设计要求的间距,将环向、竖向排水管布设在喷射混凝土表面,用铆钉或膨胀螺钉、铁丝、塑料片、无纺布片等固定。渗漏水较多时,根据渗漏水量及部位增加环向、竖向排水盲管。环向、竖向排水盲管多采用圆形弹簧排水管、打孔透水塑料管[图7-7a)]半圆形弹簧排水管[图7-7b)],有的也采用排水板或塑料乱丝盲沟。

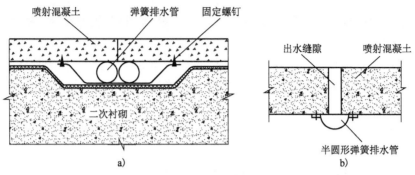

图 7-7 环(竖)向排水盲管安设示意

3. 环(竖)向排水盲管安装检查

(1)检查方法。

环(竖)向排水盲管检查采用目测检查、直尺或卡尺(钢尺)测量。

(2)安装检查。

①环(竖)向排水盲管布置在防水层与初期支护间,首先应检查其布设间距是否符合设计要求。

②局部涌水量大时应增加盲管。

③盲管尽量与岩壁或初期支护紧贴,与初期支护的最大间距不得大于5cm。

④环向盲管的底部与墙脚纵向排水管通过三通接头连接,接头要牢固。

单元 7.2-4

深埋水沟及其检查井检查

深埋水沟,又称中心(排)水沟,一般设置在隧道中部路面结构下方,也有的设置在隧道路面两侧下方。为了便于施工及运营期间对深埋水沟排水状况的检查、疏通,深埋水沟每隔一段距离还要设检查井。

深埋水沟及其检查井检查

一、深埋水沟

深埋水沟断面形状通常有圆形和矩形两种。圆形沟多采用预制混凝土圆管,圆管上部半圆钻有一系列透水小孔,孔径约为12mm,安放在预设的沟槽内。矩形沟有预制钢筋混凝土矩形沟和现浇钢筋混凝土矩形沟,矩形沟盖板一般单独预制(盖板可钻透水小孔)。路面下积水、地下渗水可通过盖板接缝、透水小孔流入深埋水沟。深埋水沟构造见图7-8。

深埋水沟形式不同,其检查内容也不同。下面以预制混凝土圆管沟为例说明其质量要求与检测方法。

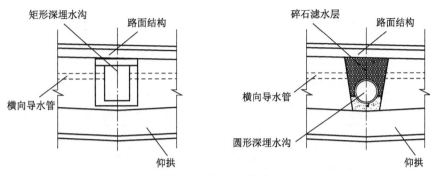

图7-8 深埋水沟构造

1. 外观检查

(1)管节外观。

预制管节外形规整、无变形、缺损和开裂,表面应平整,蜂窝麻面面积占比不得超过1%,深度不超过1cm。

(2)管节尺寸。

用钢尺、卡尺量测圆管直径、管壁厚度,透水小孔数量、间距、直径符合设计要求。

(3)管壁强度。

用石块轻敲管壁,检查混凝土强度是否满足设计与施工要求。如出现疏松掉块,不得使用。可用回弹仪检测管壁混凝土强度,但须专门标定。

2. 施工检查

深埋水沟施工时先挖基槽,整平基底,然后铺设管节,最后用透水碎石回填夯实。在软岩或断层破碎带的管段基础,应将不良岩(土)体用强度较高的碎石替换,并用素混凝土找平基础,使基础平整密实。

(1)管沟基础检查。

基槽平面位置、槽底高程、宽度、排水坡度应符合设计要求,基底应平整。

(2)管节铺设检查。

①管节铺设有透水孔的一面朝上、安放平稳,接头无错位,接头处流水面高差不得大于5mm,管底坡度不得出现反坡。

②管内不得有泥土、碎石等杂物。

③管节间接缝和管壁透水孔用无纺布包裹。

④透水碎石回填密实,不得使管节移位。

⑤横向导水管出口接入碎石层。

3. 质量要求

隧道内排水沟(管)实测项目及要求如表7-4所示。

排水沟(管)实测项目及要求　　　　表7-4

项次	检查项目	规定值或允许偏差	检查方法与频率
1△	混凝土强度(MPa)	在合格标准内	按照《公路工程质量检验评定标准 第一册 土建工程》(JTG F80/1—2017)要求

续上表

项次	检查项目	规定值或允许偏差	检查方法与频率
2	轴线偏位(mm)	15	全站仪：每10m测1处
3	断面尺寸或管径(mm)	±10	尺量：每10m测1处
4△	壁厚	不小于设计值	尺量：每10m测1处
5	沟底高程(mm)	±20	水准仪：每10m测1处
6△	纵坡	满足设计要求	水准仪：每10m测1处
7	基础厚度	不小于设计值	尺量：每10m测1处

二、深埋水沟井检查

检查井是深埋水沟的一部分，主要用于深埋水沟检查作业。深埋水沟根据需要设置检查井，检查井的位置、构造不得影响行车安全，并应便于清理和检查。检查井与中心水沟位置关系图如图7-9所示。

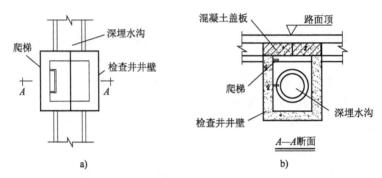

图7-9 检查井与中心水沟位置关系图

1. 外观检查

深埋水沟井的外观检查方式：观察检查、钢尺测量。

检查内容：井身尺寸与设计要求是否相符、井内砂浆抹面是否密实光洁、圆形检查井内壁是否圆顺。

2. 施工检查

深埋水沟井的施工检查方式：观察检查；钢尺、水准仪、经纬仪测量。检查井施工检查项目及要求如表7-5所示。

检查井施工检查项目及要求　　　表7-5

序号	项目	规定值或允许偏差	检查频率	检查方法
1	断面尺寸(mm)	±20	逐个检查	尺量
2	轴线偏位(mm)	±50	逐个检查	全站仪、水准仪、经纬仪
3	井底高程(mm)	±15	逐个检查	水准仪
4	井盖与相邻路面高差(mm)	0,+4	逐个检查	水准仪、水平尺、靠尺

单元7.2-5

横向导水管与防寒泄水洞检查

一、横向导水管

横向导水管不同于排水盲管,是连接衬砌背后的纵向盲管与深埋水沟或边沟的封闭管,主要作用是将衬砌背后地下水直接排入深埋水沟或边沟,不允许管内水渗出。通常采用塑料圆管,管壁不打孔。引排至路侧边沟的横向导水管有时只在衬砌边墙内预埋或衬砌浇筑完后打孔,称为泄水孔。

横向导水管起点位于衬砌背后的边墙脚,通过三通管与纵向排水盲管相连,垂直于隧道轴线布设,先穿过边墙衬砌,在有深埋水沟的隧道,一部分横向导水管横向埋设在路面结构以下与深埋水沟连通;无深埋水沟地段可直接接入边沟。横向导水管通常为硬质塑料管。

横向导水管检查内容:
(1)检查接头是否牢靠,对接有无错位;
(2)检查是否连通,需做灌水试验检测。

二、防寒泄水洞检查

防寒泄水洞仅在严寒地区的富水隧道设置,一般设置于隧道的正下方,以排出隧道围岩中的地下水,减少隧道周边地下水聚集,减轻隧道的冻害影响。

防寒泄水洞形状类似一个带孔的小隧道,位于隧道正下方的冻结线以下。防寒泄水洞能够很大程度上减少或消除隧道内部冒水、挂冰、积冰、冻胀等病害,其布设横断面示意图如图7-10所示。为了加强防寒泄水洞的泄水能力,通常防寒泄水洞中每隔一段距离垂直设置有与防寒泄水洞断面大小一致的横向导水洞。

1. 防寒泄水洞检查内容
(1)防寒泄水洞尺寸、高程、平面位置。
(2)防寒泄水洞结构形式、纵坡及混凝土强度及泄水孔布置和数量。
(3)防寒泄水洞排水是否通畅。

2. 防寒泄水洞检查标准
防寒泄水洞检查标准如表7-6所示。

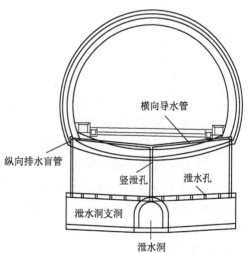

图7-10 防寒泄水洞布设横断面示意图

防寒泄水洞检查标准 表7-6

序号	项目	施工控制值	检查频率	检查方法
1	断面净空尺寸(mm)	+100,-50	1次/10m	尺量、断面仪
2	洞底高程(mm)	±50	1次/10m	全站仪、水准仪、经纬仪
3	轴线偏位(mm)	±100	1次/10m	全站仪、水准仪、经纬仪
4	排水沟纵坡	±0.5%、不积水	1次/10m	全站仪、水准仪、经纬仪

单元7.3 案例分析

【案例1】 隧道防水层铺设前,都要对喷射混凝土基面的平整度进行检查,对某隧道一段喷射混凝土平整度进行检查,其结果如表7-7所示。结合表中数据,回答下列有关防水层铺设的相关问题。

平整度检查结果 表7-7

序号	边墙测点			拱顶测点		
	1	2	3	1	2	3
L(mm)	1500	1800	2300	1600	1900	2200
D(mm)	261	280	380	190	235	285

注:L为喷射混凝土相邻两凸面间的距离;D为喷射混凝土相邻两凸面间下凹的深度。

(1)隧道防水层铺设前,喷射混凝土基面平整度,下列说法正确的有( )。
　　A. 边墙应满足$D/L≤1/6$ 　　B. 拱顶应满足$D/L≤1/8$
　　C. 边墙应满足$D/L≤1/4$ 　　D. 拱顶应满足$D/L≤1/10$

解析:选AB。在防水层铺设前,喷射混凝土基面平整度应满足$D/L≤1/6$,对拱顶应$D/L≤1/8$。其中,D为喷射混凝土相邻两凸面间下陷的深度;L为喷射混凝土相邻两凸面间的距离。

(2)在隧道防水层铺设前,应对防水层进行检查,发现防水层有破损之处,必须进行修补,关于对补丁修补的情况,下列说法正确的有( )。
　　A. 补丁离破损孔边缘的距离大于70mm
　　B. 补丁可剪成正方形、长方形等形状
　　C. 补丁应剪成圆形形状
　　D. 补丁修补后,一般采用真空检查法检查修补质量

解析:选ACD。防水层施工必须精心,防水层质量检查必须认真。当检查出防水层上有破坏之处,必须立即做出明显标记,以便破损修补。补后一般用真空检查法检验修补质量。补丁的具体要求为:

①补丁不得过小,离破坏孔边缘大于70mm;
②补丁要剪成圆角,不要有正方形、长方形、三角形等的尖角。

(3)隧道断面变化或转弯处的阴角呈一定半径的圆弧,下列半径符合要求的有(　　)。

    A. R=50mm   B. R=25mm

    C. R=75mm   D. R=100mm

解析:选ACD。隧道断面变化或厚度变化或转弯处的阴角抹成半径$R\geq5$cm的圆弧。

(4)根据检查结果,下列说法不正确的是(　　)。

    A. 对于边墙,测量1不合格,测量2、3合格

    B. 对于边墙,测量1、2不合格,测量3合格

    C. 对于边墙,测量1、3不合格,测量2合格

    D. 对于边墙,测量2、3不合格,测量1合格

解析:选BCD。在防水层铺设前,喷射混凝土基面平整度应满足,边墙:$D/L\leq1/6$,拱顶:$D/L\leq1/8$。经计算对于边墙,测量1不合格,测量2、3合格。拱顶1、2合格,3不合格。

(5)根据检查结果,下列说法不正确的是(　　)

    A. 对于拱顶,测量1不合格,测量2、3合格

    B. 对于拱顶,测量1、2合格,测量3不合格

    C. 对于拱顶,测量1、3不合格,测量2合格

    D. 对于拱顶,测量2、3不合格,测量1合格

解析:选ACD。在防水层铺设前,喷射混凝土基面平整度应满足$D/L\leq1/6$,对拱顶应$D/L\leq1/8$。经计算,对于拱顶,测量1、2合格,测量3不合格。

思考与练习题

一、单选题

*1. 下列何种防排水结构适用于对保护地下水环境、限制地层沉降要求高的工程,可以为隧道结构的耐久性和安全运营提供良好的环境条件?(　　)

    A. 引流自排型防水结构   B. 水密型防水结构

    C. 控制型防排水结构   D. 以上三种防排水结构均适用

*2. 山岭公路隧道排水系统水的流程是(　　)。

    A. 围岩→环向排水管→横向排水盲管→纵向排水管→中央排水管→洞外出水口

    B. 围岩→环向排水管→纵向排水管→横向排水盲管→中央排水管→洞外出水口

    C. 围岩→纵向排水管→环向排水管→横向排水盲管→中央排水管→洞外出水口

    D. 围岩→环向排水管→横向排水盲管→中央排水盲管

*3. 在防水层铺设前,喷射混凝土基面平整度应满足D/L(　　)。其中,D为喷射混凝土相邻两凸面间下凹的深度;L为喷射混凝土相邻两凸面间的距离。

    A. $\leq1/6$ B. $\leq1/2$ C. $\leq1/4$ D. $\leq1/3$

*4. 根据止水带材质和止水部位可采用不同的接头方法。对于塑料止水带,其接头形式应采用(　　)。

    A. 搭接或对接   B. 搭接或复合接

    C. 复合接或对接   D. 以上均不能采用

*5. 防水混凝土抗渗等级分级为P4、P6、P8、P10、P12,若在防水混凝土抗渗等级试验中加压至1.2MPa,经8h后第三个试件仍不渗水,则停止试验,试件的抗渗等级以( )表示。
    A. P6   B. P12   C. P8   D. P10

*6. 在隧道复合式衬砌中,防水板应采用易于焊接的防水卷材,接缝长度应满足( )。
    A. ≥80mm   B. ≥100mm   C. ≥120mm   D. ≥150mm

*7. 管节铺设有透水孔的一面朝上、安放平稳,接头无错位、接头处流水面高差不得大于( )mm。
    A. 2   B. 5   C. 10   D. 15

*8. 预制管节外形规整、无变形、缺损和开裂,表面应平整,蜂窝麻面面积不得超过( )%。
    A. 1   B. 2   C. 5   D. 10

*9. 防水板焊缝拉伸强度不得小于防水板强度的( )%。
    A. 50   B. 60   C. 70   D. 80

*10. ( )构造简单、施工简便及质量可靠,在隧道中使用较为普遍。
    A. 外贴式止水带   B. 中埋式止水带   C. 背贴式止水带   D. 内贴式止水带

二、多选题

*1. 隧道工程防排水应遵循( )的原则。
    A. 防、排、堵、截结合   B. 科学合理
    C. 因地制宜   D. 综合治理

*2. 隧道洞内排水设施主要有( )等。
    A. 排水盲管(沟)   B. 进水孔   C. 横向导水管   D. 路侧边沟
    E. 深埋水沟(中心排水沟)   F. 防寒泄水洞

*3. 地表截水就是在地表截断流向隧道围岩的水,主要措施有( )。
    A. 对洞顶的积水洼地,开沟疏导引流
    B. 对洞顶以上的水工隧道、水库、稻田、输水渠等造成隧道漏水的,做防渗处理
    C. 对施工及地质勘测留下的钻孔、坑道、洞穴,做好排水处理或封填
    D. 对断层破碎带等,如有较大的径流进入时,做截水沟或回填;若无明径流,但却影响隧道漏水时,应采取封闭措施

*4. 纵向排水盲管通常采用( )等方法进行检查。
    A. 肉眼观测   B. 直尺或钢尺测量   C. 水准仪   D. 激光断面仪
    E. 坡度尺

*5. 预制管节( ),表面应平整,蜂窝麻面面积不得超过1%,深度不超过1cm。
    A. 外形规整   B. 无变形   C. 无缺损   D. 无开裂

*6. 排水盲管又称排水盲沟,包括( )。
    A. 纵向排水盲管   B. 环(竖)向排水盲管
    C. 横向排水盲管   D. 斜向排水盲管

*7. 根据止水带在衬砌混凝土中的安装位置,可分为( )3种。
    A. 中埋式止水带   B. 背贴式止水带   C. 外贴式止水带   D. 内贴式止水带

8. 地下截水就是在地下截断流向隧道围岩的地下水源,主要措施有(　　)。
   A. 泄水洞　　　　B. 钻孔截水　　　　C. 拦截暗河　　　　D. 防渗帷幕截水
9. 在洞口地段,隧道设有边仰坡的(　　)等排水设施。
   A. 坡顶截水沟　　B. 洞口反向侧沟　　C. 导管　　　　　　D. 洞门排水沟(管)
*10. 针对不同的衬砌类型,隧道防排水结构的主要类型有(　　)。
   A. 复合式衬砌防排水结构　　　　B. 单层式衬砌防排水结构
   C. 连拱隧道中隔离墙排水结构　　D. 明洞防排水结构

三、判断题

1. 焊缝拉伸强度不得小于防水板强度的70%,焊缝抗剥离强度不小于100N/cm。(　　)
*2. 止水带与衬砌端头模板应斜交。(　　)
*3. 止水带的搭接宽度可取10cm,冷黏或焊接的缝宽不小于10cm。(　　)
*4. 盲管尽量与岩壁或初期支护紧贴,与初期支护的最大间距不得大于5cm。(　　)
*5. 管片不得有内外贯穿裂缝、宽度大于0.5mm的裂缝及混凝土剥落现象。(　　)

备注:本书中,*表示与知识目标和能力目标相对应的题目,属于必答题。

模块7 [思考与练习题]答案

施工监控量测

模块 8

【案例导入】

2006年1月,某市地铁线某区间盾构施工路面发生沉陷,沉陷区域直径约6m,深度为60cm。

事故经过:发生下陷的路面位于该地铁项目部西侧围墙根下,水泥路面从四周朝路中心凹陷,中心处下沉半米多深,路面的围墙受牵引后,墙壁出现大量裂痕。

事故原因:据专家分析,该地段为地质条件极复杂的断裂带,且上部为回填沙土层,沉陷处地下水丰富,因施工中机器扰动了地层,地下水流失引起路面局部沉陷。

隧道施工监控量测是指在隧道施工过程中使用各种类型的仪表和工具,对围岩和支护衬砌变形状况、受力状态的监测。通过施工监控量测及时掌握围岩的动态及支护作用的效果,以修正设计,指导施工,确保安全。

监控量测的内容较多,通常分为必测量测项目和选测量测项目两类,见表8-1。必测量测项目是施工过程中经常性的量测项目,通过对围岩及支护状态的观察、变形观测,判断围岩稳定性。选测量测项目是必测项目的拓展和补充。通过对围岩及支护结构受力、内力、应变、围岩内部位移等进行监测,深入掌握围岩的稳定状态与支护效果。

公路隧道量测项目 表8-1

序号	项目名称	方法及工具	测点布置
必测项目			
1	洞内、外观察	现场观测、地质罗盘等	开挖及初期支护后进行
2	周边位移	各类收敛计、全站仪	每5~100m一个断面,每断面2~3对测点
3	拱顶下沉	水准仪、钢钢尺、全站仪	每5~100m一个断面
4	地表下沉	水准仪、钢钢尺、全站仪	洞口段、浅埋段,布置不少于2个断面,每断面不少于3个测点
5	拱脚下沉	水准仪、钢钢尺、全站仪	富水软弱破碎围岩、流沙、软岩大变形、含水黄土、膨胀岩土等不良地质和特殊性岩土段
选测项目			
1	钢架内力及外力	支柱压力计或其他测力计	每代表性地段1~2个断面,每断面钢架内力3~7个测点,或外力1对测力计
2	围岩内部位移(洞内设点)	多点杆式或钢丝式位移计	每代表性地段1~2个断面,每断面3~7个钻孔
3	围岩内部位移(地表设点)	地表钻孔安设各类位移计	每代表性地段1~2个断面,每断面3~5个钻孔
4	围岩压力	各种类型岩土压力盒	每代表性地段1~2个断面,每断面3~7个测点
5	两层支护间压力	压力盒	每代表性地段1~2个断面,每断面3~7个测点
6	锚杆轴力	钢筋计、锚杆测力计	每代表性地段1~2个断面,每断面3~7根锚杆(索),每根锚杆2~4测点
7	支护、衬砌内应力	混凝土内应变计、钢筋计	每代表性地段1~2个断面,每断面3~7个测点
8	围岩弹性波速度	各种声波仪及配套探头	在有代表性地段设置
9	爆破振动	测振及配套传感器	邻近建(构)筑物
10	渗水压力、水流量	渗压计、流量计	—
11	地表下沉	水准仪、钢钢尺	有特殊要求段落
12	地表水平位移	经纬仪、全站仪	有可能发生滑移的洞口段高边坡

单元8.1 必测量测项目

【知识目标】
掌握必测项目量测内容及方法。

【技能目标】
能够规范进行必测项目的量测。

【案例导入】
地下某车站工程沿东西向布置,线间距约13m,中心里程覆土厚度约5.86m,暗挖段标准段长19.5m。本工程为连拱结构,开挖跨度较大,结构受力复杂。此外,整个拱部初期支护结构分导洞内拱脚施工和主体拱顶大弧施工两阶段进行,暗挖段主体采用拱盖法施工,主体初期支护采用钢格栅加网喷混凝土结构,覆土厚度为5.2~6.7m,二次衬砌结构为防水钢筋混凝土。该站设3个基准点以控制车站场区的变形观测要求,均埋设在施工影响范围以外(围护结构外不小于100m)稳定的区域,点位的埋设牢固可靠,为了保证测量数据的可靠性,基准点进行定期复测。根据点位的布置合理设计观测路线,对所给定点位做统一编号(DB01~DB99),利用基准点BM1、BM2、BM3点做附着线路,选取BM1、BM2点作为线路观测,BM3作为检校基准点用。线路测量时,在视距符合规定时每站可观测在视距允许范围内的点位。

【工程师寄语】
我们要有强烈的时间观念和效率意识,做到今日事今日毕。在日常的学习和工作中,每个人都应将这种不等、不靠、不拖的精神内化于心、外化于行,把每项任务都做实、做深、做细,这不仅是对个人能力的提升,更是对团队和集体负责的表现。在进行隧道监测时,每一次及时的数据采集,都是对隧道安全的一次重要保障。

本单元将为大家介绍洞内外观察、周边收敛量测、拱顶下沉量测、地表沉降量测以及拱脚下沉量测相关内容。

【知识框图】

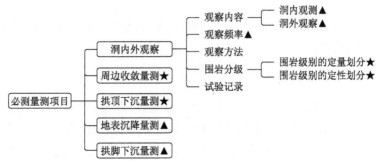

必测量测项目方法简单、量测密度大、可靠性高,对监视围岩稳定、指导设计、施工有巨大作用。必测量测项目包括:洞内外观察、拱顶下沉量测、周边收敛量测、地表沉降量测、拱脚下沉量测等。

单元8.1-1

洞内外观察

洞内外观察

在隧道勘察设计阶段,地质勘探工作很难提供完全准确的地质资料。因此,特别需要在施工过程中对隧道围岩开挖揭露的地质情况、地下水出露情况、支护工作状态进行观察并描述,同时还需对隧道开挖影响范围的地表及周边地段情况进行观察、观测,进行围岩级别判定,了解并预测其变化。

一、观察内容

1. 洞内观测

(1)掌子面观察:岩性、岩层产状;地层结构面(节理、裂隙)形态、规模、产状及充填物;不良地质(溶洞、断层、采空区、有害气体等)揭露情况;地下水类型、涌水量、涌水位置、涌水压力等;开挖工作面的稳定状态坍塌、掉块、明显变形、挤出等。

(2)支护状态及施工状态观察:开挖方法,台阶长度、高度、宽度;初期支护、二次衬砌、仰拱衬砌施作时机、一次开挖长度距开挖面的距离;初期支护、二次衬砌开裂及渗水情况(位置、状态、水量等);钢拱架有无悬空及悬空长度、钢拱压曲、歪斜。

2. 洞外观察

地表开裂、滑移、沉陷;边坡仰坡开裂、滑塌、碎落、渗水;地面植物、树木倾斜和移动;地表水水流变化。

二、观察频率

(1)隧道洞内掌子面一般每开挖循环检查一次,下台阶和仰拱每开挖循环检查一次;
(2)初期支护、二次衬砌巡查每天一次;
(3)洞外观察与地表沉降观测一致,当遇天气变化特别是极端天气情况时应实时观察。

三、观察方法

借助地质罗盘、地质锤、放大镜、卷尺、秒表、相机等工具和设备进行目视调查,并详细记录和描绘。

四、围岩分级

围岩分级

围岩是隧道周围的岩土体的统称,一般指因隧道开挖扰动而使原始应力发生改变的区域,是隧道结构的一部分。地层岩性、岩体强度、围岩完整程度和地下水对隧道围岩稳定性及结构作用有很大影响。由于隧道穿越的地层情况非常复杂,围岩的稳定性有很大差异,隧道工程界采用围岩分级方法来综合评价围岩性质、判断围岩的稳定性,作为确定隧道衬砌结构、开挖方法、临时支护措施以及指导施工的基本依据。

1. 围岩级别的定量划分

隧道围岩分级的综合评判方法应按以下顺序进行:首先,根据岩石的坚硬程度和岩体完整程度两个基本因素的定性特征和定量的岩体基本质量指标(BQ),综合进行初步分级。其次,对围岩进行详细定级时,应在岩体基本质量分级基础上,考虑修正因素的影响修正岩体基本质量指标值。最后,按修正后的岩体基本质量指标(BQ),结合岩体的定性特征综合评判,确定围岩的详细分级。

(1)围岩基本质量指标BQ值。

围岩基本质量指标BQ值,根据分级因素的定量指标岩石饱和单轴抗压强度R_c和岩体完整性指数K_v值确定:

$$BQ = 100 + 3R_c + 250K_v \tag{8-1}$$

当$R_c > 90K_v + 30$时,应将$R_c = 90K_v + 30$和K_v代入计算BQ值。

当$K_v > 0.04R_c + 0.4$时,应将$K_v = 0.04R_c + 0.4$和R_c代入计算BQ值。

(2)岩石饱和单轴抗压强度R_c。

岩石坚硬程度定量指标应采用岩石饱和单轴抗压强度R_c。R_c应采用实测值。当无条件取得实测值时,也可采用实测的岩石点荷载强度指数$I_{S(50)}$的换算值,并按下式换算:

$$R_c = 22.82 I_{S(50)}^{0.75} \tag{8-2}$$

式中:R_c——岩石饱和单轴抗压强度。

(3)岩体完整性指数K_v。

岩体完整性指标K_v应针对不同的工程地质岩组或岩性段,选择有代表性的点、段,测试岩体弹性纵波速度,并应在同一岩体取样测定岩石纵波速度。

$$K_v = \left(\frac{v_{pm}}{v_{pr}}\right)^2 \tag{8-3}$$

式中:v_{pm}——岩体弹性纵波速度(km/s);

v_{pr}——岩石弹性纵波速度(km/s)。

岩体完整程度的定量指标应采用岩体完整性指数K_v。K_v应采用实测值。当无条件取得实测值时,也可用岩体体积节理数J_v,并按表8-2确定对应的K_v值。

J_v与K_v的对应关系 表8-2

J_v(条/m³)	<3	3~10	10~20	20~35	≥35
K_v	>0.75	0.75~0.55	0.55~0.35	0.35~0.15	≤0.15

岩体完整性指数K_v与岩体完整程度的对应关系,可按表8-3确定。

K_v与岩体完整程度的对应关系 表8-3

K_v	>0.75	0.75~0.55	0.55~0.35	0.35~0.15	≤0.15
完整程度	完整	较完整	较破碎	破碎	极破碎

(4)围岩基本质量指标修正值[BQ]。

考虑隧道的地下水、结构面产状与地应力状态对岩体质量的影响,需要对BQ值进行修正。

$$[BQ] = BQ - 100(K_1 + K_2 + K_3) \tag{8-4}$$

式中:K_1——地下水影响修正系数;

K_2——主要软弱结构面产状影响修正系数;

K_3——初始应力状态影响修正系数。

K_1、K_2、K_3的取值分别见表8-4~表8-6。

地下水影响修正系数K_1 表8-4

地下水出水状态	BQ			
	>450	450~351	350~251	<250
潮湿或点滴状出水	0	0.1	0.2~0.3	0.4~0.6
淋雨状或涌流状出水,水压<0.1MPa或单位出水量<10L/(min·m)	0.1	0.2~0.3	0.4~0.6	0.7~0.9
淋雨状或涌流状出水,水压>0.1MPa或单位出水量>10L/(min·m)	0.2	0.4~0.6	0.7~0.9	1.0

主要软弱结构面产状影响修正系数K_2 表8-5

结构面产状及其与洞轴线的组合关系	结构面走向与洞轴线夹角<30°;结构面倾角30°~75°	结构面走向与洞轴线夹角>60°;结构面倾角>75°	其他组合
K_2	0.4~0.6	0~0.2	0.2~0.4

初始应力状态影响修正系数K_3 表8-6

初始应力状态(围岩强度应力比)	BQ				
	>550	550~451	450~351	350~251	<250
极高应力区(<4)	1.0	1.0	1.0~1.5	1.0~1.5	1.0
高应力区(4~7)	0.5	0.5	0.5	0.5~1.0	0.5~1.0

(5)围岩级别的判定。

公路隧道围岩级别根据以上方法计算获得的围岩基本质量指标BQ或修正的围岩基本质量指标[BQ],按表8-7划分。

公路隧道围岩级别划分 表8-7

围岩基本质量指标BQ或修正的围岩基本质量指标[BQ]	>550	550~451	450~351	350~251	≤250
围岩级别	Ⅰ	Ⅱ	Ⅲ	Ⅳ	Ⅴ

2. 围岩级别的定性划分

围岩分级中,岩石坚硬程度、岩体完整程度两个基本因素的定性划分和定量指标及其对应关系如下。

(1)岩石坚硬程度划分。

岩石坚硬程度的定性划分见表8-8。

岩石坚硬程度的定性划分 表8-8

坚硬程度		定性鉴定	代表性岩石
硬质岩	坚硬岩	锤击声清脆,有回弹,震手,难击碎;浸水后,大多无吸水反应	未风化~微风化的花岗岩、正长岩、闪长岩、辉绿岩、玄武岩、安山岩、片麻岩、硅质板岩、石英岩、硅质胶结的砾岩、石英砂岩、硅质石灰岩等
硬质岩	较坚硬岩	锤击声较清脆,有轻微回弹,稍震手,较难击碎	1. 中等(弱)风化的坚硬岩; 2. 未风化~微风化的熔结凝灰岩、大理岩、板岩、白云岩、石灰岩、钙质砂岩、粗晶大理岩等
软质岩	较软岩	锤击声不清脆,无回弹,较易击碎;浸水后,指甲可刻出印痕	1. 强风化的坚硬岩; 2. 中等(弱)风化的较坚硬岩; 3. 未风化~微风化的凝灰岩、千枚岩、砂质泥岩、泥灰岩、泥质砂岩、粉砂岩、砂质页岩等
软质岩	软岩	锤击声哑,无回弹,有凹痕,易击碎;浸水后,手可掰开	1. 强风化的坚硬岩; 2. 中等(弱)风化~强风化的较坚硬岩; 3. 中等(弱)(弱)风化的较软岩; 4. 未风化的泥岩、泥质页岩、绿泥石片岩、绢云母片岩等
软质岩	极软岩	锤击声哑,无回弹,有较深凹痕,手可捏碎;浸水后,可捏成团	1. 全风化的各种岩石; 2. 强风化的软岩; 3. 各种半成岩

岩石饱和单轴抗压强度R_c与岩石坚硬程度的对应关系也可按表8-9确定。

R_c与岩石坚硬程度定性划分的关系 表8-9

R_c(MPa)	>60	60~30	30~15	15~5	≤5
坚硬程度	硬质岩		软质岩		
	坚硬岩	较坚硬岩	较软岩	软岩	极软岩

(2)岩体完整程度划分。

岩体完整程度的定性划分见表8-10。

岩体完整程度的定性划分 表8-10

完整程度	结构面发育程度		主要结构面的结合程度	主要结构面类型	相应结构类型
	组数	平均间距(m)			
完整	1~2	>1.0	结合好或结合一般	节理、裂隙、层面	整体状或巨厚层状结构
较完整	1~2	>1.0	结合差	节理、裂隙、层面	块状或厚层状结构
	2~3	1.0~0.4	结合好或结合一般		块状结构
较破碎	2~3	1.0~0.4	结合差	节理、裂隙、劈理、层面、小断层	裂隙块状或中厚层状结构
	≥3	0.4~0.2	结合好		镶嵌碎裂结构
			结合一般		薄层状结构

续上表

完整程度	结构面发育程度		主要结构面的结合程度	主要结构面类型	相应结构类型
	组数	平均间距(m)			
破碎	≥3	0.4~0.2	结合差	各种类型结构面	裂隙块状结构
		≤0.2	结合一般或结合差		碎裂结构
极破碎	无序		结合很差		散体状结构

注：平均间距指主要结构面间距的平均值。

结构面的结合程度，应根据结构面特征按表8-11确定。

结构面结合程度的划分　　　　　　　　　　　　　表8-11

结合程度	结构面特征
结合好	张开度小于1mm，为硅质、铁质或钙质胶结，或结构面粗糙、无充填物； 张开度1~3mm，为硅质或铁质胶结； 张开度大于3mm，结构面粗糙，为硅质胶结
结合一般	张开度小于1mm，结构面平直，钙泥质胶结或无充填物； 张开度1~3mm，为钙质胶结； 张开度大于3mm，结构面粗糙，为铁质或钙质胶结
结合差	张开度1~3mm，结构面平直，为泥质胶结或钙泥质胶结； 张开度大于3mm，多为泥质或岩屑充填
结合很差	泥质充填或泥夹岩屑充填，充填物厚度大于起伏差

（3）围岩级别判定。

围岩级别定性划分可根据围岩岩体或土体主要特征，按表8-12确定。

围岩级别定性分级标准　　　　　　　　　　　　　表8-12

围岩级别	岩体或土体主要定性特征	岩体基本质量指标BQ或岩体修正质量指标[BQ]
Ⅰ	坚硬岩，岩体完整	>550
Ⅱ	坚硬岩，岩体较完整；较坚硬岩，岩体完整	550~451
Ⅲ	坚硬岩，岩体较破碎；较坚硬岩，岩体较完整；较软岩，岩体完整，整体状或巨厚层状结构	450~351
Ⅳ	坚硬岩，岩体破碎；较坚硬岩，岩体较破碎~破碎；较软岩，岩体较完整~较破碎；软岩，岩体完整~较完整	350~251
	土体：①压密或成岩作用的黏性土及砂性土；②黄土(Q1、Q2)；③一般钙质、铁质胶结的碎石土、卵石土、大块石土	
Ⅴ	较软岩，岩体破碎；软岩，岩体较破碎~破碎；全部极软岩和全部极破碎岩	≤250
	土体：一般第四系的半干硬至硬塑的黏性土及稍湿至潮湿的碎石土，卵石土、圆砾、角砾土及黄土(Q3、Q4)；非黏性土呈松散结构，黏性土及黄土呈松软结构	
Ⅵ	软塑状黏性土及潮湿，饱和粉细砂层，软土等	

注：本表不适用于特殊条件的围岩分级，如膨胀性围岩、多年冻土等。

当根据围岩岩体或土体主要定性特征与岩体基本质量指标BQ或[BQ]确定的级别不一致时,应通过对定性划分和定量指标的综合分析,确定岩体基本质量级别。当两者的级别划分相差达1级及以上时,应进一步补充测试。

五、试验记录

洞内外观察试验记录表如表8-13所示。

洞内外观察试验记录表　　　　表8-13

项目名称			委托编号	
检测方位			里程桩号	
围岩等级			开挖方法	
检测依据			检测日期	
主要设备编号				
工作面面观察		岩性		
		岩体结构类型		
		构造发育程度		
		岩体完整程度		
		地下水状况		
		其他不良地质状况		
已支护段观察		喷射混凝土		
		锚杆		
		钢支撑		
		仰拱		
		渗水		
		衬砌混凝土		
		其他不良病害		
洞外观察		地表		
		边仰坡		
		地面植被		
		地表水		
		其他不良地质状况		

检测:　　　　　　记录:　　　　　　校核:

地质与支护状况观察记录表如表8-14所示。

地质与支护状况观察记录表　　　　　　　　表8-14

检测单位名称：　　　　　　　　　　　　　　　　　　　　记录编号：ZY05-006-2021-01

工程名称						
工程部位/用途				委托/任务编号		
样品信息	样品名称：		样品编号：	样品数量：		样品状态：
试验检测日期				试验条件		
检测依据				判断依据		
主要仪器设备及编号						
岩性			岩层产状		隧道轴向	
风化程度		未	微	弱	强	全
硬度（抗压强度 R_c,MPa）		坚硬(>60)	较坚硬(30~60)	较软(30~15)	软(15~5)	极软(<5)
完整性	体积裂隙数 J_v（条数/m³）	<3	3~10	10~20	20~35	>35
	岩体完整性系数 K_v	>0.75	0.75~0.55	0.55~0.35	0.35~0.15	<0.15
	完整程度	完整	较完整	较破碎	破碎	极破碎
结构面形状与产状	结构面产状	①组		②组		③组
	平均间距(m)	>1.0	1.0~0.4		0.4~0.2	<0.2
	组数	1~2	2~3		>3	无序
	张开填充情况(mm)	闭合无充填<1	微张少有充填 1~3	可见明显裂缝填充岩屑	张开填充黏土	呈分离体、土夹石
	粗糙程度		粗糙	平整	夹泥厚度大于起伏差	
	主结构面、轴线关系（修正系数 K_2）	结构面走向与洞轴线夹角<30°，结构面倾角30°~75°(0.4~0.6)		结构面走向与洞轴线夹角>60°，结构面倾角>75°(0~0.2)		其他组合(0.2~0.4)
地下水状态		无水	潮湿或滴水	淋雨状或涌流状出水,水压<0.1MPa或单位出水量<10L/(min·m)		淋雨状或涌流状出水,水压>0.1MPa或单位出水量>10L/(min·m)
初始应力状态		无高应力		高应力区（硬岩偶有岩爆;软岩位移显著）		极高应力区（硬岩多岩爆;软岩岩体剥离）
毛洞稳定情况		无掉块	局部小块掉落	拱顶有较大坍方	拱顶有坍塌侧壁失稳	洞体失稳
岩体出露状态		风化带	断层带	节理密集带	有侵入体	溶洞 褶皱核部 堆积体
支护情况						
其他情况	1. 辅助指标修正 2. 施工建议 掌子面素描图					
围岩判断	原设计围岩级别			现判断围岩级别		
附加声明：						

检测：　　　　　　　记录：　　　　　　　复核：　　　　　　　日期：　年　月　日

试验检测8.1-2

周边收敛量测

周边收敛量测

周边收敛是指隧道两侧壁面测点之间连线的相对位移。

一、量测仪器

隧道周边收敛用收敛计进行量测,量测时在隧道两侧壁面对称埋设测桩,如图8-1所示。目前隧道施工中常用的收敛计为弹簧式收敛计和重锤式收敛计。

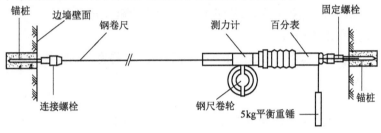

图8-1 周边收敛量测图

二、测点布置

(1)周边位移量测沿隧道纵向每5～50m布置一个量测断面。

(2)对于洞口段、浅埋地段、软弱地层段、大变形段,断面布置间距一般不大于2倍开挖洞径或20m。地质条件差或重要工程,应加密布设。

(3)周边收敛量测断面和拱顶下沉量测断面应布置在同一断面(桩号)。每个量测断面一般布置两条水平测线,如图8-2所示。

(4)采用三台阶法开挖时,上台阶1条、下台阶1条;三台阶法开挖的隧道,单洞四车道隧道,需设3条测线,每台阶至少一条测线;侧壁导坑开挖、双侧壁导坑开挖时,在导坑内按同样的方法布设测线。

(5)测线应高出开挖底面不小于1.5m。

图8-2 周边收敛测线布置图

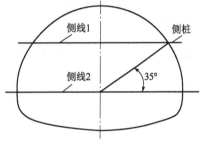

图8-3 周边收敛测桩埋设图

三、测点埋设

(1)隧道开挖初期数据变化较大,测点要及时埋设,要求在距开挖面2m范围内、开挖后24h内埋设,在下一循环开挖或爆破前能获取初始读数。

(2)隧道开挖初喷后,在测线布置位置钻直径42mm、深300mm的孔,埋入测桩,测桩杆长≥300mm,用锚固剂将测桩锚固在钻孔内(测桩不能焊在钢拱架上),测桩外露头需加保护套,如图8-3所示。每条测线两端各一个。

(3)喷射混凝土复喷前用易凿除的填充物保护测头,待喷射混凝土复喷完成后,凿除覆盖喷层和保护填充物,露出测头,并用红色油漆做好标记。

(4)记录测点埋设桩号、测点编号和埋设时间。

四、读数方法(以重锤式收敛计为例)

(1)每次量测时将收敛仪固定在隧道边墙一侧的测桩上,拉出收敛仪上钢卷尺固定在隧道另一侧同一高度的测桩上,安装好收敛仪后,记录钢卷尺读数。

(2)挂上平衡重锤慢慢放下,待稳定后读取百分表读数,再抬起平衡重锤让百分表读数回位,然后慢慢放下重锤,待稳定后读取百分表读数,反复3次,3组读数在现场分别填入记录表,并记录仪器编号、断面桩号、测线编号,测量人、记录人、量测日期。

(3)每条测线分别重复进行。

(4)同一量测断面每次量测都使用同一收敛仪量测,以避免不同仪器出现的量测误差。

五、量测频率

待固定测桩的锚固剂强度达到70%以后即可测取初始读数,并将读数填入现场量测记录表。量测频率应根据围岩位移变化速度和量测断面距开挖面距离按表8-15和表8-16的要求进行,并应满足最低量测频率要求。当量测断面施工状况发生变化时(如下台阶开挖、仰拱开挖),应增加量测频率。

净空位移和拱顶下沉的量测频率(按位移速度) 表8-15

位移速度(mm/d)	量测频率	位移速度(mm/d)	量测频率
≥5	2~3次/d	0.2~0.5	1次/3d
1~5	1次/d	<0.2	1次/(3~7)d
0.5~1	1次/(2~3)d		

净空位移和拱顶下沉的量测频率(按与开挖面的距离) 表8-16

量测断面距开挖面距离(m)	量测频率	量测断面距开挖面距离(m)	量测频率
(0~1)b	2次/d	(2~5)b	1次/(2~3)d
(1~2)b	1次/d	>5b	1次/(3~7)d

注:1. b 为隧道开挖宽度。

2. 变形速率突然变大,喷射混凝土表面、地表有裂缝出现并持续发展时应加大量测频率。

3. 上下台阶开挖工序转换或拆除临时支撑时应加大量测频率。

六、数据整理及计算

每次测量后12h之内,应在室内对所量测的数据进行整理和分析。

(1)对每条测线每次测取的3组读数,计算平均值作为本条测线本次的净空值。

(2)计算周边收敛值。

根据每次测得的净空与上次测得净空值的差,得到两次净空值的变化,即为两次量测时间段内的周边收敛值,按式(8-5)计算:

$$\Delta d = d_{(i)} - d_{(i-1)} \tag{8-5}$$

式中：Δd——收敛值；

$d_{(i)}$——本次测取读数；

$d_{(i-1)}$——上次测取读数。

（3）温度修正。

隧道内温度变化较大时应对钢尺进行温度修正，按下式计算：

$$\varepsilon_t = \alpha(T_0 - T)L \tag{8-6}$$

式中：ε_t——温度修正值；

α——钢尺线膨胀系数；

T_0——鉴定钢尺的标准温度，$T_0=20℃$，也可是洞内常温下的鉴定钢尺温度；

T——每次量测时的平均气温；

L——钢尺长度。

（4）绘制时间—变形曲线图。

根据计算结果，绘制时间—周边收敛曲线。计算过程可用计算机编程完成，并自动生成时间—周边收敛曲线图。

七、试验记录

拱顶下沉试验记录表如表8-17所示。

拱顶下沉试验记录表 表8-17

项目名称						委托编号			
量测断面里程						埋点日期			
设备名称及编号						围岩级别			
检测依据						测点编号			
测量时间		基点读数(mm)（后视）		测点读数(mm)（前视）		测值（mm）	本次与基点高差（mm）	与上次量测高差（mm）	累计变形量（mm）
日期	时刻	主尺	测微仪	主尺	测微仪				

检测： 记录： 校核：

周边收敛(收敛计法)测量记录表(全断面法)如表8-18所示。

周边收敛(收敛计法)测量记录表(全断面法)　　　　　　　　　表8-18

检测单位名称：　　　　　　　　　　　　　　　记录编号：

工程名称											
工程部位/用途						委托/任务编号					
样品信息	样品名称： 样品数量：					样品编号： 样品状态：					
试验检测日期						试验条件					
检测依据						判定依据					
主要仪器设备及编号											
测试断面桩号						布设时间					

观测时间	温度修正			钢尺孔位读数(mm)	显示器读数				修正后观测值(mm)	本次收敛(mm)	总收敛值(mm)	收敛速率(mm/d)
	T(℃)	Δt(℃)	R_t		1	2	3	平均				

断面测线位置示意图	注：A—B为测线	

附加声明：

检测：　　　　　记录：　　　　　复核：　　　　　日期：　　年　月　日

周边收敛(收敛计法)测量记录表(台阶法)如表8-19所示。

周边收敛(收敛计法)测量记录表(台阶法)　　　　　　　　　表8-19

检测单位名称：　　　　　　　　　　　　　　　　记录编号：

工程名称											
工程部位/用途						委托/任务编号					
样品信息		样品名称： 样品数量：				样品编号： 样品状态：					
试验检测日期						试验条件					
检测依据						判定依据					
主要仪器设备及编号											
测试断面桩号						布设时间					
观测时间	温度修正		R_t	钢尺孔位读数(mm)	显示器读数				修正后观测值(mm)	本次收敛(mm)	总收敛值(mm)	收敛速率(mm/d)
	T(℃)	Δt(℃)			1	2	3	平均				
断面测线位置示意图			注：A—B为测线； C—D为测线									
附加声明：												

检测：　　　　　　记录：　　　　　　复核：　　　　　　日期：　年　月　日

周边收敛(收敛计法)测量记录表(中隔壁或交叉中隔壁法)如表8-20所示。

周边收敛(收敛计法)测量记录表(中隔壁或交叉中隔壁法)　　　　表8-20

检测单位名称：　　　　　　　　　　　　　　　　记录编号：

工程名称										
工程部位/用途						委托/任务编号				
样品信息		样品名称： 样品数量：				样品编号： 样品状态：				
试验检测日期						试验条件				
检测依据						判定依据				
主要仪器设备及编号										
测试断面桩号						布设时间				

观测时间	温度修正		钢尺孔位读数(mm)	显示器读数				修正后观测值(mm)	本次收敛(mm)	总收敛值(mm)	收敛速率(mm/d)
	T(℃)	Δt(℃)	R_t		1	2	3	平均				

(表格数据行为空)

断面测线位置示意图

注：A—E 为测线；
C—F 为测线；
D—F 为测线；
B—E 为测线；
A—B 为测线；
C—D 为测线

附加声明：

检测：　　　　　记录：　　　　　复核：　　　　　日期：　年　月　日

周边收敛(收敛计法)测量记录表(双侧壁导洞法)如表8-21所示。

周边收敛(收敛计法)测量记录表(双侧壁导洞法)　　　　表8-21

检测单位名称：　　　　　　　　　　　　　　记录编号：

工程名称										
工程部位/用途						委托/任务编号				
样品信息		样品名称： 样品数量：				样品编号： 样品状态：				
试验检测日期						试验条件				
检测依据						判定依据				
主要仪器设备及编号										
测试断面桩号						布设时间				
观测时间	温度修正			钢尺孔位读数(mm)	显示器读数				修正后观测值(mm)	本次收敛(mm)	总收敛值(mm)	收敛速率(mm/d)
	T(℃)	Δt(℃)	R_t		1	2	3	平均				
断面测线位置示意图				注：$A—E$为测线； 　　$B—F$为测线； 　　$A—B$为测线								
附加声明：												

检测：　　　　　记录：　　　　　复核：　　　　　日期：　年　月　日

隧道周边收敛(全站仪)测量记录表(全断面法)如表8-22所示。

隧道周边收敛(全站仪)测量记录表(全断面法)　　　　　表8-22

检测单位名称：　　　　　　　　　　　　　　记录编号：

工程名称								
工程部位/用途					委托/任务编号			
样品信息	样品名称： 样品数量：				样品编号： 样品状态：			
试验检测日期					试验条件			
检测依据					判定依据			
主要仪器设备及编号								
断面桩号	测线编号	测线长度(mm)		平均测线长 (mm)	上次测线长 (mm)	收敛值(mm)		备注
		盘左读数	盘右读数			本次	累计	
断面测线位置示意图				注：A—B为测线				
附加声明：								

检测：　　　　　记录：　　　　　复核：　　　　　日期：　年　月　日

隧道周边收敛(全站仪)测量记录表(台阶法)如表8-23所示。

隧道周边收敛(全站仪)测量记录表(台阶法)　　　　　　　　　　　表8-23

检测单位名称：　　　　　　　　　　　　　记录编号：

工程名称								
工程部位/用途			委托/任务编号					
样品信息	样品名称：　　　　　　　　样品编号： 样品数量：　　　　　　　　样品状态：							
试验检测日期			试验条件					
检测依据			判定依据					
主要仪器设备及编号								
断面桩号	测线编号	测线长度(mm)		平均测线长 (mm)	上次测线长 (mm)	收敛值(mm)		备注
		盘左读数	盘右读数			本次	累计	
断面测线位置示意图		注：A—B为测线； C—D为测线						
附加声明：								

检测：　　　　　记录：　　　　　复核：　　　　　日期：　年　月　日

隧道周边收敛(全站仪)测量记录表(中隔壁或交叉中隔壁法)如表8-24所示。

隧道周边收敛(全站仪)测量记录表(中隔壁或交叉中隔壁法)　　　　表8-24

检测单位名称：　　　　　　　　　　　　　　　　记录编号：

工程名称								
工程部位/用途				委托/任务编号				
样品信息	样品名称： 样品数量：				样品编号： 样品状态：			
试验检测日期				试验条件				
检测依据				判定依据				
主要仪器设备及编号								
断面桩号	测线编号	测线长度(mm)		平均测线长 (mm)	上次测线长 (mm)	收敛值(mm)		备注
		盘左读数	盘右读数			本次	累计	
断面测线位置示意图	注:A—E为测线； C—F为测线； D—F为测线； B—E为测线； A—B为测线； C—D为测线							
附加声明：								

检测：　　　　　　记录：　　　　　　复核：　　　　　　　　日期：　年　月　日

隧道周边收敛(全站仪)测量记录表(双侧壁导洞法)如表8-25所示。

隧道周边收敛(全站仪)测量记录表(双侧壁导洞法)　　　　　　　表8-25

检测单位名称：　　　　　　　　　　　　　　　　　记录编号：

工程名称								
工程部位/用途				委托/任务编号				
样品信息	样品名称：　　　　　　　　　　　　样品编号： 样品数量：　　　　　　　　　　　　样品状态：							
试验检测日期				试验条件				
检测依据				判定依据				
主要仪器设备及编号								
断面桩号	测线编号	测线长度(mm)		平均测线长 (mm)	上次测线长 (mm)	收敛值(mm)		备注
		盘左读数	盘右读数			本次	累计	

断面测线位置示意图	注：A—E 为测线； B—F 为测线； A—B 为测线	

附加声明：

检测：　　　　　记录：　　　　　复核：　　　　　日期：　年　月　日

试验检测 8.1-3

拱顶下沉量测

拱顶下沉量测

通过隧道拱顶下沉量测可以了解隧道拱顶下沉变化情况。

一、量测仪器

精密水准仪量测、塔尺,量测精度为±0.5mm。

二、测点布置

拱顶下沉量测断面布置与周边收敛量测断面布置相同。车道数为双车道及以下的隧道每个量测断面布置1~2个测点,车道数为三车道及以上的隧道每个量测断面布置2~3个测点,采用分部开挖法时每开挖分部拱部至少布置1个测点,如图8-4所示。

三、测点埋设

(1)隧道开挖初期数据变化较大,测点要及时埋设,要求在距开挖面2m范围内埋设,应在每次开挖后12h内,在下一循环开挖或爆破前读取初始读数,最迟不得超过24h。

(2)隧道围岩开挖初喷后,在测点位置垂直向上钻孔,孔深300mm、孔径42mm。用锚固剂将带挂钩的测桩锚在钻孔内,挂钩向下外露,如图8-5所示。挂钩可用φ8mm钢筋,弯成圆形或三角形,并用红色油漆做好标记。记录测点埋设桩号、测点编号和埋设时间。

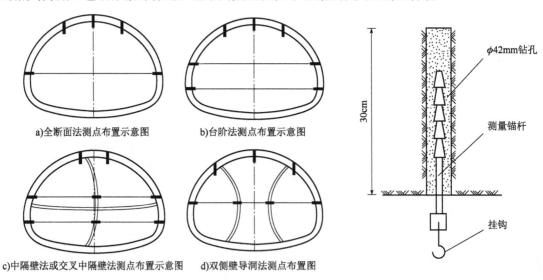

a)全断面法测点布置示意图　　b)台阶法测点布置示意图

c)中隔壁法或交叉中隔壁法测点布置示意图　　d)双侧壁导洞法测点布图

图8-4 单洞隧道拱顶下沉测线布置图　　图8-5 隧道拱顶下沉测桩埋设图

四、基点埋设

(1)用水准仪量测拱顶下沉时,需另外埋设稳定的观测基点,洞内基点可设在已完成的稳定衬砌边墙或基础上。基点埋设时间应在测点埋设之前完成。

(2)基点应选择通视条件好、地基稳定不变形、监测期间不被扰动和破坏的坚硬岩石或构造物上,一般是在距被测断面以外20m远的距离。

(3)基点应打孔埋设测桩。孔深100～200mm、孔径38～42mm。测桩钢筋直径为18～22mm,竖向埋设,上端露头小于50mm,外露头磨圆。记录测点埋设时间。

五、读数方法

(1)每次量测时在后方基点立塔尺或钢钢尺,读取基点(后视)读数,再将钢卷尺或塔尺吊挂在拱顶挂钩上,在钢卷尺或塔尺基本不摆动的状态下通过精密水准仪测取(前视)读数。

(2)每次测取读数填入记录表,多个拱顶测点尽可能使用同一基点,并一站完成。

六、量测频率

拱顶下沉量测频率与周边收敛量测频率相同。

七、数据整理及计算

每次测量后12h之内,应在室内对所量测的数据进行整理和分析。

(1)计算拱顶下沉值。

①前一次拱顶高程为:

$$h_1 = h_0 + A_1 + B_1 \tag{8-7}$$

式中:h_1——前一次拱顶高程;
h_0——基点高程;
A_1——前一次后视点(基点)读数;
B_1——前一次前视点(拱顶测点)读数。

②当次拱顶高程为:

$$h_2 = h_0 + A_2 + B_2 \tag{8-8}$$

式中:h_2——当次拱顶高程;
A_2——当次后视点(基点)读数;
B_2——当次前视点(拱顶测点)读数。

③拱顶位移值:

$$\Delta h = h_2 - h_1 = (A_2 + B_2) - (A_1 + B_1) \tag{8-9}$$

式中:Δh——拱顶位移值。

(2)结果判定。

若$\Delta h<0$,则拱顶下沉;若$\Delta h>0$,则拱顶上移。

(3)绘制时间—变形曲线图。

根据计算结果,绘制时间—拱顶下沉曲线。计算过程可用计算机编程完成,并自动生成时间—拱顶下沉曲线图。

八、试验记录

拱顶下沉(水准仪)测量记录表如表8-26、表8-27所示。

拱顶下沉(水准仪)测量记录表　　　　　　　　　　　表8-26

检测单位名称：　　　　　　　　　　　记录编号：

工程名称							
工程部位/用途				委托/任务编号			
样品信息	样品名称： 样品数量：			样品编号： 样品状态：			
试验检测日期				试验条件			
检测依据				判定依据			
主要仪器设备及编号							
测试断面桩号				布设时间			
观测时间 Y-M-D 24H	基准点高程 (mm)	后视读数 (mm)	前视读数 (mm)	拱顶高程 (mm)	单次下沉量 (mm)	累计下沉量 (mm)	沉降速率 (mm/d)
附加声明：							

检测：　　　　记录：　　　　复核：　　　　　　　日期：　年　月　日

拱顶下沉(全站仪)测量记录表　　　　　　　　　　　　　　　表8-27

检测单位名称：			记录编号：				
工程名称							
工程部位/用途			委托/任务编号				
样品信息	样品名称： 样品数量：			样品编号： 样品状态：			
试验检测日期			试验条件				
检测依据			判定依据				
主要仪器设备及编号							
拱顶下沉量测数据							
断面桩号	盘左读数 （mm）	盘右读数 （mm）	相对高差 （mm）	相对高程 （mm）	单次下沉量 （mm）	累计下沉量 （mm）	备注
附加声明：							

检测：　　　　　记录：　　　　　复核：　　　　　日期：　年　月　日

试验检测 8.1-4

地表沉降量测

地表沉降量测

进行地表下沉量测是为了观测隧道通过地段的地表下沉量和下沉范围；地表有建筑物时还包括观测建筑物下沉变形情况，同时了解隧道开挖掘进与地表下沉的动态关系。

一、量测仪器

精密水准仪或精密全站仪、塔尺，量测精度为±0.5mm。

二、测量方法

地表下沉量测方法分接触法和非接触法。

地表下沉接触法采用精密水准仪和水准尺进行测量。

地表下沉非接触法采用精密全站仪和反射膜片进行测量。

三、测点布设

地面观测测点布置在隧道上方、隧道开挖可能引起地表沉降的区域。量测断面尽可能与隧道轴线垂直,根据地表纵向坡度确定地表量测断面数量,一般不少于3倍隧道开挖宽度布设测点。量测断面宜与洞内周边收敛和拱顶下沉量测布置在同一个断面(桩号)。

量测范围应大于隧道开挖影响范围。隧道中线附近适当加密测点。单洞隧道每个量测断面的测点不少于5个,连拱隧道每个量测断面测点不少于7个,量测断面测点布置如图8-6所示。横向布置间距为2~5m,一般布置7~11个测点,隧道中线附近较密。对于小净距隧道、四车道大断面隧道,根据情况适当加密。当地表有建筑物时,应在建筑物周围增设地表下沉观测点。

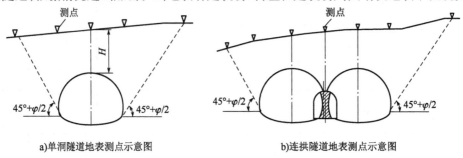

a) 单洞隧道地表测点示意图 b) 连拱隧道地表测点示意图

图8-6 量测断面测点布置

四、基点布设

基点应选择在隧道开挖影响范围以外,通视条件好,基础稳定、抗自然灾害强的位置。基点在整个地表观测期间不移动、不变形、不被破坏。在稳定性好、强度高、不易风化的裸露基岩上埋设基点时,可在基岩上钻孔,孔深100~200mm,孔径38~42mm。埋入直径为18~22mm的钢筋,竖向埋设,钢筋露头50mm,磨圆,用红油漆作明显标记。在土质区域,应在不被人畜踩踏、水流冲刷的位置设基点,需挖坑(深度不小于300mm,直径不小于400mm),插入长500mm、直径为22mm的钢筋、周边灌注C20混凝土,钢筋露头5mm,磨圆,用红油漆作明显标记。基点埋设后应记录埋设时间。

五、读数方法

地表沉降测量读数方法与普通水准仪高程测量方法相同。

将每次测取读数填入记录表,多个测点尽可能使用同一基点,并尽可能减少仪器转站。

六、量测断面间距与频率

地表下沉量测应在开挖工作面前方 $H+h$(隧道埋置深度+隧道高度)处开始,直到衬砌结构封闭、下沉基本停止时为止。

(1)量测断面间距：按表8-28执行。

地表下沉量测断面的间距　　　　　　　　　　　　　表8-28

埋置深度h	地表下沉量测断面的间距(m)	埋置深度h	地表下沉量测断面的间距(m)
$h>2.5b$	视情况布设量测断面	$h \leq b$	5~10
$b<h \leq 2.5b$	10~20		

注：1. 无地表建筑物时取表内上限值。

2. b表示隧道开挖宽度，h表示隧道埋深。

(2)地表沉降观察应在固定基点和测点的混凝土或锚固剂强度达到70%以后测取初始读数，观测频率：按表8-29要求执行。当有工序转换或出现异常情况时，应适当增大量测频率。

地表下沉测量频率(根据量测区间段的位置)　　　　　　　表8-29

量测断面距开挖工作面的距离	量测频率	量测断面距开挖工作面的距离	量测频率
$d \leq 2.5b$	1~2次/d	$d>5b$	1次/7d
$2.5b<d \leq 5b$	1次/2d		

注：b表示隧道开挖宽度；d表示量测断面距开挖工作面的距离。

七、数据整理

每次测量后立即(不超过12h)在室内对所量测的结果进行整理，录入计算机。

(1)每次测得的测点与基点的高差值与前次测得高差值的差，即为测点下沉值。

(2)具体计算方法与拱顶下沉计算方法计算相同，计算过程应编程用计算机完成，并自动生成时间—拱顶下沉曲线。

八、试验记录

地表下沉试验记录表如表8-30所示。

地表下沉试验记录表　　　　　　　　　　　　　　　表8-30

项目名称				委托编号		
量测断面里程				埋点日期		
检测依据				量测时间	年 月 日 时 分	
设备名称及编号						
点号	前视(mm)		后视(mm)		本次与基点高差	与上次量测高差	累计变形量
	主尺	测微仪	主尺	测微仪	(mm)	(mm)	(mm)
基点							
量测闭合差			容许闭合差	$f_{h容}=\pm 25\sqrt{L}$		量测数据是否合格	

检测：　　　　　　　　记录：　　　　　　　　校核：

地表下沉测量记录表如表8-31所示。

地表下沉测量记录表 表8-31

检测单位名称：　　　　　　　　　　　记录编号：

工程名称							
工程部位/用途				委托/任务编号			
样品信息	样品名称： 样品数量：			样品编号： 样品状态：			
试验检测日期				试验条件			
检测依据				判定依据			
主要仪器设备及编号							
测试断面桩号				测点编号		布设时间	
观测时间 Y-M-D 24H	基准点高程 （mm）	后视读数 （mm）	前视读数 （mm）	测点高程 （mm）	单次下沉量 （mm）	累计下沉量 （mm）	沉降速率 （mm/d）
附加声明：							

检测：　　　　　记录：　　　　　复核：　　　　　日期：　年　月　日

试验检测 8.1-5

拱脚下沉量测

一、仪器设备

拱脚下沉量测需用到的主要仪器设备有：精密水准仪或精密全站仪、铟钢尺，量测精度为±0.5mm。

二、操作规程

1. 精密水准仪（接触法）操作规程

(1)仪器使用前检校。
(2)调整固定三脚架。
(3)架设仪器。
(4)调焦手轮、微动手轮、视度调节和脚螺旋。
(5)测量高程。

2. 精密全站仪（非接触法）操作规程

(1)仪器使用前检校。
(2)检查预埋测点。
(3)调整固定三脚架。
(4)仪器架设整平。
(5)调焦手轮、微动手轮、视度调节和脚螺旋。
(6)进行高程、距离测量。

三、测点布设

在富水软弱破碎围岩、流沙、软岩大变形、含水黄土、膨胀岩等不良地质和特殊岩土段，在隧道左右两侧拱脚处布设测点（如有钢拱架布设在钢拱架上）。

四、量测方法

拱脚下沉接触法采用精密水准仪和水准尺进行测量，测量精度为±0.5mm；非接触法采用精密全站仪和反射膜片进行测量，测量精度为±0.5mm。

非接触法洞内测点布置在隧道左右两边墙拱脚处（如钢拱架上），安设隧道变位观测计，将反射膜片贴于变位观测计上，后视点可设在稳定的部位，用全站仪观测。

五、量测频率

仰拱施工前，1~2次/d。

六、试验记录

拱脚下沉（水准仪）测量记录表如表8-32所示。

拱脚下沉(水准仪)测量记录表 表8-32

检测单位名称：　　　　　　　　　　　记录编号：

工程名称							
工程部位/用途				委托/任务编号			
样品信息	样品名称： 样品数量：			样品编号： 样品状态：			
试验检测日期				试验条件			
检测依据				判定依据			
主要仪器设备及编号							
测试断面桩号				布设时间			
观测时间 Y-M-D 24H	基准点高程 （mm）	后视读数 （mm）	前视读数 （mm）	拱顶高程 （mm）	单次下沉量 （mm）	累计下沉量 （mm）	沉降速率 （mm/d）
附加声明：							

检测：　　　　　记录：　　　　　复核：　　　　　日期：　年　月　日

拱脚下沉(全站仪)测量记录表如表8-33所示。

拱脚下沉(全站仪)测量记录表　　　　　　　　　　　表8-33

检测单位名称：　　　　　　　　　　记录编号：

工程名称							
工程部位/用途			委托/任务编号				
样品信息	样品名称： 样品数量：			样品编号： 样品状态：			
试验检测日期			试验条件				
检测依据			判定依据				
主要仪器设备及编号							
拱顶下沉量测数据							
断面桩号	盘左读数 (mm)	盘右读数 (mm)	相对高差 (mm)	相对高程 (mm)	单次下沉量 (mm)	累计下沉量 (mm)	备注
附加声明：							

检测：　　　　　　记录：　　　　　　复核：　　　　　　日期：　年　月　日

单元8.2　选测量测项目

【知识目标】
1. 熟悉选测量测项目内容；
2. 掌握选测量测项目方法。

【技能目标】
能规范进行选测量测项目的量测。

【案例导入】

某隧道全长993m,采用分离式双洞布置,左、右线隧道中心线距离约为35m。隧道地质构造为单斜构造。隧道洞身段围岩岩性为细粒石英砂岩,较坚硬,岩体较完整,设计级别为Ⅱ~Ⅲ级。隧道暗洞洞身掘进采用全断面光面爆破法施工,爆破设计的槽眼深度为3~3.5m,辅助眼及周边眼深度为2.5~3.0m,单次爆破使用炸药量为140~181.6kg。该隧道靠近一村庄,该村房屋结构有土木结构、砌体结构和框架结构,共计280户。在爆破施工期间该村村民反映隧道爆破时家中震感明显,房屋严重开裂。

经现场实地考察并结合民宅分布情况以及测试的可实现性分析,测点以爆破作业点为中心,在该山周围分别按直线距离为31m、50m、100m、800m、1500m进行布点测试。

【工程师寄语】

在进行选测项目量测方法学习的同时,我们应当深入理解量测原理,不仅要知其然,还要知其所以然,更要知其所以然。我们要以科学的态度对待知识,不仅学习其表象,更要深入探究其背后的科学原理,把握事物发展的必然规律。这不仅是对技术的追求,更是对科学严谨态度的体现。

本单元将为大家介绍钢架内力及外力量测、围岩内部位移量测、衬砌应力量测、围岩弹性波速度监测、围岩压力量测、锚杆轴力量测以及爆破振动监测的相关知识。

【知识框图】

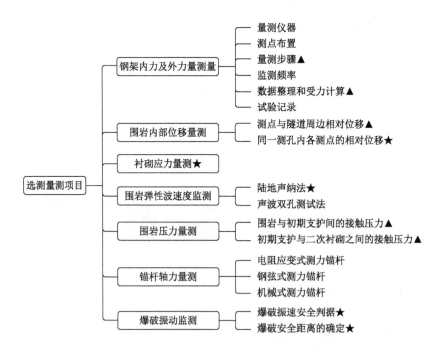

选测量测项目多、测试元件埋设难度较大,费用较高,一般只对特殊地段、危险地段或有代表性的地段进行量测。多数选测量测项目竣工后可以长期观测。

选测量测项目包括:钢架内力及外力量测、围岩内部位移量测、衬砌应力量测、围岩弹性波速度监测、围岩压力量测、锚杆轴力量测、爆破振动监测等。

试验检测8.2-1

钢架内力及外力量测

钢架内力及外力量测

在喷锚衬砌设有钢架的地段,根据需要可对钢架的受力进行量测,了解钢架受力变化和实际工作状态。钢架分格栅钢架和型钢钢架。

一、量测仪器

型钢钢架应力量测仪器主要有钢弦式表面应变计和钢弦式钢筋应力计,目前多采用钢弦式钢筋应力计。

二、测点布置

(1)一个代表性地段可设置1~2个监测断面。

(2)在一个量测断面上,测点布设在隧道拱顶、拱腰和边墙,测点不宜少于5个,连拱隧道不宜少于7个。

(3)测点也可布置在围岩受力敏感位置,但应避开钢架节段的接头位置,距接头距离应大于500mm。

三、量测步骤

(1)用钢弦式表面应变计量测型钢钢架受力时,将表面应变传感器顺钢架轴线方向安装在型钢钢架的表面,用电焊机将传感器底座与在被测钢架表面焊接固定,保证其与钢架一起变形,最后在传感器上罩上薄铁皮盒。

(2)用钢弦式钢筋计量测型钢钢架受力时,将钢筋计顺钢架轴线方向安装在型钢钢架的表面,将钢筋计两端焊接在型钢钢架的翼缘上(上翼缘在内侧、下翼缘在外侧),钢筋计的中段不要与钢架接触,当中段与钢架接触时,可在两端加钢垫块。

(3)在钢格栅中要测内应力的部位截取一段钢筋,将钢筋应力计用电焊焊接在被截断钢筋的两头。

(4)对钢筋应力计(或表面应变计)的导线进行编号,并记录对应编号对应的钢筋计(或应变计)的位置。

(5)在待喷射混凝土作业完成后开始量测,用频率读数仪接上钢筋计(或应变计)的导线,即可读取应力(或应变)读数,并将读数填入现场量测记录表格。

四、监测频率

钢架内力及外力频率表如表8-34所示。当隧道量测断面工作状态发生改变时,量测频率加密。

钢架内力及外力频率表   表8-34

序号	项目名称	方法及工具	布置	量测间隔时间			
				1~15d	16d~1月	1~3月	大于3月
1	钢支撑内力及外力	表面应变计、钢筋应力计、读数仪	每代表性地段1~2个断面,每断面钢支撑内力3~7个测点,或外力1对测点	1~2次/天	1次/2天	1~2次/周	1~3次/月

五、数据整理和受力计算

每次测量后立即在室内对所量测的结果进行整理,录入计算机。

同一测点不同时间应力的差即应力变化,按下式计算:

$$\Delta\sigma = \sigma_{(i)} - \sigma_{(i-1)} \tag{8-10}$$

式中:$\Delta\sigma$——量测点内力差值;

$\sigma_{(i)}$——本次测点读数;

$\sigma_{(i-1)}$——上次本测点读数。

计算过程应用计算机完成,随着量测数据的积累,自动生成各测点的时间—压力曲线。

六、试验记录

钢支撑内力试验记录表如表8-35所示。

钢支撑内力试验记录表   表8-35

项目名称					委托编号			
量测断面里程					围岩级别			
检测依据					埋设日期			
设备名称及编号					量测时间	年 月 日 时 分		
项目	埋设部位	元件编号	测量值	钢拱架的弹性模量	本次量测应力(MPa)	与上次之差(MPa)	累计变化量(MPa)	
钢架内侧应力	拱顶							
	左拱腰							
	右拱腰							
	左边墙							
	右边墙							
钢架外侧应力	拱顶							
	左拱腰							
	右拱腰							
	左边墙							
	右边墙							

检测: 记录: 校核:

钢支撑应力测试记录表如表8-36所示。

钢支撑应力测试记录表 表8-36

检测单位名称： 记录编号：

工程名称											
工程部位/用途						委托/任务编号					
样品信息		样品名称：		样品编号：		样品数量：			样品状态：		
试验检测日期						试验条件					
检测依据						判定依据					
主要仪器设备及编号											
断面位置	测点编号	测点位置	温度(℃)	观测值(Hz)	备注	断面位置	测点编号	测点位置	温度(℃)	观测值(Hz)	备注
		拱顶						拱顶			
		左边墙						左边墙			
		左拱腰						左拱腰			
		右边墙						右边墙			
		右拱腰						右拱腰			
		拱顶						拱顶			
		左边墙						左边墙			
		左拱腰						左拱腰			
		右边墙						右边墙			
		右拱腰						右拱腰			
附加声明：											

检测： 记录： 复核： 日期： 年 月 日

试验检测8.2-2

围岩内部位移量测

围岩内部位移（洞内设点）是量测隧道周边与围岩内部某一点沿量测孔钻孔方向的相对位移。通过量测可了解隧道围岩内部不同深度的位移情况，了解围岩松弛区大致范围，为判断围岩的松弛变形情况提供数据。

围岩内部位移量测

一、量测仪器

围岩内部位移量测主要采用多点位移计和单点位移计。

多点位移计一般为杆式多点位移计,单点位移计一般为弦式(钻孔伸长计、引伸计)。

二、测点布置

(1)一个代表性地段可设置1~2个监测断面。

(2)采用多点位移计量测时,分别在拱顶、拱腰和边墙部位布置3~7个深孔、连拱隧道钻6个深孔(如图8-7所示),也可在隧道较敏感位置布置钻孔。孔深应比锚杆设计长度大100~200mm,或根据量测要求和分析松动范围确定钻孔深度,一般为3.0~5.0m。每个测孔内一般布置5个测点,即6个定位件(孔口必须有一个定位件)、5根连杆。

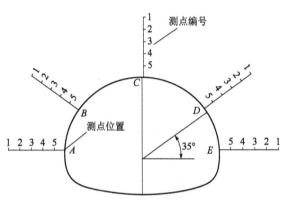

图8-7 多点位移计测点布置断面图

(3)采用单点位移计量测时,分别在拱顶、拱腰和边墙部位布置测点,每个部位的钻孔数量根据内部测点数确定。如内部测点需要4个,则需钻4个孔,钻孔深度根据测点深度确定(1.5~4.5m)。

三、量测步骤

(1)使用钻孔在隧道监测断面打一定深度的钻孔,一般深度为4~5m。

(2)将多点位移计(如图8-8所示)埋入钻好的孔内。每断面布置5个测孔(连拱隧道6个),每个测孔等间距布置6个测点。

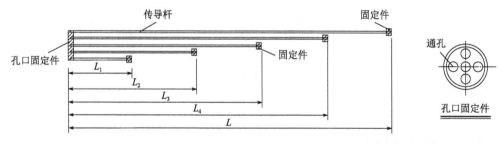

图8-8 杆式多点位移计示意图

(3)在隧道开挖初喷后或初期支护完成后沿隧道径向钻孔,钻孔直径为42~50mm、钻孔深度较位移计略长50~100mm,钻孔完成后用清水冲洗清孔,将组装好的多点位移计插入钻孔,注入M20水泥砂浆进行锚固。

(4)开始用多点位移计进行量测,待锚固砂浆强度达到70%以后即可测取初始读数。每次量测时,对每一个测点应连续采集3个读数,将每次测取的读数填入现场量测记录表格中,隧道围岩体内位移频率表如表8-37所示。单点位移计数据采集方式与多点位移计相同。

隧道围岩体内位移频率表   表 8-37

序号	项目名称	方法及工具	布置	量测间隔时间			
				1～15d	16d～1月	1～3月	大于3月
1	围岩体内位移（洞内设点）	洞内钻孔中安设单点、多点杆式或钢丝式位移计	每代表性地段1～2个断面，每断面3～7个钻孔	1～2次/天	1次/2天	1～2次/周	1～3次/月
2	围岩体内位移（地表设点）	地面钻孔中安设各类位移计	每代表性地段1～2个断面，每断面3～5个钻孔	同地表下沉要求			

四、数据整理和位移计算

每次测量后（不超过12h）立即在室内对所量测的结果进行整理，将原始记录录入计算机。

(1)对每一测点量测的3个读数的均值，即为该测点的量测值。

(2)计算测点与隧道周边相对位移。

每一测点前后两次量测值的差为本测点与隧道周边(孔口)相对位移值，按下式计算：

$$\Delta S_{(i)} = S_{(i)} - S_{(i-1)} \tag{8-11}$$

式中：$\Delta S_{(i)}$——i测点与周边的相对位移值；

      $S_{(i)}$——i测点本次量测值；

      $S_{(i-1)}$——i测点前次量测值。

(3)计算同一测孔内各测点的相对位移。

第1测点与其他测点的相对位移按式(8-12)～式(8-15)计算：

$$\Delta S_{(1-5)} = \Delta S_{(1)} - \Delta S_{(5)} \tag{8-12}$$

$$\Delta S_{(1-4)} = \Delta S_{(1)} - \Delta S_{(4)} \tag{8-13}$$

$$\Delta S_{(1-3)} = \Delta S_{(1)} - \Delta S_{(3)} \tag{8-14}$$

$$\Delta S_{(1-2)} = \Delta S_{(1)} - \Delta S_{(2)} \tag{8-15}$$

式中：$\Delta S_{(1-i)}$——1测点与i测点的相对位移，$i=2,3,4,5$；

      $\Delta S_{(i)}$——i测点与周边的相对位移值，$i=1,2,3,4,5$。

其他各测点间的位移，以此类推。计算过程应用计算机编程完成。

(4)绘制位移曲线。

①根据同一测孔各测点的相对位移绘制某一时刻不同深度位移分布图。

②绘制时间—围岩内部位移曲线图。

五、试验记录

围岩内部位移试验记录表如表8-38所示。

围岩内部位移试验记录表

表8-38

项目名称			委托编号	
量测断面里程			围岩级别	
检测依据			埋设日期	
设备名称及编号			量测时间	年 月 日 时 分

埋设部位		元件编号	本次量测值(mm)	与上次之差(mm)	累计变化量(mm)
拱顶	测点1				
	测点2				
	测点3				
	测点4				
	测点5				
左拱腰	测点1				
	测点2				
	测点3				
	测点4				
	测点5				
右拱腰	测点1				
	测点2				
	测点3				
	测点4				
	测点5				
左边墙	测点1				
	测点2				
	测点3				
	测点4				
	测点5				
右边墙	测点1				
	测点2				
	测点3				
	测点4				
	测点5				

检测: 记录: 校核:

隧道围岩体内位移测试记录表（洞内或地表设点）如表 8-39 所示。

隧道围岩体内位移测试记录表（洞内或地表设点） 表 8-39

检测单位名称： 记录编号：

工程名称				
工程部位/用途		委托/任务编号		
样品信息	样品名称：		样品编号：	
	样品数量：		样品状态：	
试验检测日期		试验条件		
检测依据		判定依据		
主要仪器设备及编号				
序号	检测部位	孔号	传感器编号	频率值	备注
附加声明：					

检测： 记录： 复核： 日期： 年 月 日

试验检测 8.2-3

衬砌应力量测

衬砌应力量测

应力量测包括初期支护喷射混凝土应力量测和二次衬砌模筑混凝土应力量测，通过量测了解隧道喷射混凝土和模筑混凝土的受力状态。

一、量测仪器

量测初期支护及衬砌应力的传感器主要有钢弦式应变计和应变砖。目前隧道现场量测衬砌应力时多采用钢弦式应变计。

1. 钢弦式应变计

钢弦式应变计量测元件材质的弹性模量应与混凝土层的弹性模量相近，量测数据能直接反映混凝土层的变形状态和受力的大小。

量测时,将钢弦式应变计埋入混凝土内,混凝土结构受力后,带动钢弦式应变计钢丝受力发生改变,引起钢丝振动频率变化,用频率仪测出振动频率,根据事先标定出的频率—应变曲线求出作用在混凝土上的应变,再根据混凝土弹性模量计算出混凝土应力。

2. 应变砖

应变砖是由电阻应变片外加银箔防护做成银箔应变计,再用混凝土材料制成(50~120)mm×40mm×25mm的矩形立方块(外壳形如砖)。由于应变砖和混凝土基本上是同类材料,埋入混凝土的应变砖不会引起应力的异常变化,所以应变砖可直接反映混凝土层的变形与受力的大小。

量测混凝土应变时,将应变砖埋入混凝土内,混凝土结构受力后,应变砖也随着产生应力。先测出应变砖应变量的大小,再根据事先标定出应变砖的应力—应变曲线,可求出混凝土所受应力的大小。

二、测点布置

在选定的量测断面中,测点布设在隧道拱顶、拱腰和边墙,混凝土应力计布置图如图8-9所示。

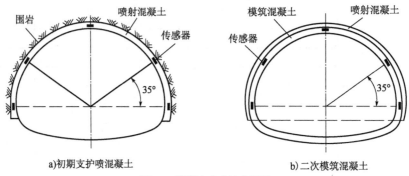

图8-9 混凝土应力计布置图

三、量测步骤

1. 埋设钢弦式应变计

(1)在喷射混凝土中埋设应变计。

在喷射混凝土复喷前,将应变计受力方向顺隧道开挖轮廓线的切线方向,用钢筋或借助钢筋网、铅丝,将混凝土应变计固定在喷射混凝土层内中间,见图8-10a),导线穿管引至保护盒。在喷射混凝土过程中保证应变计不移位,导线不被扯断。

(2)在模筑混凝土中埋设应变计。

在模筑混凝土浇筑前,将应变计受力方向顺隧道开挖轮廓线的切线方向,用钢筋或借助衬砌钢筋、铅丝,将混凝土应变计固定在模筑混凝土衬砌厚度中间,见图8-10b),导线穿管引至保护盒。在混凝土浇筑过程中保证应变计不移位,导线不被扯断。

(3)传感器埋设后,记录埋设桩号、各传感器埋设位置、编号和埋设时间。

2. 采集数据

(1)喷射混凝土层轴力量测是待喷射混凝土作业完成后测取初始读数,并将读数填入现场量测记录表格。

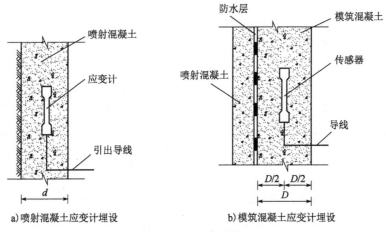

图 8-10 应变计埋设图

（2）模筑混凝土应力量测是待模筑混凝土终凝后测取初始读数，并将读数填入现场量测记录表格。

四、数据整理和应力计算

每次测量后立即在室内对所量测的结果进行整理，录入计算机。

同一测点不同时间应力的差即应力变化，按下式计算：

$$\Delta\sigma = \sigma_{(i)} - \sigma_{(i-1)} \tag{8-16}$$

式中：$\Delta\sigma$——量测点应力差值；

$\sigma_{(i)}$——本次测点读数；

$\sigma_{(i-1)}$——上次本测点读数。

计算过程应用计算机完成，随着量测数据的积累，自动生成各测点的时间—压力曲线。

五、试验记录

支护（衬砌）内应力试验记录表如表 8-40 所示。

支护（衬砌）内应力试验记录表　　　　表 8-40

项目名称				委托编号		
量测断面里程				围岩级别		
检测依据				埋设日期		
设备名称及编号				量测时间		年　月　日　时　分
初期支护内应力　□				衬砌内应力　□		
埋设部位	元件编号	微应变值	弹性模量	本次量测值 （MPa）	与上次之差 （MPa）	累计变化量 （MPa）
拱顶						
左拱腰						
右拱腰						
左边墙						
右边墙						
备注						

检测：　　　　　　　　　　记录：　　　　　　　　　　校核：

隧道支护(衬砌)内应力测试记录表如表8-41所示。

隧道支护(衬砌)内应力测试记录表 表8-41

检测单位名称：　　　　　　　　　　记录编号：

工程名称											
工程部位/用途						委托/任务编号					
样品信息	样品名称：		样品编号：			样品数量：			样品状态：		
试验检测日期						试验条件					
检测依据						判定依据					
主要仪器设备及编号											
断面位置	测点编号	测点位置	温度(℃)	观测值(Hz)	备注	断面位置	测点编号	测点位置	温度(℃)	观测值(Hz)	备注
		拱顶						拱顶			
		左边墙						左边墙			
		左拱腰						左拱腰			
		右边墙						右边墙			
		右拱腰						右拱腰			
		拱顶						拱顶			
		左边墙						左边墙			
		左拱腰						左拱腰			
		右边墙						右边墙			
		右拱腰						右拱腰			
附加声明：											

检测：　　　　　记录：　　　　　复核：　　　　　日期：　年　月　日

试验检测8.2-4

围岩弹性波速度监测

围岩弹性波速度监测

围岩弹性波速度监测包括：隧道地质剖面、隧道岩体力学参数、隧道围岩稳定性分析。

一、仪器设备

围岩弹性波速度监测所用仪器设备主要是声波测试仪及配套探头。

二、量测步骤

1. 陆地声呐法

(1)在边墙布置测线：锤击点距检波点不等距，激振点距1、2、3、4、5测点距离分别为1m、2m、3m、4m、5m。

（2）分别采集后汇成时间剖面图,根据同相轴确定折射面,应选择松弛带和压密区交界的折射面,取相邻2测点(测点距为L)时间差Δt,则$V = L/\Delta t$。

（3）取3个点和计算所得的V,求平均值。

$$V = (L_1/\Delta t_1 + L_2/\Delta t_2 + L_3/\Delta t_3)/3 \tag{8-17}$$

Δt_1、Δt_2、Δt_3的求取:以Δt_1为例,在图上量取Δt_1在下图中对应的长度d_1,量取10ms时长在下图中对应的长度d_0,按比例计算,公式如下:

$$\Delta t_1 = (d_1/d_0) \times 10 \tag{8-18}$$

2. 声波双孔测试法

采用双孔同步、单发单收的方式。在测试断面的测试部位,打一对小孔,空间距离一般为1~1.5m,在一孔中放入发射换能器,另一孔中放入接收换能器,平行移动这两个换能器,即可得声波速度与孔深的曲线关系。

三、量测频率

围岩弹性波速度监测频率表如表8-42所示。

围岩弹性波速度监测频率表　　　　表8-42

序号	项目名称	方法及工具	布置	量测间隔时间			
				1~15d	16d~1月	1~3月	大于3月
1	围岩弹性波测试	各种声波仪及配套探头	在有代表性地段设置	—	—	—	—

四、试验记录

陆地声呐法现场记录表如表8-43所示。

陆地声呐法现场记录表　　　　表8-43

检测单位名称:　　　　　　　　　　　记录编号:

工程名称			
工程部位/用途		委托/任务编号	
样品信息	样品名称:	样品编号:	
	样品数量:	样品状态:	
试验检测日期		试验条件	
检测依据		判定依据	
主要仪器设备及编号			
现场描述:		测线布置及编号:(图示)	

测线方向:
起测点:
终测点:
样点数:
采样率:
道间距:
测线间的交汇点:(见上示意图)
附加声明:

检测:　　　　　　记录:　　　　　　复核:　　　　　　日期:　　年　月　日

试验检测 8.2-5

围岩压力量测

围岩压力量测

一、量测目的

围岩压力量测是指围岩与初期支护间接触压力和初期支护与二次衬砌间接触压力量测(两层衬砌间接触压力),是在围岩与支护间和两次衬砌间埋设压力传感器,量测围岩压力的大小、分布及围岩压力变化状态,判断围岩和支护结构的稳定性。

二、量测仪器

接触压力量测仪器根据测试原理和测力计结构不同分为液压式测力计和钢弦式压力盒。目前,量测围岩压力的传感器主要采用钢弦式压力盒。

三、测点布置

在选定的量测断面,在隧道拱顶、拱腰和边墙、中墙等控制部位布设测点,压力盒布置图如图 8-11 所示。

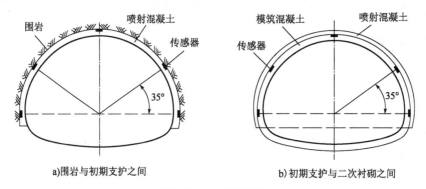

a)围岩与初期支护之间　　　b)初期支护与二次衬砌之间

图 8-11　压力盒布置图

四、压力盒的埋设

1. 围岩与初期支护间的接触压力

将压力盒埋设在围岩与初期支护间。在喷射混凝土之前,在确定的测点位置,将岩面用砂浆找平,使压力盒双模的一面贴紧围岩,用铆钉、铅丝或钢筋固定,导线穿管引至保护盒内,喷射混凝土时将压力盒和导线全部覆盖,如图 8-12a)所示。导线头在保护盒内露出。

2. 初期支护与二次衬砌之间的接触压力

将压力盒埋设在初期支护与二次衬砌之间。铺挂防水板之前,在确定的测点位置,将喷射混凝土表面用砂浆找平,使压力盒双模的一面紧贴喷射混凝土表面,用水泥钉、铅丝将压力盒固定,导线需穿管引至保护盒内。防水板铺挂和二次衬砌混凝土浇筑过程中,保证压力盒不移位,导线不被扯断,如图8-12b)所示。记录埋设桩号、各传感器编号、埋设位置和埋设时间。

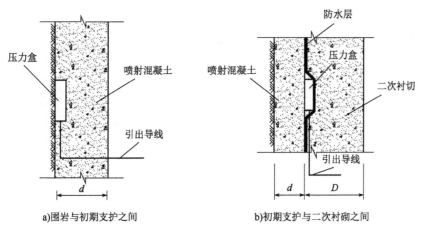

图8-12 接触压力量测压力盒埋设构造图

五、数据采集

围岩与初期支护间的接触压力量测是待喷射混凝土作业完成后测取初始读数;初期支护与二次衬砌间的接触压力量测是待二次模筑衬砌混凝土终凝后测取初始读数。围岩压力监测频率表如表8-44所示。当隧道量测断面工作状态发生改变时,量测频率应加密。

围岩压力监测频率表 表8-44

序号	项目名称	方法及工具	布置	量测间隔时间			
				1～15d	16d～1月	1～3月	大于3月
1	围岩压力	各种类型岩土压力盒	每代表性地段1～2个断面,每断面3～7个测点	1～2次/d	1次/2d	1～2次/周	1～3次/月

六、数据整理和压力计算

每次测量后立即在室内对所量测的结果进行整理,录入计算机。根据生产厂家提供的压力盒标定表,换算压力盒所受的应力,即为该测点本次测定的接触压力值。

同一测点不同时间接触压力的差即接触压力变化,按下式计算:

$$\Delta p = p_{(i)} - p_{(i-1)} \tag{8-19}$$

式中:Δp——量测点接触压力差值;

$p_{(i)}$——本次测点读数;

$p_{(i-1)}$——上次本测点读数。

计算过程应用计算机编程完成,随着量测数据的积累,自动生成各测点的时间—压力曲线。

七、试验记录

围岩压力(两层支护间压力)试验记录表如表8-45所示。

围岩压力(两层支护间压力)试验记录表　　　　　　　　　　表8-45

项目名称		委托编号		
量测断面里程		围岩级别		
检测依据		埋设日期		
设备名称及编号		量测时间	年 月 日 时 分	
围岩与初期支护间的压力□		初期支护与二次衬砌间的压力□		
埋设部位	元件编号	本次量测值(MPa)	与上次之差(MPa)	累计变化量(MPa)
拱顶				
左拱腰				
右拱腰				
左边墙				
右边墙				
备注				

检测：　　　　　　记录：　　　　　　校核：

隧道围岩压力与两层支护间压力测试记录表如表8-46所示。

隧道围岩压力与两层支护间压力测试记录表　　　　　　　　　　表8-46

检测单位名称：　　　　　　　　　记录编号：

工程名称										
工程部位/用途					委托/任务编号					
样品信息	样品名称：		样品编号：		样品数量：			样品状态：		
试验检测日期					试验条件					
检测依据					判定依据					
主要仪器设备及编号										
断面位置	测点编号	测点位置	温度(℃)	观测值(Hz)	备注	断面位置	测点编号	测点位置	温度(℃)	观测值(Hz)	备注
		拱顶						拱顶			
		左边墙						左边墙			
		左拱腰						左拱腰			
		右边墙						右边墙			
		右拱腰						右拱腰			
		拱顶						拱顶			
		左边墙						左边墙			
		左拱腰						左拱腰			
		右边墙						右边墙			
		右拱腰						右拱腰			
附加声明：										

检测：　　　　　记录：　　　　　复核：　　　　　　　日期：　年 月 日

试验检测 8.2-6

锚杆轴力量测

一、量测目的

通过量测掌握锚杆不同深度受力情况判断围岩的位移范围,评价锚杆支护效果。

二、量测仪器和原理

锚杆轴力量测,按其量测原理可分为电测式和机械式两类。其中电测式又可分为电阻应变式和钢弦式。电阻应变式和机械式是量测不同深度锚杆的变形;钢弦式是测定不同深度处传感器受力后钢弦振动频率的变化。

1. 电阻应变式测力锚杆

电阻应变式测力锚杆,是在锚杆表面沿锚杆轴线方向贴电阻应变片。使用时,将它埋置在钻孔中,注满砂浆,锚杆受力变形后带动应变片一起变形,用电阻应变仪测定锚杆轴向应变,根据轴向应变转求锚杆所受的应力。由于应变片的绝缘电阻低,敏感栅通电流后的温度效应,黏结固化不充分等,很难保证量测的可靠性和精确度。在隧道工程现场测试中很少应用。

2. 钢弦式测力锚杆

钢弦式测力锚杆,是由若干个钢弦式钢筋应力计、屏蔽导线、分线器插头和分线器、频率仪组成。使用时,将3~4个钢弦式钢筋应力计与锚杆钢筋分段串联,如图8-13所示,埋置在钻孔中,每个钢筋应力计引出一根导线。

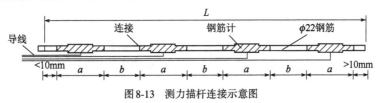

图8-13 测力锚杆连接示意图

钢弦式测力锚杆制作价格便宜、安装方便,被广泛应用于隧道现场测试。

3. 机械式测力锚杆

机械式测力锚杆,是在与锚杆直径相同的钢管内设置长度不等的细长变形传递杆,每一传递杆的一端分别固定在锚杆内壁预定的不同位置上,而另一端则至孔口端头基准板,传递杆在钢管内可自由伸缩。锚杆埋入钻孔后,借助于百分表量测传递杆的伸缩位移值,即测得锚杆不同段的变形,然后根据钢管的弹性模量,测得各测点间的应力。以此了解锚杆轴力及其分布状态。机械式量测锚杆与钢弦式测力锚杆相比,不便于远距离量测,对施工的干扰大,速度较慢,在隧道现场测试中很少采用。

三、测点布置

代表性地段设1~2个量测断面。锚杆轴向力量测是在选定的量测断面,沿隧道开挖轮廓线分别在拱顶、拱腰和边墙部位钻 3~8 个深孔,也可在隧道较敏感位置布置钻孔。孔深应比锚杆设计长度大 200mm,或根据量测要求和分析松动范围确定钻孔深度,一般为 3.0~5.0m,每个孔内一般设 3~6 个测点(即 3~6 个钢弦式钢筋计),隧道锚杆轴力测点断面布置图如图 8-14 所示。

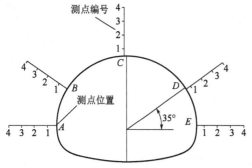

图 8-14 隧道锚杆轴力测点断面布置图

四、传感器埋设

(1)钢弦式测力锚杆埋设。

在隧道开挖初喷后或初期支护完成后沿隧道开挖轮廓径向钻孔,钻孔直径一般比锚杆杆体直径大 20~30mm,约 50mm,钻好孔后先用水冲洗清孔,准备好水泥砂浆、注浆设备,然后插入钢弦式测力锚杆,同时插入 φ5~10cm 注浆软管。传感器导线沿着锚杆引向钻孔外。导线引出钻孔外后,穿保护管引至保护盒内,在导线末端打上编码号,与钢筋应力计一一对应。注入 M20 水泥砂浆,边注浆边拔出注浆软管,使孔内注满注浆,用止浆塞封口,锚杆轴力测量制作及埋设图如图 8-15 所示。钢弦式测力锚杆不得采用药包锚固剂锚固。安装完后用喷射混凝土将锚头和导线覆盖,只露出保护盒。用红色油漆做好标记,记录埋设桩号、各传感器编号、埋设位置和埋设时间。

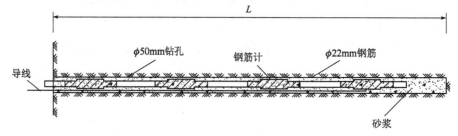

图 8-15 锚杆轴力测量制作及埋设图

(2)机械式测力锚杆埋设与多点位移计埋设基本相同。

五、数据采集

1. 钢弦式测力锚杆数据采集

锚杆轴力量测是待锚固砂浆凝固后测取初始读数。打开保护盒盖,将钢筋应力计导线插头与频率仪连接,读取钢筋计频率读数,并做好原始记录,测量人、记录人、量测日期等应签署齐全。当隧道量测断面工作状态发生改变时,量测频率应加密。量测时用频率仪测取压力盒频率读数。

2. 机械式测力锚杆数据采集

机械式测力锚杆待锚固砂浆强度达到 70% 以后即可测取初始读数,量测前先用纱布擦干净基准板上的锥形测孔,将百分表插入锥形孔内测取读数,每个测孔读取 3 次,计算 3 个数的平均值。某一时段前后两次量测出的距离变化值即为每个测点与基准面间的相对位移。根据不同测点产生的位移,除以基点与测点的距离得到应变,再乘以钢管钢材的弹性模量,得到锚杆轴向应力。

六、数据整理

（1）每次测量后（不超过12h）立即对所量测的读数进行整理，录入计算机。根据生产厂家提供的钢筋计标定表，换算每一钢筋计所受的力，即为该测点量测时刻的锚杆轴力。

（2）锚杆某一测点不同时刻锚杆轴力变化，按下式计算：

$$\Delta n = n_{(i)} - n_{(i-1)} \qquad (8\text{-}20)$$

式中：Δn——量测点锚杆轴力差值；

$n_{(i)}$——本次测点锚杆轴力；

$n_{(i-1)}$——前次测点锚杆轴力。

计算过程应用计算机编程完成，并自动生成测点时间—锚杆轴力曲线。

（3）根据同一测力锚杆各测点的轴力绘制某一时刻不同深度的锚杆轴力分布图。

七、试验记录

锚杆轴力试验记录表如表8-47所示。

锚杆轴力试验记录表　　　　　　　表8-47

项目名称			委托编号		
量测断面里程			围岩级别		
检测依据			埋设日期		
设备名称及编号			量测时间	年 月 日 时 分	
埋设部位		元件编号	本次量测值（MPa）	与上次之差（MPa）	累计变化量（MPa）
拱顶	测点1				
	测点2				
	测点3				
	测点4				
	测点5				
左拱腰	测点1				
	测点2				
	测点3				
	测点4				
	测点5				
右拱腰	测点1				
	测点2				
	测点3				
	测点4				
	测点5				
左边墙	测点1				
	测点2				
	测点3				
	测点4				
	测点5				
右边墙	测点1				
	测点2				
	测点3				
	测点4				
	测点5				

检测：　　　　　　　　　　记录：　　　　　　　　　　校核：

隧道锚杆轴力测试记录表如表8-48所示。

隧道锚杆轴力测试记录表　　　　　　　　　　　　　　　　表8-48

检测单位名称：　　　　　　　　　　　　记录编号：

工程名称											
工程部位/用途						委托/任务编号					
样品信息	样品名称：			样品编号：		样品数量：			样品状态：		
试验检测日期						试验条件					
检测依据						判定依据					
主要仪器设备及编号											
断面位置	测点编号	测点位置	温度(℃)	观测值(Hz)	备注	断面位置	测点编号	测点位置	温度(℃)	观测值(Hz)	备注
		拱顶						拱顶			
		左边墙						左边墙			
		左拱腰						左拱腰			
		右边墙						右边墙			
		右拱腰						右拱腰			
		拱顶						拱顶			
		左边墙						左边墙			
		左拱腰						左拱腰			
		右边墙						右边墙			
		右拱腰						右拱腰			
附加声明：											

检测：　　　　　记录：　　　　　复核：　　　　　日期：　年　月　日

试验检测8.2-7

爆破振动监测

爆破振动监测

一、量测目的

当隧道采用钻爆法开挖邻近建(构)筑物和其他保护对象时，应进行爆破振动速度监测，并根据相应安全判据和允许标准，对爆破施工工艺提出改进建议。

二、量测仪器

爆破测振仪及测振探头。

三、测点布置

爆破振速监测点应根据现场实际情况，选择在需保护的建(构)筑物上离爆破点最近点或结构薄弱部位上。

埋设测点时,不应选择松软的浮土、盖板、有地下空洞的地方布点,在监测区域遇到上述地点,可以微调测点位置,以保证爆破监测数据正常、真实有效。

四、爆破振速安全判据

爆破振速安全性判定按照《爆破安全规程》(GB 6722—2014)中有关规定,采用如下标准(如表8-49所示)。

爆破振速安全判据　　　　　　　　　　　　　　　　　　　　　表8-49

序号	保护对象类别	安全允许质点振动速度(cm/s)		
		$f \leq 10Hz$	$10Hz < f \leq 50Hz$	$f > 50Hz$
1	土窑洞,土坯房、毛石房屋	0.15~0.45	0.45~0.9	0.9~1.5
2	一般民用建筑物	1.5~2.0	2.0~2.5	2.5~3.0
3	工业和商业建筑物	2.5~3.5	3.5~4.5	4.2~5.0
4	一般古建筑与古迹	0.1~0.2	0.2~0.3	0.3~0.5
5	运行中的水电站及发电厂中心控制设备	0.5~0.6	0.6~0.7	0.7~0.9
6	水工隧道	7~8	8~10	10~15
7	交通隧道	10~12	12~15	15~20
8	矿山巷道	15~18	18~25	20~30
9	永久性岩石高边坡	5~9	8~12	10~15
10	新浇大体积混凝土(C20) 龄期:初凝~3d 龄期:3~7d 龄期:7~28d	1.5~2.0 3.0~4.0 7.0~8.0	2.0~2.5 4.0~5.0 8.0~10.0	2.5~3.0 5.0~7.0 10.0~12

注:1. 爆破振动监测应同时测定质点振动相互垂直的三个分量。
　　2. 表中质点振动速度为三个分量中的最大值,振动频率为主振频率。
　　3. 频率范围根据现场实测波形确定或按如下数据选取:硐室爆破时f小于20Hz;露天孔深爆破时f在10~60Hz之间;露天浅孔爆破时f在40~100Hz之间;地下孔深爆破时f在30~100Hz之间;地下浅孔爆破时f在60~300Hz之间。

五、爆破安全距离的确定

爆破振动安全允许距离,按照下式进行计算:

$$R = \left(\frac{K}{v}\right)^{1/\alpha} Q^{1/3} \tag{8-21}$$

式中:R——爆破振动安全允许距离(m);
　　　Q——炸药量,齐发爆破为总药量,延时爆破为最大一段药量(kg);
　　　v——保护对象所在地质点振动安全允许速度(cm/s);
　　　K、α——与爆破点至计算保护对象间的地形、地质条件有关的系数和衰减指数,通过现场试验确定;在无试验数据的条件下,可参考表8-50选取。

爆破区不同岩性的 K、α 值　　　　表8-50

岩性	K	α
软弱岩石	250~350	1.8~2.0
中硬岩石	150~250	1.5~1.8
坚硬岩石	50~150	1.3~1.5

六、注意事项

(1)每个测点一般布置3个测试方向,一般为建(构)筑物的主轴方向、垂直主轴水平方向、垂直地面方向。

(2)安装测振探头时,应使用水平尺及罗盘,进行调平及调方向,确保三维测量方向的准确性。

(3)传感器必须与被监测物可靠黏结,黏结剂可选择石膏粉、AB胶,也可以选择以夹具或磁座,与被测物形成刚性连接。

(4)连接完成后,可轻拽线缆,确认线缆已接好。

(5)仪器进入信号等待状态后,轻轻用手指敲击传感器,观察仪器是否记录,确保传感器及仪器的可靠工作。

七、试验记录

隧道爆破振动监测试验记录如表8-51所示。

隧道爆破振动监测试验记录　　　　表8-51

项目名称											
检测依据						委托编号					
设备名称及编号						测点编号					
量测数据											
测点描述											
监测日期	时刻	爆破断面里程	与开挖面距离(m)	进尺长度(m)	最大单段药量(kg)	控制值(cm/s)	X方向极值(cm/s)	Y方向极值(cm/s)	Z方向极值(cm/s)	被监测物是否损坏	是否预警

检测:　　　　　记录:　　　　　校核:

爆破振动监测记录表如表8-52所示。

爆破振动监测记录表 表8-52

检测单位名称： 　　　　　　　　　　　　　　　　记录编号：

工程名称											
工程部位/用途							委托/任务编号				
样品信息	样品名称： 样品数量：						样品编号： 样品状态：				
试验检测日期							试验条件				
检测依据							判定依据				
主要仪器设备及编号											
测点编号	测点位置	测点距爆破源(m)	最大振动速度及半波主频						控制值(cm/s)	预警等级	量程	灵敏度
			X		Y		Z					
			v_{max}(cm/s)	f_x(Hz)	v_{max}(cm/s)	f_y(Hz)	v_{max}(cm/s)	f_z(Hz)				
测点布置示意图：												
附加声明：												

检测：　　　　　　记录：　　　　　　复核：　　　　　　日期：　　年　月　日

单元8.3　盾构隧道施工监测

【知识目标】

1. 熟悉盾构隧道施工监测项目、方法及频率；
2. 了解盾构隧道施工监测项目控制值。

【技能目标】

1. 学会运用盾构隧道施工监测方法进行实际项目监测；

2. 能运用盾构隧道施工监测项目控制值进行监测预警。

【案例导入】

某区间隧道采用单圆盾构施工，用1台土压平衡式盾构从区间右线始发，到站后吊出转运至始发站，从该站左线二次始发，到站后吊出、解体，完成区间盾构施工。

1. 地质情况

该区间属长江低漫滩地貌，地势较为平坦，场地地层呈二元结构，上部主要以淤泥质粉质黏土为主，下部以粉土和粉细砂为主，赋存于黏性土中的地下水类型为空隙潜水，赋存于砂性土中的地下水具有一定的承压性，深部承压含水层中的地下水与长江及外秦淮河有一定的水力联系。到达端盾构穿越地层主要为中密、局部稍密粉土，上部局部为流塑状淤泥质粉质黏土，端头井6m采用高压旋喷桩配合三轴搅拌桩加固土体。

2. 事故经过

在盾构进洞即将到站时，盾构刀盘顶上地连墙外侧，人工开始破除钢筋，操作人员转动刀盘，方便割除钢筋，下部保护层破碎，刀盘下部突然出现较大的漏水漏砂点，并且迅速发展、扩大，瞬时涌水涌砂量约为260m³/h，十分钟后盾尾急剧沉降，隧道内局部管片角部及螺栓部位产生裂缝，洞内作业人员迅速调集方木及木楔，对车架与管片紧邻部位进行加固，控制管片进一步变形。仅不到1h，到达段地表产生陷坑，随之继续沉陷。所幸无人员伤亡，抢险小组决定采取封堵洞门方案。

【工程师寄语】

在盾构隧道掘进这一复杂而关键的工程实践中，我们深刻认识到其对周围环境的潜在影响。因此，全面而细致的监测工作成为不可或缺的一环。这不仅是工程技术精准施控的体现，更是践行"坚持人民至上、生命至上"理念的生动实践。我们通过增强忧患意识，坚持底线思维，确保隧道施工与环境保护并重，力求在每一项工程决策中都融入对未来可能风险的预判与应对，真正做到居安思危、未雨绸缪，为构建安全、和谐的城市建设环境贡献力量。

本单元将为大家介绍盾构隧道施工监测项目及方法、施工监测频率、施工监测项目控制值及预警等相关知识。

【知识框图】

盾构隧道施工监测

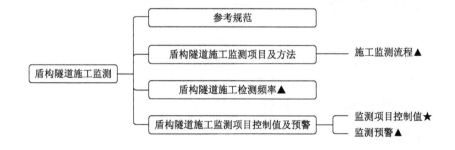

一、参考规范

(1)《盾构法隧道施工及验收规范》(GB 50446—2017)。
(2)《城市轨道交通工程监测技术规范》(GB 50911—2013)。

二、盾构隧道施工监测项目及方法

盾构施工阶段风险主要体现在开挖引起周边地层变化、对工程周边环境的影响以及盾构管片结构的变形、渗漏等。盾构隧道施工监测主要是针对管片结构及外部的地表、深层土体、孔隙水等进行监测。盾构隧道施工监测流程为：

(1)收集、分析相关资料,现场踏勘；
(2)编制和审查监测方案；
(3)埋设、验收与保护监测基准点和监测点；
(4)校验仪器设备,标定元器件,测定监测点初始值；
(5)采集监测信息；
(6)处理和分析监测信息；
(7)提交监测日报、警情快报、阶段性监测报告等；
(8)监测工作结束后,提交监测工作总结报告及相应的成果资料。

盾构隧道管片结构和周围岩土体监测项目见表8-53。监测项目中,管片结构竖向位移、净空收敛和地表沉降尤为重要。其中,通过管片结构竖向位移和净空收敛监测能够及时了解和掌握隧道结构纵向坡度变化、差异沉降、管片错台、断面变化及结构受力情况,对判断工程的质量安全非常重要；地表沉降监测可以反映出盾构施工对岩土体及周边环境的影响程度、同步注浆和二次注浆的效果以及盾构机自身的施工状态,对掌握工程安全尤为重要。

盾构隧道管片结构和周围岩土体监测项目 表8-53

序号	监测项目	工程监测等级			监测方法或仪器
		一级	二级	三级	
1	管片结构竖向位移	√	√	√	几何水准测量、电子测距三角高程测量、静力水准测量等
2	管片结构水平位移	√	○	○	小角法、方向线偏移法、视准线法、投点法、激光准直线法等
3	管片结构净空收敛	√	√	√	收敛计、全站仪、红外激光测距仪等
4	管片结构应力	○	○	○	应力计
5	管片连接螺栓应力	○	○	○	
6	地表沉降	√	√	√	精密水准仪、钢钢尺或全站仪
7	土体深层水平位移	○	○	○	测斜仪
8	土体分层竖向位移	○	○	○	分层沉降仪、水准测量仪等
9	管片围岩压力	○	○	○	界面土压力计
10	孔隙水压力	○	○	○	孔隙水压力计

注：1. 本表中,√代表必测项目,○代表选测项目。
2. 本表中,工程监测等级参考《城市轨道交通工程监测技术规范》(GB 50911—2013)中的规定划分,可根据当地经验结合地质条件进行调整。

盾构隧道穿越的建(构)筑物、在影响范围内的建(构)筑物,以及影响范围内的地下管线等,应根据工程实际情况纳入监测。

三、盾构隧道施工监测频率

盾构隧道施工监测频率一般根据施工方法、施工进度、监测对象、监测项目、地质条件等情况综合确定,也可参照表8-54确定。监测频率应使得监测信息及时系统地反映施工工况及监测对象的动态变化情况。

盾构隧道工程监测频率 表8-54

监测部位	监测对象	开挖面与监测点或监测断面的距离	监测频率
开挖面前方	周围岩土体和周边环境	$5D < L \leq 8D$	1次/(3~5)d
		$3D < L \leq 5D$	1次/2d
		$L \leq 3D$	1次/1d
开挖面后方	管片结构、周围岩土体和周边环境	$L \leq 3D$	1~2次/1d
		$3D < L \leq 8D$	1次/(1~2)d
		$L > 8D$	1次/(3~7)d
监测数据趋于稳定			1次/(15~30)d

注:D 为隧道开挖直径(m);L 为开挖面与监测面的水平距离(m)。

四、盾构隧道施工监测项目控制值及预警

1. 监测项目控制值

监测项目控制值是工程施工过程中对结构自身及周边环境安全状态或正常使用状态进行判断的重要依据,也是工程设计、工程施工及施工监测等工作的重要控制点。监测项目控制值的大小,直接影响到结构自身和周边环境的安全,对施工进展和监测手段的确定有一定影响。

盾构隧道管片结构竖向位移、净空收敛、地表沉降以及隧道周边环境等项目监测控制值,可参考表8-55~表8-57,也可根据工程地质条件和当地施工经验确定。

盾构隧道管片结构竖向位移、净空收敛监测项目控制值 表8-55

监测项目		累计值(mm)	变化速率(mm/d)
管片结构沉降	坚硬~中硬土	10~20	2
	中软~软弱土	20~30	3
管片结构差异沉降		$0.04\% L_i$	—
管片结构净空收敛		$0.2\% D$	3

注:L_i 为沿隧道轴向两监测点间距;D 为隧道开挖直径。

盾构隧道地表沉降(隆起)监测控制值 表 8-56

监测项目		工程监测等级					
		一级		二级		三级	
		累计值 (mm)	变化速率 (mm/d)	累计值 (mm)	变化速率 (mm/d)	累计值 (mm)	变化速率 (mm/d)
地表沉降	坚硬~中硬土	10~20	3	20~30	4	30~40	4
	中软~软弱土	15~25	3	25~35	4	35~45	5
地表隆起		10	3	10	3	10	3

注:1. 本表主要适用于标准断面的盾构隧道,其他断面应根据实际情况调整。
2. 本表中,工程监测等级参考《城市轨道交通工程监测技术规范》(GB 50911—2013)中的规定划分,可根据当地经验结合地质条件进行调整。

地下管线沉降及差异沉降控制值 表 8-57

管线类型	累计值(mm)	变化速率(mm/d)	差异沉降(mm)
燃气管道	10~30	2	$0.3\%L_g$
雨污管道	10~20	2	$0.25\%L_g$
供水管	10~30	2	$0.25\%L_g$

注:1. 燃气管道的变形控制值适用于100~400mm的管径。
2. L_g 为管节长度。

2. 监测预警

监测预警是整个监测工作的核心,通过监测预警能够使有关单位对异常情况及时作出反应,采取相应措施,控制和避免工程自身和周边环境安全事故的发生。

监测预警标准和预警等级主要根据工程特点、项目控制值和当地施工经验等确定,当监测数据达到预警标准或实测变形值大于允许变形的2/3时,应进行预警。当监测巡查发现下列情况时,也应及时进行预警。

(1)周边地表出现明显的沉降(隆起)或较严重的突发裂缝、坍塌;
(2)建(构)筑物等周边环境出现危害正常使用功能或结构出现过大变形、沉降、倾斜或裂缝等;
(3)周边地下管线变形明显增长或出现裂缝、泄漏等;
(4)隧道结构出现明显变形、较大裂缝、较严重漏水;
(5)根据工程经验判断可能出现的其他警情。

单元8.4 案例分析

【案例1】 对某隧道工程进行变形观测,其拱顶下沉值的观测数据如表8-58所示。试对该组数据进行回归分析后回答下列问题。

拱顶下沉值的观测数据　　　　　　　　　　　　　表8-58

X(d)	1	2	3	5	10	20	30	40	50	60
Y(mm)	3.0	5.5	7.6	10.1	14.6	19.3	21.5	22.8	23.2	23.4

注：Y是累计值。

(1)观测数据的变化规律是（　　）。

　　A. 开始一段时间位移增长速度很快，以后逐渐减速并趋于稳定

　　B. 开始一段时间位移增长速度很快，以后快速稳定

　　C. 围岩位移增长速度较慢，并逐渐趋于稳定

　　D. 开始一段时间位移增长速度很慢，以后快速稳定

解析：选A。按实测数据做出散点图，可以明显看出开始一段时间位移增长速度很快，以后逐渐减速并趋于稳定。故该题答案为A。

(2)根据观测数据的变化规律，对采集数据进行处理时，采用（　　）较为合适。

　　A. 对数函数　　　B. 指数函数　　　C. 双曲线函数　　　D. 抛物线函数

解析：选C。根据正常施工的稳定规律，拱顶下沉不会无限制地增长，而会有一个稳定值，也就是曲线有一条平行于X轴的渐近线，逐次试算即可得到答案C拟合最吻合。

(3)根据监测数据和变形速率的监控等级要求，如果该隧道的预留变形量为10cm，该隧道的位移量测数据管理等级是（　　）。

　　A. Ⅰ级　　　　　B. Ⅱ级　　　　　C. Ⅲ级　　　　　D. Ⅳ级

解析：选C。最大变形量2.34cm=23.4mm，小于10/3=3.33(cm)=33.3(mm)，所以该隧道位移量测数据管理等级应为Ⅲ级。

(4)根据监测数据和变形速率的情况，该隧道应该采取的措施有（　　）。

　　A. 可适当减弱支护

　　B. 可正常施工

　　C. 应及时加强支护，必要时暂停掘进

　　D. 应停止掘进，及时采取加固措施

解析：选B。由分析可知该变形趋势为开始一段时间位移增长速度很快，以后逐渐减速并趋于稳定，位移量测数据管理等级为Ⅲ级，即所处施工状态为可以正常施工。

(5)根据监测数据和变形速率的监控等级要求，隧道变形达到预定值的（　　）时，可以施作二次衬砌。

　　A. 60%～70%　　　　　　　　　　B. 70%～80%

　　C. 80%～90%　　　　　　　　　　D. 90%～100%

解析：选C。二次衬砌的施作时机是各测试项目的位移速率明显收敛，围岩基本稳定；已产生的各项位移已达预计总位移量的80%～90%；周边位移速度小于0.1～0.2m/d或拱顶下沉速度小于0.07～0.15mm/d。故该题答案为C。

【案例2】　某隧道在钢支撑架设时，在同一架钢支撑上安装了3支液压测力计，如图8-16所示，测得各测力计的压力—时间关系曲线如图8-17所示。分析该断面的压力特征，并说明加强初期支护时应采取的措施。试据此曲线，回答下列问题。

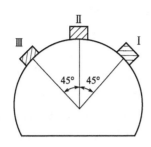 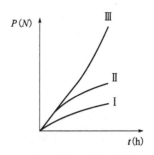

图8-16 安装3支液压测力计　　图8-17 压力—时间关系曲线

(1)从测力计的压力—时间关系曲线可以看出,该隧道的受力关系是(　　)。

　　A.对称受力　　　　B.偏压受力　　　　C.水平受力　　　　D.无法确定受力情况

解析:选B。从压力—时间关系曲线中可以看出,压力计显示压力随时间的增加逐渐趋于固定值,但是压力计却在增加,说明左侧所受压力明显高于右侧,且左侧压力仍处于变化阶段。从而判定该隧道偏压受力。

(2)试据此分析该断面的压力特征,并说明加强初期支护时应采取的措施有(　　)。

　　A.该断面地层受压不对称,有明显的偏压

　　B.应采用长锚杆在左侧加强初期支护

　　C.该断面地层没有偏压

　　D.不用支护

解析:选AB。

(3)针对测力计的量测频率,下列说法准确的是(　　)。

　　A.1~7d时,1~2次/d　　　　　　　B.1~15d时,1~2次/d

　　C.16d~1个月时,1次/2d　　　　　D.1个月以上时,1~2次/周

解析:选BC。隧道现场监控量测选测项目中钢架内力及外力的量测时间间隔为1~15d,1~2次/d;16d~1个月,1次/2d;1~3个月1~2次/周;大于3个月,1~3次/月。

(4)针对测力计的量测,目前型钢钢架应力量测可采用(　　)。

　　A.钢弦式表面应变计　　　　　　B.钢弦式钢筋应力计

　　C.钢弦式表面应力计　　　　　　D.钢弦式钢筋应变计

解析:选AB。目前型钢钢架应力量测可采用钢弦式表面应变计和钢弦式钢筋应力计,格栅钢架应力量测多采用钢弦式钢筋应力计。

(5)针对测力计的量测,关于其量测的说法错误的是(　　)。

　　A.观测时,可根据具体情况及要求,不定期进行测量

　　B.每次每个测点的测量应不少于3次,力求测量数值可靠、稳定,并做好原始记录

　　C.每次每个测点测量3次,并做好原始记录

　　D.测力元件一般埋设初期观测频率较高,后期观测频率较低

解析:选AC。应力、应变计的观测与同一断面压力盒的观测频率相同,一般埋设初期观测频率较高,后期观测频率较低。观测时,根据具体情况及要求,定期进行测量。每次每个测点的测量应不少于3次,力求测量数值可靠、稳定,并做好原始记录。

【案例3】　某隧道拱顶下沉用水平仪量测,水平仪的前视标尺为吊挂在拱顶测点上的钢

尺,后视标尺为固定在衬砌上的标杆。初次观测读数:前视1120mm,后视1080mm;二次观测读数:前视1100mm,后视1070mm。试根据上述结果回答下列问题。

(1)该隧道拱顶量测点的位移量为( )。
　　A. -30mm　　　　B. 30mm　　　　C. -20mm　　　　D. 20mm

解析:选A。前一次后视点(基点)读数为A_1,前视点(拱顶测点)读数为B_1,当次后视点读数为A_2,前视点读数为B_2。计算结果若$\Delta h<0$,则拱顶下沉,若$\Delta -h>0$,则拱顶上移 $\Delta h=(A_2+B_2)-(A_1+B_1)=(1070+1100)-(1080+1120)=-30$mm,结果为负,拱顶下沉。

(2)该隧道拱顶量测点的位移方向是( )。
　　A. 拱顶下沉　　　B. 拱顶上移　　　C. 静止不动　　　D. 无法判断

解析:选A。拱顶位移值:$\Delta h=h_2-h_1=(A_2+B_2)-(A_1+B_1)$。计算结果:若$\Delta h<0$,则拱顶下沉;若$\Delta h>0$,则拱顶上移。拱顶位移值=(1100+1070)-(1120+1080)=-30mm,结果小于零,则拱顶下沉。

(3)下列仪器中,可以用来测量隧道量测点的位移的有( )。
　　A. 水准仪　　　　B. 全站仪　　　　C. 激光断面仪　　D. 收敛计

解析:选ABCD。位移量测,有周边位移、围岩体内位移、拱顶下沉等,其测量可以采用水准仪、全站仪、激光断面仪、收敛计中的一种或几种结合使用。

(4)下列有关采用水准仪进行隧道拱顶下沉量测的说法,正确的有( )。
　　A. 测点的埋设是在隧道拱顶轴线处设一个带钩的测柱,吊挂钢尺,用精密水准仪量测隧道拱顶绝对下沉量
　　B. 可用钢筋弯成三角形钩,用砂浆固定在围岩或混凝土表层
　　C. 测点的大小要适中
　　D. 支护结构施工时要注意保护测点,一旦发现测点被埋掉,要尽快重新设置,以保证数据不中断

解析:选ABCD。可先在拱顶埋设挂钩,再用鱼竿将钢尺挂在拱顶的挂钩上。在钢尺上读数时,后视点可以在稳定的衬砌上,如果离洞外近的话,后视点埋设在洞外也可以。计算方法是通过前后两次拱顶测点的高差来求拱顶的变位值。

(5)目前拱顶下沉量测一般有( )。
　　A. 精密水准仪法　　B. 全站仪法　　　C. 普通水准仪法　　D. 钢尺量测

解析:选AB。

思考与练习题

一、单选题

*1. 声波双孔测试法采用双孔同步、单发单收的方式。在测试断面的测试部位,打一对小孔,空间距离一般为( )m。
　　A. 0~1.5　　　　B. 1~1.5　　　　C. 1~2.5　　　　D. 1.5~2.5

*2. 属于隧道监控量测项目的是( )。
　　A. 支护结构力　　B. 锚杆轴力　　　C. 锚杆抗拔力　　D. 围岩压力

*3. 隧道初期支护阶段量测变形小于最大变形的( ),可进行正常施工。
　　A. 1/2　　　　　B. 1/3　　　　　C. 1/4　　　　　D. 1/5

*4. 隧道施工监控量测的必测项目之一是（　　）。
　　A. 二衬裂缝　　　　B. 地表下沉　　　　C. 围岩弹性波测试　　D. 围岩体内位移

5. BJSD 型激光隧道多功能断面检测仪的角度精度优于（　　）。
　　A. 0.01°　　　　B. 0.1°　　　　C. 0.02°　　　　D. 0.2°

*6. 隧道周边位移速率≥5mm/d 时，其量测频率为（　　）。
　　A. 2～3 次/d　　B. 1 次/d　　C. 1 次/(2～3)d　　D. 1 次/3d

*7. 围岩周边位移量测时，洞口段和埋深小于两倍隧道宽度的地段，量测断面的间距应为（　　）。
　　A. 0～5m　　　B. 5～10m　　C. 10～15m　　D. 15～20m

8. 按《公路隧道设计规范》规定的安全系数进行判定，衬砌混凝土内力在永久荷载+基本可变荷载作用下，混凝土达到抗拉极限强度的安全系数为（　　）。
　　A. 1.2　　　　B. 2.0　　　　C. 2.4　　　　D. 3.6

*9. 隧道施工监控量测的项目中，（　　）是选测项目。
　　A. 周边位移　　B. 拱顶下沉　　C. 围岩内部位移　　D. 地质、支护状况观察

*10. 隧道周边位移量测和拱顶下沉量测的测试精度为（　　）。
　　A. 0.1mm，0.5mm　　B. 0.1mm，0.1mm　　C. 0.5mm，0.1mm　　D. 0.5mm，0.5mm

*11. 隧道围岩压力、初期支护与二次衬砌之间压力均可以采用（　　）进行测试。
　　A. 压力盒　　B. 钢筋计　　C. 位移计　　D. 混凝土应变计

12. 某段公路隧道衬砌年变形速度 $v=5.5$mm/年，按照变形速度的评定标准，评定状况值为（　　）。
　　A. 4　　　B. 3　　　C. 2　　　D. 1

13. 在隧道监控量测作业中，各项量测作业均应持续到变形基本稳定后（　　）结束。
　　A. 7～15d　　B. 15～20d　　C. 20～30d　　D. 30～60d

*14. 复合式衬砌初期支护的允许洞周相对收敛值应根据围岩地质条件分析确定，当缺乏资料时，隧道埋深 50m，围岩级别为在Ⅲ级时，允许洞周水平相对收敛值为（　　）。
　　A. 0.1%～0.3%　　B. 0.15%～0.50%　　C. 0.2%～0.8%　　D. 0.4%～1.6%

*15. 三维激光扫描系统可以（　　）km/h 左右的速度对隧道进行扫描，需要临时封洞或封道。
　　A. 5　　　B. 10　　　C. 15　　　D. 20

二、多选题

*1. 下列属于掌上断面测量分析系统特点的是（　　）。
　　A. 电池工作时间长
　　B. 现场数据采集，现场分析，现场成图，报表，现场标注，内外业一体化
　　C. 数据图形可直接导入 AutoCAD
　　D. 直观的图形显示

*2. 用断面仪测量实际开挖面轮廓线的优点在于不需要合作目标，而且其测量精度满足现代施工量测的要求，此合作目标是指（　　）。
　　A. 水准仪　　B. 经纬仪　　C. 全站仪　　D. 反射棱镜

*3. 隧道净空断面变形检测包括哪些方面的内容(　　)。
　　A. 衬砌高程检测　　B. 净空断面检测　　C. 衬砌结构变形检测　　D. 回弹强度检测
4. 隧道衬砌病害自动化检测系统工作流程一般分为(　　)。
　　A. 准备阶段　　B. 现场工作阶段　　C. 室外分析阶段　　D. 室内分析阶段
5. 高清视频扫码系统扫描速度可达(　　)km/h。
　　A. 50　　B. 70　　C. 75　　D. 90
*6. 盾构隧道施工监测频率一般根据(　　)等情况综合确定。
　　A. 施工方法　　B. 施工进度　　C. 监测对象　　D. 地质条件
　　E. 监测项目
7. 钢弦式测力锚杆,是由若干个(　　)组成。
　　A. 钢弦式钢筋应力计
　　B. 屏蔽导线
　　C. 分线器插头
　　D. 分线器
　　E. 频率仪
*8. 选测量测项目包括(　　)等。
　　A. 钢架内力及外力量测
　　B. 围岩内部位移量测
　　C. 围岩压力量测
　　D. 锚杆轴力量测
　　E. 爆破振动量测
*9. 必测量测项目包括(　　)等。
　　A. 洞内外观察　　B. 拱顶下沉量测　　C. 周边收敛量测　　D. 地表沉降量测
　　E. 拱脚下沉量测
*10. 盾构隧道施工监测主要是针对(　　)等进行监测。
　　A. 管片结构　　B. 外部的地表　　C. 深层土体　　D. 孔隙水

三、判断题

*1. 型钢钢架应力量测仪器主要有钢弦式表面应变计和钢弦式钢筋应力计,目前多采用钢弦式钢筋应力计。　　(　　)

*2. 隧道施工中常用的收敛计为弹簧式收敛计和重锤式收敛计。　　(　　)

*3. 对于洞口段、浅埋地段、软弱地层段、大变形段,断面布置间距一般不大于3倍开挖洞径或20m。地质条件差或重要工程,应加密布设。　　(　　)

*4. 隧道开挖初期数据变化较大,测点要及时埋设,要求在距开挖面1m范围内、开挖后24h内埋设,在下一循环开挖或爆破前能读取初始读数。　　(　　)

*5. 接触压力量测仪器根据测试原理和测力计结构不同分为液压式测力计和钢弦式压力盒。目前,量测围岩压力的传感器主要采用液压式测力计。　　(　　)

备注:本书中,*表示与知识目标和能力目标相对应的题目,属于必答题。

模块8 [思考与练习题]答案

隧道施工环境检测

模块 9

【案例导入】

2005年12月22日14时40分,某隧道发生特别重大瓦斯爆炸事故,造成44人死亡,11人受伤,直接经济损失达2035万元。该隧道左线全长4090m,右线全长4060m,事故发生时右线隧道完成开挖1487m,衬砌1419m。

根据大量的现场调查后发现,施工单位在事故发生前存在多次违规操作行为,这可能是造成这次事故的主要原因。这次事故应该为一些为了赶工期而违规操作的施工单位敲响安全警钟。

一是施工企业,违规将劳务分包给无资质的作业队。施工中安全治理混乱;透风治理不善,右洞掌子面拱顶瓦斯浓度经常超限;部分瓦检员无证上岗,检查质量、次数不符合规定等。

二是项目法人,对施工单位违规分包、现场治理混乱等问题未能加以纠正,对施工中出现的瓦斯隐患未采取有效措施。

三是设计单位,对涉及施工安全的瓦斯异常涌出应对不足,防范措施不到位。

公路隧道在施工中带来强烈的噪声、冲击、振动、大气污染、弃渣污染,并对施工人员的身体产生危害。因此,在隧道的施工阶段必须采取相应的措施,降低施工过程给环境和人员带来的不利影响,并加强施工环境检测。通过对隧道施工环境的检测与分析,采取"合理布局、优化匹配、防漏防阻、消烟防尘、严格管理"等措施,能够较好解决隧道的施工通风问题,降低粉尘、有害气体、瓦斯爆炸等危害,有效保证隧道施工的顺利进行。

单元9.1 粉尘浓度检测

【知识目标】
1. 了解隧道施工作业环境监测的目的及主要内容;
2. 掌握检测粉尘浓度的基本方法。

【技能目标】
能规范检测空气中总粉尘浓度和呼吸性粉尘浓度。

【案例导入】

2021年,某隧道工程由于粉尘浓度过高,导致12名工人患上尘肺病,严重影响施工进度和工人的身心健康,某项目部因为环境因素不合格被罚款100万元。该省安监局多次深入省内各重点项目建设工地,对多个隧道等进行现场检查。检查人员发现,即使是作为具有多年重大项目承建经验的"中"字号建筑央企,在防治工作方面仍有不少欠缺,存在"未按规定开展职业病防护设施'三同时'(职业病防护设施与主体工程同时设计、同时施工、同时投入生产使用)工作,主要负责人和管理人员未参加职业卫生培训,未开展工作场所职业病危害定期检测"等问题。为此,安监部门下达限期责令整改指令书,要求企业在2个月内必须依法完善各项管理措施,切实落实整改要求。

【工程师寄语】

在公路隧道建设的征途中,我们深知身体蒙尘可能诱发的职业病威胁,更应警惕心灵蒙尘带来的消极人生影响。我们始终秉持"人民至上、生命至上"的崇高理念,将这份信念深植于心。未来职业生涯中,我们要坚持"群众利益无小事"的原则,以实际行动践行"权为民所用、情为民所系、利为民所谋"的承诺,不仅关注作业环境的粉尘防治,保障每一位建设者的身体健康,更要在心灵上筑起防尘网,引领积极向上的生活态度,共同守护和谐、健康、安全的社会环境。

本单元将为大家介绍粉尘浓度检测基本概念及相关标准、检测原理、检测方法、仪器设备、测定过程和粉尘浓度计算相关知识。

【知识框图】

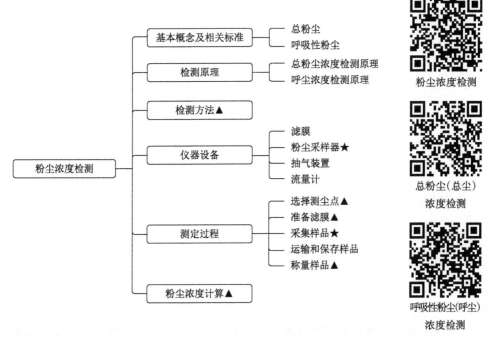

公路隧道施工中产生的粉尘危害性很大。一般的粉尘能引起职业病,危害施工人员的身体健康;在煤层内掘进时产生的煤尘还有爆炸风险,严重威胁着隧道施工安全。因此,必须重视粉尘检测与防治工作,改善劳动条件,确保施工安全。

一、基本概念及相关标准

总粉尘:可进入整个呼吸道(鼻、咽和喉、胸腔支气管、细支气管和肺泡)的粉尘,简称总尘。从技术上讲,指使用总粉尘采样器按标准方法在燃吸带测得的所有粉尘。

呼吸性粉尘:按呼吸性粉尘标准测定方法所采集的可进入肺泡的粉尘粒子,其空气动力学直径均在 $7.07\mu m$ 以下,且空气动力学直径 $5\mu m$ 粉尘粒子的采样效率为 50%,简称呼尘。

根据我国《公路隧道施工技术规范》(JTG/T 3660—2020)规定,隧道施工场所空气中各类粉尘容许浓度如表9-1所示。

隧道施工场所空气中各类粉尘容许浓度(mg/m³)　　　　表9-1

序号	名称	PC-TWA 总尘	PC-TWA 呼尘	临界不良健康效应
1	白云石粉尘	8	4	尘肺病
2	大理石粉尘(碳酸钙)	8	4	眼、皮肤刺激;尘肺病
3	电焊烟尘	4	—	电焊工尘肺
4	沸石粉尘	5	—	尘肺病,肺癌
5	硅灰石粉尘	5	—	—
6	滑石粉尘(游离SiO_2含量<10%)	3	1	滑石尘肺
7	煤尘(游离SiO_2含量<10%)	4	2.5	煤工尘肺
8	膨润土粉尘	6	—	鼻、喉、肺、眼刺激;支气管哮喘
9	石膏粉尘	8	4	上呼吸道、眼和皮肤刺激;肺炎等
10	石灰石粉尘	8	4	眼、皮肤刺激;尘肺
11	石墨粉尘	4	2	石墨尘肺
12	水泥粉尘(游离SiO_2含量<10%)	4	1.5	水泥尘肺
13	炭黑粉尘	4	—	炭黑尘肺

注:1. 表中列出的各种粉尘,凡SiO_2高于10%者,均按矽尘容许浓度对待。
　　2. PC-TWA:时间加权平均容许浓度,以时间为权数规定的8h工作日、40h工作周的平均容许接触浓度。

二、检测原理

1. 总粉尘浓度检测原理

空气中的总粉尘用已知质量的滤膜采集,由滤膜的增量和采气量,计算出空气中总粉尘的浓度。

2. 呼尘浓度检测原理

空气中粉尘通过采样器上的预分离器,分离出的呼尘颗粒采集在已知质量的滤膜上,由采样后的滤膜增量和采气量,计算出空气中呼尘的浓度。

三、检测方法

粉尘检测方法有:滤膜测尘法以及各种快速测尘法(采用光电测尘仪、静电测尘仪、β射线测尘仪、ACG-1型煤尘测定仪、6CH-1型呼尘测定仪等新型测尘仪进行快速检测)。

因为滤膜测尘的准确性比较高,所以我国目前普遍采用这一方法。通过抽气泵抽取一定体积的含尘空气,经过已称量的滤膜,将粉尘阻留在滤膜上,根据采样后滤膜的粉尘增量,计算出作业场所空气中的粉尘浓度。

四、仪器设备

主要测尘仪器包括:滤膜、粉尘采用器、抽气装置、分析天平(感量0.1mg或0.01mg)、计时器、干燥器（内装变色硅胶）、镊子、除静电器等。

1. 滤膜

滤膜有过氯乙烯滤膜或其他测尘滤膜。空气中粉尘浓度≤50mg/m³时，用直径37mm或40mm的滤膜；粉尘浓度>50mg/m³时，用直径75mm的滤膜。

2. 粉尘采样器

粉尘采样器如图9-1所示，总粉尘采样器主要包括采样夹和采样器；呼吸性粉采样器主要包括预分离器和采样器。

（1）采样夹：应满足总粉尘采样效率的要求，总粉尘采样夹理想的入口流速为1.25m/s，误差允许在10%左右。

①粉尘采样夹：可安装直径40mm和75mm的滤膜，用于定点采样。

②小型塑料采样夹：可安装直径≤37mm的滤膜，用于个体采样。

图9-1 粉尘采样器

（2）采样器：用于个体采样时，流量范围为1～5L/min；用于定点采样时，流量范围为5～80L/min。用于长时间采样时，连续运转时间应≥8h。需要防爆的工作场所应使用防爆型粉尘采样器。

（3）预分离器：对粉尘粒子的分离性能应符合呼尘采样器的要求，即采集的粉尘的空气动力学直径应在7.07μm以下，且直径为5μm的粉尘粒子的采集率应为50%。

3. 抽气装置

电动测尘仪是以微型电池或蓄电池为动力，采用密闭触点开关，带动小型电动抽气机抽取含尘空气，使其通过装有滤膜的采样器及流量计，进行粉尘测定。

4. 流量计

流量计的量程和精度应满足采样器性能的要求。用于长时间采样时，连续运转时间应≥8h。

五、测定过程

1. 选择测尘点

（1）测尘点应设在有代表性的工人接尘地点。

（2）测尘位置，应选择在接尘人员经常活动的范围内，且粉尘分布较均匀处的呼吸带。

（3）凿岩作业的采样位置，设在距工作面3～6m处。

（4）喷浆、打锚杆作业的采样位置，设在距工人操作地点下风侧5～10m处。

2. 准备滤膜

（1）干燥：称量前，将滤膜置于干燥器内2h以上。

（2）称量：用镊子取下滤膜的衬纸，将滤膜通过除静电器，除去滤膜的静电，在分析天平上准确称量。在衬纸上和记录表上记录滤膜的质量和编号。将滤膜和衬纸放入相应容器中备用，或将滤膜直接安装在采样夹上。

(3)安装:滤膜毛面应朝进气方向,滤膜放置应平整,不能有裂隙或褶皱。用直径75mm的滤膜时,做成漏斗状装入采样夹。

3. 采集样品

现场采样按照《工作场所空气中有害物质监测的采样规范》(GBZ 159—2004)执行。为保证测尘的准确性,便于对比,要求在同一测点相同的流量下,同时采集两个样品。

(1)根据现场空气中粉尘的浓度、使用采样夹的大小和采样流量及采样时间,估算滤膜上总粉尘的增量(Δm)。使用直径≤37mm的滤膜时,Δm不得大于5mg;使用直径为40mm的滤膜时,Δm不得大于10mg;使用直径为75mm的滤膜时,Δm不限。检测呼尘浓度时,Δm不得小于0.1mg,不得大于5mg。

(2)采样前,要通过调节使用的采样流量和采样时间,防止滤膜上粉尘增量超过上述要求(即过载)。采样过程中,若有过载情况发生,应及时更换采样夹(检测呼尘浓度时更换预分离器)。

(3)掘进工作面可在风筒出口后面距工作面4~6m处采样,其他作业点一般在工作面上方采样。采样器进风口要迎着风流,距地板高度为1.3~1.5m。

(4)采样时间应在测点粉尘浓度稳定以后,一般在作业开始30min后进行。采样持续时间以15min为宜。

4. 运输和保存样品

采样后,取出滤膜,将滤膜的接尘面朝里对折2次,置于清洁容器内;或将滤膜或滤膜夹取下,放入原来的滤膜盒中。样品置于室温下运输和保存。运输过程中应防止粉尘脱落或二次污染。

5. 称量样品

采样后滤膜称量应与采样前使用同一台分析天平。测尘滤膜因带静电而影响称量的准确性,因此每次称量前应除去静电。

(1)称量前,将采样后的滤膜置于干燥器内2h以上,除静电后,在分析天平上准确称量。

(2)滤膜增量$\Delta m \geq 1mg$时,可用感量为0.1mg分析天平称量;滤膜增量$\Delta m \leq 1mg$时,应用感量为0.01mg分析天平称量。

六、粉尘浓度计算

按式(9-1)计算空气中总粉尘或呼尘的浓度:

$$C = \frac{m_2 - m_1}{Q \times t} \times 1000 \tag{9-1}$$

式中:C——空气中总粉尘(或呼尘)的浓度(mg/m³);

m_2——采样后的滤膜质量(mg);

m_1——采样前的滤膜质量(mg);

Q——采样流量(L/min);

t——采样时间(min)。

空气中总粉尘或呼尘时间加权平均浓度按《工作场所空气中有害物质监测的采样规范》(GBZ 159—2004)中相关规定计算。

单元9.2 瓦斯检测

【知识目标】
1. 了解瓦斯隧道施工作业环境应符合的卫生及安全标准;
2. 掌握瓦斯隧道瓦斯浓度检测的基本方法。

【技能目标】
能规范检测瓦斯隧道瓦斯浓度。

【案例导入】
2005年12月22日14时40分,××右线隧道发生特别重大瓦斯爆炸事故,造成44人死亡,11人受伤,直接经济损失2035万元。××隧道左线全长4090m,右线全长4060m,事故发生时右线隧道完成开挖1487m、衬砌1419m。

经调查,事故的直接原因是掌子面处塌方,瓦斯异常涌出,致使模板台车四周瓦斯浓度达到爆炸界限,模板台车配电箱四周悬挂的三芯插头短路产生火花引起瓦斯爆炸。

【工程师寄语】
在催化剂的催化作用下,甲烷与氧气在隧道施工环境中能在较低温度下发生剧烈的氧化反应,这一过程带来的潜在危险时常发生,直接威胁到施工人员的生命财产安全。作为新时代的工程管理人员,我们不仅要掌握先进的监测技术和施工方法,更要时刻铭记"以人为本"的核心理念,从源头进行科学的防范与治理,确保隧道施工安全高效,将潜在损失和灾害风险降到最低,推动安全发展、绿色发展。

本单元将为大家介绍瓦斯检测基本概念及相关标准、检测方法、人工监测和自动监测等相关知识。

【知识框图】

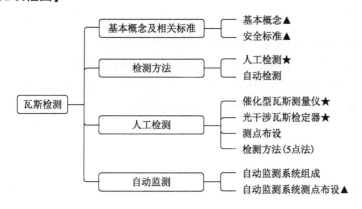

瓦斯检测

隧道穿过的煤系地层中经常富含瓦斯。瓦斯是可燃和可爆气体，其主要成分是甲烷（CH_4）。瓦斯爆炸是含有瓦斯与助燃成分的混合气体在火源引燃下，瞬间完成燃烧反应，形成高温高压产物的过程。由于反应过程很快，与时间成反比的功率很大，所形成的瞬间压力对掘进中的隧道有很大的破坏力，对人民生命安全有很大威胁。因此，瓦斯监测是瓦斯隧道施工环境监测的重要内容，是保证施工安全的重要措施。

一、基本概念及相关标准

1. 基本概念

(1)瓦斯是指从煤(岩)层内逸出的各种有害气体的总称，其主要成分为甲烷。
(2)瓦斯浓度是指空气中瓦斯占有量与空气体积之比，以百分数表示。
(3)瓦斯逸出是指瓦斯从隧道围岩中或衬砌背后释放出来。
(4)瓦斯突出是指在地应力和瓦斯压力共同作用下，破碎的煤(岩)与大量瓦斯从煤体内突然喷向开挖空间的现象。
(5)瓦斯隧道分为低瓦斯隧道、高瓦斯隧道及瓦斯突出隧道3种类型，按隧道内瓦斯工区的最高级别确定。
(6)瓦斯隧道工区分为非瓦斯隧道工区、低瓦斯工区、高瓦斯工区、瓦斯突出工区4类。

2. 安全标准

根据《公路隧道施工技术规范》(JTG/T 3660—2020)，瓦斯隧道装药爆破时须符合以下规定：
(1)开挖面瓦斯浓度大于1.5%时，所有人员必须撤至安全地点；
(2)经瓦斯检测浓度不超过1%，且洞内通风机及其开关附近10m以内风流中的瓦斯浓度不超过0.5%时，方可人工启动洞内通风机；
(3)爆破地点20m内风流中瓦斯浓度必须小于1.0%；
(4)当通风后瓦斯检测浓度仍存在超过1%的，应采取稀释瓦斯安全措施；
(5)在确认瓦斯浓度小于0.5%，二氧化碳浓度小于1.5%后，方可允许施工人员进入工区开挖面作业。

二、检测方法

对瓦斯隧道的瓦斯浓度监测应采用人工监测和自动监测相结合的方法。
(1)人工监测是专职瓦斯检测员使用瓦斯检测仪在测点处直接读取数据。
(2)自动监测则是在测点处安设甲烷传感器，将甲烷浓度转换成标准的电信号，传给分站（数据采集站），分站将采集的信号经过运算处理后，传给监控计算机，通过监控计算机读取数据。

三、人工监测

专职的瓦斯检测员必须经专门培训，考试合格后方可上岗。专职瓦斯检测员定期检查各隧道瓦斯情况，配备的检测仪器为催化型瓦斯测量仪和光干涉瓦斯检定器。

1. 催化型瓦斯测量仪

在瓦斯和其他可燃性气体的检测中,最常用的是催化型的仪器,它使用的载体催化元件(以下简称元件),是一种热敏式瓦斯传感器。由于它具有体积小、质量轻、构造简单、使用方便、性能稳定等一系列优点,成为目前国内外自动监测瓦斯的主要传感器。催化型瓦斯测量仪元件的构造如图9-2所示。

催化型瓦斯测量仪使用纯铂丝元件或载体催化元件作为传感器检测瓦斯浓度。

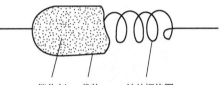

图9-2 催化型瓦斯测量仪元件

便携式瓦斯检测器可以适应不同条件,满足不同要求,尤其适用人员比较分散、工作地点变动频繁的隧道掘进过程中。从技术上讲,不论哪种便携式仪器,都必须有性能稳定、功耗小的瓦斯传感元件,有能适于长期隧道内工作、性能可靠的先进电路设计,同时还要解决好电池问题。

为了简明扼要地了解各种便携式瓦斯检测仪表的性能,现将国内研制成功并投产的部分品种列于表9-2中。

国产便携式瓦斯检测器一览表   表9-2

性能指标	型号				
	JJ-1	SJ-1	SWJ-1	DTX-2	WS85-01
测量范围	0~2%,CH_4	0~4%,CH_4	0~8%,CH_4	0~4%,CH_4	0~5%,CH_4
基本误差	±0.2%,CH_4	0~1%,±0.1% 1%~2%,±0.2% 2%~4%,±0.3%	0~2%,±0.1% 2%~3%,±0.2% 3%~4%,±0.3% 4%~8%,±0.4%	0~2%,±0.2% 2%~4%,±0.4%	0~2%,±0.1% 2%~5%,±0.3%
报警方式	声光	红外		声报警	声光
响应时间		≤15s	≤7s		≤7s
供电方式	镉镍蓄电池	镉镍蓄电池	镉镍蓄电池	镉镍蓄电池	镉镍蓄电池
工作时间	12h	连续4h	间断工作	间断工作	连续4h,可间断工作
显示方式	发光二极管	液晶数码	液晶数码	电子表显示	液晶数码
报警范围	两档可调				连续可调
计时器	无	无	有	与读数显示共用	有
环境温度		0~35℃	0~40℃		0~40℃
相对湿度		≤95%	≤97%		≤98%
防爆类型	KBH	KBH	KBH	KBH	KBH
尺寸	77mm×146mm×30mm	80mm×161mm×47mm	76mm×134mm×37mm	93mm×150mm×40mm	80mm×133mm×27mm
质量	300g	700g	450g	500g	360g

2. 光干涉瓦斯检定器

另一种瓦斯测量仪器是根据光干涉原理制成的光干涉瓦斯检定器,如图9-3所示,具有经久耐用的特点。

光干涉瓦斯检定器内部的光学系统由光源发出的光经过聚光镜之后到达平面镜,在 o 点分为两部分:部分反射,部分折射,如图9-4所示。

图9-3 光干涉瓦斯检定器

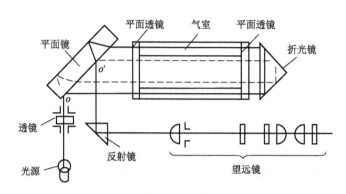

图9-4 光干涉瓦斯检定器内部的光学系统

第一部分光束经平面透镜穿过气室的侧室,经折光镜将其折回穿过另侧的小室后又回到平面镜,折射入平面镜后在其后表面(镀反射膜)反射,于 o' 点穿出平面镜向反射镜前进,经偏折后进入望远镜。

第二部分光束折射入平面镜后在其后表面反射,然后穿过气室中央小室回到平面镜(如图9-4中虚线所示),于 o' 点反射后与第一部分光束会合,一并进入望远镜。两束光在物镜的焦平面上产生白光特有的干涉现象:干涉条纹中央为黑纹,两旁为彩纹。人眼通过目镜进行观测。

气室中两侧的部分称为空气室,其中充有新鲜空气;中间的部分称为气样室,使用时吸入被测气样。空气室与气样室不相通。

3. 测点布设

人工监测隧道内瓦斯浓度时,测点应布设在瓦斯隧道内施工工作面、可能产生瓦斯积聚的地点、可能产生火源的地点、可能渗出瓦斯的地点、水平钻孔时的水平钻孔附近等区域。

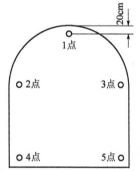

图9-5 五点法瓦斯检测断面图

4. 监测方法

隧道内各个施工工作面的瓦斯浓度监测均采用5点法,如图9-5所示,取5个点中的最大值作为该断面瓦斯浓度。

四、自动监测

1. 自动监测系统组成

自动监测使用的是煤矿监测监控系统,主要由监测终端、监控中心站、通信接口装置、井下分站、传感器组成。

2. 自动监测系统测点布设

(1)独头掘进送风式通风时,自动瓦斯监测的测点布设如图9-6所示。

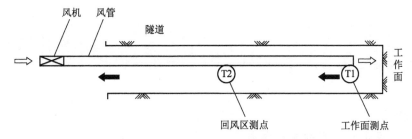

图9-6 独头掘进送风式通风时测点布设图

（2）平行双洞射流巷道通风时，自动瓦斯监测的测点布置如图9-7所示。

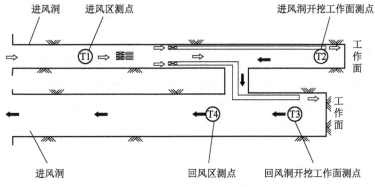

图9-7 平行双洞通风时测点布设图

五、瓦斯浓度检测原始记录表

隧道瓦斯浓度检测原始记录表如表9-3所示。

隧道瓦斯浓度检测原始记录表　　　　　　　　　　表9-3

检测单位名称：　　　　　　　　　　记录编号：

工程名称			
工程部位/用途		委托/任务编号	
样品信息	样品名称：	样品编号：	
	样品数量：	样品状态：	
试验检测日期		试验条件	
检测依据		判定依据	
主要仪器设备及编号			
桩号	检测时间	瓦斯浓度(%)	
		瓦斯浓度	报警值
附加声明：			

检测：　　　　　记录：　　　　　复核：　　　　　日期：　年　月　日

单元9.3　一氧化碳检测

【知识目标】

掌握检测一氧化碳浓度的基本方法。

【技能目标】

能规范检测一氧化碳浓度。

【案例导入】

某公路主线设计长度为215.012km。第DAJD-1合同段起讫点桩号为DYK0+053.255～DYK39+090,该路段整体式路基设计宽度为33.5m,采用双向六车道设计。本合同段共有隧道8座,其中有2座隧道为长度超过1000m的长隧道,均采用双向四车道设计,设计车速80km/h。为了保证隧道内部通风设计满足要求,对隧道内部的污染物进行检测。结合相关规范要求,此2座隧道CO设计浓度分别为136cm³/m³和145.5cm³/m³。当出现交通堵塞时,隧道内部平均车速不大于30km/h的情况下,隧道内部CO的设计浓度应不大于150cm³/m³。隧道内通风换气频率应不低于3次/h,且风速大于1.5m/s,隧道内烟尘浓度不得超过允许值。

【工程师寄语】

在隧道工程的安全施工与检测中,面对无色、无臭、无味、具有较强毒性的一氧化碳,我们必须做好安全防范措施。这要求我们在日常工作中,不仅要具备过硬的专业技能,更要时刻保持危机意识,居安思危,将安全隐患扼杀于萌芽之中,真正做到防患于未然,确保每一位施工人员的生命安全,践行新时代的安全生产观。

本单元将为大家介绍一氧化碳检测基本概念及相关标准、检测方法等相关知识。

【知识框图】

一氧化碳检测

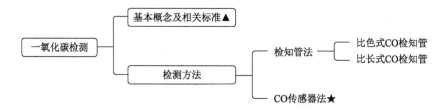

隧道在修建过程中可能会遇到一氧化碳,在通常状况下,一氧化碳是无色、无臭、无味、有毒的气体,具有可燃性、还原性和毒性,对人员生命安全有很大威胁。因此,一氧化碳检测是瓦斯隧道施工环境监测的重要内容,是保证施工安全的重要措施。

一、基本概念及相关标准

一氧化碳是空气中常见的化合物,其分子式为CO。标准状况下气体密度为1.25g/L,和空气密度(标准状况下1.293g/L)相差很小,为中性气体。一氧化碳能均匀地散布于空气中,不用专门的仪器检测不易察觉。一氧化碳微溶于水,一般化学性不活泼,但浓度在12.5%~74.2%时能引起爆炸。一氧化碳毒性极强,当空气中CO浓度超过0.4%时,在很短时间内人就会失去知觉,抢救不及时就会中毒死亡。

国家职业卫生标准《工作场所有害因素职业接触限值 第1部分:化学有害因素》(GBZ 2.1—2019)规定:

对于施工隧道:一般情况下,CO浓度不大于30mg/m³;特殊情况下,施工人员必须进入工作面时,CO浓度可为100mg/m³,但工作时间不得超过30min。

二、检测方法

一氧化碳早期检测方法是检知管法。目前还有CO传感器法。

1. 检知管法

我国煤炭行业最早在20世纪50年代采用检知管测CO的浓度。检知管是一支直径4~6mm、长150mm左右的密封玻璃管,管内装有易与一氧化碳发生反应的试剂。使用时,将检知管封口打开,通过一定容积的吸气球,使一定量的被测气体通过检知管。被测气体中的一氧化碳与白色试剂发生反应,白色试剂颜色迅速变化,通过对比测得CO浓度。检知管有比色式与比长式两种。无论比色式还是比长式,每支检知管都只能使用一次。

(1)比色式CO检知管

比色式检知管是根据管内药品与一氧化碳作用后颜色的变化,来判断一氧化碳浓度的。仪器备有一块标准比色板,上面标有与各种颜色相对应的一氧化碳浓度。检知管吸入气体后,对比检知管与标准比色板的颜色,找出与检知管颜色最接近的标准色条,它所对应的一氧化碳浓度就是被测气样的一氧化碳浓度。

(2)比长式CO检知管

比长式仪器有一块标准浓度板,它是一支按长度标度一氧化碳浓度的尺子。当检知管吸入被测气体后,白色药品由进气端开始变成深黄色,变色的长度与一氧化碳浓度成比例,与标准浓度尺对比,即可确定被测气体中一氧化碳的浓度。

检知管法检测CO比较粗糙,对试剂颜色变化的长度和深浅的判断也会因不同人存在差异。检知管检测具有无法直观读数、检测精度低等缺点,逐渐被其他新型检测器所取代。

2. CO传感器法

根据检测原理的不同,CO检测传感器可分为电化学传感器、催化可燃气体传感器、固态传感器和红外传感器四种。在CO自动监测系统中,电化学传感器占2/3,而便携式检测仪则几乎全部为电化学式。现以电化学式CO气体传感器中AT2型一氧化碳测量仪为例进行介绍。

(1)主要技术指标

AT2型一氧化碳测量仪是一种矿用安全火花型携带式检测仪器,其主要技术指标如下:

①测量范围:0~50ppm、0~500ppm两个量程(1ppm=1×10^{-6}mg/m³)。

②测量精度:误差小于5%精度值(20℃±5℃)。

③反应时间:反应90%值时≤30s。
④传感器寿命:1年。

(2)检测原理

仪器采用控制电位电化学原理,实现对空气中CO浓度的测定。电化学气体传感器的典型装置是由阴极和阳极组成的,阴极是检测电极。阳极和阴极之间充有一层薄的电解质,当气体与传感器电解液接触时,在检测电极表面发生氧化还原反应,反应产生的电流大小与气体浓度成正比。定电位CO传感器的工作原理如图9-8所示。

被测量的CO通过PTFE(聚四氟乙烯)薄膜扩散到工作电极W,电极W受到恒电位的控制作用,具有一个恒定的电位,CO在W电极上在催化剂的作用下与电解液中的水发生氧化反应,生成CO_2和H^+,同时释放出电子。

在对电极C上,氧在催化剂作用下与氢质子发生还原反应生成水,并得到电子。

总化学反应式为:

$$CO + \frac{1}{2}O_2 \longrightarrow CO_2 + 2e \tag{9-2}$$

W和C间的反应电流I的大小与CO浓度成比例。该电流经放大后由电表指示出一氧化碳的浓度值。

(3)定电位CO传感器的构造

定电位CO传感器的构造如图9-9所示,主要由以下几个部分组成。

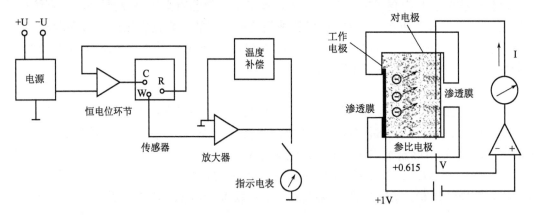

图9-8 定电位CO传感器的工作原理图　　图9-9 定电位CO传感器的构造

①气体扩散电极(透气膜+电极),防水透气膜:特氟龙(Poly tetra fluoroethylene,PTFE)。活性层:铂黑+PTFE乳液。含有催化剂的多孔膜电极,易于被测气体与电解液在气、固、液三相界面上进行氧化还原反应。

②透气膜,非均相微孔膜,透气但不透水和离子。空隙率大则灵敏度高,响应时间短,但易漏液。

三、CO浓度检测原始记录表

隧道CO浓度检测原始记录表如表9-4所示。

隧道CO浓度检测原始记录表　　　　　　　　　　　　　　　　表9-4

检测单位名称：　　　　　　　　　　记录编号：

工程名称					
工程部位/用途		委托/任务编号			
样品信息	样品名称： 样品数量：		样品编号： 样品状态：		
试验检测日期		试验条件			
检测依据		判定依据			
主要仪器设备及编号					
桩号	气体浓度(ppm)				
	左边墙	左拱腰	拱顶	右拱腰	右边墙

附加声明：

检测：　　　　　　记录：　　　　　　复核：　　　　　　日期：　　年　月　日

单元9.4　硫化氢检测

【知识目标】
1. 了解隧道施工作业环境硫化氢浓度符合的安全标准；
2. 掌握硫化氢检测的基本方法。

【技能目标】
能规范进行硫化氢气体浓度检测。

【案例导入】
2015年10月14日上午9时，某隧道一号横洞小里程工区施工到D1K207+352掌子面附近，设计为Ⅲ级围岩，围岩为深灰色薄层状千枚岩，该处隧道埋深200m左右，采用台阶法施工，上半断面爆破开挖爆破约10min后，手持式气体检测报警仪检测发现有害气体硫化氢，当时硫化氢检测浓度为17~19ppm。

【工程师寄语】
在工程实践中，我们不仅要掌握硫化氢的基本特性和危害性，包括其易燃、剧毒的特性，以及低浓度时带有臭鸡蛋气味等，更要以"安全第一，预防为主"的原则，采取有效的通风等措施,最大限度地减小有毒有害气体对人体的伤害。这不仅是对个体健康的保护,也是对国家安全体系和能力现代化的推进,更是对社会稳定的坚决维护。

本单元将为大家介绍硫化氢检测概述、亚甲基蓝比色法、检知管法、醋酸铅试纸法、硫化氢传感器等相关知识。

【知识框图】

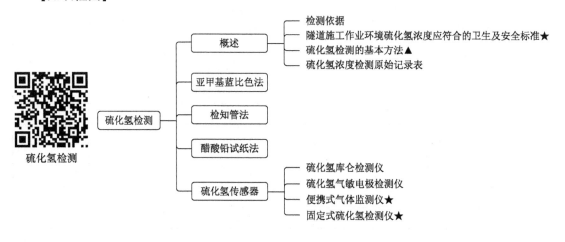

单元9.4-1

概 述

一、检测依据

(1)《硫化氢职业危害防护导则》(GBZ/T 259—2014);
(2)《公路隧道施工技术规范》(JTG/T 3660—2020)。

二、隧道施工作业环境硫化氢浓度应符合的卫生及安全标准

硫化氢是一种窒息性气体,化学式为H_2S,其物理性质是无色气体,有臭鸡蛋味;其化学性质是分子量为34,密度为1.19g/L,比空气轻。硫化氢的爆炸极限范围是4.3%~46%。硫化氢立即威胁生命或健康的浓度为142mg/m³。《硫化氢职业危害防护导则》(GBZ/T 259—2014)规定了不同浓度的硫化氢对人的影响,见表9-5。

不同浓度的硫化氢对人的影响   表9-5

在空气中浓度(1×10^{-6}mg/m³)	暴露时间	暴露于硫化氢人体反应
1400(1000)	立即	昏迷并呼吸麻痹而死亡,除非立即进行人工呼吸急救
1000(700)	数分钟	很快引起急性中毒,出现明显的全身症状。开始呼吸加快,接着呼吸麻痹,如不及时救治死亡

续上表

在空气中浓度(1×10^{-6}mg/m³)	暴露时间	暴露于硫化氢人体反应
700(500)	15~60min	可能引起生命危险：发生肺水肿、支气管炎及肺炎，接触时间更长者，可引起头痛、头昏、步态不稳、恶心、呕吐、鼻咽喉发干及疼痛、咳嗽、排尿困难等，昏迷。如不及时救治可出现死亡
300~450(200~300)	1h	可引起严重反应：眼和呼吸道黏膜强烈刺激症状，并引起神经系统抑制，6~8min即出现眼刺激症状。长期接触可引起肺水肿
70~150(50~100)	1~2h	出现眼及呼吸道刺激症状。吸入2~15min即发生嗅觉疲劳。长期接触可引起亚急性或慢性结膜炎
30~40(20~30)	—	虽臭味强烈，仍能耐受。这可能是引起局部刺激及全身性症状的阈浓度。部分人出现眼部刺激症状，轻微的结膜炎
4~7(2.8~5)	—	中等强度难闻臭味
0.18(0.13)	—	微量的可感觉到的臭味
0.011	—	嗅觉阈

众所周知，在铁路、公路、矿山、引水、煤炭生产等地下工程施工或开采中，常常会受有害、有毒气体的影响。瓦斯、一氧化碳是最常见的有害、有毒气体，需要参建各方引起高度重视和重点防治，以免出现重、特大安全事故，给人民生命和国家财产带来不可估量的损失。但是在隧道施工中遇到更有毒的硫化氢气体，是非常少见的。当其浓度超过国家规定的安全指标值的10倍时，人体接触会立即死亡。因此，在隧道施工过程中要高度重视和预防剧毒的硫化氢气体溢出，避免人员伤亡。

《公路隧道施工技术规范》(JTG/T 3660—2020)对硫化氢容许浓度的规定如表9-6所示。

工作场所空气中有毒物质容许浓度(单位：mg/m³)　　　　表9-6

中文名(CAS No)	MAC	TWA	STEL
硫化氢	10	—	—

三、硫化氢检测的基本方法

硫化氢在低浓度0.13~4.6ppm时可闻到臭鸡蛋味；当浓度达到4.6ppm时，会使人的嗅觉钝化。如果硫化氢在空气中的含量达到100ppm上，嗅觉会迅速钝化，从而感觉不到空气中硫化氢的存在。因此根据嗅觉器官来判断硫化氢是否存在是极不可靠，十分危险的。应该采用检测仪器来确定其存在及含量。

国家行业标准规定的硫化氢测定方法是亚甲基蓝比色法。现场检测常用的方法主要有：检知管法、醋酸铅试纸法和硫化氢传感器法。

四、硫化氢浓度检测原始记录表

隧道H_2S浓度检测原始记录表如表9-7所示。

隧道 H_2S 浓度检测原始记录表   表9-7

检测单位名称：　　　　　　　　　　　记录编号：

工程名称					
工程部位/用途		委托/任务编号			
样品信息	样品名称：　　　　　　　　　　样品编号： 样品数量：　　　　　　　　　　样品状态：				
试验检测日期		试验条件			
检测依据		判定依据			
主要仪器设备及编号					
桩号	气体浓度(ppm)				
	左边墙	左拱腰	拱顶	右拱腰	右边墙
附加声明：					

检测：　　　　　记录：　　　　　复核：　　　　　　　日期：　年　月　日

单元 9.4-2

亚甲基蓝比色法

亚甲基蓝比色法的原理是用碱性锌氨络合盐溶液吸收一定体积的气体，使其中的硫化氢形成稳定的络合物。然后在硫酸溶液中，硫化氢与N,N-二甲基苯胺溶液和三氯化铁溶液反应，生成亚甲基蓝。根据颜色深浅进行分光光度测定。测定结果用标准状况(0℃,1atm)下的浓度(mg/m^3)表示。它表示在吸收时间内，被吸收气体所含硫化氢的量。该方法所用设备器材较多，测定时间长，不能立即显示测定结果。具体化学反应见式(9-3)和式(9-4)。

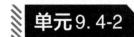
(9-3)

[氯化亚甲基蓝(蓝绿色)]

$$H_2S + Cd(OH)_2 = CdS \downarrow + 2H_2O \quad (9\text{-}4)$$

单元9.4-3

检 知 管 法

比长式硫化氢检知管法原理是将吸附醋酸铅[$Pb(Ac)_2$]和氯化钡($BaCl_2$)的硅胶装入细玻璃管内,抽取100mL含硫化氢的气体,在60s内注入,形成褐色硫化铅(PbS)。根据硅胶柱变色的长度测定硫化氢的体积分数。通过硅胶柱变色长度与标准尺比较,求得硫化氢的体积分数。此法具有简便、快捷、便于携带和灵敏度高的优点。比长式硫化氢检知管构造如图9-10所示。

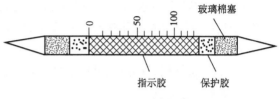

图9-10 比长式硫化氢检知管构造

单元9.4-4

醋酸铅试纸法

醋酸铅试纸法的原理是通过醋酸铅试纸与硫化氢反应生成褐色硫化铅,与标准比色板对比求得硫化氢的体积分数。此法适用于大气硫化氢测量,是一种定性和半定量方法。具体化学反应原理如下:

$$Pb(CH_3COO)_2 + H_2S = PbS(棕色或黑色) + 2CH_3COOH \tag{9-5}$$

单元9.4-5

硫化氢传感器

一、硫化氢库仑检测仪

该方法利用库仑滴定原理,将被测气体导入滴定池,在装有溴化钾酸性溶液的池内发生电解。电解电流与被测物质的瞬时浓度呈线性关系,由此得出被测物质的浓度值。

二、硫化氢气敏电极检测仪

由工作电极、参比电极、内充电解液和透气膜组成。工作电极为硫电极;用Ag/AgCl电极或LaF_3电极作参比电极。内充电解液是pH值为5的柠檬酸盐缓冲液。硫化氢通过透气薄膜进入电解液转变为S^{2-}离子。

硫化氢气敏电极检测仪的特点是重现性好,响应时间为1~3min,适用于H_2S在线检测。

三、便携式气体监测仪

便携式气体监测仪利用化学传感器来感应硫化氢,其测定结果表示在某一瞬时流经化学传感器的硫化氢体积,是一个无量纲数值。

1. 工作原理

便携式气体监测仪上的传感器应用了定电压电解法原理。其构造是在电解池内装有3个电极:工作电极、对电极、参比电极,施加一定的极化电压,使薄膜同外部隔开,被测气体透过此膜到达工作电极时,发生氧化还原反应,传感器输出电流。该电流与硫化氢浓度成正比,电流信号经放大送至模拟/数字转换器,将模拟量转换成数字,然后由液晶显示器显示出来。它具有体积小、重量轻、反应快、灵敏度高等特点。

2. 典型仪器介绍

Mini pac19T0X型检测报警仪是一种个人便携式气体检测报警仪,适用于在工矿环境中连续检测硫化氢气体。它的传感器反应灵敏,液晶屏以ppm形式直接显示环境中的硫化氢气体浓度,如果被测空气中的H_2S气体浓度超过设定的报警值,仪器将发出声光报警信号。

(1)工作原理

电化学传感器以扩散方式工作。它能直接与扩散在环境气体中的硫化氢反应,产生线性电信号。印刷电路板从传感器获得电信号经放大、模/数转换后在液晶屏上直接显示出所测气体的浓度。当浓度达到设定值,蜂鸣器和发光二极管发出声光报警信号。

(2)参数

检测范围:0~100ppm(最大200)。

报警设定值:10pm(0~50可调)。

传感器型号:电化学传感器。

传感器响应时间:达到测量值90%时小于30s。

传感器寿命典型值:24个月。

四、固定式硫化氢检测仪

固定式硫化氢检测仪的主机应安装于24h值班的中心控制室,检测仪的探头一般安装在离现场硫化氢气体易泄漏或聚积地点1m的范围内,这样一旦探头接触到硫化氢气体,就可迅速通过连线传送到中心控制室,显示硫化氢的浓度,并且声光报警。

1. 工作原理

固定式硫化氢检测仪工作原理与便携式硫化氢检测仪相同。

2. 典型仪器

Sp-1104型H_2S检测探头。

(1)用途

现场需要24h连续监测硫化氢浓度的固定式硫化氢检测仪的主机一般多装于中心控制室。探头数可根据现场气样测定点的当量来确定。

（2）工作原理

传感器应用了定电压电解法原理，内有3个电极，即工作电极、对电极和参比电极。被测气体透过电极间的薄膜到达工作电极，发生氧化还原反应，使传感器产生输出电流，该电流与硫化氢浓度成正比。该电流信号经放大后，送至模/数转换电路，即可将模拟量转换成数字显示出来。

（3）参数

检测范围：0～200pm。

响应时间：小于35s（90%响应）。

传感器寿命：大于2年。

输入：10～30V DC。

输出：4～20mA，过量程时I_{max}=25mA。

最远安装距离大于1000m。

目前在隧道施工中遇到更有毒的硫化氢气体是非常少见的。一旦发现有硫化氢泄漏，必须穿戴正压式空气呼吸器，只有这样才能保证作业人员的生命安全。

工程案例

一、工程概况

本项目对某隧道进行气体浓度检测，左洞长度为440延米，右洞长度为446延米。隧道均为单向交通隧道，设计速度为80km/h，隧道设置机械通风。隧道基本信息如表9-8所示。隧道左洞出洞口如图9-11所示，右洞出洞口如图9-12所示。

隧道基本信息 表9-8

序号	隧道		中心桩号	隧道长度（m）	照明灯具布置形式			通风方式	备注
					中线布置	两侧布置		全射流纵向	
1	某隧道	左洞	K59+255	440.0		√			LED光源
2		右洞	K59+271	446.0		√			LED光源

图9-11 隧道左洞出洞口

图9-12 隧道右洞进洞口

二、检测目的

通过对隧道工程环境相关检测,为隧道运营管养及提质升级提供依据。

三、检测依据

检测参数及依据如表9-9所示。

检测参数及依据　　　　表9-9

序号	检测参数	检测依据	判定依据
1	CO浓度、硫化氢浓度	《密闭空间直读式仪器气体检测规范》(GBZ/T 206—2007) 《工作场所空气中有害物质监测的采样规范》(GBZ 159—2004)	—
2	瓦斯浓度	《公路隧道瓦斯设计与施工技术规范》(JTG/T 3374—2020)	—
3	工程设计图纸、变更文件以及经质监部门、监理部门确定的相关资料;委托合同及文件等		

四、试验设备

本次检测使用的检测设备见表9-10。

检测设备　　　　表9-10

序号	仪器编号	名称	型号	备注
1	GSJC-01259	综合气体检测仪(泵吸式)	JT2000	瓦斯
2	GSJC-01260	综合气体检测仪(泵吸式)	JT2000	硫化氢
3	GSJC-01325	一氧化碳分析仪(泵吸式)	JT2000	CO

五、检测方法

本次检测参数包括CO浓度、瓦斯浓度、硫化氢浓度3个参数。

布点方式:现场采样检测布点要求。

(1)横断面布点

每个断面布设5个测点,测点布设于人员的呼吸带,距离地面0.5~1.5m高度处,距离边墙25cm处(图9-13);瓦斯检测应在拱部顶部增加测点,每断面布设6个测点(图9-14)。

(2)纵向断面布点

检测纵向测点布置与隧道通风方式有关。

测点布设在距离隧道进出口30m处,以及每500m检测布设一处。测点距离风机进出口应不小于100m或测点布设在风机中间位置,可根据实际情况调整间隔。

备注:测点应避开通风口、通风道等。如检测到某一断面超标时,应增加检测断面,判断在何处超过允许浓度。检测时数据读数时间应大于仪器响应时间。

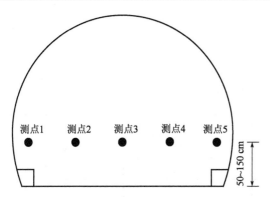
图9-13 除瓦斯外断面测点布置示意图

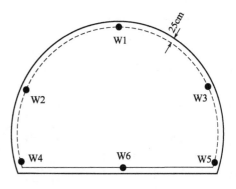
图9-14 瓦斯断面测点布置示意图

六、检测结果统计

隧道内硫化氢浓度检测结果统计表如表9-11所示。

隧道内硫化氢浓度检测结果统计表　　　　表9-11

检测桩号/部位	检测时段	平均值(mg/m³)	MAC(mg/m³)
ZK59+060	8:00—10:00	0.00	0.00
	10:00—12:00	0.00	
	12:00—16:00	0.00	
ZK59+250	8:00—10:00	0.00	0.00
	10:00—12:00	0.00	
	12:00—16:00	0.00	
YK59+460	8:00—10:00	0.00	0.00
	10:00—12:00	0.00	
	12:00—16:00	0.00	
YK59+270	8:00—10:00	0.00	0.00
	10:00—12:00	0.00	
	12:00—16:00	0.00	

隧道内瓦斯浓度检测结果统计表如表9-12所示。

隧道内瓦斯浓度检测结果统计表　　　　表9-12

检测桩号/部位	检测时段	平均值(%VOL)	MAC(%VOL)
ZK59+060	8:00—10:00	0.0	0.0
	10:00—12:00	0.0	
	12:00—16:00	0.0	

续上表

检测桩号/部位	检测时段	平均值(%VOL)	MAC(%VOL)
ZK59+250	8:00—10:00	0.0	0.0
	10:00—12:00	0.0	
	12:00—16:00	0.0	
YK59+460	8:00—10:00	0.0	0.0
	10:00—12:00	0.0	
	12:00—16:00	0.0	
YK59+270	8:00—10:00	0.0	0.0
	10:00—12:00	0.0	
	12:00—16:00	0.0	

隧道内CO浓度检测结果统计表如表9-13所示。

隧道内CO浓度检测结果统计表　　　　表9-13

检测桩号/部位	检测时段	STEL(mg/m³)	TWA(mg/m³)
ZK59+060	8:00—10:00	0	0
	10:00—12:00	0	
	12:00—16:00	0	
ZK59+250	8:00—10:00	0	0
	10:00—12:00	0	
	12:00—16:00	0	
YK59+460	8:00—10:00	0	0
	10:00—12:00	0	
	12:00—16:00	0	
YK59+270	8:00—10:00	0	0
	10:00—12:00	0	
	12:00—16:00	0	

七、检测结果附表

隧道硫化氢浓度检测记录表如表9-14所示。

隧道硫化氢浓度检测记录表　　　　表9-14

检测桩号	检测时段	实测浓度(mg/m³)													
		测点1			测点2			测点3			测点4			测点5		
ZK59+060	8:00—8:15	0.0	0.0	0.0	0.0	0.0	0.0	0.0	0.0	0.0	0.0	0.0	0.0	0.0	0.0	0.0
	10:00—10:15	0.0	0.0	0.0	0.0	0.0	0.0	0.0	0.0	0.0	0.0	0.0	0.0	0.0	0.0	0.0
	13:00—13:15	0.0	0.0	0.0	0.0	0.0	0.0	0.0	0.0	0.0	0.0	0.0	0.0	0.0	0.0	0.0

续上表

检测桩号	检测时段	实测浓度(mg/m^3)														
		测点1			测点2			测点3			测点4			测点5		
ZK59+250	8:30—8:45	0.0	0.0	0.0	0.0	0.0	0.0	0.0	0.0	0.0	0.0	0.0	0.0	0.0	0.0	0.0
	10:30—10:45	0.0	0.0	0.0	0.0	0.0	0.0	0.0	0.0	0.0	0.0	0.0	0.0	0.0	0.0	0.0
	13:30—13:45	0.0	0.0	0.0	0.0	0.0	0.0	0.0	0.0	0.0	0.0	0.0	0.0	0.0	0.0	0.0
YK59+460	9:00—9:15	0.0	0.0	0.0	0.0	0.0	0.0	0.0	0.0	0.0	0.0	0.0	0.0	0.0	0.0	0.0
	11:00—11:15	0.0	0.0	0.0	0.0	0.0	0.0	0.0	0.0	0.0	0.0	0.0	0.0	0.0	0.0	0.0
	14:00—14:15	0.0	0.0	0.0	0.0	0.0	0.0	0.0	0.0	0.0	0.0	0.0	0.0	0.0	0.0	0.0
ZK59+250	9:30—9:45	0.0	0.0	0.0	0.0	0.0	0.0	0.0	0.0	0.0	0.0	0.0	0.0	0.0	0.0	0.0
	11:30—11:45	0.0	0.0	0.0	0.0	0.0	0.0	0.0	0.0	0.0	0.0	0.0	0.0	0.0	0.0	0.0
	14:30—14:45	0.0	0.0	0.0	0.0	0.0	0.0	0.0	0.0	0.0	0.0	0.0	0.0	0.0	0.0	0.0

隧道瓦斯浓度检测记录表如表9-15所示。

隧道瓦斯浓度检测记录表 表9-15

检测桩号	检测时段	实测浓度(%VOL)														
		测点1			测点2			测点3			测点4			测点5		
ZK59+060	8:00—8:15	0.0	0.0	0.0	0.0	0.0	0.0	0.0	0.0	0.0	0.0	0.0	0.0	0.0	0.0	0.0
	10:00—10:15	0.0	0.0	0.0	0.0	0.0	0.0	0.0	0.0	0.0	0.0	0.0	0.0	0.0	0.0	0.0
	13:00—13:15	0.0	0.0	0.0	0.0	0.0	0.0	0.0	0.0	0.0	0.0	0.0	0.0	0.0	0.0	0.0
ZK59+250	8:30—8:45	0.0	0.0	0.0	0.0	0.0	0.0	0.0	0.0	0.0	0.0	0.0	0.0	0.0	0.0	0.0
	10:30—10:45	0.0	0.0	0.0	0.0	0.0	0.0	0.0	0.0	0.0	0.0	0.0	0.0	0.0	0.0	0.0
	13:30—13:45	0.0	0.0	0.0	0.0	0.0	0.0	0.0	0.0	0.0	0.0	0.0	0.0	0.0	0.0	0.0
YK59+460	9:00—9:15	0.0	0.0	0.0	0.0	0.0	0.0	0.0	0.0	0.0	0.0	0.0	0.0	0.0	0.0	0.0
	11:00—11:15	0.0	0.0	0.0	0.0	0.0	0.0	0.0	0.0	0.0	0.0	0.0	0.0	0.0	0.0	0.0
	14:00—14:15	0.0	0.0	0.0	0.0	0.0	0.0	0.0	0.0	0.0	0.0	0.0	0.0	0.0	0.0	0.0
ZK59+250	9:30—9:45	0.0	0.0	0.0	0.0	0.0	0.0	0.0	0.0	0.0	0.0	0.0	0.0	0.0	0.0	0.0
	11:30—11:45	0.0	0.0	0.0	0.0	0.0	0.0	0.0	0.0	0.0	0.0	0.0	0.0	0.0	0.0	0.0
	14:30—14:45	0.0	0.0	0.0	0.0	0.0	0.0	0.0	0.0	0.0	0.0	0.0	0.0	0.0	0.0	0.0

隧道CO浓度检测记录表如表9-16所示。

隧道CO浓度检测记录表 表9-16

检测桩号	检测时段	实测浓度(mg/m^3)					检测桩号	检测时段	实测浓度(mg/m^3)				
		1	2	3	4	5			1	2	3	4	5
ZK59+060	8:00—8:05	0	0	0	0	0	ZK59+250	8:30—8:35	0	0	0	0	0
	8:05—8:10	0	0	0	0	0		8:35—8:40	0	0	0	0	0
	8:10—8:15	0	0	0	0	0		8:40—8:45	0	0	0	0	0

续上表

检测桩号	检测时段	实测浓度(mg/m³)					检测桩号	检测时段	实测浓度(mg/m³)				
		1	2	3	4	5			1	2	3	4	5
ZK59+060	10:00—10:05	0	0	0	0	0	ZK59+250	10:30—10:35	0	0	0	0	0
ZK59+060	10:05—10:10	0	0	0	0	0	ZK59+250	10:35—10:40	0	0	0	0	0
ZK59+060	10:10—10:15	0	0	0	0	0	ZK59+250	10:40—10:45	0	0	0	0	0
ZK59+060	13:00—13:05	0	0	0	0	0	ZK59+250	13:30—13:35	0	0	0	0	0
ZK59+060	13:05—13:10	0	0	0	0	0	ZK59+250	13:35—13:40	0	0	0	0	0
ZK59+060	13:10—13:15	0	0	0	0	0	ZK59+250	13:40—13:45	0	0	0	0	0
YK59+460	9:00—9:05	0	0	0	0	0	YK59+270	9:30—9:35	0	0	0	0	0
YK59+460	9:05—9:10	0	0	0	0	0	YK59+270	9:35—9:40	0	0	0	0	0
YK59+460	9:10—9:15	0	0	0	0	0	YK59+270	9:40—9:45	0	0	0	0	0
YK59+460	11:00—11:05	0	0	0	0	0	YK59+270	11:30—11:35	0	0	0	0	0
YK59+460	11:05—11:10	0	0	0	0	0	YK59+270	11:35—11:40	0	0	0	0	0
YK59+460	11:10—11:15	0	0	0	0	0	YK59+270	11:40—11:45	0	0	0	0	0
YK59+460	14:00—14:05	0	0	0	0	0	YK59+270	14:30—14:35	0	0	0	0	0
YK59+460	14:05—14:10	0	0	0	0	0	YK59+270	14:35—14:40	0	0	0	0	0
YK59+460	14:10—14:15	0	0	0	0	0	YK59+270	14:40—14:45	0	0	0	0	0

单元9.5 案例分析

【案例1】 隧道在修建中可能会遇到一氧化碳,运营后汽车要排放一氧化碳,因此必须重视对一氧化碳的检测以保证施工安全和驾乘人员的健康。请结合一氧化碳检测相关知识,回答下列问题。

(1)一氧化碳的特性有(　　)。

　　A. 无色　　　　　　　　　　　　B. 有味
　　C. 对空气的相对密度为0.97　　　D. 有极强的毒性

解析:选ACD。一氧化碳是无色、无臭、无味的气体,CO在空气中的相对密度为0.97,CO具有极强的毒性。

(2)一氧化碳微溶于水,一般化学性质不活泼,但浓度在(　　)时能引起爆炸。

　　A. 1%~5%　　B. 5%~12%　　C. 12.5%~74.2%　　D. 80%

解析:选C。一氧化碳微溶于水,一般化学性质不活泼,但浓度在12.5%~74.2%时能引起爆炸。

(3)一氧化碳检测采用的方法有( )。
　　A. 比色式检知管　　　　　　　　　B. 比长式检知管
　　C. AT2型一氧化碳测量仪　　　　　 D. 催化型一氧化碳测量仪
　解析：选ABC。一氧化碳检测采用的方法有比色式检知管、比长式检知管、AT2型一氧化碳测量仪。

(4)无论是比长式检知管还是比色式检知管,每支检知管可以使用( )。
　　A. 一次　　　　B. 两次　　　　C. 三次　　　　D. 无限次
　解析：选A。隧道一氧化碳检测,无论是比长式检知管还是比色式检知管,每支检知管只可以使用一次。

(5)AT2型一氧化碳测量仪测量范围为( )。
　　A. 0~50ppm　　　B. 0~100ppm　　C. 0~200ppm　　D. 0~500ppm
　解析：选AD。AT2型一氧化碳测量仪有0~50ppm和0~500ppm这两种量程。

思考与练习题

一、单选题

*1. 隧道全工区的瓦斯涌出量小于$0.5m^3/min$时地质灾害属于( )。
　　A. A级　　　　B. B级　　　　C. C级　　　　D. D级

2. 隧道采用纵向通风方式时,隧道换气风速不应低于( )。
　　A. 0.5m/s　　　B. 1.0m/s　　　C. 1.5m/s　　　D. 2.0m/s

*3. 瓦斯隧道施工中防止瓦斯积聚的风速不得小于( )。
　　A. 0.5m/s　　　B. 1.0m/s　　　C. 1.5m/s　　　D. 2.0m/s

*4. 检知管是一支直径( )mm、长( )mm左右的密封玻璃管,管内装有易与一氧化碳发生反应的药品。
　　A. 4~6、150　　B. 5~8、150　　C. 4~6、200　　D. 5~8、200

*5. 一般情况下,在粉尘浓度测定过程中采样后的薄膜在实验室干燥箱中放置( )以上便可称重。
　　A. 0.5h　　　　B. 1h　　　　C. 1.5h　　　　D. 2h

*6. 瓦斯隧道装药爆破时,总回风道风流中瓦斯浓度必须小于( )。
　　A. 0.5%　　　　B. 0.75%　　　C. 1.0%　　　　D. 1.25%

*7. 粉尘浓度测定中,采样时间应在粉尘浓度稳定以后,一般在作业开始( )后进行,采样持续时间以( )为宜。
　　A. 20min、15min　B. 30min、15min　C. 30min、15min　D. 30min、20min

*8. 目前常用( )测定施工隧道内的粉尘浓度。
　　A. 滤膜测尘法　　B. 过滤测尘法　　C. 薄膜测尘法　　D. 透析测尘法

*9. 隧道粉尘浓度检测应在风筒出口后面距工作面( )处采样。
　　A. 1~2m　　　　B. 2~4m　　　　C. 4~6m　　　　D. 6~10m

10. 无论是比长式检知管还是比色式检知管,每支检知管可以使用( )。
　　A. 一次　　　　B. 两次　　　　C. 三次　　　　D. 无限次

11. 隧道施工场所的噪声不宜超过(　　)。
    A. 75dB	B. 80dB	C. 85dB	D. 90dB

*12. 我国《公路隧道施工技术规范》(JTG/T 3660—2020)规定，隧道内甲烷按体积计不得大于(　　)。
    A. 1%	B. 0.75%	C. 0.3%	D. 0.1%

*13. 对于施工隧道，一氧化碳一般情况不大于(　　)。
    A. 20mm^3	B. 30mm^3	C. 40mm^3	D. 50mm^3

*14. 滤膜增量 $\Delta m \leq 1$mg时，应用感量为(　　)mg分析天平称量。
    A. 0.1	B. 0.01	C. 0.001	D. 1

*15. 开挖面瓦斯浓度大于(　　)时，所有人员必须撤至安全地点。
    A. 0.5%	B. 1%	C. 1.5%	D. 2%

*16. 如果硫化氢在空气中的含量达到(　　)ppm上，嗅觉会迅速钝化，而感觉不到空气中硫化氢的存在。
    A. 1	B. 10	C. 100	D. 1000

17. 固定式硫化氢检测仪的主机应安装于(　　)小时值班的中心控制室。
    A. 8	B. 12	C. 18	D. 24

二、多选题

*1. 检知管有哪几种(　　)。
    A. 比长式检知管	B. 比短式检知管	C. 比色式检知管	D. AT型检知管
    E. AT1型检知管

*2. 对用光干涉瓦斯检定器检测隧道内瓦斯有影响的是(　　)。
    A. 一氧化氮(NO)	B. 二氧化碳(CO_2)	C. 水蒸气	D. 粉尘
    E. 烟雾

*3. 一氧化碳的检测仪器和设备有(　　)。
    A. 比色式检知管	B. 比长式检知管
    C. AT2型一氧化碳测量仪	D. 催化型一氧化碳测量仪
    E. 光干涉一氧化碳测量仪

4. 地震波反射法的预报距离应符合以下哪些要求(　　)。
    A. 连续预报时前后两次应重叠15m以上
    B. 在软弱破碎地层或岩溶发育区，一般每次预报距离100m左右
    C. 在岩体完整的硬岩地层有效探测距离不宜超过100m
    D. 软弱破碎地层或岩溶发育区的有效探测距离不宜超过70m

5. 地震波反射法中，以下哪些采集信号的总体质量评定为不合格(　　)。
    A. 存在相邻的不合格记录或空炮	B. 采用非瞬发电雷管激发
    C. 单炮记录合格率大于85%	D. 空炮率大于15%

*6. 山岭隧道在施工中所产生的粉尘有哪些危害(　　)。
    A. 可能引起职业病	B. 危害职工的身体健康

C. 煤尘还有爆炸的危险 D. 威胁隧道的施工安全
E. 影响行车效果

*7. 从技术上讲,无论哪种便携式瓦斯测量仪器,都必须具备这样以下基本方面的性能( )。
  A. 性能稳定,功耗小的瓦斯传感元件
  B. 应有适于长期隧道内工作、性能可靠的较先进的电路设计
  C. 要有结构合理的外壳及仪器其他的机械零件
  D. 仪器整体体积小
  E. 仪器整体质量轻

*8. 隧道施工通风是将( )排到洞外,为施工人员输送新鲜空气。
  A. 炮烟 B. 运输车辆排放的废气
  C. 施工过程产生的粉尘 D. 一氧化碳
  E. 二氧化碳

*9. 滤膜测尘法的主要器材有( )。
  A. 滤膜 B. 检知管 C. 采样器 D. 抽气装置
  E. 天平

*10. 隧道内地质素描应包括以下主要内容( )。
  A. 有害气体及放射性危害源的存在情况
  B. 应记录塌方部位、方式、规模及其随时间的变化特征,并分析产生塌方的地质原因及其对继续掘进的影响
  C. 出水点和地层岩性、地质构造、岩溶、暗河等的关系分析
  D. 围岩稳定性特征及支护情况

11. 硫化氢气敏电极检测仪由( )组成。
  A. 工作电极 B. 参比电极 C. 内充电解液 D. 透气膜

*12. 瓦斯隧道工区分为( )共4类。
  A. 非瓦斯隧道工区 B. 低瓦斯工区
  C. 中瓦斯工区 D. 高瓦斯工区
  E. 瓦斯突出工区

*13. 隧道瓦斯自动监测使用的是煤矿监测监控系统,主要由( )组成。
  A. 监测终端 B. 监控中心站 C. 通信接口装置 D. 井上分站
  E. 传感器

*14. 在通常状况下,一氧化碳是( )的气体。
  A. 无色 B. 无臭 C. 无味 D. 无毒
  E. 有毒

三、判断题

*1. 瓦斯检测仪器有光干涉瓦斯检定器和催化型瓦斯测量仪。 ( )
2. 含放射性物质的隧道弃渣堆放或利用、废水的排放与利用,不需首先作出评价,但须得

到辐射防护和环境保护部门的批准后方可进行。( )

*3. 用薄膜测尘法测定粉尘浓度要求用两个平行样品,对这两个平行样品分别计算,其偏差不得大于20%。( )

*4. 隧道开挖面瓦斯浓度大于1.0%时,所有人员必须撤至安全地点。( )

*5. 在隧道瓦斯监测检测过程中,为了避免二氧化碳和水蒸气对测量精度的影响,采用装有钠石灰的吸收管来吸收二氧化碳,用装有氯化钙的吸收管来吸收水蒸气。( )

6. 无论是比色式还是比长式检知管,检知管都能重复使用。( )

*7. 空气中瓦斯含量达到一定浓度时,就会发生瓦斯爆炸。( )

*8. 瓦斯隧道施工测量,应采用检测通风等手段保证测量作业区瓦斯浓度小于0.5%。( )

*9. 为保证测定粉尘的准确性,便于对比,要求在不同的测点,采集两种样品。( )

*10. 为保证隧道施工人员进行正常的安全生产,交通部门规定隧道内气温不宜高于37℃。( )

*11. 国家行业标准规定的硫化氢测定方法是醋酸铅试纸法。( )

*12. 当硫化氢浓度达到3.6ppm时,会使人的嗅觉钝化。( )

备注:本书中,*表示与知识目标和能力目标相对应的题目,属于必答题。

模块9 [思考与练习题]答案

隧道运营环境检测

模块 10

【案例导入】

【案例1】 2014年,某隧道接连发生6起追尾事故,先后有14辆车相撞,所幸并无人员受伤,事故均属于一般交通事故。

现场走访发现,在白天行车期间,该隧道灯光照明较为昏暗,与隧道外的光线环境形成较大反差,埋下了安全隐患,近几年期间,该路段也是事故频发地。记者从该市政府相关部门了解到,为改变该隧道灯光照明情况,交通部门将制订详细整改方案,争取当年年底改造完毕,为车辆创造安全通行条件。

对于造成事故的原因,该市交警支队相关负责人提到,涉事隧道共有1km长,容易积存大量的汽车尾气,如果不能及时排出这些气体,不仅墙壁会变黑变暗,隧道顶的照明灯也会浸上油污,时间久了灯光自然会变暗。当驾驶员从光线较强的隧道外突然进入昏暗的隧道时,很难判断前方车辆的距离和速度,因此极易引发追尾事故。

走访中,一些时常路过该隧道的驾驶员反映,由于隧道内外光线差别太大,即使车辆进入隧道开了灯,也常常感觉视线不佳,存在很大的安全隐患。驾驶员利先生说,隧道内安装的照明灯是功率较小的钠黄灯,光线较弱,严重影响驾驶员观察隧道内的路况。

驾驶员贺先生则建议,希望隧道内能安装功率较大的白炽灯,并且将警示标志设置在隧道内最显眼的地方,这样便于驾驶员在白天和夜晚进出隧道时辨明隧道内的情况。

【案例2】 新疆G575线巴哈公路是新疆东部地区一条重要的南北向交通大动脉。为缓解驾驶员的心理压力和视觉疲劳,减少安全事故发生,该公路东天山特长隧道内设置了"五星闪耀""蓝天白云""璀璨星河"3组特色景观照明,五彩缤纷的色彩交相辉映,为乘车穿梭隧道的人们,带来一次极度舒适的视觉盛宴。

进入隧道,首先映入眼帘的是"五星闪耀",鲜艳的中国红在隧道里澎湃激荡,激发着人们浓厚、炽热的爱国情怀;隧道中间区段是"蓝天白云",灿烂明亮的视觉观感,有效缓解驾驶员的视觉疲劳;最后进入"璀璨星河",行车其中,犹如行驶在浩瀚星空下,星空的光线流动之美,让枯燥的旅程变得多姿多彩。

东天山特长隧道的景观照明,不仅"颜值高",而且"有内涵"。为有效降低能耗,照明采用了无极调光控制系统,可根据车流量和隧道内外光线进行亮度调节,行车方向右侧奇数灯则作为应急照明灯具,实现24小时常亮。

单元10.1 隧道运营通风检测

【知识目标】
1. 熟悉运营隧道通风检测内容;
2. 掌握一氧化碳浓度检测方法;
3. 掌握烟雾浓度检测方法;
4. 掌握隧道内风压和风速检测方法。

【技能目标】
1. 能规范进行一氧化碳浓度检测；
2. 能规范进行烟雾浓度检测；
3. 能规范进行风速与风压的检测。

【工程师寄语】
隧道通风技术的发展经历了从依赖自然通风到机械通风，再到智能化通风的演变过程。随着隧道通风技术的不断发展，隧道通风系统的性能和安全性也得到不断提升。这也启示我们，必须坚持创新发展理念，不断学习新知识、掌握新技术，才能跟上新时代的步伐，适应新时代的发展需要，实现个人价值与社会进步的和谐统一。

本单元将为大家介绍烟雾浓度检测、隧道风速检测、隧道风压检测等相关知识。

【知识框图】

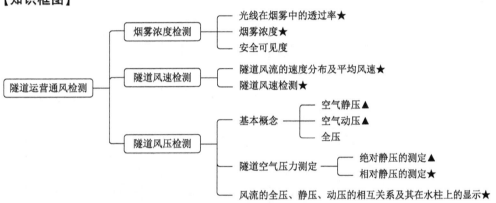

隧道正常运营时，隧道通风主要是为了稀释隧道内的CO、烟雾和空气中的异味，提高隧道行车的舒适性和安全性。发生火灾时，隧道通风则是为了改变隧道内气流流动方向来控制火灾烟气蔓延，为人员疏散和救援创造有利条件。

隧道通风分为自然通风和机械通风两大类。自然通风是通过气象因素形成的隧道内空气流动，以及机动车从洞外带入新鲜空气来实现隧道内外空气交换。机械通风是通过风机作用使空气沿着预定路线流动来实现隧道内外空气交换。隧道机械通风的基本方式主要有纵向式、半横向式、全横向式以及在这三种基本方式基础上的组合通风方式。隧道机械通风方式分类如表10-1所示。

隧道机械通风方式分类 表10-1

纵向通风方式	半横向通风方式	全横向通风方式	组合通风方式
1. 全射流 2. 集中送入式 3. 通风井送排式 4. 通风井排出式 5. 吸尘式	1. 送风式 2. 排风式 3. 平导压入式	1. 顶送顶排式 2. 底送顶排式 3. 顶送底排式 4. 侧送侧排式	1. 纵向组合式 2. 纵向+半横向组合式 3. 纵向+集中排烟组合式

隧道运营通风检测的主要内容包括一氧化碳检测、烟雾浓度检测、隧道内风速检测和隧道风压检测。

单元 10.1-1

烟雾浓度检测

柴油车排放气体中,除 SO_2 等物质外,还有大量的游离碳素(煤烟)。煤烟不仅影响隧道内的能见度、舒适性,也影响施工作业人员的健康。

柴油车排烟量与车重、车速和路面坡度有关。根据国际道路协会常设委员会(PIARC)的污染报告,对于水平路段,排烟量与车重近似满足图10-1所示的关系。排烟量与车速的关系如图10-2所示。

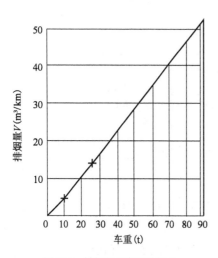

图10-1 排烟量与车重的关系

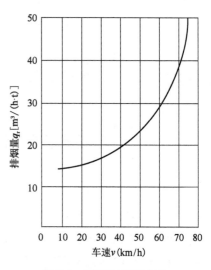

图10-2 排烟量与车速关系

煤烟对空气的污染程度用烟雾浓度表示。烟雾浓度可通过测定光线在烟雾中的透过率来确定。光线在烟雾中的透过率用 τ 表示:

$$\tau = \frac{E}{E_v} \tag{10-1}$$

式中:E、E_v——同一光源通过污染空气、洁净空气后的照度。

τ 与烟雾的厚度 L 有关:

$$\tau = e^{-\alpha L} \tag{10-2}$$

$$\alpha = -\frac{1}{L}\ln \tau \tag{10-3}$$

式中:α——烟雾吸光系数。

令 $K = \alpha$,则:

$$K = -\frac{1}{L}\ln \tau \tag{10-4}$$

式中：K——烟雾浓度。在隧道通风中，取 $L = 100\text{m}$，测定 t 后确定 K，则：

$$K = -\frac{1}{100}\ln\tau \tag{10-5}$$

式中：τ——100m 厚烟雾光线的透过率。

随着隧道内烟雾浓度增加，可见度、舒适感降低，从行车安全考虑，确定的可见度称为安全可见度。

计算所需的安全可见度和车速的关系见表 10-2（坡度按 3% 计算）。

安全可见度与车速的关系表　　　　　　　　　　　　　　　　　表 10-2

车速(km/h)	20	30	40	50
可见度(m)	12	21	32	44

当烟雾浓度、透过率和车速不同时，对舒适程度的感觉也不同。表 10-3 是行车速度为 40km/h 时，驾驶员对舒适水平的主观评价。

烟雾浓度与舒适性的关系表　　　　　　　　　　　　　　　　　表 10-3

烟雾浓度 $K(\text{m}^{-1})$	$L=100\text{m}$ 处透过率 $\tau(\%)$	舒适性
5×10^{-3}	60	空气洁净
7.5×10^{-3}	48	稍有烟雾
9×10^{-3}	40	舒适度下降
12×10^{-3}	30	不愉快的环境

透过率与隧道照明水平有关，随着路面照度的增加，透过率可乘以修正系数。其修正值见表 10-4。

透过率与照度的关系表　　　　　　　　　　　　　　　　　　　表 10-4

路面照度(lx)	30	40	50	60	70	80
透过率修正值	1	0.93	0.87	0.80	0.73	0.67

随着我国公路交通事业的日益发展，大型的载重柴油车将会越来越多，目前柴油车所占交通量已达到整个交通量的 30%~50%，正迅速赶上发达国家的水平，所以应严格控制烟雾的浓度。

烟雾浓度检测主要使用光透过率仪。以 SH-1 型光透过率仪为例，它由稳压电源、投光部、受光部和自动记录仪四大部件组成，测定光路长度 100m，光透过率量程 5%~100%，精度为满量程 5%。由所检测得到的光透过率计算烟雾浓度。

烟雾浓度检测纵向的测点布置与隧道的通风方式有关，靠近进出口的测点应布置在距洞口 10m，检测各通风段的烟雾浓度值。每通风段宜检测 3 个以上的断面，断面间距不宜大于 1000m，如检测到某一断面超标，应向隧道进口方向增加检测断面来判断在何处开始超过允许浓度。

单元 10.1-2

隧道风速检测

在我国已建成的设有机械通风的公路隧道中,绝大部分都采用射流风机纵向通风。在这种通风方式下,风流速度既不能过小,也不能过大。风速过小,则不足以稀释排出隧道内的车辆废气;风速过大,则会使隧道内尘土飞扬,使行人感到不适。因此,我国《公路隧道通风设计细则》(JTG/T D70/2-02—2014)规定:单向交通隧道风速不宜大于10m/s,特殊情况可取12m/s;双向交通隧道风速不应大于8m/s;人车混用隧道风速不应大于7m/s。

一、隧道风流的速度分布及平均风速

空气在隧道及管道中流动时,由于与流道壁面摩擦以及空气的黏性,同一横断面上各点风流的速度是不相同的。

紊流风流在靠近边壁处有一层很薄的层流边层,该层流边层的厚度很小,而且雷诺数越大,其厚度越小。在此层内,流体质点沿近乎平行于管壁的弯曲轨迹运动。层流边层内,空气流动的速度叫作边界风速,以 v_0 表示,如图10-3所示。在层流边层以外,即流道横断面的绝大部分,充满着紊流风流,其速度大于边界风流,并从壁面向轴心方向逐渐增大。如果将大于边界风速那部分称为紊流风速,并以 U 表示,则流道横断面上任一点的风速 v_1 就等于边界风速与紊流风速之和,即:

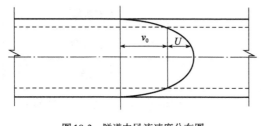

图10-3 隧道中风流速度分布图

$$v_1 = v_0 + U \tag{10-6}$$

则断面上平均风速为:

$$v = \frac{\int_A v_1 \mathrm{d}A}{A} \tag{10-7}$$

或

$$v = \frac{Q}{A} \tag{10-8}$$

式中:v_1——断面上一点的风速(m/s);

$\mathrm{d}A$——断面上的微元面积;

A——流道的横断面积(m^2);

Q——通过流道横断面的风量(m^3/s)。

在圆形截面的直线管道风流中,最高风速出现在截面轴心处,但在隧道或非圆截面的管道中,流道的曲直程度、断面形状及大小均有变化,最高风速不一定出现在截面轴线上,同一断面上的流速分布也可能随时间变化。因此,确定断面的平均风速时,必须先测各点的风速,然后计算其平均值。各种技术规范与规程对风速的有关规定都是对断面的平均风速而言的。

二、隧道风速检测

1. 用风表检测

风表如图10-4所示,常用的风表有杯式和翼式两种。

杯式风表用于检测大于10m/s的高风速;翼式风表用于检测0.5~10m/s的中等风速,具有高灵敏度的翼式风表也可以用于检测0.1~0.5m/s的低风速。

杯式和翼式风表内部结构相似,由一套特殊的钟表传动机构、指针和叶轮组成。杯式的叶轮是4个杯状铝勺,翼式的叶轮则是8张铝片。此外,风表上有一个启动和停止指针转动的小杆,打开时指针随叶轮转动,关闭时叶轮虽转动但指针不动。某些风表还有回零装置,以便从零开始计量风速。

图10-4 风表

检测时,先回零,待叶轮转动稳定后打开开关,则指针随叶轮转动,同时记录时间。经过12min后,关闭开关。测完后,根据记录的指针读数和指针转动时间,算出风表指示风速,再用如图10-5所示的风表校正曲线换算成真实风速。风表可以测一点的风速,也可以测隧道的平均风速。

用风表检测隧道断面的平均风速时,测风员应该使风表正对风流,在所测隧道断面上按一定的路线均匀移动风表。通常所采用的线路如图10-6所示。

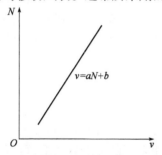

图10-5 风表校正曲线

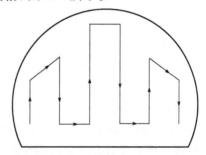

图10-6 用风表检测断面平均风速的线路

根据测风员与风流方向的相对位置,分迎面和侧面两种测风方法。

(1)迎面法:测风员面向风流站立,手持风表,手臂向正前方伸直,然后按一定的线路使风表均匀移动。由于人体位于风表的正后方,人体的正面阻力减低流经风表的流速,因此,用该法测得的风速v_s,需经校正后才是真实风速v,$v=1.14v_s$。

(2)侧面法:测风员背向隧道壁站立,手持风表,手臂向风流垂直方向伸直,然后按一定的线路使风表均匀移动。使用此法时,人体与风表在同一断面内,造成流经风表的流速增加。如果测得风速为v,那么实际风速则为:

$$v = \frac{v_s(S - 0.4)}{S} \tag{10-9}$$

式中:S——所测隧道的断面积(m^2);

0.4——人体占据隧道的断面积(m^2)。

2. 用热电式风速仪和皮托管与压差计检测

热电式风速仪分热线和热球式两种,其原理相同。以QDF型热球式风速仪为例,该仪器由热球式探头、电表和运算放大器组成。在测杆的端部有一个直径约0.8mm的玻璃球,球内绕有加热玻璃球用的镍铬丝线圈和2个串联的热电偶,热电偶的冷端连接在磷铜质的支柱上直接暴露在风流中。当一定大小的电流通过加热线圈后,玻璃球的温度上升,则热电势小,反之,热电势大。热电势再经运算放大器后就可以在电表上指示出来,校正后的电表读数即为风流的真实速度。

热电式风速仪操作比较简便,但现有的热电式风速仪易于损坏,灰尘和温度对它有一定的影响,有待进一步改进,以便广泛使用。

皮托管和压差计可用于通风机风筒内高风速的测定,它是通过测量测点的动压,然后按下式换算出测点风速v_1:

$$v_1 = \sqrt{\frac{2gH_v}{\gamma}} = \sqrt{\frac{2H_v}{\rho}} \tag{10-10}$$

式中:H_v——测点的动压力(Pa);

　　　g——重力加速度(取9.8m/s^2);

　　　γ——测点周围空气重度(N/m^3);

　　　ρ——空气密度(kg/m^3)。

皮托管与精度为0.1Pa的压差计配合使用,在测定1.5m/s以上的风速时,其误差不超过5%;当风速过低或压差计精度不够时,误差比较大。

热电式风速仪和皮托管与压差计都不能连续累计断面内各点的风速(对后者来说是动压),只能孤立地测定某点风速(动压)。因此,用这类仪器测定隧道或管道的平均风速时,应该把隧道断面划分成若干个面积大致相等的小块(图10-7),再逐块在其中心测量各点的风速$v_1, v_2, \cdots, v_n$。最后取平均值得平均风速v,即:

$$v = \frac{v_1 + v_2 + \cdots + v_n}{N} \tag{10-11}$$

式中:N——划分的等面积小块数。

圆形风筒的横断面应划分成若干个等面积的同心圆环(如图10-8所示),每一个等面积圆环里有一个检测圆。用皮托管和压差计测定时,互相垂直的两个直径上,可以测得每个检测圆的4个动压值,由这一系列的动压值就可计算出风筒全断面的平均风速。

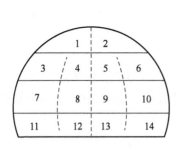

图10-7　隧道断面划分的等面积小格

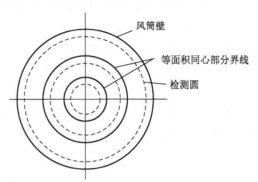

图10-8　圆形风筒划分的等面积同心部分

检测圆的数量 N，根据被测风筒的直径确定。一般直径为 30~60cm 时 N 取 3，直径为 70~100cm 时 N 取 4。

隧道纵向的测点布置与隧道的通风方式有关，测点布置应远离射流风机 60m 以上，检测各通风段的风速值，每通风段宜检测 3 个以上的断面。

单元 10.1-3

隧道风压检测

隧道风压是隧道通风的基本控制参数。在长大公路隧道中，通风系统往往由复杂的通风网络构成，要使风流有规律地流动，就必须调整或控制网络内各节点的风压。此外，风压还是各种通风机的一项基本性能指标，检验通风机时必须对其风压进行检测。本单元介绍空气压力的基本概念和测定方法。

一、基本概念

1. 空气静压（静压强）

空气静压是气体分子间的压力或气体分子对与之相接触的固体或液体边界所施加的压力，空气静压在各个方向上均相等。空间某点空气静压的大小与该点在大气中所处的位置和人工所造成的压力有关。

大气压力是地表静止空气的压力，它等于单位面积上空气柱的重量。

地球被空气所包围，空气圈的厚度高达 1000km。靠近地球表面的空气密度大，距地球表面越远，空气密度越小，不同海拔高程处空气柱的重量是不一样的。因此，对不同地区来讲，由于海拔高程、地理位置、空气温度和湿度不同，其大气压（空气静压）也不同。各地大气压力主要随海拔高度变化而变化，其变化规律如表 10-5 所示。

不同海拔高度的大气压　　　　表 10-5

海拔高度(m)	0	100	200	300	500	1000	1500	2000
大气压(kPa)	101.32	100.12	98.92	97.72	95.46	89.86	84.7	79.7

在真空状态下，静压为零。

根据度量空气静压大小所选择的基准不同，空气压力有绝对压力和相对压力之分。

绝对压力是以真空状态绝对零压为比较基准的静压，即以零压力为起点表示的静压，绝对静压恒为正值，记为 p_s。

相对压力是以当地大气压 p_a 为比较基准的静压，即绝对静压与大气压力之差。如果隧道中或管道中的绝对静压高于大气压力，则为正压，反之为负压。相对静压用 h_s 表示，随标准的基准 p_a 变化而变化。

2. 空气动压

运动着的物体具有动能，当其运动受到阻碍的时候，就有压力作用在障碍物表面上，压力的大小取决于物体动能的大小。当风流受到阻碍时,同样有压力作用在障碍物上,这个力称为风流的动压,用h_v表示。动压因空气运动而产生,它恒为正值并具有方向性,作用方向与风流方向一致;在与风流平行的面上,无动压作用。如果风流中某点的风速为$v(\text{m/s})$,单位体积空气的质量为$\rho(\text{kg/cm}^2)$,则动压$h_v(\text{Pa})$可用下式表示:

$$h_v = \frac{1}{2}\rho v^2 \tag{10-12}$$

或

$$h_v = \frac{\gamma}{2g}v^2 \tag{10-13}$$

3. 全压

风流的全压即静压与动压的代数和。

二、隧道空气压力测定

1. 绝对静压的测定

通常使用水银气压计和空盒气压计测定空气绝对静压。

水银气压计:如图 10-9 所示,它主要由一个水银盛槽与一根玻璃管组成。玻璃管上端密闭,下端插入水银盛槽中,管内上端形成绝对真空,下部充满水银。当水银盛槽中水银表面受到空气压力时,管内水银柱高度随着空气压力而变化,此管中水银面与盛槽中的水银面的高差即为所测空气的绝对静压。

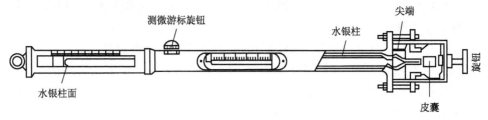

图 10-9 水银气压计

空盒气压计:如图 10-10 所示,它主要由一个被抽成真空的皱纹状金属空盒与连接在盒上带指针的传动机构组成。

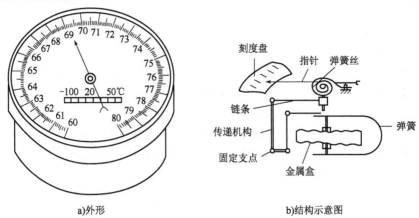

a) 外形　　　　　　　　　b) 结构示意图

图 10-10 空盒气压计

空盒气压计又称无液气压计,其测压原理是:由于盒内抽成真空(实际上还有少量余压),当大气压作用于盒面上时,盒面被压缩,并带动传动杠杆使指针转动,根据转动的幅度可读得大气压力数值。

空盒气压计是一种携带式仪表,一般用在非固定地点概略地测定大气压力数值。使用前必须经水银气压计校定;测量时将盒面水平放置在被测地点,停留10~20min待指针稳定后再读数;读数时视线应该垂直于盒面。

2. 相对静压的测定

通常使用U形压差计、单管倾斜压差计或补偿式微压计与皮托管配合测定风流的静压、动压和全压。

U形压差计:亦称U形水柱计,有垂直和倾斜两种类型,如图10-11所示。它们都是由一内径相同,装有蒸馏水或酒精的U形玻璃管与刻度尺组成。

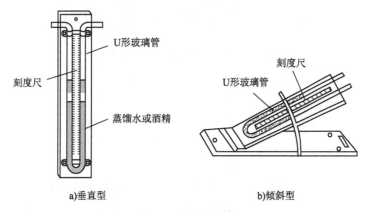

图10-11 U形压差计

它的测压原理是:U形玻璃管两侧液面承受相同的压力时,液面处于同一水平面;当两侧液面承受不同的压力时,压力大的一侧液面下降,另一侧液面上升。对U形水柱计来说,两水面的高差即为两侧压力差。对倾斜U形压差计,则要考虑实际的高差。垂直U形压差计精度低,多用于测量较大的压差。倾斜U形压差计精度要高一些。

补偿式微压计:如图10-12所示,它由盛水容器A和B以胶管连通而成。容器B固定不动,B中装有水准头,容器A可以上下移动。

这种仪器的测压原理是:较大的压力p_1连到"+"接头与B相通,小压力p_2连到"-"接头与A相通,B中水面下降,水准头露出,同时A内液面上升。测定时,旋转螺杆以提高容器A,则B中水面上升,直至B中水面回到水准头所在水平为止。即通过提高容器A的位置,用水柱高度来平衡(补偿)压力差造成的B中水面下降,使它恢复到原来的位置。此时A内液面上升的高度恰好是压力差p_1-p_2造成的水柱高度H。

为使H测量准确,仪器上装有微调与水准观察装置。微调装置由刻有200等分的微调盘构成,将它左右转动一圈,螺杆将带动A上下移动2mm,其精度能读到0.01mm水柱。水准观察装置是根据光学原理使水准头形成倒像,当水准头的尖端和像的尖端恰好接触时,说明B中水面已经达到要求的位置。

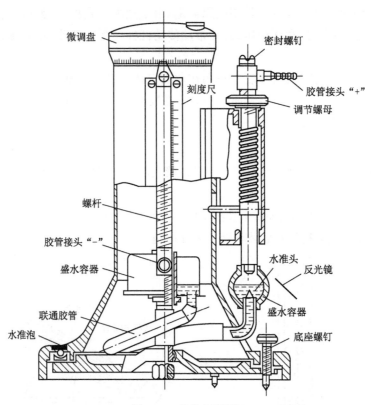

图 10-12　补偿式微压计

使用补偿式微压计时,要整平对零;使 B 中水准头和像的尖端恰好相接,并注意大小两个压力不能错接,最后在刻度尺和微调盘上读出所测压力差。

皮托管是接收和传递压力的工具,与压差计相配合使用。

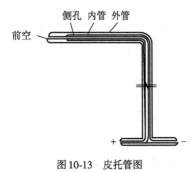

图 10-13　皮托管图

如图 10-13 所示,皮托管由两根金属小圆管 1 和 2 构成,内管 1 和外管 2 同心套结成一整体,但互不相通。内管前开一小孔 4 与标有"+"的脚管相通,孔 4 正对风流,内管就能接收测点的全压。外管前端不通,在前端不远处的管壁上开有 4~6 个小孔,孔 3 与标有"-"的脚管相通,当孔 4 正对风流时,外管孔 3 与风流垂直不受动压作用,只能接收静压。

三、风流的全压、静压、动压的相互关系及其在水柱上的显示

压入式通风:如图 10-14 所示,风流的绝对压力高于大气压力,风流的相对压力为"+"。若用 p_s 表示绝对静压,p_t 表示绝对全压,h_t 表示相对全压。由图 10-14 可得:

$$h_s = p_s - p_a \tag{10-14}$$

$$h_v = p_t - p_s \tag{10-15}$$

$$h_t = p_t - p_a = h_s + h_v \tag{10-16}$$

抽出式通风:如图 10-15 所示,风流的绝对压力低于大气压力,风流的相对压力为水柱计

读数等于相对压力的绝对值。由图 10-15 可得：

$$h_s = p_s - p_a \quad 或 \quad |h_s| = p_s - p_a \tag{10-17}$$

$$h_v = p_t - p_s \tag{10-18}$$

$$h_t = p_t - p_a \tag{10-19}$$

$$|h_t| = p_a - p_t = |h_s| - h_v \tag{10-20}$$

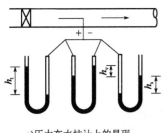
a) 压力在水柱计上的显现

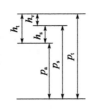
b) 压力关系示意图

图 10-14　压入式通风压力关系示意图

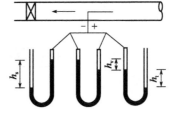
a) 压力在水柱计上的显现

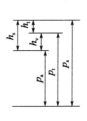
b) 压力关系示意图

图 10-15　抽出式通风压力关系示意图

单元 10.2　隧道运营照明检测

【知识目标】

1. 了解照明工程中常用的基本概念；
2. 熟悉隧道运营照明方式；
3. 熟悉照明灯具光强分布及色度检测方法；
4. 掌握照度及亮度现场检测方法。

【技能目标】

1. 能简述照明灯具光强分布及色度检测方法；
2. 能规范判别隧道各区段运营照明方式是否符合规范要求；
3. 能在现场规范进行照度及亮度检测。

【案例导入】

2014 年 3 月 1 日，某隧道燃爆事故共造成 31 人死亡，9 人失踪。事发主要原因就是隧道入口太黑，导致大货车进入隧道时无法看清楚隧道内部状况而撞上了因故停在隧道入口段的车辆而引发了连环灾难。实际上，当汽车在以 60km/h 以上的速度进入无照明或照明状况不合格的隧道的一瞬间，映入驾驶员眼帘的是完全的黑暗，就算隧道内开启了灯光，效果也是微乎其微，视线的明暗变化很容易导致事故的突然发生。

【工程师寄语】

目前，巨大的碳排放量已成为绿色环保的拦路虎。我们要不断学习新知识，争取为隧道照明节能减排贡献自己的一份力量。隧道照明技术的提升不仅关乎行车安全,更是响应国家节能减排号召的具体实践。我们应积极适应社会发展,不断学习新知识,为绿色交通贡献力量,共同培养节能环保的生活习惯,建设美好未来。

本单元将为大家介绍隧道运营照明检测基本概念、运营照明方式、照度检测、亮度检测、眩光检测、照明灯具光强分布检测等相关知识。

【知识框图】

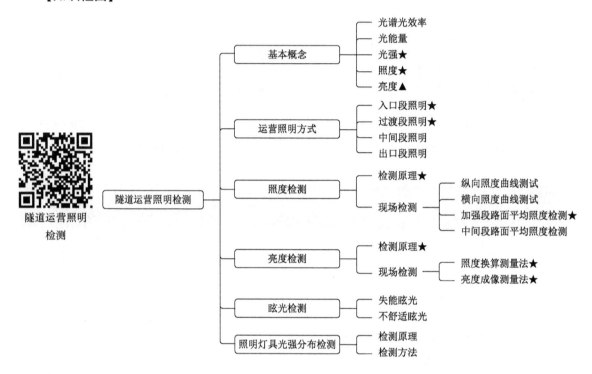

单元10.2-1

基 本 概 念

照明工程中的基本概念较多,为了阐述方便,这里介绍常用的几个概念。

一、光谱光效率

如图10-16所示为光谱光效率曲线,光谱光效率是人眼在可见光光谱范围内视觉灵敏度的一种度量。在明视觉(照度较高)条件下,人眼对555nm光波的视觉灵敏度最高;在暗视觉(照度较低)条件下,人眼对507nm光波的视觉灵敏度最高。偏离峰值,无论是短波长,还是长波长,人眼的灵敏度都要下降,离峰值越远,人眼的视觉灵敏度越低。

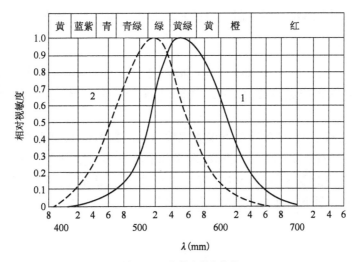

图10-16 光谱光效率曲线

二、光通量

光通量是光源发光能力的一种度量,是指光源在单位时间内发出的能被人眼感知的光辐射能的大小。光通量常用符号Φ表示,单位为流明(lm)。例如,一只220V、40W白炽灯发出的光通量为350lm;一只220V、40W的荧光灯发出的光通量为2100lm。

三、光强

光强用于反映光源光通量在空间各个方向上的分布特性,它用光通量的空间角密度来度量。光强常用符号I表示,可由下式计算:

$$I = \frac{\mathrm{d}\Phi}{\mathrm{d}\omega} \tag{10-21}$$

式中：$\mathrm{d}\omega$——由(点)光源向外张的微小空间角(锥面所围的空间),若以半径为r的球面截取锥面,而被锥面截取的微小球面面积为$\mathrm{d}A$,则$\mathrm{d}\omega=\mathrm{d}A/r^2$;

$\mathrm{d}\Phi$——微小空间角$\mathrm{d}\omega$内的光通量。

光强单位是坎德拉(cd),1cd=1lm/sr,坎德拉是国际单位制的基本单位之一。

光强常用于说明光源和灯具发出的光通量在空间各方向上的分布密度。例如,一只220V、40W白炽灯发出350lm光通量,它的平均光强为350/(4π)=28cd;若在该灯泡上装一盏白色搪瓷平盘灯罩,则灯的正下方的光强能提高到70~80cd。虽然两种情况下,光源发出的光通量没变,但后者使光通量在空间分布更集中。

四、照度

照度是用来表示被照面上光的强弱的,以被照场所光通量的面积密度来表示。取微小面积$\mathrm{d}A$,入射的光通量为$\mathrm{d}\Phi$,则照度E为:

$$E = \frac{\mathrm{d}\Phi}{\mathrm{d}A} \tag{10-22}$$

对于任意大小的表面积A,若入射光通量为φ,则在表面积A上的平均照度E为:

$$E = \frac{\varphi}{A} \tag{10-23}$$

照度的单位为勒克斯(lx),1lx即在1m²的面积上均匀分布1lm光通量的照度值,或者是一个光强为1cd均匀发光的点光源,以它为中心,在半径为1m的球表面上,各点所形成的照度值。

1lx的照度是比较小的,在此照度下仅能大致辨认周围物体,要进行区别细小零件的工作则是不可能的。为了对照度有些实际概念,现举几个例子:晴朗的满月夜地面照度约为0.2lx,白天采光良好的室内照度为100~500lx,晴天室外太阳散射光(非直射)下的地面照度约为1000lx,中午太阳光照射下的地面照度可达100000lx。

五、亮度

亮度用于反映光源发光面在不同方向上的光学特性。亮度的单位为坎德拉每平方米(cd/m²)。表10-6列出了各种光源的亮度。

各种光源的亮度表　　　　　　　　　　　　　　　　　　　　　　　　表10-6

光源	亮度(cd/m²)	光源	亮度(cd/m²)
太阳	1.6×10⁹	蜡烛	(0.5~1.0)×10⁴
碳极弧光灯	(1.8~12)×10⁸	蓝天	0.8×10⁴
钨丝灯	(2.0~20)×10⁶	电视屏幕	(1.7~3.5)×10⁴
荧光灯	(0.5~1.5)×10⁴		

在隧道照明中,路面亮度是最重要的技术指标,并且经常把路面的光反射视为理想漫反射。在这种假设下,亮度L与照度E、反射系数ρ之间存在以下简单的关系:

$$L = \frac{\rho E}{\pi} \tag{10-24}$$

单元10.2-2

运营照明方式

隧道运营照明的目的是解决驾驶员在进出隧道时的视觉适应问题以及在隧道内部的视觉问题。

在进出隧道时,由于隧道洞外与洞内有较强的亮度差异,白天极易引起进入隧道的"黑洞效应"或"黑框效应"和驶出隧道的"白洞效应",夜间则刚好相反。在隧道内部,由于汽车排放的废气集聚在隧道里形成烟雾,汽车前照灯的光被这些烟雾吸收和散射,造成光幕,降低了前方障碍物与其背景(路面、墙面)之间的亮度对比度,从而降低了障碍物的能见度。为解决这些问题,隧道在运营中需根据人眼的适应性特点进行隧道照明,以解决驾驶员在公路隧道行驶中的视觉适应性问题,提高隧道行车的安全性。

根据隧道行车的视觉特点,隧道运营照明的基本方式可根据隧道照明区段分为入口段照明、过渡段照明、中间段照明和出口段照明,如图10-17所示。

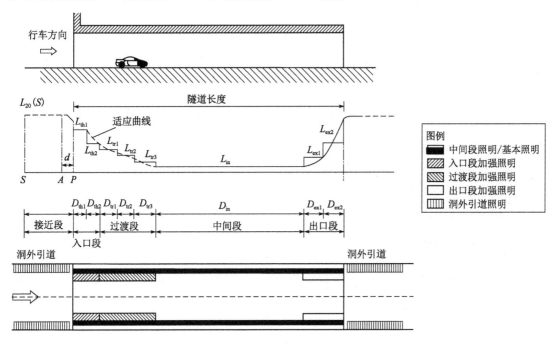

图10-17 各照明段亮度与长度示意图

P-洞口;S-接近段起点;A-适应点;d-适应距离;$L_{20}(S)$-洞外亮度;L_{th1}、L_{th2}-入口段亮度;L_{tr1}、L_{tr2}、L_{tr3}-过渡段亮度;L_{in}-中间段长度;D_{th1}、D_{th2}-入口段TH_1、TH_2分段长度;D_{tr1}、D_{tr2}、D_{tr3}-过渡段TR_1、TR_2、TR_3分段长度;D_{ex1}、D_{ex2}-出口段EX_1、EX_2分段长度

一、入口段照明

根据我国《公路隧道照明设计细则》(JTG/T D70/2-01—2014),隧道入口段可分为入口段1和入口段2。入口段1和入口段2的亮度和长度分别可表示为:

$$L_{th1} = k \times L_{20}(S) \tag{10-25}$$

$$L_{th2} = 0.5 \times k \times L_{20}(S) \tag{10-26}$$

式中:L_{th1}——入口段TH_1的亮度(cd/m²);

L_{th2}——入口段TH_2的亮度(cd/m²);

k——入口段亮度折减系数,可按表10-7取值;

$L_{20}(S)$——洞外亮度(cd/m²)。

对于长度$L>500m$的非光学长隧道及长度$L>300m$的光学长隧道,入口段TH_1、TH_2的亮度应分别按式(10-25)及式(10-26)计算。长度300m<L≤500m的非光学长隧道及长度100m<L≤300m的光学长隧道,入口段TH_1、TH_2的亮度宜分别按式(10-25)及式(10-26)计算值的50%取值;长度200m<L≤300m的非光学长隧道,入口段TH_1、TH_2的亮度宜分别按式(10-25)及式(10-26)计算值的20%取值。

入口段亮度折减系数 k 表10-7

设计小时交通量 $N[\text{veh}/(\text{h}\cdot\text{ln})]$		设计速度 v_t(km/h)				
单向交通	双向交通	120	100	80	60	20~40
≥1200	≥650	0.070	0.045	0.035	0.022	0.012
≤350	≤180	0.050	0.035	0.025	0.015	0.010

入口段长度：

$$D_{th1} = D_{th2} = \frac{1}{2}\left(1.154 D_s - \frac{h-1.5}{\tan 10°}\right) \tag{10-27}$$

式中：D_{th1}——入口段 TH_1 长度(m)；

D_{th2}——入口段 TH_2 长度(m)；

D_s——照明停车视距(m)；

h——隧道内净空高度(m)。

二、过渡段照明

过渡段由 TR_1、TR_2、TR_3 三个照明段组成，与之对应的亮度分别按式(10-28)~式(10-30)计算：

$$L_{tr1} = 0.15 \times L_{th1} \tag{10-28}$$

$$L_{tr2} = 0.05 \times L_{th1} \tag{10-29}$$

$$L_{tr3} = 0.02 \times L_{th1} \tag{10-30}$$

过渡段长度计算应按式(10-31)~式(10-33)计算：

过渡段1长度：

$$D_{tr1} = \frac{D_{th1} + D_{th2}}{3} + \frac{v_t}{1.8} \tag{10-31}$$

式中：v_t——设计速度(km/h)；

$v_t/1.8$——2s 内的行驶距离。

过渡段2长度：

$$D_{tr2} = \frac{2v_t}{1.8} \tag{10-32}$$

过渡段3长度：

$$D_{tr3} = \frac{3v_t}{1.8} \tag{10-33}$$

长度 L≤300m 的隧道，可不设置过渡段加强照明；长度 300m<L≤500m 的隧道，当在过渡段 TR_1 能完全看到隧道出口时，可不设置过渡段 TR_2、TR_3 加强照明；当 TR_3 的亮度 L_{tr3} 不大于中间段亮度 L_{in} 的2倍时，可不设置过渡段 TR_3 加强照明。

三、中间段照明

中间段 L_{in} 亮度取值见表10-8。

中间段亮度表 L_{in} (cd/m²)　　　　　表10-8

设计速度 v_t (km/h)	L_{in}		
	单向交通		
	$N≥1200$veh/(h·ln)	350veh/(h·ln)$<N<$1200veh/(h·ln)	$N≤350$veh/(h·ln)
	双向交通		
	$N≥650$veh/(h·ln)	180veh/(h·ln)$<N<$650veh/(h·ln)	$N≤180$veh/(h·ln)
120	10.0	6.0	4.5
100	6.5	4.5	3.0
80	3.5	2.5	1.5
60	2.0	1.5	1.0
20~40	1.0	1.0	1.0

注：1. 当设计速度为100km/h时，中间段亮度可按80km/h对应亮度取值。
　　2. 当设计速度为120km/h时，中间段亮度可按100km/h对应亮度取值。

单向交通且以设计速度通过隧道的行车时间超过135s时，隧道中间段宜分为两个照明段，与之对应的长度及亮度不应低于表10-9的规定。

中间段各照明段长度及亮度取值表　　　　　表10-9

项目	长度(m)	亮度(cd/m²)	适用条件
中间段第一照明段	设计速度下30s行车距离	L_{in}	
中间段第二照明段	余下的中间段长度	$L_{in}×80\%$，且不低于1.0	采用连续光带布灯方式，或隧道壁面反射系数不小于0.7时
		$L_{in}×50\%$，且不低于1.0	

行人与车辆混合通行的隧道，中间段亮度不应小于2.0cd/m²。

四、出口段照明

在单向交通隧道中，应设置出口段照明，出口段宜划分为 EX_1、EX_2 两个照明段，每段长度宜取30m，与之对应的亮度应按式(10-34)、式(10-35)计算：

$$L_{ex1} = 3 \times L_{in} \quad (10-34)$$

$$L_{ex2} = 5 \times L_{in} \quad (10-35)$$

在双向交通隧道中，可不设出口段照明。

单元10.2-3

照 度 检 测

一、检测原理

照度检测一般采用将光检测器和电流表连接起来，并且表头以勒克斯(lx)为单位进行分度构成的照度计。如 JD 系列指针式照度计和数字式照度计,将光电池放到要测量的地方,当它的全部表面被光照射时,由表头可以直接读出照度的数值。由于照度计携带方便、使用简单,因而得到广泛的应用。

通常好的照度计应符合下列要求。

(1)应附有 $V(\lambda)$ 滤光器。常用的光电池(硒、硅)的光谱灵敏度曲线与 $V(\lambda)$ 曲线都有相当大的偏差,这就造成测量光谱能量分布不同的能源,特别是测量非连续光谱的气体放电灯产生的照度时,会出现较大的偏差。所以照度计都要给光电池配一个合适的颜色玻璃滤光器,构成颜色滤光器和颜色校正光电池。它的光谱灵敏度曲线与 $V(\lambda)$ 曲线相符的程度越好,照度测量的精度越高。

(2)应配合适的余弦校正(修正)器。当光源由倾斜方向照射光电池表面时,光电流输出应当符合余弦法则,即此时的照度应等于光线垂直入射时的法线照度与入射角余弦的乘积。但是,由于光电池表面镜面的反射作用,在入射角较大时,光电池表面会反射掉一部分光线,致使光电流输出小于上述的正确数值。为了修正这一误差,通常在光电池外加一个均匀漫透射材料制成的余弦校正器,如图 10-18 所示。这种光电池组合称为余弦校正光电池,其余弦特性如图 10-19 所示。

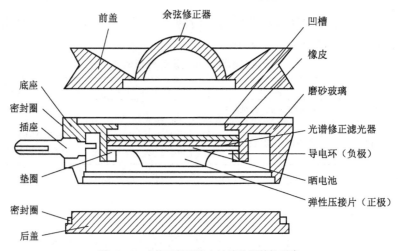

图 10-18 有校正的硒光电池接收器结构示意

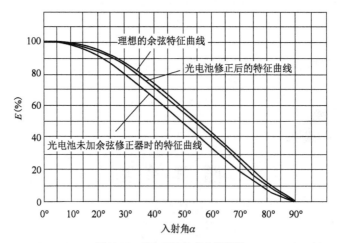

图 10-19 光电池的余弦曲线特性

(3)应选择线性度好的光电池。在测量范围内,照度计的读数要与投射到光电池的受光面上的光通量成正比。也就是说,光电流与光电池受光面的照度应呈线性关系。硒光电池的线性度主要取决于外电路的电阻和受光量,外电路的电阻越小,照度越低,线性度越好。

用作低照度测量时,应选择低内阻的硒光电池,它有较高的灵敏度;用作高照度测量时,应选择高内阻的硒光电池,它的灵敏度低而线性响应较好,受强光照射时不易损坏。

(4)硒光电池受强光(1000lx以上)照射时会逐渐损坏,为了测量较大的光强度,硒光电池前应带有几块已知减光倍率的中性减光片。

照度计在使用保管过程中,由于光电池受环境影响,其特性会有所改变,必须定期对照度计进行标定,以保证测量的精度。

照度计的标定可在光具座上进行,如图10-20所示。利用标准光强(烛光)灯,在满足"点光源"(标准灯距光电池的距离是光源尺寸的10倍以上)的条件下,逐步改变硒光电池与标准灯的距离d,记下各个距离时的电流计读数,由距离平方反比律$E = I/d^2$计算光照度,可得到相当于不同光照度的电流计读数。将电流计读数与光照度的关系作图,就是照度计的标定曲线,由此可对照度计进行分度。标定曲线不仅与硒光电池有关,而且与电流计有关,换用硒光电池或电流计时,必须重新标定。

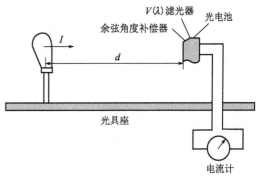

图10-20 标定照度的装置

二、现场检测

隧道路面的照度检测是隧道照明检测的基本内容之一。一是许多隧道的照明设计参数是直接以照度给出的,二是隧道照明中最为重要的亮度可通过简单公式由照度换算。根据照明区段的不同,隧道照度检测可分为洞口段照度检测和中间段照度检测。

1. 纵向照度曲线测试

纵向照度曲线反映洞口段沿隧道中线照度的变化规律。第一个测点可设在距洞口10m处,之后向内每米设一测点,测点深入中间段10m。用便携式照度仪测试各点照度,并以隧道路面中线为横轴、以照度为纵轴绘制隧道纵向照度变化曲线。

2. 横向照度曲线测试

横向照度曲线反映照度在隧道路面横向的变化规律。洞口照明段分为入口段和过渡段,过渡段由TR_1、TR_2、TR_3三个照明段组成。测试横向照度时,可在各区段各设一条测线,该线可位于各区段的中部。在各测线上,测点由中央向两边对称布置,间距0.5m。用便携式照度仪测取各点照度,并以各测线为横轴、以照度为纵轴绘制隧道横向照度变化曲线。横向照度越均匀越好。

3. 加强段路面平均照度检测

加强照明段分为入口段和过渡段,过渡段由TR_1、TR_2、TR_3三个照明段组成。测试路面平均照度时,由于加强照明灯具布置的间距较小,各测区长度以10m为宜,也可根据灯具间距适应调整,纵向各点间距取灯间距的一半均匀布置即 $d=s/2$,横排由中央向两边对称布置,分取路中心、行车道中线,路缘点,侧墙 2m 处。测取各交点的照度 E_i。若某测区的测点数为 n,则该测区的平均照度 E 为:

$$E = \frac{1}{n}\sum_{i=1}^{n} E_i \tag{10-36}$$

4. 中间段路面平均照度检测

中间段路面的平均照度是隧道照明设计的重要指标,它与整个隧道的照明效果和后期运营费用密切相关。视隧道长度的不同,测区的总长度可占隧道总长度的 5% ~ 10%;各测区基本段路面平均照度检测时测点布置取灯具间距这一长度均匀布置 10 个点即 $d=s/10$,横排由中央向两边对称布置,分取路中心、行车道中线,路缘点,侧墙 2m 处,测取各交点的照度 E_i。若某测区的测点数为 n,则该测区的平均照度 E 按式(10-36)计算。

对所有的测区重复以上工作,便可得到各测区的平均照度,最后对各测区的照度再平均即得全隧道基本段的平均照度。比较实测平均照度与规范要求照度或设计照度,便可知道该隧道的中间段照度是否满足规范要求或设计要求。

单元 10.2-4

亮 度 检 测

一、检测原理

光度量之间存在着一定的关系,运用这种关系能使某些光度量的测量变得较为容易,并且能用照度计来测量其他光度量。图 10-21 为亮度测量的原理图。

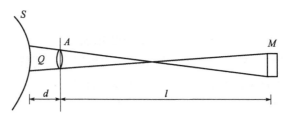

图 10-21 亮度测量原理图

为了测量表面 S 的亮度,在它的前面距离 d 处设置一个光屏 Q。光屏上有一透镜(透射比为 t),它的面积为 A。在光屏的右方设置照度计作检测器 M,M 与透镜直线的距离为 l,M 与透镜的法线垂直。在 l 的尺寸比 A 大得多的情况下,照度计检测器上的照度为:

$$E = \frac{1}{l^2} = \frac{\tau L A}{l^2} \tag{10-37}$$

即:

$$L = \frac{El^2}{\tau A} \tag{10-38}$$

根据这一原理可制成亮度计。亮度计的刻度已由厂家标定。

透镜式亮度计原理简图如图10-22所示。被测光源经过物镜后,在带孔的反射镜上成像,其中部分光经过反射镜上的小孔到达光电接收器上,另一部分光经过反射镜反射到取景器上,在取景器的目镜后可以用人眼观察被测目标的位置以及被测光源的成像情况。如成像不清楚,可以调节物镜的位置。光电接收器前一般加 $V(\lambda)$ 滤光器以配合人眼的光谱光效率。如果放些特定的滤色片,还可用来测定光源的颜色。

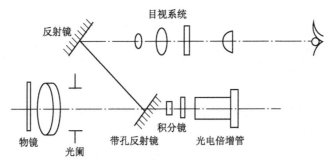

图10-22 透镜式亮度计原理简图

亮度计的视场角 θ 决定于带孔反射镜上小孔的直径,通常在 $0.1° \sim 2°$;测量不同尺寸和不同亮度的目标物时用不同的视场角。

亮度计可事先用标准亮度板进行检验,在不同标准亮度下对亮度计的读数进行分度。标准亮度板可用标准光强灯照射在白色理想漫射屏上获得。

二、现场检测

严格地讲,路面某点的亮度与观察它的方向有关;但工程上为了简便,将路面的光反射看成理想漫反射,这样,作为二次光源的路面亮度便与方向无关。传统检测方法根据亮度与照度之间的关系进行换算,即 $L=E/C$,对混凝土路面 $C=13$,对沥青路面 $C=22$。目前,随着成像技术与电子技术的不断成熟,已有亮度计可直接用于现场亮度检测。下面就分别对两种亮度检测方法进行介绍。

1. 照度换算测量法

(1) 路面平均亮度 (L_{av})。

驾驶员观察障碍物的背景,在隧道中主要是路面,只有当路面亮度达到一定值以后,驾驶员才能获得立体感,在此基础上,亮度对比越大越容易察觉障碍物。路面(背景)亮度越高,眼睛的对比灵敏度越好。

路面平均亮度在设计或规范中都有明确的规定。其检测方法可参考中间段路面平均照度检测方法,并根据下式确定:

$$L_{av} = \frac{E_{av}}{C} \tag{10-39}$$

(2) 路面亮度均匀度。

保证亮度均匀度是为了给驾驶员提供良好的能见度和视觉上的舒适性。如果亮度高,则均匀度要求可以不很严格。干燥路面和湿路面有很大变化,均匀度也相应有很大变化。严格的均匀度要求,一般限于干燥路面和路面平均亮度较低的情况。

①总均匀度(U_0)。

照明装置保证良好的路面平均亮度后,路面上一些局部区域还可能出现最小亮度L_{min}。通常较差的亮度对比都发生在路面较暗的区域,往往影响到对障碍物的辨认。为了使路面上所有区域都有足够的亮度和对比度,提供令人满意的能见度,需要规定路面最小亮度和平均亮度比值的范围。

$$U_0 = \frac{L_{min}}{L_{av}} \tag{10-40}$$

式中:L_{av}——计算区域内路面平均亮度;

L_{min}——计算区域内路面最低亮度。

②纵向均匀度(U_1)。

为了提供视觉舒适性,要求沿路面中线有一定的纵向均匀度。纵向均匀度是沿中线局部亮度的最小值和最大值之比。

$$U_1 = \frac{L'_{min}}{L'_{max}} \tag{10-41}$$

路面(墙面)上连续忽明忽暗对驾驶员干扰很大,称为"光斑效应"。当隧道较长时,驾驶员眼睛会很疲劳,影响发现障碍物。

2. 亮度成像测量法

亮度成像测量法采用定制的光学系统,通过对测量区域成像亮度分析,根据亮度测量分析软件对测量区域内的亮度进行统计,得出亮度平均值、最大值、最小值、平均亮度、亮度纵向均匀度等指标。

如图10-23所示,光学系统的物镜将被测目标成像到CCD的光敏面上,阵列探测器将测量响应值传送到MCU,MCU将结果上传至配备有专业软件的计算机中存储和分析。具体测试步骤如下:

(1)进行测量参数设置;
(2)拍摄需要测量的照明区域;
(3)进入隧道/道路亮度分析界面;
(4)在软件界面选择需要亮度分析的区域,如入口段、中间段、出口段、洞外亮度区域等;
(5)在软件界面输入分析区域的横纵间距或分析点数;
(6)计算出分析区域的平均亮度、亮度均匀度和亮度纵向均匀度等指标;
(7)导出亮度数据,可根据需要进行详细分析。

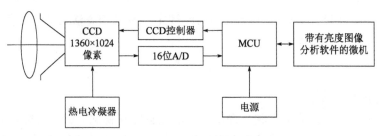

图10-23 亮度成像测量法原理

单元 10.2-5

眩光检测

进一步评价隧道的照明质量,需要检测隧道照明的各项眩光参数。隧道照明的眩光可以分为2类:失能眩光和不舒适眩光。前者表示照明设施造成的能见度损失,用被测试对象亮度对比的阈值增量(T_1)表示。失能眩光是生理上的过程,是表示由生理眩光导致辨认能力降低的一种度量。后者表示在眩光感觉中的动态驾驶条件下,对隧道照明设施的评价。该眩光降低驾驶员驾驶的舒适程度,用眩光控制等级(G)表示。不舒适眩光是心理上的过程。

一、失能眩光

失能眩光导致的识别能力下降,是由于光在眼睛里发生散射过程造成的。来自眩光光源的光在视网膜方向上的散射会引起光幕(等效光幕)作用,在视网膜方向上的散射程度越大,光幕作用越大。在眩光条件下的总视感,必须把光幕亮度叠加在无眩光时景物成像亮度之上。

二、不舒适眩光

眩光造成的不舒适感,是用眩光控制等级(G)表示所感到的不舒适程度的主观评价。这种主观评价取决于各种照明器和其他照明装置的特性。

眩光等级 G 与主观上对不舒适感觉评价的相应关系如下。

$G=1$,无法忍受;$G=2$,干扰;$G=5$,允许的极限;$G=7$,满意;$G=9$,无影响。

光强可由照明器配光曲线查出,或经室内试验测取。

单元 10.2-6

照明灯具光强分布检测

一、检测原理

测量光强主要应用直尺光度计(光轨),见图10-24。它由以下几部分组成:能在光具座A上移动的光头B、已知光强度的标准光源S、旋转待测光源C的活动台架和防止杂散光的黑色挡屏D等。用光度镜头,对标准光源的已知光强进行比较。光度镜头可由光电池构成。使用光电池光度镜头时,使灯与光电池保持一定的距离,先对标准灯测得一个光电流值i_s,然后以被测灯代替标准灯测得另一个光电流值i_t。假设标准灯的已知光强为I_s,则被测光强I_t为:

$$I_t = \frac{i_t}{i_s} I_s \quad (10\text{-}42)$$

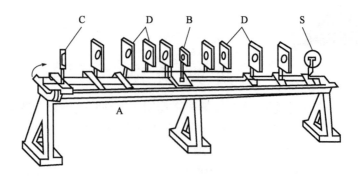

图 10-24 直尺光度计

或者,分别改变被测灯和标准灯与光电池的距离 L_t、L_s,使其得到相等的光电流。此时,被测灯的光强可由下式求出:

$$I_t = \left(\frac{L_t}{L_s}\right)^2 I_s \tag{10-43}$$

在实际测量照明器的光强时,为了使式(10-43)准确成立,距离 L 必须取得很大[当 L 为光源最大尺寸的5倍以上时,使用式(10-43)计算出的误差小于1%]。

二、检测方法

下面以测量一台室内照明器的配光特性为例,介绍照明器光强分布(配光曲线)的测量方法。

1. 测量装置及要求

室内照明器使用时光轴垂直向下,采用立式分布光度计,使用 C-γ 坐标系统。为保证光强测量的精度(要求测量值与实际值的差异不大于5%),有如下要求。

(1)光电池

光电池工作要稳定(包括它的工作线路),暴露在高照度下不会发生疲劳,对不同量程都有线性响应;光电池的光谱灵敏度要符合 CIF 光谱光效率曲线;由于光电池得到的读数是其本身受光面的平均照度,要求光电池的面积对照明器的张角不大于 0.25°

(2)分布光度计

分布光度计能刚性架着照明器,并能使照明器在两个方向转动,保证能测任意角度上的光强;角度误差随光束扩散角的不同而不同,若光束扩散角用 α 表示,角度误差用 δ 表示,则 α 和 δ 应符合下列要求:

$$\begin{aligned}
2° < \alpha < 4° \quad & -0.1° \leqslant \delta \leqslant 0.1° \\
4° < \alpha < 8° \quad & -0.2° \leqslant \delta \leqslant 0.2° \\
\alpha > 8° \quad & -0.4° \leqslant \delta \leqslant 0.4°
\end{aligned}$$

(3)测试距离

测试距离需要足够长,以保证照度的平方反比定律完全成立。一般不小于3m或不小于照明器发光口面上最大线度的5倍。

(4)照明器光度中心的确定

照明器光度中心的确定对测试距离有影响,确定方法如下:

①对于嵌入式照明器(格栅和全部直接光的照明器),测量距离应从照明器出光口(顶棚平面)算起。

②对于侧面发光的照明器(如直接-间接型照明器吸顶安装),测量距离应从发光体的任何中心算起,且在测光时应设置一块模拟顶棚的挡板,以符合照明器使用条件。

③对于悬挂式照明器:

a. 光源的光中心在反射器内,且没有折射器,测量距离应从照明器出光口面算起;

b. 光源的光中心不在反射器内,且没有折射器,测量距离应从光源中心算起;

c. 如有折射器,则测量距离应从折射器几何中心算起。

(5)环境温度

不同光源测试时,对环境温度要求不同。管状荧光灯要求 25℃±2℃;HID 灯要求 25℃±5℃;白炽灯没有明确规定。空气流动与空调都会对测量有影响;当差别超过 2% 时,需要修正。

(6)电源电压

避免电源电压对测量结果的影响,可采用稳压电源装置。稳定精度:白炽灯≤0.2%;气体放电灯≤0.5%;各谐波的均方根值不超过基波波形的 3%;频率稳定精度为±0.5%;输出阻抗为低阻抗。

(7)光源

测试前光源必须经过老练,以保证测试过程中光源发出的光通量恒定不变或只有极微小的变化。钨丝灯和管状荧光灯老练 100h,其他灯老练 200h(老练方式是点燃 4h,关闭 15min 作为一周期)。

(8)照明器在光度计上稳定

在不小于 15min 的间隔里,连续测定 3 次光强;若它们之间的变化小于 1%,可以认为灯在光度计上已趋稳定,可以进行光度测量。

2. 测量步骤

(1)光源光通量的测量

①光源在光度计上安装时,使其呈水平(垂直)位置,避免产生冷端,也要避免光源的性能带来的影响。

②采用以 10° 为间隔的球带光通测量时,测量 10° 的中间点值,即测点 γ 角为 5°、15°、25°、…,将此值乘以球带系数,就代表该球带内的光通量,这样把 18 个累加就得到相应的光源光通量。

③在测量过程中要经常校验灯是否处在稳定状态。方法是比较每次在过光源轴线中心垂直线方向(铅垂线)上的读数,此读数变化不应超过 2%。

(2)照明器光强的测量

①光强测量一般在相互间隔为 30° 的 12 个半平面(过灯轴线子午面)上进行,也有在间隔 15°或 22.5° 等几种方法下进行的。其中一个半平面必须通过照明器的对称轴线,在每个半平

面上可采用10°球带的中点角度法进行测量。

②对于具有旋转对称分布的照明器,可以将所有读数(指同一球带上)平均后代表该球带上的光强;对于光分布具有两个对称平面的照明器(如直管形荧光灯具),可取各对称平面上相应方向上的值求平均后代表照明器在该平面上的光强。

③照明器在测量过程中也要校验灯是否处在稳定状态;方法是每次测量照明器垂直方向上的光强变化不应超过2%。

3. 光强分布曲线(配光曲线)及其数值

(1)这是以cd/(1000lm)为单位的极坐标照明器配光曲线。

(2)旋转对称的配光,采用过铅垂线一个平面中的光强表示(该值往往是几个过子午面上的平均值)。

(3)对于非对称配光,往往用两个或两个以上的配光曲线表示,并要标出配光曲线所表征的平面。例如直管形荧光灯具往往取平行于灯管与垂直于灯管两个子午面上的配光曲线。

(4)在给出配光曲线的同时,用表列出5°、15°、25°、…、165°、175°等角度上的照明器光强值。

一、项目概述

本项目对某隧道进行气体浓度检测,左洞长度为523延米,右洞长度为584延米。隧道均为单向交通隧道,设计速度为80km/h,隧道设置机械通风。隧道基本信息如表10-10所示。

隧道基本信息　　　　表10-10

| 序号 | 隧道 | 桩号(起点) | 桩号(终点) | 隧道长度(m) | 照明灯具布置形式 | | 通风方式 | 备注 |
					中线布置	两侧布置	全射流纵向	
1	××隧道	左洞 K1355+400	K1354+650	750		√	√	LED光源
2		右洞 K1354+650	K1355+280	630	√		√	LED光源

二、检测目的

通过对隧道工程环境相关检测,为该隧道运营管养及提质升级提供依据。

三、检测依据

检测参数及依据如表10-11所示。

检测参数及依据   表10-11

序号	检测参数	检测依据	判定依据
1	烟尘浓度	《地面气象观测规范 气象能见度》(GB/T 35223—2017)	—
2	照度	《公路隧道提质升级行动技术指南》交办公路〔2019〕28号	—
3	风速	《公路隧道提质升级行动技术指南》交办公路〔2019〕28号	—
4	工程设计图纸、变更文件以及经质监部门、监理部门确定的相关资料;委托合同及文件等		

四、试验设备

本次检测使用的主要仪器设备见表10-12。

检测设备   表10-12

序号	仪器编号	名称	型号	备注
1	GSJC-01074	便携式大气光透过仪	HY-TRA10	烟尘浓度
2	GSJC-01079	照度计	ST-80C	照度
3	GSJC-01329	风速仪	AN-20	风速

五、检测方法

1. 隧道内烟尘浓度检测方法

利用光透过率计进行烟尘浓度检测。通过测量光在大气光通道中的透过率来反映隧道中的光透过率,从而得出大气能见度和烟尘浓度。

检测时纵向测点布置与隧道通风方式有关,靠近隧道进出口的测点应布置在距洞口30m处,断面间距不大于500m。

横断面上,测点布设于行车道和超车道中心位置处,测点(图10-25)距路面1.5m以上,采样时间间隔60s,每测点测试3次,取平均值作为该点烟尘浓度。

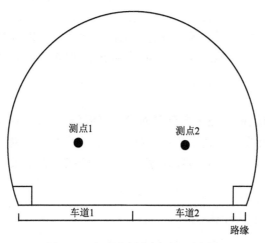

图10-25 烟尘浓度测试点布置示意图

2. 隧道内照度测量方法

(1)隧道内照度检测点。

本次检测主要依据《公路隧道提质升级行动技术指南》,结合相关竣工图纸资料和现场实际情况,依次对各隧道入口段、过渡段、基本段、出口段进行照度检测,测试范围不包括洞外引道照明。经双方协商一致,本次检测在隧道照明灯具全开情况下进行检测。在所检照明区段中间位置选取一个布灯周期长度区域作为测试区域,在此测试区域内按图10-26布设测点。

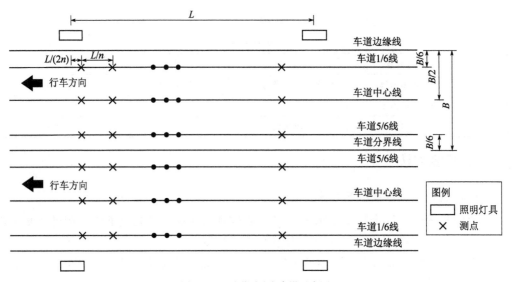

图10-26 照明测试点布设示意图

图中,L为单侧布灯间距,B为车道宽度,n为测试区段长度数值通过进尾取整修约后所得的一个整数,$L \leqslant n < L+1$。图中为两车道隧道测点示意图,对于三车道隧道,在横断面方向,在车道1/6线、车道中心线、车道5/6线分别画点,每车道横断面画3个点。

测试时,将照度计感光探头朝上放置于路面测点上,待读数稳定后记录测点照度值,测试时应排除周边人员、车辆的遮光影响;将测点的照度值通过系数换算,即得到相应测点的亮度值。

(2)照明计算。

本次所检测隧道路面有黑色沥青路面和水泥混凝土路面,依照规范规定并结合实际检测情况,确定平均亮度与平均照度间的换算系数为黑色沥青路面取$C=15\text{lx}/(\text{cd}/\text{m}^2)$,水泥混凝土路面取$C=10\text{lx}/(\text{cd}/\text{m}^2)$,路面照度$E$与路面亮度$L$按下式计算:

$$L = \frac{E}{C} \tag{10-44}$$

照度均匀度可按下式计算:

$$U_0 = \frac{E_{\text{hmin}}}{E_{\text{hav}}} \tag{10-45}$$

式中：U_0——照度均匀度；

E_{hmin}——测点的最小照度值(lx)；

E_{hav}——平均水平面照度(lx)。

路面亮度总均匀度可按下式计算：

$$U_0 = \frac{L_{hmin}}{L_{hav}} \tag{10-46}$$

式中：U_0——路面亮度总均匀度；

L_{hmin}——计算区域内路面最小亮度(cd/m^2)；

L_{av}——计算区域内路面的平均亮度(cd/m^2)。

3. 隧道内风速测量方法

(1)隧道内风速检测点。

本次检测主要依据《公路隧道提质升级行动技术指南》，结合相关竣工图纸资料和现场实际情况，在风机全部开启并确定隧道内气流处于稳定状态(不存在紊流等非稳定状态)的情况下进行风速测试。

纵向上，测点布设在距离隧道进、出口内30m处，以及每约500m间隔布设1处。具体间隔根据实际情况调整测点，确保测点距离风机进出风口不小于100m或测点布设在两组风机中间位置。

横向上，隧道单洞测试断面内分别在每个车道中线和右侧路缘上方位置布设测点，测量高度距离地面3.0m，如图10-27所示。

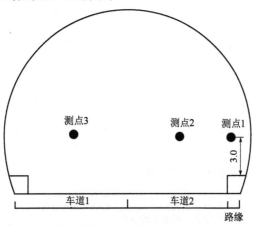

图10-27　风速测试点分布示意图(尺寸单位：m)

(2)风速取值。

采用风速计测试各点风速，每点测试3次，最终取断面所有测点算术平均值作为该断面风速值。

六、检测结果统计

隧道内烟尘浓度检测结果统计表如表10-13所示。

隧道内烟尘浓度检测结果统计表　　　　表 10-13

检测桩号/部位	检测时段	测点平均值 $K(\text{m}^{-1})$		断面平均值 $K(\text{m}^{-1})$
		行车道中线	超车道中线	
ZK1354+680	8:00—10:00	9.01×10^{-5}	9.00×10^{-5}	9.11×10^{-5}
	10:00—12:00	9.14×10^{-5}	9.28×10^{-5}	
	12:00—16:00	9.13×10^{-5}	9.08×10^{-5}	
ZK1355+000	8:35—8:40	9.01×10^{-5}	9.27×10^{-5}	9.15×10^{-5}
	10:00—12:00	9.22×10^{-5}	9.16×10^{-5}	
	12:00—16:00	9.21×10^{-5}	9.01×10^{-5}	
YK1355+250	8:00—10:00	9.07×10^{-5}	9.00×10^{-5}	9.17×10^{-5}
	10:00—12:00	9.28×10^{-5}	9.28×10^{-5}	
	12:00—16:00	9.23×10^{-5}	9.13×10^{-5}	
YK1354+900	8:00—10:00	9.15×10^{-5}	9.05×10^{-5}	9.13×10^{-5}
	10:00—12:00	9.17×10^{-5}	9.04×10^{-5}	
	12:00—16:00	9.15×10^{-5}	9.22×10^{-5}	

隧道内照度检测结果统计表如表 10-14 所示。

隧道内照度检测结果统计表　　　　表 10-14

序号	行车方向	照明段落	照度最小值 (lx)	照度平均值 (lx)	亮度总均匀度	中线亮度纵向均匀度
1	左幅	入口段	621.2	877.6	0.67	0.84
		过渡段Ⅰ	286.6	425.8	0.67	0.80
		基本段	48.8	73.3	0.67	0.86
		出口段	247.6	347.7	0.71	0.90
2	右幅	入口段	527.4	733.2	0.72	0.75
		过渡段Ⅰ	217.0	375.3	0.58	0.72
		基本段	48.2	64.7	0.75	0.82
		出口段	286.2	386.6	0.74	0.90

隧道内风速检测结果统计表如表 10-15 所示。

隧道内风速检测结果统计表　　　　表 10-15

检测桩号	断面编号	测点平均值 (m/s)	断面平均值 (m/s)	检测桩号	断面编号	测点平均值 (m/s)	断面平均值 (m/s)
ZK1354+680	①	3.52	3.11	YK1355+250	①	3.42	3.16
	②	2.72			②	2.96	
	③	3.10			③	3.08	
ZK1355+000	①	3.65	3.15	YK1354+900	①	3.55	3.17
	②	2.91			②	2.93	
	③	2.90			③	3.04	

七、检测结果附表

隧道烟尘浓度检测记录表如表10-16所示。

隧道烟尘浓度检测记录表　　　　　表10-16

检测里程/桩号	检测时段	实测浓度$K(\mathrm{m}^{-1})$					
		行车道中线			超车道中线		
ZK1354+680	8:05—8:10	$9.01×10^{-5}$	$9.01×10^{-5}$	$9.01×10^{-5}$	$9.00×10^{-5}$	$9.00×10^{-5}$	$9.00×10^{-5}$
	10:05—10:10	$9.14×10^{-5}$	$9.14×10^{-5}$	$9.14×10^{-5}$	$9.28×10^{-5}$	$9.28×10^{-5}$	$9.28×10^{-5}$
	13:05—13:10	$9.13×10^{-5}$	$9.13×10^{-5}$	$9.13×10^{-5}$	$9.08×10^{-5}$	$9.08×10^{-5}$	$9.08×10^{-5}$
ZK1355+000	8:35—8:40	$9.01×10^{-5}$	$9.01×10^{-5}$	$9.01×10^{-5}$	$9.27×10^{-5}$	$9.27×10^{-5}$	$9.27×10^{-5}$
	10:35—10:40	$9.22×10^{-5}$	$9.22×10^{-5}$	$9.22×10^{-5}$	$9.16×10^{-5}$	$9.16×10^{-5}$	$9.16×10^{-5}$
	13:35—13:40	$9.21×10^{-5}$	$9.21×10^{-5}$	$9.21×10^{-5}$	$9.01×10^{-5}$	$9.01×10^{-5}$	$9.01×10^{-5}$
YK1355+250	9:05—9:10	$9.07×10^{-5}$	$9.07×10^{-5}$	$9.07×10^{-5}$	$9.00×10^{-5}$	$9.00×10^{-5}$	$9.00×10^{-5}$
	11:05—11:10	$9.28×10^{-5}$	$9.28×10^{-5}$	$9.28×10^{-5}$	$9.28×10^{-5}$	$9.28×10^{-5}$	$9.28×10^{-5}$
	14:05—14:10	$9.23×10^{-5}$	$9.23×10^{-5}$	$9.23×10^{-5}$	$9.13×10^{-5}$	$9.13×10^{-5}$	$9.13×10^{-5}$
YK1354+900	9:35—9:40	$9.15×10^{-5}$	$9.15×10^{-5}$	$9.15×10^{-5}$	$9.05×10^{-5}$	$9.05×10^{-5}$	$9.05×10^{-5}$
	11:35—11:40	$9.17×10^{-5}$	$9.17×10^{-5}$	$9.17×10^{-5}$	$9.04×10^{-5}$	$9.04×10^{-5}$	$9.04×10^{-5}$
	14:35—14:40	$9.15×10^{-5}$	$9.15×10^{-5}$	$9.15×10^{-5}$	$9.22×10^{-5}$	$9.22×10^{-5}$	$9.22×10^{-5}$

隧道(左幅)照度检测记录表如表10-17所示。

隧道(左幅)照度检测记录表　　　　　表10-17

隧道名称	××隧道		行车方向	左幅		路面类型	沥青	检测条件	隧道洞内	
照明段落	测区编号	测区桩号	测点编号	照度实测值(lx)					布点间距L_n(m)	测试区段长度(m)
				左侧车道1/6线	左侧车道中线	左侧车道5/6线	右侧车道5/6线	右侧车道中线	右侧车道1/6线	照度平均值(lx)		
入口段	1	K1354+715~K1354+725	1	626.6	1173.6	803.6	851.5	1148.9	656.8	877.6	0.5+9×1	10
			2	674.7	1078.5	800.0	900.6	1099.6	666.0			
			3	625.4	1116.1	889.5	810.2	1172.5	657.6			
			4	705.2	1175.8	833.1	845.4	1172.4	633.9			
			5	695.0	1080.4	809.7	833.9	1002.4	621.2			
			6	656.2	1055.2	896.1	796.8	1080.6	719.0			
			7	648.0	1190.3	843.3	803.7	1015.4	694.2			
			8	729.4	1065.4	878.8	891.4	1163.0	639.5			
			9	645.4	1121.6	836.5	871.8	1168.7	719.0			
			10	675.2	1077.7	873.6	874.4	1191.6	674.8			

续上表

隧道名称	××隧道			行车方向		左幅		路面类型	沥青	检测条件	隧道洞内	
照明段落	测区编号	测区桩号	测点编号	照度实测值(lx)						照度平均值(lx)	布点间距 L_n (m)	测试区段长度(m)
				左侧车道1/6线	左侧车道中线	左侧车道5/6线	右侧车道5/6线	右侧车道中线	右侧车道1/6线			
过渡段1	2	K1354+842~K1354+852	1	287.0	535.9	399.6	395.3	471.1	393.2	425.8	0.5+9×1	10
			2	360.3	574.5	395.2	355.0	509.5	378.2			
			3	392.0	514.2	373.0	430.9	575.1	379.3			
			4	313.3	557.3	360.8	427.8	467.6	395.4			
			5	326.3	507.8	364.2	415.7	551.6	329.0			
			6	325.6	475.9	416.5	388.9	476.7	357.9			
			7	395.1	565.4	416.1	439.6	559.8	323.6			
			8	286.6	462.5	457.5	441.2	542.4	374.3			
			9	386.6	522.0	357.8	378.6	501.8	379.7			
			10	318.1	518.2	378.8	426.4	570.4	366.0			
基本段	3	K1355+002~K1355+012	1	53.5	87.5	68.4	75.6	89.4	57.6	70.3	0.5+9×1	10
			2	55.2	91.8	73.2	78.6	98.6	50.7			
			3	56.8	93.2	70.8	71.1	86.1	58.3			
			4	48.8	95.6	75.0	68.4	90.7	50.4			
			5	52.3	98.6	71.9	68.9	85.4	53.7			
			6	58.0	98.0	74.3	74.8	97.2	50.8			
			7	54.7	89.1	71.7	72.0	85.6	54.0			
			8	57.2	86.4	69.8	71.3	97.6	50.4			
			9	51.1	99.5	78.8	76.3	92.3	58.7			
			10	49.6	96.0	79.0	80.3	91.4	53.9			
出口段	4	K1355+360~K1355+370	1	269.6	405.7	326.8	331.0	450.6	273.5	347.7	0.5+9×1	10
			2	274.3	446.7	338.8	349.1	448.2	311.4			
			3	299.6	438.5	342.0	318.7	418.1	279.6			
			4	288.5	433.8	330.4	321.7	431.6	301.6			
			5	288.0	408.8	309.0	323.7	430.9	304.6			
			6	312.8	450.9	343.2	324.6	419.2	272.1			
			7	288.3	427.6	336.3	320.0	419.6	266.7			
			8	277.2	441.3	333.2	331.7	433.3	273.0			
			9	247.6	444.6	339.3	319.2	446.2	307.0			
			10	270.8	418.5	308.0	318.6	417.4	256.4			

隧道(左幅)风速检测记录表如表10-18所示。

隧道(左幅)风速检测记录表　　　　　　　　　　表10-18

检测桩号	检测部位	风速实测值(m/s)			测点平均值 (m/s)	断面平均值 (m/s)
		1	2	3		
ZK1354+680	左侧车道中线	4.14	3.10	3.31	3.52	3.11
	右侧车道中线	2.03	3.44	2.69	2.72	
	右侧路缘	3.27	2.59	3.44	3.10	
ZK1355+000	左侧车道中线	3.54	3.86	3.55	3.65	3.15
	右侧车道中线	3.06	2.41	3.25	2.91	
	右侧路缘	3.03	2.58	3.10	2.90	

单元10.3　案例分析

【案例1】　对某运营特长隧道环境进行检测,已知:隧道未开启风机;《公路隧道通风设计细则》(JTG/T D70-2—2014)要求纵向通风;一氧化碳的浓度不得超过250ppm的限值;隧道断面面积为80m^2;检测人员立面面积0.5m^2。业主委托检测隧道的中间段亮度(路面反射系数取10),隧道的运营风速和一氧化碳的浓度值。表10-19为某中间段测区的照度值,表10-20是分别采用迎面法、侧面法用风速仪测试的某两个断面的风速值,表10-21为隧道各区段某一断面的测试的一氧化碳浓度值。

某中间段测区照度记录表(单位:lx)　　　　　　　　　　表10-19

位置	测试点1	测试点2	测试点3	测试点4	测试点5	测试点6	测试点7	测试点8	测试点9	测试点10	测试点11
路面中心	69.8	68.6	68.0	67.5	70.0	71.1	69.3	66.7	65.7	67.1	68.4
左1/4路面	49.7	51.7	58.6	69.1	78.9	83.4	78.6	68.7	56.9	49.9	49.9
左路缘	30.5	33.3	41.1	55.6	68.0	72.3	65.6	54.7	40.1	32.5	31.2
左侧墙高1.5m	25.2	25.8	26	26.8	32.6	35.2	34.2	32.3	39.5	27.9	27.8
右1/4路面	82.9	79.3	68.4	59.2	53.4	50.9	52.3	57.6	67.2	76.9	80.1
右路缘	64.5	68.9	56.6	45.2	34.4	31.5	34.3	40.7	54.5	65.8	69.0
右侧墙高1.5m	25.9	26.7	27.3	26.5	27.5	27.8	27.6	29.0	30.8	32.9	26.9

隧道内部风速值(单位:m/s)　　　　　　　　　　表10-20

隧道内部	中间段(迎面法)			出口段(侧面法)		
v	5.41	5.32	5.28	6.32	6.23	6.30
	5.45	5.12	5.23	6.10	6.32	6.27
	5.46	5.34	5.29	6.12	6.14	6.15

隧道内部CO浓度（单位：ppm）　　　　　　　　　　　　　　　　　表 10-21

隧道内部	入口	中间段	出口
δ	32.5	114.8	285.6

(1) 路面的平均亮度为(　　)cd/m²。

  A. 50.9   B. 59.5   C. 5.1   D. 6.0

解析：选 C。求照度 E 的总和：3908.3 取平均值为 50.76，平均亮度 $L=E/C$=50.76/10=5.076≈5.1cd/m²。

(2) 路面亮度的总均匀度为(　　)。

  A. 0.512   B. 0.496   C. 0.366   D. 0.302

解析：选 B。总均匀度 $U_0=L_{min}/L_{av}$=最小亮度/平均亮度=2.52/5.076=0.496。

(3) 路面中线亮度纵向均匀度(　　)。

  A. 0.92   B. 0.96   C. 0.37   D. 0.30

解析：选 A。为了提供视觉舒适性，要求沿路面中线有一定的纵向均匀度。纵向均匀度是沿中线局部亮度的最小值和最大值之比。即 6.57/7.11=0.92。

(4) 中间段、出口段的风速分别为(　　)m/s。

  A. 5.32   B. 6.07   C. 6.21   D. 6.18

解析：选 BD。迎面法测得的风速 V_s 需经校正后才是真实风速 V，即 $D_v=1.14V_s$。侧面法测得的风速 V_s，那么实际风速则为 $V=V_s \times (S_{道}-S_{人体})/S_{道}$。中间段风速平均值 5.32，迎面法实际风速 5.32×1.14=6.07；出口段风速平均值 6.22，侧面法实际风速 6.22×(80-0.5)/80=6.18。

(5) 关于隧道一氧化碳的浓度的说法正确的为(　　)。

  A. 一氧化碳的平均浓度为 144.3ppm，隧道通风满足运营要求

  B. 隧道出口浓度已经超过 250ppm 的限制，隧道通风不能满足运营要求

  C. 隧道只有出口浓度超过 250ppm 的限制，只需开启出口段的少量风机

  D. 隧道出口浓度已经超过 250ppm 的限制，应开启风机加强通风

解析：选 D。依据《公路隧道通风设计细则》(JTG/T D70/2-2—2014)中相关规定可判断。

思考与练习题

一、单选题

*1. 照明线路总体项目中经常检修的是(　　)。

  A. 回路是否正常   B. 有无腐蚀及损伤

  C. 托架有无松动及损伤   D. 对地绝缘检查

*2. 隧道送风口宜设置于隧道拱部，送风口设计风速宜取(　　)，送风方向应与隧道(　　)一致。

  A. 23.0～28.0m/s，轴向   B. 23.0～28.0m/s，横向

  C. 25.0～30.0m/s，轴向   D. 25.0～30.0m/s，横向

*3. 隧道两侧墙面 2m 高范围内的平均亮度，不宜低于路面平均亮度的(　　)。

  A. 40%   B. 50%   C. 60%   D. 70%

*4. 烟雾浓度检测主要采用的仪器是( )。
   A. 浓度检测仪   B. 浓度自动检测仪
   C. 光透过率仪   D. 自动记录仪

*5. 在进出隧道时,由于隧道洞内外有较强的亮度差,白天极易引起进入隧道的( )效应。
   A. 白洞效应   B. 黑白效应   C. 眩晕效应   D. 黑洞效应

*6. 采用纵向排烟的单洞双向交通隧道,火灾排烟纵向排烟风速不应大于( )。
   A. 0.5m/s   B. 1.0m/s   C. 1.5m/s   D. 2.0m/s

*7. 机械加压送风防烟系统送风口,应靠近或正对避难疏散通道和避难所入口设置,其风速不宜大于( )。
   A. 4.0m/s   B. 5.0m/s   C. 6.0m/s   D. 7.0m/s

*8. 长度大于( )的高等级公路隧道应该设置照明。
   A. 50m   B. 100m   C. 150m   D. 200m

*9. 眩光造成的不舒适感是用眩光等级 G 来表示的,如果 $G=1$ 则表示( )。
   A. 有干扰   B. 无法忍受   C. 满意   D. 无影响

*10. 隧道主风道的设计风速宜在( )范围内取值。
    A. 12.0~24.0m/s   B. 13.0~26.0m/s
    C. 14.0~28.0m/s   D. 15.0~30.0m/s

*11. 隧道通风设计主要是为了( )。
    A. 降低二氧化碳含量   B. 降低有害气体含量
    C. 增加氧气含量   D. 降低隧道内温度

*12. 眩光造成的不舒适感是用眩光等级 G 来表示的,如果 $G=7$ 则表示( )。
    A. 有干扰   B. 无法忍受   C. 满意   D. 无影响

*13. 人车混合通行的隧道中,中间段亮度不应小于( )。
    A. 1.5cd/m²   B. 2.0cd/m²   C. 2.5cd/m²   D. 3.0cd/m²

*14. 我国《公路隧道施工技术规范》(JTG/T 3660—2020)规定:隧道内总回风道中甲烷按体积计必须小于( )。
    A. 1.0%   B. 0.75%   C. 0.3%   D. 0.1%

*15. 火灾设施报警控制器定期检修的是( )。
    A. 清洁表面   B. 检查防水性能
    C. 线缆连接是否正常   D. 报警试验

*16. 机电设施故障应按( )填报。
    A. 天   B. 周   C. 旬   D. 月

*17. 隧道内交通分流段、合流段的亮度不宜低于中间段亮度的( )。
    A. 1倍   B. 2倍   C. 3倍   D. 4倍

18. 某隧道监控与通信设施设备完好率为88%,按照机电设施分项技术状况评定表,状况值为( )。
    A. 0   B. 1   C. 2   D. 3

二、多选题

*1. 下列属于机械通风的是( )。
　　A. 半纵向通风　　B. 纵向通风　　C. 半横向通风　　D. 横向通风

2. 影响驾驶员视觉的因素有( )。
　　A. 适宜的亮度　　　　　　　　B. 颜色对比的影响
　　C. 环境亮度　　　　　　　　　D. 空气对能见度的影响

*3. 隧道光度检测的内容包括( )。
　　A. 照度　　B. 光强　　C. 眩光参数　　D. 光通量
　　E. 亮度

*4. 亮度参数有( )。
　　A. 路面平均亮度　　B. 路面度均匀　　C. 照度　　D. 眩光数
　　E. 眩光等级

*5. 在隧道空气压力测定中,通常测定( )。
　　A. 绝对静压　　B. 相对静压　　C. 空气动压　　D. 风流全压
　　E. 相对动压

*6. 以下隧道照明工程中的基本概念正确的有( )。
　　A. 光谱光效率是人眼在可见光光谱范围内视觉灵敏度的一种度量
　　B. 光强是用来表示被照面上光的强弱的
　　C. 亮度用于反映光源发光面在不同方向上的光学特性
　　D. 照度用于反映光源光通量在空间各个方向上的分布特性

*7. 隧道的眩光参数有( )。
　　A. 失能眩光　　B. 不舒适眩光　　C. 舒适眩光　　D. 有能眩光
　　E. 生理眩光

*8. 在隧道空气相对静压的测定中,通常使用( )测定空气相对静压。
　　A. U形压差计　　B. 补偿式微压计　　C. 皮托管　　D. 水银气压计
　　E. 空盒气压盒

*9. 隧道风速检测常用的风表有( )。
　　A. 杯式风表　　B. 翼式风表　　C. 热电式风速仪　　D. 皮托管
　　E. 压差计

*10. 对运营隧道影响最大的两种有害气体是( )。
　　A. 一氧化碳　　B. 烟尘　　C. 二氧化碳　　D. 瓦斯
　　E. 二氧化氮

*11. 隧道通风检测的内容有( )。
　　A. 粉尘浓度测定　　B. 瓦斯测定　　C. 一氧化碳测定　　D. 二氧化碳测定
　　E. 烟雾浓度测定

*12. 运营隧道环境检测中通风检测相对比较复杂,检测内容较多,主要有( )。
　　A. CO浓度检测　　B. 瓦斯检测　　C. 风速检测　　D. 烟尘浓度检测
　　E. 粉尘浓度检测

*13. 对于悬挂式照明器,下列说法正确的是(　　)。
   A. 光源的光中心在反射器内,且没有折射器,测量距离应从照明器出光口面算起
   B. 光源的光中心不在反射器内,且没有折射器,测量距离应从光源中心算起
   C. 光源的光中心在不反射器内,且没有折射器,测量距离应从照明器出光口面算起
   D. 如有折射器,则测量距离应从折射器几何中心算起

*14. 眩光等级 G 与主观上对不舒适感觉评价的相应关系为(　　)。
   A. $G=1$,无法忍受　　B. $G=2$,干扰　　C. $G=7$,允许的极限　　D. $G=10$,满意

*15. 在进出隧道时,由于隧道洞外与洞内有较强的亮度差异,会出现以下效应(　　)。
   A. 白天极易引起进入隧道的"黑洞效应"
   B. 白天极易引起进入隧道的"黑框效应"
   C. 白天极易引起驶出隧道的"白洞效应"
   D. 白天极易引起驶出隧道的"黑洞效应"

三、判断题

*1. 隧道紧急停车带照明光源宜采用显色指数高的光源,其亮度不应低于 $5.0cd/m^2$。
   (　　)

*2. 在隧道风速测定中,确定断面的平均风速时,必须先测定各测点的风速,然后计算其平均值。(　　)

*3. 长度大于500m的高速公路隧道应设应急照明系统,并应采用不间断供电系统。
   (　　)

*4. 隧道外引道曲线半径小于一般值的路段、隧道设夜间照明且处于无照明路段的洞外引道、隧道与桥梁连接处及连续隧道间的路段可设置洞外引道照明。(　　)

*5. 用滤膜测尘法测定粉尘浓度要求用两个平行样品,对这两个平行样品分别计算,其偏差不得大于20%。(　　)

*6. 隧道通风检测的主要内容包括压力测定、风速测定、施工粉尘浓度测定、有害气体检测和烟雾浓度检测等。(　　)

*7. 当用迎面法对隧道风速进行测定时,其具体操作为:测风员面向风流站立,手持风表,手臂向正前方伸直,然后按一定的线路使风表均匀移动。(　　)

*8. 不舒适眩光是生理上的过程,是表示由于眩光导致辨别能力降低的一种度量。(　　)

*9. 射流风机轴线应与隧道轴线平行,误差不宜大于10mm。(　　)

*10. 综合考虑安全和经济两个方面,隧道白天照明可以划分成接近段、入口段、过渡段、中间段和出口段这五个区段。(　　)

备注:本书中,*表示与知识目标和能力目标相对应的题目,属于必答题。

模块10　[思考与练习题]答案

运营隧道结构检查

模块 11

单元11.1　技术状况评定与结构检查

【知识目标】
1. 熟悉运营隧道结构检查内容；
2. 掌握经常性检查、定期检查的方法、频率、内容及评定标准；
3. 掌握土建结构技术状况评定方法；
4. 掌握专项检查的项目及内容。

【技能目标】
1. 能规范进行经常性检查、定期检查、应急检查；
2. 能正确进行土建结构技术状况评定。

【案例导入】
某山区上、下行分离的双洞公路隧道，左、右线全长均约6.9km，采用分段送排式纵向通风方案。隧道右线洞内发生货车起火并引燃周围车辆的燃烧事故，过火影响段围岩类别为Ⅳ类~Ⅴ类。消防搜救结束后的踏勘情况表明，隧道起火位置距离右线洞口不足500m，高温烟气蔓延后引燃的起火车辆多达30辆，本次火灾过火段长约700m，埋深范围为80~160m。过火段拱部防火涂层大范围脱落，拱腰至边墙部分出现不同程度的龟裂和起鼓脱空，二次衬砌混凝土受热开裂、脱落，受损严重的地段拱部混凝土出现掉块，最大掉块厚度超过10cm，堆积虚渣厚度达到50cm之多。

【工程师寄语】
通过结构检查把握隧道技术状况，为维修保养提供科学依据。检查工作不仅要求严谨、精细，同时也要不断追求卓越，发扬精益求精的工匠精神。

本单元将为大家介绍土建结构技术状况评定、结构检查等相关知识。

【知识框图】

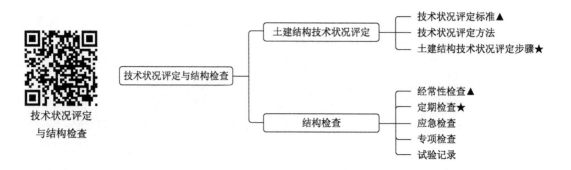

单元 11.1-1

土建结构技术状况评定

隧道土建结构技术状况评定应根据定期检查资料,综合考虑门洞、结构、路面和附属设施等各方面的影响,确定隧道的技术状况评定等级。

一、技术状况评定标准

隧道洞口、洞门、衬砌结构、衬砌渗漏水、路面、检修道、排水设施、吊顶及预埋件、内装饰交通标志标线等各分项技术状况评定标准应按表11-1~表11-10进行。

隧道洞口技术状况评定标准　　　　表11-1

状况值	技术状况描述
0	完好、无破坏现象
1	山体及岩体、挡土墙、护坡等有轻微裂缝产生,排水设施存在轻微破坏
2	山体及岩体裂缝发育,存在滑坡、崩塌的初步迹象,坡面树木或电线杆轻微倾斜,挡土墙、护坡等产生开裂、变形,土石零星掉落,排水设施存在一定裂损、阻塞
3	山体及岩体严重开裂,坡面树木或电线杆明显倾斜,挡土墙、护坡等产生严重开裂、明显的永久变形,墙角或坡面有土石堆积,排水设施完全堵塞、破坏,排水功能失效
4	山体及岩体有明显而严重的滑动崩塌现象,挡土墙、护坡断裂外倾失稳、部分倒塌,坡面树木或电线杆倾倒等

隧道洞门技术状况评定标准　　　　表11-2

状况值	技术状况描述
0	完好,无破坏现象
1	墙身存在轻微的开裂、起层、剥落
2	墙身结构局部开裂,墙身轻微倾斜、沉陷或错台,壁面轻微渗水,尚未妨害交通
3	墙身结构严重开裂、错台;边墙出现起层、剥落,混凝土块可能掉落或已有掉落;钢筋外露,受到锈蚀,墙身有明显倾斜、沉陷或错台趋势,壁面严重渗水(挂冰),将会妨害交通
4	洞门结构大范围开裂,砌体断裂,混凝土块可能掉落或已有掉落;墙身出现部分倾倒、垮塌,存在喷水或大面积挂冰等,已妨碍交通

衬砌破损技术状况评定标准　　　　表11-3

状况值	技术状况描述	
	外荷载作用所致	材料劣化所致
0	结构无裂损、变形和背后空洞	材料无劣化
1	出现变形、位移、沉降和裂缝,但无发展或已停止发展	存在材料劣化,钢筋表面局部腐蚀,衬砌无起层、剥落,对断面强度几乎无影响
2	出现变形、位移、沉降和裂缝,发展缓慢,边墙衬砌背后存在空隙,有扩大的可能性	材料劣化明显,钢筋表面全部生锈、腐蚀,断面强度有所下降,结构物功能可能受到损害
3	出现变形、位移、沉降,裂缝密集,出现剪切性裂缝,发展速度较快;边墙处衬砌压裂,导致起层、剥落,边墙混凝土有可能掉下;拱部背面存在大的空洞,上部落石可能掉落至拱背;衬砌结构侵入内轮廓界限	材料劣化严重,钢筋断面因腐蚀而明显减小,断面强度有相当程度的下降,结构物功能受到损害;边墙混凝土起层、剥落,混凝土块可能掉落或已有掉落

续上表

状况值	技术状况描述	
	外荷载作用所致	材料劣化所致
4	衬砌结构发生明显的永久变形,裂缝密集,出现剪切性裂缝,裂缝深度贯穿衬砌混凝土,并且发展快速;由于拱顶裂缝密集,衬砌开裂,导致起层、剥落,混凝土块可能掉下;衬砌拱部背面存在大的空洞,且衬砌空腔内部可能掉落至拱背;衬砌结构	材料劣化非常严重,断面强度明显下降,结构物功能损害明显;由于拱部材料劣化,导致混凝土起层、剥落,混凝土块可能掉落或已有掉落

衬砌渗漏水技术状况评定标准 表11-4

状况值	技术状况描述
0	无渗漏水
1	衬砌表面存在浸渗,对行车无影响
2	衬砌拱部有滴漏,侧墙有小股涌流,路面有浸渗但无积水,拱部、边墙因渗水少量挂冰,边墙脚积冰;不久可能会影响行车安全
3	拱部有涌流,侧墙有喷射水流,路面积水,沙土流出、拱部衬砌因渗水形成较大挂冰、胀裂,或涌水积冰至路面边缘,影响行车安全
4	拱部有喷射水流,侧墙存在严重影响行车安全的涌水、地下水从检查井涌出,路面积水严重,伴有严重的沙土流出和衬砌挂冰,严重影响行车安全

隧道路面技术状况评定标准 表11-5

状况值	技术状况描述
0	路面完好
1	路面有浸湿、轻微裂缝、落物等,引起使用者轻微不舒适感
2	路面有局部的沉陷、隆起、坑洞、表面剥落、露骨、破损、裂缝,轻微积水,引起使用者明显的不舒适感,可能会影响行车安全
3	路面出现较大面积的沉陷、隆起、坑洞、表面剥落、露骨、破损、裂缝,积水严重等,影响行车安全;抗滑系数过低引起车辆打滑
4	路面大面积的明显沉陷、隆起、坑洞,路面板严重错台、断裂,表面剥落、露骨、破损、裂缝,出现漫水、结冰或堆冰,严重影响交通安全,可能导致交通意外事故

检修道技术状况评定标准 表11-6

状况值	技术状况描述	
	定性描述	定量描述
0	护栏、路缘石及检修道面板均完好	—
1	护栏变形,路缘石或检修道面板少量缺角、缺损,金属有局部锈蚀,尚未影响其使用功能	护栏、面板、路缘石损坏长度≤10%,缺失长度≤3%
2	护栏变形损坏,螺栓松动、扭曲,金属表面锈蚀,部分路缘石或检修道面板缺损、开裂,部分功能丧失,可能会影响行人和交通安全	10%<护栏、面板、路缘石损坏长度≤20%,3%<缺失长度≤10%
3	护栏倒伏、严重损坏,侵入限界,路缘石或检修道面板缺损、开裂或缺失严重,原有功能丧失,影响行人和交通安全	护栏、面板、路缘石损坏长度>20%,缺失长度>10%

洞内排水设施技术状况评定标准　　　　　　　　　　　　　　　　　　　表11-7

状况值	技术状况描述
0	设施完好,排水功能正常
1	结构有轻微破损,但排水功能正常
2	轻微淤积,结构有破损,暴雨季节出现溢水,可能会影响交通安全
3	严重淤积,结构较严重破损,溢水造成路面局部积水、结冰、影响行车安全
4	完全阻塞,结构严重破损,溢水造成路面水漫流,大面积结冰,严重影响行车安全

吊顶及预埋件技术状况评定标准　　　　　　　　　　　　　　　　　　　表11-8

状况值	技术状况描述
0	吊顶完好
1	存在轻微变形、破损、浸水,尚未妨碍交通
2	吊顶破损、开裂、滴水,吊杆等预埋件锈蚀,尚未影响交通安全
3	吊顶存在较严重的变形、破损,出现涌流、挂冰,吊杆等预埋件严重锈蚀,可能影响交通安全
4	吊顶严重破损、开裂甚至掉落,出现喷涌水、严重挂冰,各种预埋件和悬吊件严重锈蚀或断裂,各种桥架和挂件出现严重变形或脱落,严重影响行车安全

注:本分项含各种灯具、通风机等拱顶设备的悬吊结构评定。

内装饰技术状况评定标准　　　　　　　　　　　　　　　　　　　　　　表11-9

状况值	技术状况描述	
	定性描述	定量描述
0	内装饰完好	—
1	个别内装饰板或瓷砖变形、破损,不影响交通	损坏率≤10%
2	部分内装饰板或瓷砖变形、破损、脱落,对交通安全有影响	10%<损坏率≤20%
3	大面积内装饰板或瓷砖变形、破损、脱落,严重影响行车安全	损坏率>20%

交通标志标线技术状况评定标准　　　　　　　　　　　　　　　　　　　表11-10

状况值	技术状况描述	
	定性描述	定量描述
0	完好	—
1	存在脏污、不完整,尚未妨碍交通	损坏率≤10%
2	存在脏污、部分脱落、缺失,可能会影响交通安全	10%<损坏率≤20%
3	大部分存在脏污、脱落、缺失,影响行车安全	损坏率>20%

二、技术状况评定方法

隧道土建结构技术状况评定先逐洞、逐段地对隧道土建结构各分项技术状况进行状况值评定,在此基础上确定各分项技术状况,再进行土建结构技术状况评定。评定结果应填入土建结构技术状况评定表(如表11-11所示)。

土建结构技术状况评定表 表11-11

隧道情况	隧道名称		路线名称		隧道长度		建成时间	
评定情况	管养单位		上次评定等级		上次评定日期		本次评定日期	
洞门、洞口技术状况评定	分项名称	位置	状况值	权重ω_i	检查项目	位置	状况值	权重ω_i
	洞口	进口			洞门	进口		
		出口				出口		

编号	里程	状况值							
		衬砌破损	渗漏水	路面	检修道	排水设施	吊顶	内装饰	标志标线
1									
2									
3									
4									
5									
6									
7									
8									
9									
10									
11									
12									
13									
14									
...									
$\max(JGCI_{ij})$									
权重ω_i									

$JGCI = 100 \times \left[1 - \dfrac{1}{4}\sum\limits_{i=1}^{n}\left(JGCI_i \times \dfrac{\omega_i}{\sum\limits_{i=1}^{n}\omega_i}\right)\right]$	土建结构评定等级	

养护措施建议	
评定人		负责人	

三、土建结构技术状况评定步骤

1. 分项状况值 $JGGI_i$，按下式计算：

$$JGGI_i = \max(JGGI_{ij}) \tag{11-1}$$

式中：$JGGI_{ij}$——各分项检查段落状况值；
  j——检查段落号，按实际分段数量取值。

2. 土建结构技术状况评分按下式计算：

$$JGGI = 100 \times \left[1 - \frac{1}{4}\sum_{i=1}^{n}\left(JGGI_i \times \frac{\omega_i}{\sum_{i=1}^{n}\omega_i}\right)\right] \tag{11-2}$$

式中：$JGGI_i$——分项状况值，值域 0~4；
  ω_i——分项权重。

其中土建结构各分项目权重 ω_i；按表11-12取值。

土建结构各分项权重表   表11-12

分项		分项权重 ω_i	分项	分项权重 ω_i
洞口		15	检修道	2
洞门		5	排水设施	6
衬砌	结构破损	40	吊顶及预埋件	10
	渗漏水		内装	2
路面		15	交通标志、标线	5

3. 土建结构技术状况评定分类

（1）土建结构技术状况评定应分为1类、2类、3类、4类和5类，评定分类界限值宜按表11-13中规定执行。

土建结构技术状况等级界限值   表11-13

技术状况评分	土建结构技术状况评定分类				
	1类	2类	3类	4类	5类
$JGGI$	≥85	≥70,<85	≥55,<70	≥40,<55	<40

（2）土建结构技术状况评定时，当洞口、洞门、衬砌、路面和吊顶及预埋件的技术状况评定状况值达到3或4时，对应土建结构技术状况应直接评为4类或5类。

（3）在公路隧道技术状况评价中，有下列情况之一时，隧道土建技术状况评定应评为5类隧道：

①隧道洞口边仰坡不稳定，出现严重的边坡滑动、落石等现象；
②隧道洞门结构大范围开裂、砌体断裂、脱落现象严重，可能危及行车道内的通行安全；
③隧道拱部衬砌出现大范围开裂、结构性裂缝深度贯穿衬砌混凝土；
④隧道衬砌结构发生明显的永久变形，且有危及结构安全和行车安全的趋势；

⑤地下水大规模涌流、喷射,路面出现涌泥沙或大面积严重积水等威胁交通安全的现象;

⑥隧道路面发生严重隆起,路面板严重错台、断裂,严重影响行车安全;

⑦隧道洞顶各种预埋件和悬吊件严重锈蚀或断裂,各种桥架和挂件出现严重变形或脱落。

单元 11.1-2

结 构 检 查

运营隧道结构检查是隧道运营管理中的一项重要工作,通过结构检查,了解隧道土建结构的技术状况,为隧道维修、保养以及隧道安全运营管理提供科学依据。

根据《公路隧道养护技术规范》(JTG H12—2015),公路隧道养护可分为三个等级,分级标准见表11-14及表11-15。

高速、一级公路隧道养护等级分级表　　表11-14

单车道年平均日交通量 [pcu/(d·ln)]	隧道长度(m)			
	L>3000	3000≥L>1000	1000≥L>500	L≤500
≥10001	一级	一级	一级	二级
5001~10000	一级	一级	二级	二级
≤5000	一级	二级	二级	三级

二级及二级以下公路隧道养护等级分级表　　表11-15

年平均日交通量 [pcu/(d·ln)]	隧道长度(m)			
	L>3000	3000≥L>1000	1000≥L>500	L≤500
≥10001	一级	二级	二级	三级
5001~10000	二级	二级	三级	三级
≤5000	二级	三级	三级	三级

不同养护等级的隧道,其结构检查的频率有一定的区别。根据检测目的、内容和范围不同,隧道检测可分为经常性检查、定期检查、应急检查和专项检查。

一、经常性检查

经常性检查是对土建结构的外观技术状况进行的一般性定性检查。

1. 检查频率

根据隧道养护等级的不同,经常性检查的工作频率应不低于表11-16规定的频率,当在极端天气后发现异常情况或某一分项技术状况评定状况值为3或4时,应提高相应地段或相应分项的经常检查频率。

公路隧道结构经常性检查频率表   表 11-16

检查分类	养护等级		
	一级	二级	三级
经常性检查	1次/月	1次/2月	1次/季度

2. 检查方法

经常性检查一般采用目测方法,配合简单的检查工具进行。

检查完成后,应翔实记述检查项目的缺损类型,估计缺损范围和程度以及养护工作量,对异常情况做出缺损状况判定分类,并提出相应的养护措施。

3. 检查内容及判定标准

经常性检查的结论以定性判断为主,对各个检查项目的判定结果分为情况正常、一般异常、严重异常三种情况,检查内容和判定标准宜按表11-17执行。

经常性检查内容和判定标准   表 11-17

项目名称	检查内容	判定描述	
		一般异常	严重异常
洞口	边(仰)坡有无危石、积水、积雪;洞口有无挂冰;边沟有无淤塞;构造物有无开裂、倾斜、沉陷等	存在落石、积水、积雪隐患;洞口局部挂冰;构造物局部开裂、倾斜、沉陷,有妨碍交通的可能	坡顶落石、积水漫流或积雪崩塌;洞口挂冰掉落路面;构造物因开裂、倾斜或沉陷而致脱落或失稳;边沟淤塞,已妨碍交通
洞门	结构开裂、倾斜、沉陷、错台、起层剥落;渗漏水(挂冰)	侧墙出现起层、剥落;存在渗漏水或结冰,尚未妨碍交通	拱部及其附近部位出现剥落;存在喷水或挂冰等,已妨碍交通
衬砌	结构裂缝、错台、起层、剥落	衬砌起层,且侧壁出现剥落状况,尚未妨碍交通,将来可能构成危险	衬砌起层,且拱部出现剥落状况,已妨碍交通
	渗漏水	存在渗漏水,尚未妨碍交通	大面积渗漏水,已妨碍交通
	挂冰、冰柱	存在结冰现象,尚未妨碍交通	拱部挂冰,形成冰柱,已妨碍交通
路面	落物、油污;滞水或结冰;路面拱起、坑槽、开裂、错台等	存在落物、滞水、结冰、裂缝等,尚未妨碍交通	拱部落物,存在大面积路面滞水、结冰或裂缝,路面拱起、坑槽、开裂、错台等,已妨碍交通
检修道	结构破损;盖板缺损;栏杆变形损坏	栏杆变形、损坏;道板缺损;结构破损,尚未妨碍交通	栏杆局部毁坏或侵入建筑限界;道路结构破损,已妨碍交通
排水设施	缺损、堵塞、积水、结冰	存在缺损、积水或结冰,尚未妨碍交通	沟管堵塞,积水漫流,结冰,设施缺损严重,已妨碍交通
吊顶及各种预埋件	变形、缺损、漏水(挂冰)	存在缺损、漏水,尚未妨碍交通	缺损严重,或从吊顶板漏水严重,已妨碍交通

续上表

项目名称	检查内容	判定描述	
		一般异常	严重异常
内装饰	脏污、变形、缺损	存在缺损,尚未妨碍交通	缺损严重,已妨碍交通
标志、标线轮廓际	是否完好	存在脏污、部分缺失,可能会影响交通安全	基本缺失或严重缺失,影响行车安全

当经常性检查中发现隧道存在一般异常情况时,应进行监视、观测或做进一步检查;当经常性检查中发现隧道存在严重异常情况,应采取措施进行处治,若对其产生原因及详细情况不明时,还应做定期检查或专项检查。

二、定期检查

定期检查是按规定周期对土建结构的技术状况进行的全面检查,主要目的在于发现异常情况和原有异常情况的发展变化。通过定期检查,可系统掌握隧道结构各分项的技术状况和功能状况,进而可进行土建结构总体技术状况评定,为制订养护工作计划提供依据。

1. 检查频率

定期检查的频率宜根据隧道技术状况确定,一般可按表11-18要求进行,宜每年检查1次,最长不得超过3年检查1次。当经常性检查中发现某分项技术状况评定状况值为3或4时,应立即开展一次定期检查。定期检查宜安排在春季或秋季进行。新建隧道应在交付使用1年后进行首次定期检查。

公路隧道结构定期检查频率表 表11-18

检查分类	养护等级		
	一级	二级	三级
定期检查	1次/年	1次/2年	1次/3年

2. 检查器具

定期检查所需器具如下。

(1)衬砌结构检查:锤子、回弹仪、超声波仪、地质雷达等。

(2)裂缝检查:带刻度的放大镜、宽度测定尺、测针、标线、裂缝测宽、测深仪等。

(3)漏水检查:pH试验纸、温度计等。

(4)尺寸测量:卷尺、游标卡尺、水准仪、激光断面仪等。

(5)路面检查:摩擦系数测定仪、平整度仪等。

(6)记录工具:隧道结构病害展布记录纸、记录本、照相机或摄像机。

(7)其他(如照明器具、升降设备等)。

3. 检查内容

定期检查内容详见表11-19。由于隧道衬砌结构类型、洞门形式、内装形式不同,定期检查的重点及内容也会有差异。

定期检查内容表 表11-19

项目名称	检查内容
洞口	山体滑坡、岩石崩塌的征兆及其发展趋势;边坡、碎落台、护坡道的缺口、冲沟、潜流涌水、沉陷、塌落等及其发展趋势
	护坡、挡土墙的裂缝、断缝、倾斜、鼓肚、滑动、下沉的位置、范围及其程度,有无表面风化、泄水孔堵塞、墙后积水、地基错台、空隙等现象及其程度
洞门	墙身裂缝的位置、宽度、长度、范围或程度
	结构倾斜、沉陷、断裂范围、变位量、发展趋势
	洞门与洞身连接处环向裂缝开展情况、外倾趋势
	混凝土起层、剥落的范围和深度,钢筋有无外露、受到锈蚀
	墙背填料流失范围和程度
衬砌	衬砌裂缝的位置、宽度、长度、范围或程度,墙身施工缝开裂宽度、错位量
	衬砌表层起层、剥落的范围和深度
路面	路面拱起、沉陷、错台、开裂、溜滑的范围和程度;路面积水、结冰等范围和程度
检修道	检修道毁坏、盖板缺损的位置和状况;栏杆变形、锈蚀、缺损等的位置和状况
排水系统	结构缺损程度,中央窨井盖、边沟盖板等完好程度,沟管开裂漏水状况;排水沟(管)、积水井等淤积堵塞、沉沙、滞水、结冰等状况
吊顶及各种预埋件	吊顶板变形、缺损的位置和程度;吊杆等预埋件是否完好、有无锈蚀、脱落等危及安全的现象及其程度;漏水(挂冰)范围及程度
内装饰	表面脏污、缺损的范围和程度;装饰板变形、缺损的范围和程度等
标志、标线、轮廓标	外观缺损、表面脏污状况,连接件牢固情况、光度是否满足要求等

4. 检查方法

定期检查一般采用目测或量测方法,配合必要的检查工具或设备。依次逐段检查隧道各个结构部位,尽可能将检查结果定量化;检查时尽量靠近结构,注意发现异常情况及原有异常情况的发展变化,并在适当位置标记出异常情况。

以桩号从小到大方向为前进方向。检查前按照5m或10m间距对隧道边墙进行桩号标记,在标注桩号时注意要与原有运营的养护桩号相对应。

(1)洞口检查方法

隧道洞口检测主要采用目测法,配合数码相机、钢尺、地质锤等简单工具。

对外观检查中发现的裂缝进行详细描述和记录,内容包括裂缝的位置、长度、宽度、形态、数量等。裂缝宽度在有代表性的部位用读数显微镜直接读取。将裂缝位置、长度形态采用表格、图形或照片的形式记录。

(2)洞门检查方法

墙身、洞门结构,采用目测的方法,配合数码相机、钢尺、地质锤等工具。

对于检查中发现的裂缝应进行重点检测。检测内容包括裂缝的位置、长度、宽度、形态、数量等。裂缝宽度在有代表性的部位用读数显微镜直接读取。将裂缝位置、长度形态采用表格、图形或照片的形式记录。

(3)衬砌检查方法

衬砌检查以步行目测方式为主,配合数码相机、摄像机、钢尺等工具,对衬砌、路面、排水系统等进行外观检查,包含衬砌裂缝形态和分布、混凝土外观缺陷、渗漏水。

裂缝位置、走向、长度、宽度、深度等测试数据采用表格、绘图的方法进行记录,并在测试现场留下标记,对重点裂缝进行拍照。

(4)路面、检修道、排水系统、吊顶检查方法

路面、检修道、排水系统、吊顶等检查以步行目测方式为主,配合数码相机、摄像机、钢尺等工具量测检查。

(5)内装饰检查方法

内装检查以步行目测方式为主,配合数码相机、摄像机、钢尺等工具量测检查。

对于防火涂层表面开裂的区域,先通过敲击等方式初步判断涂层是否与衬砌混凝土间结合紧密。如果二者结合紧密,则认为内装开裂是由于衬砌裂缝引起,以此间接反映衬砌混凝土裂缝分布情况;如果防火涂层与衬砌混凝土之间已经脱开,则认为此病害为涂层本身病害的反应,与衬砌无关。

(6)标志、标线、轮廓标检查方法

标志、标线、轮廓线检查主要采取目测的方法,对表面脏污、缺损、装饰变形、破损等病害的位置和规模进行详细记录,对典型病害处进行拍摄记录。

5. 病害信息记录

首先,要确定病害类型。严格按《公路隧道养护技术规范》(JTG H12—2015)执行,典型病害类型有渗漏水、衬砌破损等。

其次,确定病害定位。定位,指的是写清楚病害所在位置,比如说一条裂缝,需要记录4个信息,起点位于何处,两点坐标确定,长多少,最大宽度多少。下面列举隧道结构中的裂缝记录方式。

基本记录规则:沿前进方向,从后往前记录,从左往右记录,从下往上记录。

衬砌横向裂缝:先定好左边的点,可以再说明"横向右";如果先定右边的点,一定要说明是"横向左";横向裂缝还要判断是否为"横向贯通",横向贯通裂缝一定要再注明"横向贯通"。

衬砌环向裂缝:先定下面的点,可以再说明"竖向上";如果先定上边的点,一定要说明是"竖向下";环向裂缝还要判断是否为"环向贯通",环向贯通裂缝一定要注明"环向贯通"。

衬砌纵向裂缝:先定后面的点,可以再说明"纵向前";如果先定前面的点,一定要说明是"纵向后"。

衬砌斜向裂缝:与隧道纵向夹角处于30°和60°之间的记为斜向裂缝。常记为30°、45°和60°。记录时:先定一点,再描述方向。如:斜向后右30°,指从第一点出发,裂缝向后发展,与纵向夹角为30°。

衬砌表面网裂:记录时按照面积进行记录。

最后,定量病害。裂缝:长度、宽度信息;网裂要注明面积和最大宽度;坑槽:面积、深度信

息;破损:面积、深度信息;沉陷:面积、高差信息;对面积记录,先写纵向长度、再写环向(或横向)信息,最后写竖向长度。

隧道定期(特别)检查记录表如表11-20所示。

隧道定期(特别)检查记录表 表11-20

检测单位名称: 记录编号:

工程名称				
工程部位/用途		委托/任务编号		
样品信息				
试验检测日期		试验条件		
检测依据		判定依据		
主要仪器设备及编号				
隧道名称		路线名称		
隧道编码		路线编码		
养护机构		上次检查日期		

里程桩号	结构名称	缺损位置	检查内容	状况描述 (性质、范围、程度等)	标度 (0~4)	影像或图片 (编号/时间)

附加声明:

检测: 记录: 复核: 日期: 年 月 日

隧道展示图表如表11-21所示。

隧道展示图表　　　　　　　　　　　　　　　　　　　　　　　表11-21

检测单位名称：　　　　　　　　　　　记录编号：

工程名称					
工程部位/用途				委托/任务编号	
样品信息					
试验检测日期				试验条件	
检测依据				判定依据	
主要仪器设备及编号					
隧道名称					
桩号					
土建结构	左墙				
	拱部				
	右墙				
附加声明：					

检测：　　　　　　记录：　　　　　　复核：　　　　　　　　日期：　年　月　日

病害表述图例如图11-1所示。

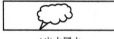
a)出水冒水

b)衬砌凸起

c)围岩碎落

d)墙体变形

e)衬砌或围岩开裂

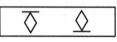
f)漏水、挂冰、堆冰

图11-1　病害表述图例

搪瓷钢板涂层厚度记录表如表 11-22 所示。

搪瓷钢板涂层厚度记录表 表 11-22

施工单位： 合同段：

桩号	搪瓷钢板颜色	规定值	涂层厚度(μm)					
			右侧(R)			左侧(L)		

检测： 记录： 校核： 日期：

搪瓷钢板表面平整度测量记录表如表11-23所示。

搪瓷钢板表面平整度测量记录表　　　　　　　表11-23

施工单位：　　　　　　　　　　　　合同段：

实测结果桩号	右侧		左侧	
	纵向(mm)	竖向(mm)	纵向(mm)	竖向(mm)

检测：　　　　　记录：　　　　　校核：　　　　　日期：

三、应急检查

应急检查是在隧道遭遇自然灾害(地震、火灾、洪水等)、发生交通事故或出现其他异常事件后，为了查明缺损状况、采取应急措施，而对遭受影响的结构进行的详细检查。

应急检查的内容和方法原则上与定期检查相同，但主要针对发生异常情况或者受异常事件影响的结构或结构部位作重点检查，以掌握其受损情况。应急检查应根据受异常事件影响的结构，决定采取的检查方法、工具和设备。

应急检查结果的记录、评定标准与定期检查相同。检查完成后，应提交应急检查报告，总结检查内容和结果，评估异常事件的影响，确定合理的对策措施。

四、专项检查

专项检查是根据经常性检查、定期检查和应急检查的结果,对于需要进一步查明缺损或病害产生原因而进行得更深入的专门检测,其目的是为制订病害处治方案提供基础资料,更多情况是针对破损或病害局部开展的检查。

虚拟仿真:混凝土中
钢筋锈蚀电位检测
三维虚拟实训

专项检查项目表如表11-24所示。

专项检查项目表 表11-24

检查项目		检查内容
结构变形检查	公路线形、高程检查	公路中线位置、路面高度、缘石高度以及纵、横坡度等测量
	隧道横断面检查	隧道横断面测量,周壁位移测量(与相邻或完好断面比较)
	净空变化检查	隧道内壁间距测量(自身变化比较)
裂缝检查	裂缝调查	裂缝的位置、宽度、长度、开展范围或程度等
	裂缝检测	裂缝的发展变化趋势及其速度;裂缝的方向及深度等
漏水检查	漏水调查	漏水的位置、水量、浑浊程度、冻结及原有防排水系统的状态等
	漏水检测	水温,pH值检查、电导度检测、水质化学分析
	防排水系统	拥堵、破坏情况
材质检查	衬砌强度检查	强度简易测定,钻孔取芯,各种强度试验等
	衬砌表面病害	起层、剥落、蜂窝、麻面、孔洞、露筋等
	混凝土碳化深度检测	采用酚酞液检查混凝土的碳化深度
	钢筋锈蚀检测	剔凿检测法、电化学测定法、综合分析判定法
衬砌及围岩状况检查	无损检查	无损检测衬砌厚度、空洞、裂缝和渗漏水等,以及钢筋、钢拱架、衬砌配筋位置及保护层厚度、围岩状况、仰拱充填层密实及其下岩溶发育情况
	钻孔检查	钻孔测定衬砌厚度等、内窥镜观测衬砌及围岩内部状况
荷载状况检查	衬砌应力及拱背压力检查	衬砌不同部位的应力及其变化,拱背压力的分布及其变化
	水压力检查	地下水丰富的隧道检查衬砌背后水压力大小、分布及变化规律

专项检查的项目通常由定期检查或应急检查结果确定,某些检测需要专业的检测手段和设备,专项检查的内容、目的不同,选择的检测手段、设备也可能不相同。

五、试验记录

碳化深度记录表如表11-25所示。

虚拟仿真:混凝土
碳化深度检测
三维虚拟实训

碳化深度记录表 表 11-25

隧道名称:

序号	位置	浇筑日期	碳化深度 (mm)	备注

检测:　　　　　记录:　　　　　校核:　　　　　日期:

隧道大面平整度检测记录表如表11-26所示。

隧道大面平整度检测记录表　　　　　　　　　　　表11-26

施工单位：　　　　　　　合同段：　　　　　　　编号：

隧道名称						规定值(mm)			
序号	测区桩号	检测部位	单尺最大间隙(mm)			单处检测尺数	单处合格尺数	单处合格率（%）	单处最大间隙平均值（mm）
			1	2	3				
1									
2									
3									
4									
5									
6									
7									
8									
9									
10									
11									
12									
13									
14									
15									
16									
17									
18									
19									
20									
21									
22									

检测：　　　　　　　记录：　　　　　　　校核：　　　　　　　日期：

单元11.2　衬砌裂缝检查与检测

【知识目标】

1. 掌握衬砌裂缝检查内容；
2. 掌握衬砌裂缝检测结果的判定。

【技能目标】

能够根据隧道衬砌裂缝检测结果,对衬砌结构进行技术状况评定。

【案例导入】

某段高速公路隧道为分离式隧道,隧道总长度为6573m,建筑限界净空宽10.25m、高5m,该隧道属于公路特长隧道,最大埋深340m。隧道轴线走向大致为东西走向,洞门形式采用削竹式。根据现场地质调绘和钻孔资料分析,该隧道覆盖层为第四系碎石土、粉质黏土,基岩主要为砂质板岩、花岗闪长岩。隧道左幅Ⅳ级围岩约占36.8%,Ⅴ级围岩约占43.2%;右幅隧道Ⅳ级围岩约占38.6%,Ⅴ级围岩约占31.4%。根据本隧道裂缝病害统计显示,其中纵向裂缝的比例最高为60.66%,其次是横向裂缝占24.90%,斜向裂缝比例较少,占12.1%。

【工程师寄语】

隧道衬砌裂缝如同生活中的瑕疵,其潜在危害不容忽视,需我们细致入微地检测与修复。犹如古语"亡羊补牢,犹未迟也",在隧道安全的维护上,我们更应秉持防患于未然的态度,确保每一次检测都精准到位,每一次修补都力求完美,守护隧道的安全就是守护人民的生命财产安全。在新时代的征程中,我们要以"精益求精"的工匠精神,对待隧道衬砌裂缝检测与修复工作,确保每一个细节都经得起考验。这不仅是保障交通安全的必然要求,也是推动高质量发展,建设安全、畅通、绿色、高效的现代交通体系的具体实践。

本单元将为大家介绍衬砌裂缝检测内容、裂缝检测工具、衬砌裂缝检测结果的判定等相关知识。

【知识框图】

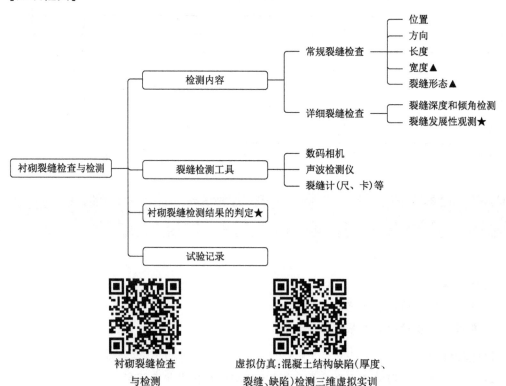

运营隧道衬砌裂缝是最常见的病害类型,裂缝检测也是隧道结构检测的重要内容。隧道衬砌裂缝包括受力裂缝、沉降裂缝、混凝土收缩裂缝等。裂缝发展可能导致衬砌局部失稳、坍塌、掉块,威胁隧道运营安全。同时,有水区域的隧道,衬砌裂缝可能会出现衬砌渗漏水,对衬砌结构混凝土及钢筋产生侵蚀,对结构强度和稳定性产生不良影响,诱发新的裂缝产生,形成恶性循环,加速隧道衬砌结构的破坏。

一、检测内容

1. 常规裂缝检查

(1)位置:指裂缝中点的位置,可简单地分为隧道拱部、边墙、路面3个部位,可用裂缝中点与隧道中线或墙底线的距离进行定位。

(2)方向:用量角器或罗盘测量在裂缝起始端处,裂缝起始端和终端的连线与隧道中线或墙底线的夹角。

(3)长度:用钢卷尺测量裂缝起始端到终端的距离。

(4)宽度:用游标卡尺或裂缝计测量,裂缝宽度指裂缝最宽处的宽度,可用实测宽度表示,也可用如下裂缝宽度特征表示。

①微裂缝:裂缝宽度小于0.2mm。
②微张开:裂缝宽度介于0.2~3mm。
③张开:裂缝宽度介于3~5mm。
④宽张开:裂缝宽度大于5mm。

(5)裂缝形态即裂缝展布状态,一般裂缝表现为以下几种形态。

①平直:裂缝基本呈一条直线。
②起伏:裂缝总体上呈一条直线,细部有弯曲起伏。
③弧形:裂缝呈弧形。
④分叉:裂缝从某一处向多于一个方向发展。
⑤交叉:多条裂缝相交呈交叉状。
⑥龟裂:多条裂缝闭合在局部区域形成多个闭合状。

裂缝展布状态一般用素描裂缝展布图和拍照的方法记录。展布图应有桩号、特征描述;照片应注明桩号和编号;衬砌环向施工缝应清晰标示。隧道衬砌裂缝展布图如图11-2所示。

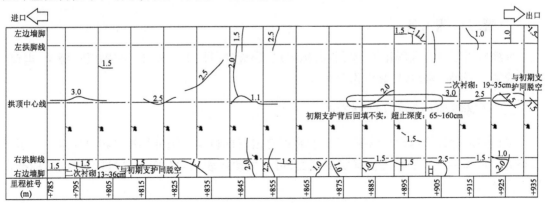

图11-2 衬砌裂缝展布图

2. 详细裂缝检查

除了常规裂缝检查,为了深入了解裂缝特征,还可对裂缝进行详细的检查,详细裂缝检查在常规检查的基础上,增加以下内容。

(1)裂缝深度和倾角检测:检查裂缝的深度和倾角,可利用钻孔取样方法或无损检测的方法进行,也可以采用凿孔检查的方法。

(2)裂缝发展性观测:隧道在荷载或其他外界因素作用下,裂缝的宽度、长度和深度可能会不断发展,所以需要观测其变化规律。通常是对裂缝宽度和长度进行定期或不定期多次检测和观测。裂缝的宽度可以采用标点量测法、砂浆涂抹法和裂缝测量计的方法进行观测,裂缝长度扩展可采用尖端标记法、砂浆涂抹法进行观测。几种方法分别如图11-3~图11-6所示。

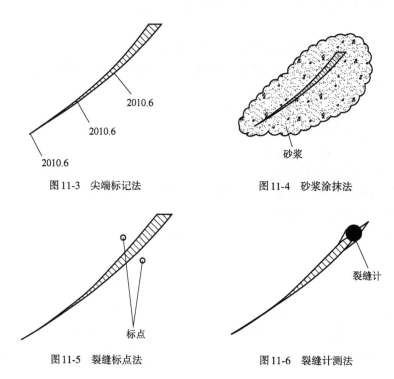

图11-3 尖端标记法　　图11-4 砂浆涂抹法

图11-5 裂缝标点法　　图11-6 裂缝计测法

二、裂缝检测工具

裂缝检测工具有数码相机、卷尺、游标卡尺、裂缝计(尺、卡)、探针、手持钻机、锤子、电筒、声波检测仪、砂浆、水泥钉、高空作业车等。

三、衬砌裂缝检测结果的判定

根据隧道衬砌裂缝检测结果,可对存在裂缝段落的衬砌结构进行技术状况评定。对于已知裂缝扩展和裂缝扩展性无法确定的情况,可分别参照表11-27、表11-28进行衬砌结构技术状况值评定。

当裂缝存在开展时的评定标准 表11-27

结构	裂缝宽度 b(mm)		裂缝长度 l(m)		评定状况值
	b>3	b≤3	l>5	l≤5	
衬砌	√		√		3/4
	√			√	2/3
		√	√		2
		√		√	2

当无法确定裂缝是否存在开展时的评定标准 表11-28

结构	裂缝宽度 b(mm)			裂缝长度 l(m)			评定状况值
	b>5	5≥b>3	3≥b	l>10	10≥l>5	5≥l	
衬砌	√			√			3/4
	√				√		2/3
	√					√	2/3
		√		√			3
		√			√		2/3
		√				√	2
			√	√	√	√	1/2

四、试验记录

隧道裂缝记录表如表11-29所示。

隧道裂缝记录表 表11-29

隧道名称：

序号	起点坐标		终点坐标		裂缝长度(m)	典型宽度(mm)	裂缝宽度范围(mm)			裂缝走向			备注
	X(m)	Y(m)	X(m)	Y(m)			<0.2	0.2~0.5	>0.5	纵	横	斜	
说明													

检测：　　　　　　　记录：　　　　　　　校核：　　　　　　　日期：

单元11.3　渗漏水检查与检测

【知识目标】
1. 掌握渗漏水检测内容；
2. 掌握渗漏水检测结果的判定。

【技能目标】
能正确进行渗漏水检测结果的判定。

【案例导入】
某运营隧道发生火灾，现场浓烟滚滚。消防部门出动数十辆消防车赶到现场。事故造成周边部分交通路段拥堵。事故现场附近的地铁并没有受到火灾影响，仍照常运营。当天下午1时左右，现场火势完全得到控制。该事故已造成1人死亡，6人受伤。

事故原因：事故发生前几天，隧道内曾发生漏水，起火原因初步判定为隧道内注浆材料聚氨酯引起的。隧道渗漏水，可能会引起电气设备短路，严重可能会造成火灾事故。

【工程师寄语】
在隧道工程中，"水"既是生命之源，也可能是侵蚀之患。尤其是强酸性水，其对衬砌的侵蚀，危害不容忽视。作为未来的工程师，我们应秉持严谨的科学态度，确保工程质量，同时培养高尚的社会责任感，努力成为对社会有积极贡献的人。

本单元将为大家介绍渗漏水检查内容、检测工具及结果的评定等相关知识。

【知识框图】

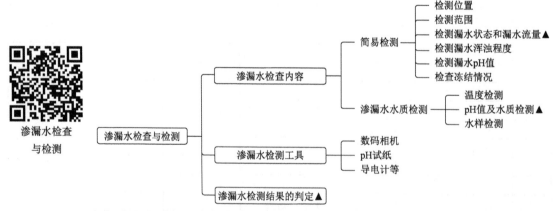

渗漏水是公路隧道最常见的病害之一，渗漏水与衬砌裂缝经常相伴出现，共同影响衬砌结构的安全性和耐久性。隧道衬砌渗水出现滴漏、涌流、喷射及路面渗水、冒水会造成路面湿滑。寒冷地区衬砌渗水会引起衬砌混凝土冻胀开裂、拱墙变形，拱墙上悬挂冰柱、冰溜；路面形成冰层、冰锥。

一、渗漏水检查内容

隧道渗漏水检查可分为简易检测和水质检测两类。

1. 简易检测

(1)检测位置:漏水点的位置或渗水区中心点的位置,用皮尺或钢卷尺测量,一般从漏水点和渗漏水的起始端与隧道中线或墙底底线的距离进行定位。

(2)检测范围:渗漏水润湿的面积,或存在渗漏水润湿痕迹的面积,以 m^2 计。

(3)检测漏水状态和漏水流量:根据漏水压力、流量等因素,将漏水状态分为浸渗、滴漏、涌流、喷射4类,如图11-7所示。在漏水显著的情况下,可用计量容器收集,用秒表记录时间,即可测得该处漏水流量(L/min)。

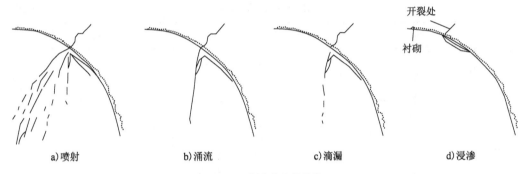

图11-7 漏水状态的分类

(4)检测漏水浑浊程度:漏水如果是浑浊的,需检查砂土是否和漏水一起流出,如有,则需测定每处砂土流失量(如水槽内堆积的砂土量);降雨后隧道出现漏水浑浊或有泥沙析出,则需进行隧道衬砌背后空洞和水流来源的详细勘察及地下水渗流规律的长期观测。

(5)检测漏水 pH 值:漏水是助长衬砌材质劣化的原因之一,特别是当漏水显示出强酸性时,混凝土有严重劣化的危险。检查时,一般使用 pH 试纸对漏水的酸碱度作简易测定。

(6)检查冻结情况:主要检查隧道衬砌混凝土上的挂冰、路面堆冰和结冰的位置、分布,并记录温度变化、最低温度值。长隧道需测量隧道洞内沿隧道纵向的温度分布。当冻害可能造成衬砌材质受损时,需对衬砌材质进行检测。

2. 渗漏水水质检测

当渗漏水可能具有腐蚀作用时,应对水质进行检测,主要包括以下几点。

(1)温度检测:通过测量水温,可掌握各处水温的季节性变化规律,便于判定漏水与地下水、地表水的关系。

(2)pH 值及水质检测:必要时应利用容器收集水样,利用 pH 测定器精确测定渗漏水 pH 值,或送专业水质检测机构进行详细的水质分析,注意水样收集前应保持容器的干燥,水样收集完毕应保持容器封闭,避免水样污染。

(3)水样检测:必要时,将收集到的水样交专业机构,利用导电计等仪器对渗漏水溶解物质及数量进行检验,并就渗漏水对衬砌结构的腐蚀性进行评价和推定。

二、渗漏水检测工具

渗漏水检测工具有水样收集容器、pH试纸、量筒或量杯、数码相机、卷尺、秒表、温度计、导电计等。

三、渗漏水检测结果的判定

根据渗漏水是否具有腐蚀性以及渗漏水水量大小、形态、位置、结冰状态等,评判渗漏水对衬砌结构的安全性及洞内行车安全的影响。渗漏水的评定标准如表11-30所示。

渗漏水的评定标准　　　　　表11-30

结构	主要异况	漏水程度				是否影响行车		评定状况值
		喷射	涌流	滴漏	侵渗	是	否	
拱部	漏水	√				√		4
			√			√		3
				√		√		2
					√		√	1
	挂冰					√		3
							√	1
侧墙	漏水	√						3
			√			√		2
				√		√		2
					√		√	1
	冰柱					√		3
							√	1
路面	砂土流出					√		3/4
							√	1
	积水					√		3/4
							√	1
	结冰					√		3/4
							√	1

单元 11.4　隧道净空断面检测

【知识目标】
1. 掌握隧道净空断面变形检测的内容;
2. 掌握衬砌变形结果的判定。

【技能目标】
能正确进行衬砌变形结果的判定。

【工程师寄语】
隧道工程质量检测不仅是对工程质量的坚守,更是对安全与责任的担当,还能培养未来工程师的匠心精神与社会责任感。在新时代背景下,坚持创新驱动发展战略,不断提升隧道工程技术水平,确保基础设施安全,为经济社会发展保驾护航。

本单元将为大家介绍隧道净空断面检测内容、检测方法、衬砌变形结果的判定等相关知识。

【知识框图】

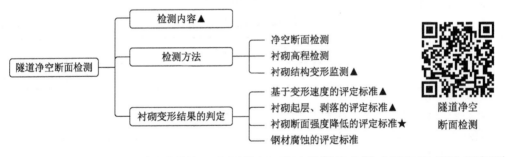

隧道衬砌结构变形监测与隧道施工监测类似,通过长期的定期或不定期观测,了解隧道整体沉降、衬砌结构变形、隧道断面形状变化、裂缝发展速度与发展趋势,为隧道处治决策和处治设计提供依据。

一、检测内容

隧道净空断面变形包括衬砌鼓出、裂缝发展、施工缝错台、衬砌沉降(陷)、电缆沟上翘、边沟下陷和冒出、路面沉陷和上鼓等。检测内容包括:净空断面检测、衬砌高程检测、隧道衬砌结构裂缝变形监测、拱顶及边墙沉降检测、路面和电缆沟沉降(陷)检测等。

二、检测方法

1. 净空断面检测

采用激光断面检测仪对隧道净空断面进行检测,检查隧道衬砌混凝土是否侵入设计内轮廓线。

2. 衬砌高程检测

衬砌高程检测，即通过隧道建设时期高程控制点或独立设置的永久固定点，利用经纬仪、水准仪或全站仪对隧道路面控制点、路沿和衬砌边墙或基础沉降与变形进行测量。

3. 衬砌结构变形监测

在施工中隧道出现塌方和大变形地段，地质不良地段，隧道上跨、下穿结构物等特殊地段，可对其净空变化进行长期的监测或检测，一般需对衬砌拱顶下沉和衬砌宽度收敛状况进行监测。衬砌结构变形状况和变形发展的监测方法、检测仪器和操作步骤可参照隧道施工监控量测要求进行，但不得影响车辆通行和行车安全。

三、衬砌变形结果的判定

衬砌变形需要较长时间，在地震、滑坡、暴雨后可能发生明显的变化，在北方寒冷地区，结构由于冻胀而变形，并随季节的循环而反复发生。当变形发生时，路面、边沟、电缆沟表现较为明显。

任何时候用隧道激光断面检测仪检测出隧道衬砌或附属设施任何部分侵入建筑限界，应直接判定侵限区域属于3类及以上病害。

隧道衬砌变形基于变形速度的评定标准见表11-31，当变形速度呈现加速时，则可以将等级提高一级；如因山体滑移导致衬砌变形，则应判定为3或4类。

基于变形速度的评定标准　　　　　　　　　　　　　　　　　　表11-31

结构	变形速度 v(mm/年)				评定状况值
	$v \geq 10$	$10 > v \geq 3$	$3 > v \geq 1$	$1 > v$	
衬砌	√				4
		√			3
			√		2
				√	1

如隧道衬砌结构同时存在起层、剥落、材料劣化等病害，可参照下表11-32～表11-34进行分项技术状况判定。

衬砌起层、剥落的评定标准　　　　　　　　　　　　　　　　　　表11-32

结构	部位	掉落的可能性		评定状况值
		有	无	
衬砌	拱部	√		4
			√	1
	侧墙	√		2
			√	1

衬砌断面强度降低的评定标准　　　　　　　　　　　　　　　　表 11-33

结构	主要原因	起层和剥落的可能性		劣化程度 有效厚度/设计厚度			评定状况值
		有	无	<1/2	1/2~2/3	>2/3	
拱部	劣化,冻害,设计或施工不当等	√					4
			√				1
				√			3
					√		2
						√	1
侧墙		√					3
			√				1
				√			3
					√		2
						√	1

钢材腐蚀的评定标准　　　　　　　　　　　　　　　　　　　　表 11-34

结构	主要原因	腐蚀程度	评定状况值
衬砌	盐害、渗漏水、酸(碱)化等	表面或小面积的腐蚀	1
		浅孔蚀或钢筋全周生锈	2
		钢材断面减小程度明显,钢结构功能受损	3

单元 11.5　案例分析

【案例1】 某隧道根据定期检查结果,将开展专项检查,根据相关知识回答下列问题。

(1)该隧道衬砌混凝土碳化深度检测的方法是(　　)。

　　A. 酚酞液检测法　　B. 目测法　　　　C. 钻孔法　　　　D. 测针法

解析:选 A。隧道衬砌材质检查是隧道结构检查的一部分,隧道衬砌主要为混凝土或钢筋混凝土,碳化深度是混凝土检查的重要参数,常采用酚酞液检查混凝土的碳化深度。

(2)该隧道洞顶各种预埋件严重锈蚀,各种桥架和挂件出现严重变形,该隧道土建技术状况评定为(　　)隧道。

　　A. 2类　　　　　　B. 3类　　　　　　C. 4类　　　　　　D. 5类

解析:选 D。《公路隧道养护技术规范》(JTG H12—2015)中规定,当隧道洞顶各种预埋件和悬吊件严重锈蚀或断裂,各种桥架和挂件出现严重变形,该隧道土建技术状况评定为5类隧道。

(3)该隧道病害处治工程施工完毕后,被处治段落各分项状况值应达到(　　)。
　　A.0　　　　　　B.1　　　　　　C.2　　　　　　D.3
解析:选AB。病害处治工程施工完毕后,被处治段落各分项状况值应达到0或1,才能达到病害处治的目的。

(4)该隧道衬砌及围岩状况检查为(　　)。
　　A.无损检查　　B.衬砌应力检查　　C.衬砌强度检查　　D.钻孔检查
解析:选AD。衬砌及围岩状况检查包括无损检查和钻孔检查。钻孔检查是通过钻孔测定衬砌厚度等,内窥镜观测衬砌及围岩内部状况;无损检测主要采用地质雷达对衬砌及围岩的状况进行检测。

(5)该隧道病害处治主要技术工作程序包括(　　)。
　　A.检查　　　　B.评定　　　　C.设计　　　　D.施工
　　E.验收
解析:选ABCDE。病害处治主要技术工作程序包括检查、评定、设计、施工和验收。与新建隧道工程工作程序相比,病害处治多了检查和评定两个工序,该部分工作主要是对结构各分项分段检查、分析病害产生原因,为处治提供依据。

【**案例2**】　某隧道进行定期检查,根据相关知识回答下列问题。
(1)该隧道衬砌结构检测的主要工具是(　　)。
　　A.锤子　　　　B.回弹仪　　　　C.地质雷达　　　　D.测针
解析:选ABC。衬砌结构定期检查仪器设备、工具:锤子、回弹仪、超声波仪、地质雷达等。

(2)该隧道下次定期检查的最长时间间隔不得超过(　　)1次。
　　A.1年　　　　B.2年　　　　C.3年　　　　D.5年
解析:选C。隧道定期检查的周期应根据隧道技术状况确定,宜每年1次,最长不得超过3年1次。

(3)当该隧道经常性检查中,发现重要结构分项技术状况评定状况值为(　　)时,应立即开展一次定期检查。
　　A.1　　　　　　B.2　　　　　　C.3　　　　　　D.4
解析:选CD。隧道定期检查的周期应根据隧道技术状况确定,当经常性检查中发现重要结构分项技术状况评定状况值为3或4时,应立即开展一次定期检查。

(4)该隧道漏水检查的主要工具为(　　)。
　　A.pH试纸　　B.照相机　　　　C.温度计　　　　D.卷尺
解析:选ABCD。隧道漏水检查工具:数码相机、卷尺、pH试纸、温度计、秒表、水样收集容器、导电计、量筒等。

(5)该隧道机电设施定期检修是指通过检测仪器对机电设施运转状态和性能进行(　　)。
　　A.全面检查　　B.标定　　　　C.维修　　　　D.评价
解析:选ABC。隧道机电的定期检修是指通过检测仪器对机电设施运转状态和性能进行的全面检查、标定和维修。

思考与练习题

一、单选题

*1. 以下不属于隧道工程质量鉴定抽查项目的是（　　）。
  A. 衬砌强度、厚度、大面平整度　　　B. 隧道总体宽度和净空
  C. 隧道路面面层　　　　　　　　　　D. 隧道路面基层

*2. 隧道土建结构检查结果中，字母"A"代表（　　）。
  A. 情况正常　　　B. 特别严重　　　C. 一般异常　　　D. 严重异常

*3. 土建结构各项分项权重所占比例最大的是（　　）。
  A. 洞门　　　B. 路面　　　C. 衬砌　　　D. 吊顶及预埋件

4. 双洞隧道每单洞作为一个（　　）。
  A. 单位工程　　　B. 分部工程　　　C. 分项工程　　　D. 合同段

*5. 公路隧道总体技术状况评定有（　　）。
  A. 2类　　　B. 3类　　　C. 4类　　　D. 5类

*6. 下列不属于公路隧道结构中的主体结构的是（　　）。
  A. 初期支护　　　B. 永久支护　　　C. 洞门　　　D. 排水导坑

*7. 附属房屋墙体维修后不得出现漏水现象，应在完工（　　）后进行检验。
  A. 1d　　　B. 2d　　　C. 3d　　　D. 5d

8. 设施技术状态为2类及状况值评定为1的分项设施（　　）。
  A. 正常使用，正常养护　　　　　　B. 停止使用，尽快进行维修加固
  C. 观察使用，保养维修　　　　　　D. 报废使用，不再维修

*9. 某高速公路隧道土建结构评分85，机电设施评分95，其他工程设施评分98，该隧道总体技术状况类别为（　　）。
  A. 1类　　　B. 2类　　　C. 3类　　　D. 4类

*10. 隧道上方和洞口外（　　）范围内，严禁从事采矿、采石、取土、倾倒废弃物等危及公路隧道安全的活动。
  A. 50m　　　B. 100m　　　C. 200m　　　D. 300m

*11. 根据公路等级、隧道长度和交通量大小，公路隧道养护可分为（　　）等级。
  A. 三个　　　B. 四个　　　C. 五个　　　D. 六个

12. 机电设施各分项权重所占比例最大的是（　　）。
  A. 供配电设施　　　B. 照明设施　　　C. 通风设施　　　D. 消防设施

二、多选题

*1. 公路土建结构检查包括（　　）。
  A. 经常性检查　　　B. 定期检查　　　C. 应急检查　　　D. 专项检查
  E. 其他检查

*2. 隧道的土建结构包括（　　）。
  A. 消防设施　　　B. 洞口边仰坡　　　C. 路面　　　D. 洞门

E. 衬砌

*3. 公路隧道专项检查中的材质检查项目包括( )。
A. 衬砌强度检查　　　　　　　　B. 衬砌表面病害检查
C. 混凝土碳化深度检测　　　　　　D. 钢筋锈蚀检测

*4. 裂缝宽度分为( )。
A. 微裂缝　　　B. 微张开　　　C. 张开　　　D. 大裂缝
E. 宽张开

*5. 裂缝形态表现为( )。
A. 龟裂　　　B. 分叉　　　C. 弧形　　　D. 起伏
E. 交叉

·6. 隧道土建技术状况评定应评为5类隧道的是( )。
A. 隧道拱部衬砌出现大范围开裂、结构性裂缝深度贯穿衬砌混凝土
B. 隧道衬砌结构发生明显的永久变形,且有危及结构安全和行车安全的趋势
C. 地下水大规模涌流、喷射,路面出现涌泥沙或大面积严重积水等威胁交通安全的现象
D. 隧道路面发生严重隆起,路面板严重错台、断裂,严重影响行车安全
E. 隧道洞顶各种预埋件和悬吊件严重锈蚀或断裂,各种桥架和挂件出现变形或脱落

*7. 经常性检查的结论以定性判断为主,对各个检查项目的判定结果分为( )三种情况。
A. 情况正常　　　B. 一般异常　　　C. 情况特殊　　　D. 严重异常

*8. 隧道洞口判定为严重异常的是( )。
A. 坡顶落石、积水漫流或积雪崩塌
B. 洞口挂冰掉落路面
C. 构造物因开裂、倾斜或沉陷而致剥落或失稳
D. 洞口局部挂冰
E. 边沟淤塞,已妨碍交通

*9. 专项检查是根据( )的结果,对于需要进一步查明缺损或病害产生原因而进行得更深入的专门检测。
A. 经常性检查　　　B. 一般检查　　　C. 定期检查　　　D. 应急检查

*10. 隧道裂缝的宽度可以采用( )的方法进行观测。
A. 标点量测法　　　B. 砂浆涂抹法　　　C. 尖端标记法　　　D. 砂浆涂抹法
E. 裂缝测量计

三、判断题

1. 年平均日交通量AADT,是指一年内观测车流量总和,除以一年的总天数,所得的平均值。　　　　　　　　　　　　　　　　　　　　　　　　　　　　　　　( )
*2. 土建结构技术状况评定为1类 $JGGI \geq 95$。　　　　　　　　　　　　　　( )
*3. 其他工程设施日常巡查、检查评定宜与隧道土建结构分别进行。　　　　( )

4. 隧道内空气湿度≤90%时,必须进行洒水养护。（ ）
5. 机电设施技术状况评定1类≥95。（ ）
*6. 对于裂缝或施工缝漏水,一般无须采取紧急措施。（ ）
7. 电沟盖板的清洁维护纳入隧道土建结构"检修道"。（ ）
*8. 混凝土衬砌质量检测不仅是控制衬砌混凝土施工质量的主要手段,也是评价运营隧道衬砌现状所必需的。（ ）
9. 公路养护应划分隧道养护等级,并按照等级实施养护。（ ）
10. 某高速公路隧道长1523m,单车道年平均日交通量为8000,按照养护可评为二级养护。（ ）
*11. 日常巡查可采用人工与信息化手段结合的方式。（ ）
*12. 定期检查的周期宜每年1次,最多不超过2年一次。（ ）
13. 监控室设备及系统中控制软件维护与系统联动应经常检修。（ ）
14. 日常巡查频率不少于2次/d。（ ）
*15. 经常性检查应按规定频率对土建结构的技术状况进行全面检查。（ ）
16. 养护等级为1级的公路隧道通风设施的清洁维护频率为1次/2年。（ ）
*17. 公路隧道养护应划分隧道养护等级,并按照等级实施养护。（ ）
*18. 采用激光断面检测仪对隧道净空断面进行检测,检查隧道衬砌混凝土是否存在侵入设计内轮廓线。（ ）
*19. 检测漏水状态和漏水流量:根据漏水压力、流量等因素,将漏水状态分为浸渗、滴漏、涌流、不漏四类。（ ）
*20. 以桩号从小到大方向为前进方向。检查前按照1m或10m间距对隧道边墙进行桩号标记,在标注桩号时注意要与原有运营的养护桩号相对应。（ ）

备注:本书中,*表示与知识目标和能力目标相对应的题目,属于必答题。

模块11　[思考与练习题]答案

参 考 文 献

[1] 住房和城乡建设部. 混凝土物理力学性能试验方法标准:GB/T 50081—2019[S]. 北京:中国建筑工业出版社,2019.

[2] 中国钢铁工业协会,全国钢标准化技术委员会. 预应力混凝土用钢绞线:GB/T 5224—2023[S]. 北京:中国标准出版社,2014.

[3] 中国钢铁工业协会,全国钢标准化技术委员会. 预应力混凝土用钢丝:GB/T 5223—2014[S]. 北京:中国标准出版社,2015.

[4] 中国钢铁工业协会,全国钢标准化技术委员会. 金属材料 弯曲试验方法:GB/T 232—2010[S]. 北京:中国标准出版社,2010.

[5] 中国钢铁工业协会,全国钢标准化技术委员会. 金属材料线材反复弯曲试验方法:GB/T 238—2013[S]. 北京:中国标准出版社,2014.

[6] 中华人民共和国工业和信息化部. 钢筋混凝土用钢 第1部分:热轧光圆钢筋:GB/T 1499.1—2024[S]. 北京:中国标准出版社,2024.

[7] 中华人民共和国工业和信息化部. 钢筋混凝土用钢 第2部分:热轧带肋钢筋:GB/T 1499.2—2024[S]. 北京:中国标准出版社,2024.

[8] 中国钢铁工业协会,全国钢标准化技术委员会. 低合金高强度结构钢:GB/T 1591—2018[S]. 北京:中国标准出版社,2018.

[9] 中国钢铁工业协会,全国钢标准化技术委员会. 金属材料 拉伸应力松弛试验方法:GB/T 10120—2013[S]. 北京:中国标准出版社,2013.

[10] 中国钢铁工业协会,全国钢标准化技术委员会. 预应力混凝土用钢棒:GB/T 5223.3—2017[S]. 北京:中国标准出版社,2017.

[11] 中国钢铁工业协会,全国钢标准化技术委员会. 金属材料 拉伸试验 第1部分:室温试验方法:GB/T 228.1—2021[S]. 北京:中国标准出版社,2021.

[12] 中国钢铁工业协会,全国钢标准化技术委员会. 预应力混凝土用螺纹钢筋:GB/T 20065—2016[S]. 北京:中国标准出版社,2017.

[13] 中国钢铁工业协会,全国钢标准化技术委员会. 碳素结构钢:GB/T 700—2006[S]. 北京:中国标准出版社,2007.

[14] 中国钢铁工业协会,全国钢标准化技术委员会. 钢及钢产品力学性能试验取样位置及试样制备:GB/T 2975—2018[S]. 北京:中国标准出版社,2018.

[15] 国家建筑材料工业局(原),全国轻质与装饰装修建筑材料标准化技术委员会. 氯化聚乙烯防水卷材:GB 12953—2003[S]. 北京:中国标准出版社,2003.

[16] 住房和城乡建设部. 回弹法检测混凝土抗压强度技术规程:JGJ/T 23—2011[S]. 北京:中

国建筑工业出版社,2011.

[17] 中国工程建设标准化协会混凝土结构专业委员会. 超声回弹综合法检测混凝土强度技术规程:T/CECS 02:2020[S]. 北京:中国计划出版社,2020.

[18] 中国工程建设标准化协会混凝土结构专业委员会. 钻芯法检测混凝土强度技术规程:CECS 03:2007[S]. 北京:中国建筑工业出版社,2007.

[19] 中国工程建设标准化协会混凝土结构专业委员会. 超声法检测混凝土缺陷技术规程:CECS 21:2000[S]. 北京:中国城市出版社,2000.

[20] 住房和城乡建设部. 混凝土质量控制标准:GB 50164—2011[S]. 北京:中国建筑工业出版社,2011.

[21] 住房和城乡建设部. 普通混凝土长期性能和耐久性能试验方法标准:GB/T 50082—2009[S]. 北京:中国建筑工业出版社,2010.

[22] 中交一公局集团有限公司. 公路隧道施工技术规范:JTG/T 3660—2020[S]. 北京:人民交通出版社股份有限公司,2020.

[23] 中国建筑材料工业协会,全国轻质与装饰装修建筑材料标准化技术委员会. 建筑防水卷材试验方法:GB/T 328—2007[S]. 北京:中国标准出版社,2007.

[24] 招商局重庆交通科研设计院有限公司. 公路隧道设计规范 第一册 土建工程:JTG 3370.1—2018[S]. 北京:人民交通出版社股份有限公司,2018.

[25] 招商局重庆交通科研设计院有限公司. 公路隧道照明设计细则:JTG/T D70/2-01—2014[S]. 北京:人民交通出版社股份有限公司,2014.

[26] 招商局重庆交通科研设计院有限公司. 公路隧道通风设计细则:JTG/T D70/2-02—2014[S]. 北京:人民交通出版社股份有限公司,2014.

[27] 中国铁路工程总公司. 铁路隧道衬砌质量无损检测规程:TB 10223—2004[S]. 北京:中国铁道出版社,2004.

[28] 中铁二院工程集团有限责任公司. 铁路瓦斯隧道技术规范:TB 10120—2019[S]. 北京:中国铁道出版社,2019.

[29] 重庆市交通委员会. 公路隧道养护技术规范:JTG H12—2015[S]. 北京:人民交通出版社股份有限公司,2015.

[30] 住房和城乡建设部. 锚杆锚固质量无损检测技术规程:JGJ/T 182—2009[S]. 北京:中国建筑工业出版社,2009

[31] 交通运输部公路科学研究院. 公路工程质量检验评定标准 第二册 机电工程:JTG 2182—2020[S]. 北京:人民交通出版社股份有限公司,2020.

[32] 中国工程建设标准化协会混凝土结构专业委员会. 拔出法检测混凝土强度技术规程:CECS 69:2011[S]. 北京:中国计划出版社,2011.

[33] 中限建筑研究总院有限公司. 岩土锚杆与喷射混凝土支护工程技术规范:GB 50086—2015[S]. 北京:中国计划出版社,2015.

[34] 中国石油和化学工业联合会,全国橡胶与橡胶制品标准化技术委员会. 高分子防水材料 第2部分:止水带:GB 18173.2—2014[S]. 北京:中国标准出版社,2014.

[35] 中国钢铁工业协会,全国钢标准技术委员会. 预应力混凝土用钢材试验方法:GB/T

21839—2019[S]. 北京：中国标准出版社，2019.
[36] 交通运输部公路科学研究院. 公路养护工程质量检验评定标准　第一册　土建工程：JTG 5220—2020[S]. 北京：人民交通出版社股份有限公司，2020.
[37] 交通行业计量专业技术委员会. 混凝土超声检测仪：JT/T 659—2006[S]. 北京：人民交通出版社，2006.
[38] 住房和城乡建设部，标准额定研究所，住房和城乡建设部建筑地基基础标准化技术委员会. 基桩动测仪：JG/T 518—2017[S]. 北京：中国标准出版社，2017.
[39] 四川省公路规划勘察设计标准研究院有限公司. 公路瓦斯隧道设计与施工技术规范：JTG/T 3374—2020[S]. 北京：人民交通出版社股份有限公司，2020.
[40] 交通运输部安全与质量监督管理司，交通运输部职业资格中心. 桥梁隧道工程[M]. 北京：人民交通出版社股份有限公司，2024.
[41] 交通运输部工程质量监督局. 公路桥梁和隧道工程施工安全风险评估制度及指南解析[M]. 北京：人民交通出版社，2011.
[42] 林维正. 土木工程质量无损检测技术[M]. 北京：中国电力出版社，2008.
[43] 住房和城乡建设部. 盾构隧道管片质量检测技术标准：CJJ/T 164—2011[S]. 北京：中国建筑工业出版社，2011.
[44] 中华人民共和国交通运输部. 公路隧道设计细则：JTG/T D70—2010[S]. 北京：人民交通出版社，2010.
[45] 国家铁路局. 高速铁路隧道工程施工质量验收标准：TB 10753—2018[S]. 北京：中国铁道出版社，2018.
[46] 住房和城乡建设部. 工程测量标准：GB 50026—2020[S]. 北京：中国计划出版社，2020.
[47] 卫生部职业卫生标准专业委员会. 密闭空间直读式仪器气体检测规范：GBZ/T 206—2007[S]. 北京：人民卫生出版社，2007.
[48] 全国职业卫生标准委员会. 工作场所空气中有害物质监测的采样规范：GBZ 159—2004[S]. 北京：人民卫生出版社，2004.
[49] 中国气象局，全国气象仪器与观测方法标准化技术委员会. 地面气象观测规范　气象能见度：GB/T 35223—2017[S]. 北京：中国标准出版社，2017.